数字电子技术基础

主编 蓝 波
参编 朱亚东洋 纪少波

机械工业出版社

本书是根据我国高等教育发展的新形势，立足于高水平应用型人才培养的定位编写的。本书主要内容包括信号与电子电路概述、数制和编码、基本逻辑关系与逻辑门、逻辑代数与逻辑函数、Verilog 硬件描述语言和 Quartus 软件、组合逻辑电路、时序逻辑电路、模数和数模转换、脉冲信号电路、数字系统设计实践。本书从数字电路的基础知识出发，以典型数字系统设计为主线，将电路的基本分析方法、基本设计方法、常用组合和时序功能器件的应用有机融合在一起，配合大量的电路仿真实例，有效提高读者的工程实践能力。

本书可作为普通高等院校电气类、电子信息类、自动化类、计算机类等专业"数字电子技术""数字电路""数字逻辑"等课程的教材，也可作为相关专业技术人员及电子技术爱好者的自学参考书。

图书在版编目（CIP）数据

数字电子技术基础/蓝波主编. —北京：机械工业出版社，2024.3
ISBN 978-7-111-75039-0

Ⅰ.①数… Ⅱ.①蓝… Ⅲ.①数字电路-电子技术-高等学校-教材 Ⅳ.①TN79

中国国家版本馆 CIP 数据核字（2024）第 036065 号

机械工业出版社（北京市百万庄大街 22 号　邮政编码 100037）
策划编辑：王振国　　　　　　　责任编辑：王振国
责任校对：贾海霞　李　杉　　　封面设计：马若濛
责任印制：张　博
北京雁林吉兆印刷有限公司印刷
2024 年 3 月第 1 版第 1 次印刷
184mm×260mm·20.25 印张·498 千字
标准书号：ISBN 978-7-111-75039-0
定价：59.80 元

电话服务　　　　　　　　　　网络服务
客服电话：010-88361066　　　机　工　官　网：www.cmpbook.com
　　　　　010-88379833　　　机　工　官　博：weibo.com/cmp1952
　　　　　010-68326294　　　金　书　网：www.golden-book.com
封底无防伪标均为盗版　机工教育服务网：www.cmpedu.com

数字系统广泛应用于信息通信、计算机应用、自动控制、物联网、人工智能等领域，与模拟系统相比，数字系统具有更高的精确性和可靠性。数字电子技术主要研究数字信息的采集、存储、处理、控制和传输，是电气类、电子信息类、自动化类、计算机类等专业重要的必修课。

21 世纪以来，世界范围内新一轮科技革命和产业变革加速进行，具备创新思维的高水平应用型工程技术人才是我国加快产业发展、提升国际竞争力的强大支撑。为适应这一变化对人才培养提出的更高要求，教学必须以学生发展为中心，坚持产出导向理念，课程内容要体现前沿性与时代性，教学方法要具备先进性与互动性。

教材是学生获取知识、提升能力、启迪思维的重要途径和载体，因此教材必须胜任上述要求。

国内高等教育近几十年来发生了深刻的变化，从以往的"精英教育"发展到如今的"大众教育"，不同类型、不同层次的高校，学生的知识储备、学习能力、发展定位也存在着较大的差异。本书立足于高水平应用型人才的培养需求，主要特点有：

1）从应用出发，从问题出发，通过项目或案例将零散的知识点有机地联系起来，优化教材结构，促进知识向能力的转化。

2）大幅减少门电路、触发器等内容，弱化器件的电路内部结构，强化器件外特性的理解及功能表的识读，便于读者熟练掌握器件的典型应用。

3）在介绍传统设计方法的同时，引入 Verilog 硬件描述语言（HDL）这一当前数字系统设计的主流工具，体现"两性一度"。

4）注重系统性思维的培养，深度、广度、难度适中。

5）针对学生存在的短板和薄弱环节，有意识地增加了相应内容。

6）通过大量的 Multisim 和 Quartus 仿真，增强了知识获取的直观性，便于学生理解。

7）增加新形态教材内容，包括知识扩展、仿真电路、Verilog 程序、知识点短视频等。

本书共有 10 章，按照学生学习知识和获取能力的科学规律安排内容，第 1~4 章主要介绍数字电子技术的基础知识，侧重于学生逻辑思维的建立；第 5 章介绍 Verilog 硬件描述语言和 Quartus 软件；第 6~10 章以"片剂装瓶计数显示系统"为主线，将组合逻辑器件、时序逻辑器件和脉冲信号电路有机地结合起来，侧重于学生系统思维、创新思维、工程思维的训练，使其逐步积累解决复杂工程问题的能力。

为了便于读者更好地理解和学习，对以下几方面作简要说明：

（1）关于图形符号 IEC 60617 是国际电工委员会（IEC）制定的电气简图用图形符号标准，共分为 13 个部分，其中第 4 部分（基本无源元件）和第 12 部分（二进制逻辑元件）与本书密切相关；IEEE Std 315 是美国电气电子工程师学会（IEEE）制定的电气电子图形符号标准；ANSI/IEEE Std 90-1984 是美国国家标准协会（ANSI）和美国电气电子工程师学会制定的逻辑函数图形符号标准，ANSI/IEEE Std 91a-1991 是其修订版；GB/T 4728 是中国国家市场监督管理总局和国家标准化管理委员会发布的电气简图用图形符号国家标准，等同采用了 IEC 60617 标准。

本书主要采用国家标准规定的图形符号。有一些外文参考文献或器件手册用的是 IEEE Std 315 标准，这个标准对某些电子元器件有两种以上推荐图形符号，例如基本型电阻器，既可以使用锯齿形符号-⋀⋀-，也可以使用矩形框符号▭。从扩大知识面和提高应用能力的角度出发，本书不刻意追求标准的完全统一，请读者知悉。

同理，对于基本逻辑器件，ANSI/IEEE Std 91a-1991 既允许使用原有的矩形轮廓符号，也允许使用一类新的特定形状符号。目前国际上主流的电子设计自动化（EDA）软件和经典的数字逻辑教材往往采用这种特定形状符号。为了便于读者查阅国外文献资料，快速上手 EDA 软件，本书采取矩形轮廓和特定形状两套符号体系并用的方式。

（2）关于器件名称　逻辑器件因生产厂家、工艺、内部电路结构、封装等多种因素的不同，即使同一种器件，其型号名称在前缀、中间、后缀上也会略有差异，例如 SN7400N、74LS00P、74ALS00 都是指 2 输入与逻辑，为了保持一致性，书中统一按照 74LS×× 型号对各种逻辑功能器件进行描述。由于部分逻辑功能器件在 Multisim 仿真软件中型号不齐全，因此存在仿真电路中使用的器件型号和正文中介绍的器件型号不完全一致的情况。

（3）关于电路和器件引脚标识　在编写过程中，涉及一些具体的电路和器件引脚时，为了保持"原汁原味"，对其中的标识未作任何改动，例如对于工作电源，有些电路或器件上标识为 VCC、V_{CC}，有些标识为 UCC、U_{CC}，遇到此类情况，请读者在阅读的时候结合上下文加以理解。

（4）关于 Multisim 软件仿真　Multisim 软件的仿真原理基于电路分析和模型的建立，在仿真过程中，软件会根据电路的拓扑结构和元器件的数学模型"呈现"电路的行为。对于纯数字电路而言，由于只考虑"0"和"1"两种逻辑状态，因此在电路正确的情况下，仿真结果和理论分析基本上是一致的。但对于模拟电路或数模混合电路而言，由于仿真电路中的元器件参数是模型给定的，而真实电路中的元器件参数会因为厂家不同、出厂批次不同、使用环境不同、精度不同、电路结构和形式不同等多种原因导致和标称值不一样，再加上模拟量的状态是连续的，电路又容易受到各种外界因素的影响，因此仿真软件很难建立"完美"的电路模型，从而造成仿真电路值、理论计算值、实际电路值三者容易存在偏差。对此，大家要用辩证的思维来看待，多实践、多分析、多思考、多总结。

本书由北京石油化工学院蓝波任主编，北京石油化工学院朱亚东洋和山东大学纪少波参与编写。在本书编写过程中，清华大学段玉生教授、北京交通大学张晓冬教授、北京工业大学张印春高级工程师、中央民族大学王继业教授、北京石油化工学院曾建唐教授，以及北京石油化工学院电工电子教学与实验中心的老师们提出了很多宝贵意见和有益的建议，在此一并致以诚挚的谢意。

由于编者水平有限，书中难免存在错误和不妥之处，殷切希望师生和读者给予批评指正。

编　者

目录

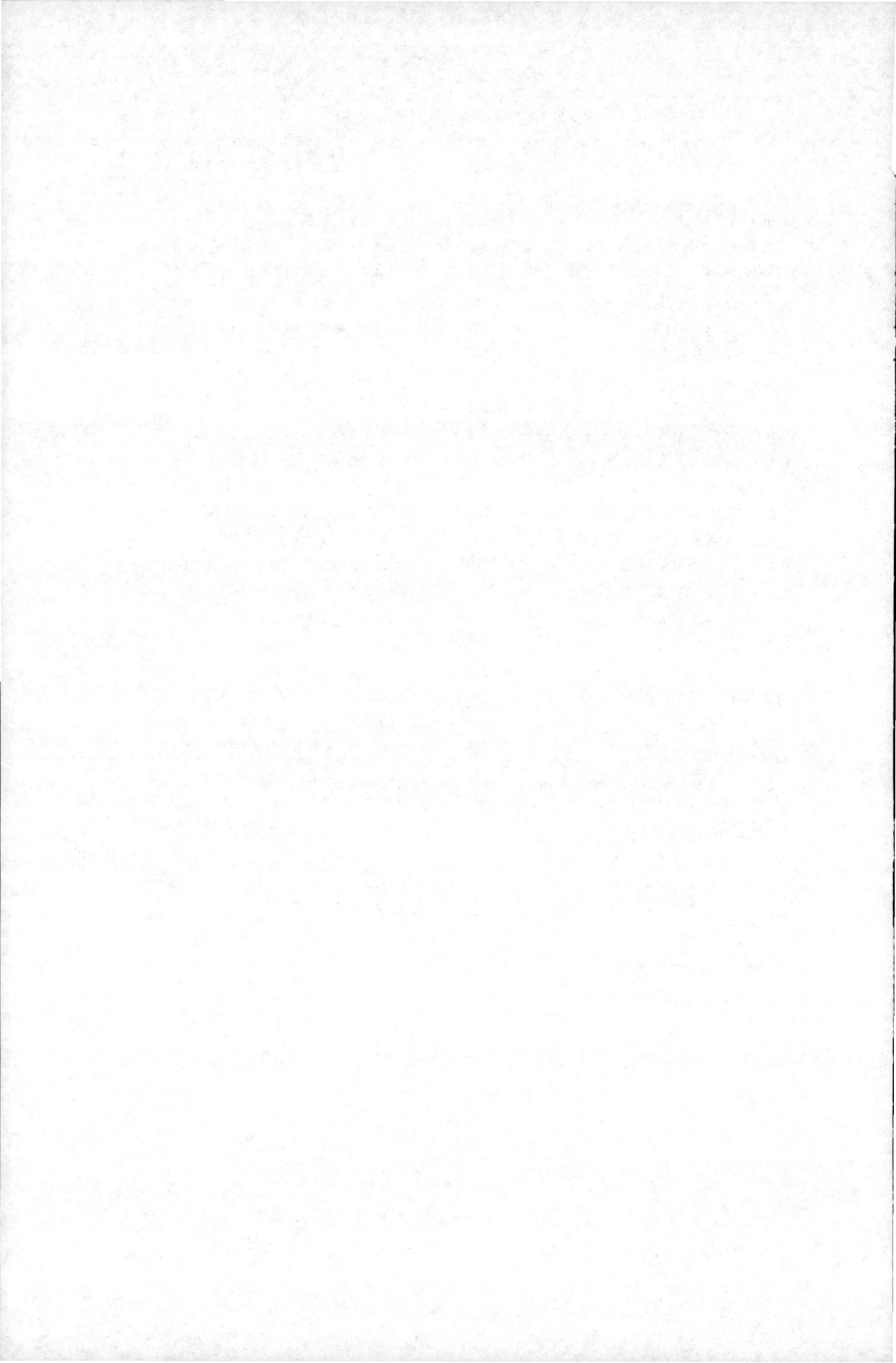

第 1 章

信号与电子电路概述

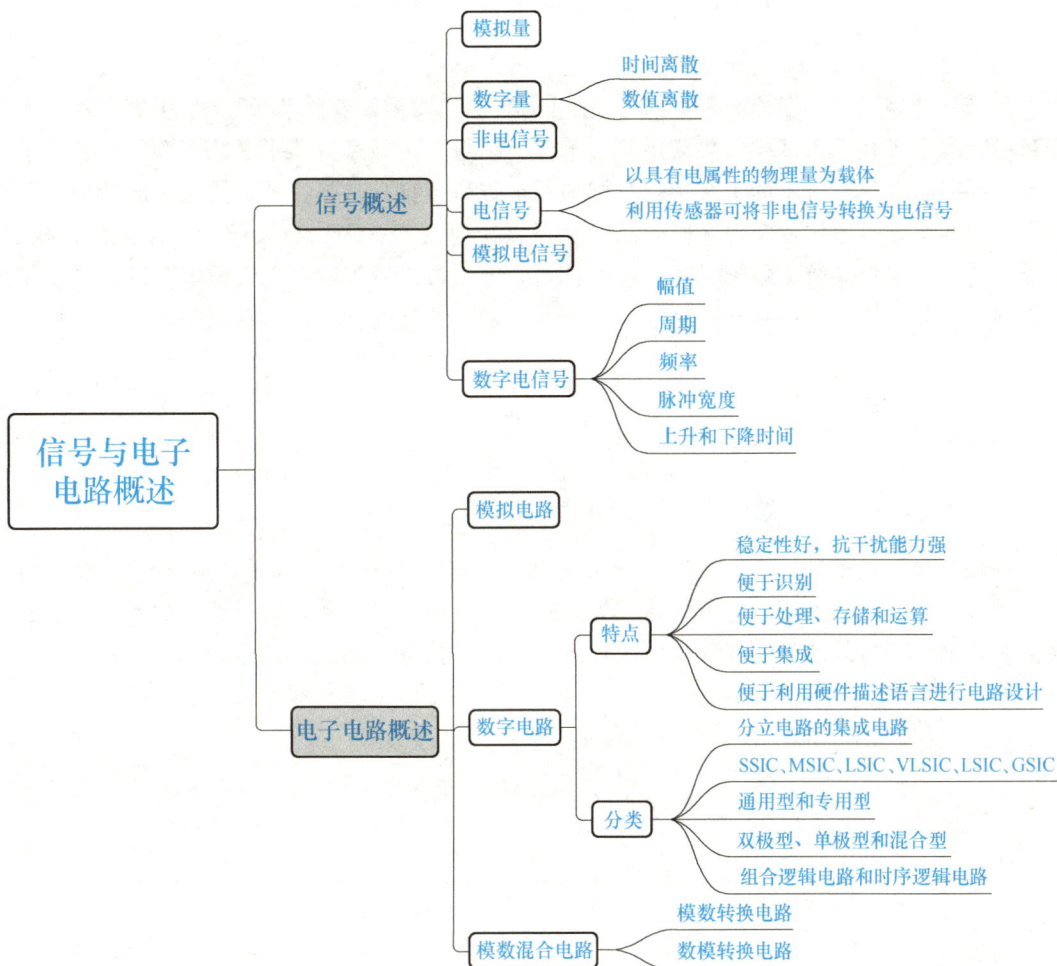

```
                            ┌─ 模拟量
                            │                    ┌─ 时间离散
                            ├─ 数字量 ───────────┤
                            │                    └─ 数值离散
                            ├─ 非电信号
              ┌─ 信号概述 ──┤                    ┌─ 以具有电属性的物理量为载体
              │             ├─ 电信号 ───────────┤
              │             │                    └─ 利用传感器可将非电信号转换为电信号
              │             ├─ 模拟电信号
              │             │                    ┌─ 幅值
              │             │                    ├─ 周期
信号与电子 ───┤             └─ 数字电信号 ───────┼─ 频率
电路概述      │                                  ├─ 脉冲宽度
              │                                  └─ 上升和下降时间
              │
              │             ┌─ 模拟电路
              │             │                    ┌─ 稳定性好，抗干扰能力强
              │             │                    ├─ 便于识别
              │             │             ┌─ 特点┼─ 便于处理、存储和运算
              │             │             │      ├─ 便于集成
              │             │             │      └─ 便于利用硬件描述语言进行电路设计
              └─ 电子电路 ──┤             │      ┌─ 分立电路的集成电路
                 概述       ├─ 数字电路 ──┤      ├─ SSIC、MSIC、LSIC、VLSIC、LSIC、GSIC
                            │             │      ├─ 通用型和专用型
                            │             └─ 分类┼─ 双极型、单极型和混合型
                            │                    └─ 组合逻辑电路和时序逻辑电路
                            │                    ┌─ 模数转换电路
                            └─ 模数混合电路 ─────┤
                                                 └─ 数模转换电路
```

  1904 年，英国物理学家弗莱明利用热电子效应制成了世界上第一只电子二极管；1906 年，美国物理学博士德弗雷斯特发明了第一只真空三极管；1946 年，第一台电子计算机 ENIAC 诞生；1947 年，美国贝尔实验室的约翰·巴丁、布拉顿、肖克利三人发明了晶体管；1958—1959 年，杰克·基尔比和罗伯特·诺伊斯分别发明了基于锗的集成电路和基于硅的集成电路，目前最先进的量产集成电路制造工艺已经达到 3nm，集成度可达数百亿个晶体管。电子管、晶体管、集成电路的产品各式各样，性能、参数、外观各有不同，使用时需要

仔细查阅产品的说明书。图 1-1 所示是电子管、晶体管、集成电路的典型外观。

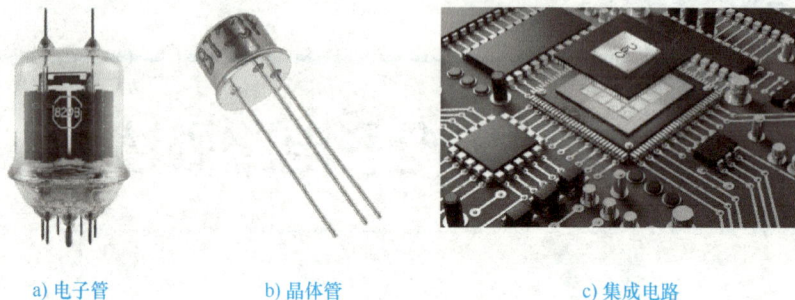

a) 电子管　　　　　　　　b) 晶体管　　　　　　　　c) 集成电路

图 1-1　电子管、晶体管和集成电路的典型外观

电子技术和信息技术的充分融合，带动了智能终端、消费电子、云计算、大数据、物联网、移动互联网、人工智能（AI）等各个领域的快速发展。在世界新一轮科技革命和产业变革中，以电子技术为基础的集成电路技术作为衡量一个国家科技水平的核心指标，处于愈发重要的战略地位。过去的十几年，我国加快推进科技自立自强，基础研究和原始创新不断加强，一些关键核心技术实现突破，战略性新兴产业发展壮大，载人航天、深海深地探测、超级计算机、卫星导航、量子信息、核电技术、大飞机制造等取得重大成果，进入创新型国家行列。这些关键核心技术和战略性新兴产业的发展都与电子技术息息相关、密不可分。

1.1　信号概述

1.1.1　模拟量和数字量

模拟量是指幅度、频率、相位等参数随时间作连续变化的物理量，遍布于自然界的各处，如温度、湿度、电压、电流、速度等。数字量是指在时间和数值上都离散的物理量，例如某企业不同月份的产量，某课程每次上课的学生人数等，如图 1-2 所示。

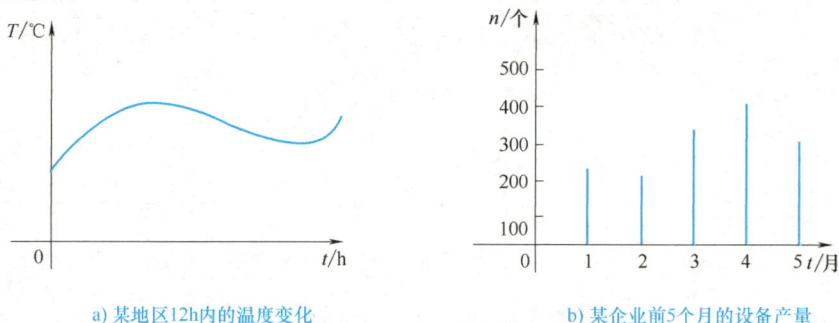

a) 某地区12h内的温度变化　　　　　　　　b) 某企业前5个月的设备产量

图 1-2　模拟量和数字量

1.1.2　非电信号和电信号

信号是指随时间和空间变化的物理量，是携带信息的载体和工具，按照其物理属性可分为非电信号和电信号。

顾名思义，电信号是指以电压、电流、电阻、电磁波等具有电属性的物理量为载体的信号，而非电信号是指以温度、压力、流量、液位等不具有电属性的物理量为载体的信号。既然信号是"信息"的一种物理体现，因此非电信号也可以转换为电信号，转化的"桥梁"就是传感器。传感器是一种检测装置，能将感受到的非电信号按一定规律转换为电信号或其他所需形式的信息输出，以满足信息的传输、处理、存储、显示、记录和控制等要求。例如，利用法拉第电磁感应定律能将流量变化转换为感应电动势的变化，利用压阻效应能将压力变化转换为电阻的变化，利用热电效应能将温度变化转换为电压或电流变化，等等。传感器通常由敏感元件和转换元件组成。

生活中有各种各样的非电信号，通过合适的传感器将其转换为相应的电信号后就能够利用电子电路进行处理。图1-3所示是电阻应变式传感器的具体应用，它利用压阻效应将物体的质量通过敏感元件反映为应变片上的形变，从而改变电桥桥臂的阻值，导致电桥失去平衡后输出相应电压，再根据对应关系测量出物体质量。

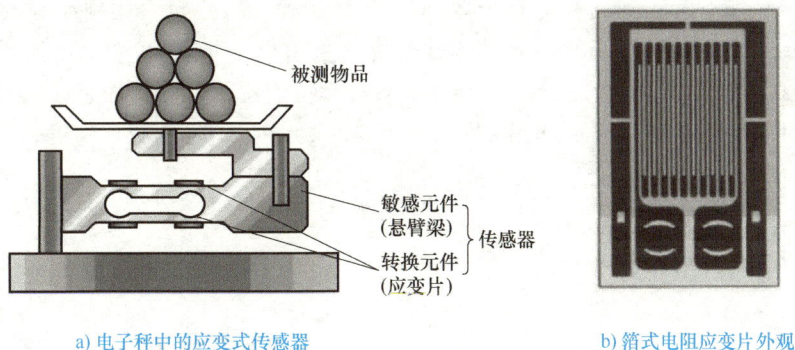

a) 电子秤中的应变式传感器　　　　　b) 箔式电阻应变片外观

图1-3　电阻应变式传感器的具体应用

1.1.3　模拟电信号和数字电信号

电信号根据是否连续可以分为模拟电信号和数字电信号两大类，如图1-4所示。从图中可知，模拟电信号在时间t内是连续变化的，而数字电信号（理想波形）在时间t内的变化是离散的，只有高电平和低电平两种值。其实高、低电平是相对的，例如高电平有5V、3.3V、2.5V和1.8V等多个标准。

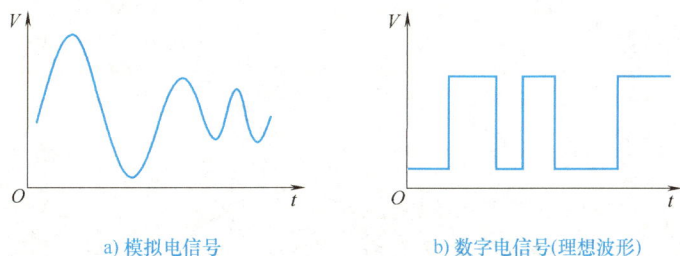

a) 模拟电信号　　　　　b) 数字电信号(理想波形)

图1-4　模拟电信号和数字电信号

传感器的输出有模拟电信号和数字电信号之分。以温度传感器为例，热电偶输出的是电压信号，铂电阻输出的是电阻信号，AD592输出的是电流信号，这些都是模拟电信号；而DS18B20输出的是9bit的数字电信号，可以直接送给微控制器进行处理。

1.1.4 数字电信号的主要参数

需要指出的是，在实际电路中，信号的任何变化都需要时间，因此图 1-4b 所示的理想波形并不存在。以信号波峰值为 5V、波谷值为 0V 为例，实际数字电信号波形如图 1-5 所示。其主要参数有：

1）幅值 U_m：波谷到波峰之间的电压。

2）上升时间 t_r：波形从 $0.1U_m$ 上升到 $0.9U_m$ 所需的时间。

3）下降时间 t_f：波形从 $0.9U_m$ 下降到 $0.1U_m$ 所需的时间。

4）脉冲宽度 t_w：从波形上升沿的 $0.5U_m$ 到下降沿的 $0.5U_m$ 所需的时间。

5）频率：每秒重复出现脉冲波形的次数。

6）周期：任意两个相邻脉冲的上升沿或下降沿之间的时间间隔。

通常将数字信号（在不致引起歧义的情况下，本书后面所提到的模拟信号和数字信号均指电信号）从波谷变化到波峰的这个区间称为上升沿，从波峰变化到波谷的区间称为下降沿。由于上升时间 t_r 和下降时间 t_f 都非常短暂（大约只有几纳秒），为了便于分析，通常可以将实际数字信号波形认为是理想波形。本书若无特别说明，均指理想数字信号。

典型的周期性数字信号波形如图 1-6 所示。图中，t_w 是信号的脉冲宽度，T 是信号的周期。t_w 与 T 的比值称为占空比 q，表示为

$$q = t_w/T$$

当 $q = 1/2$ 时，该数字信号为方波信号。

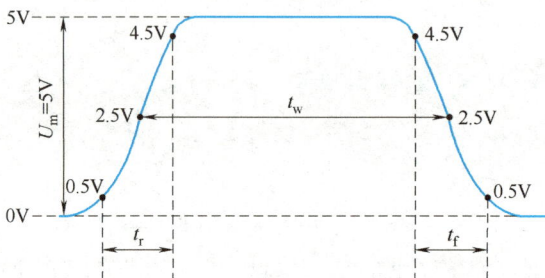

图 1-5 实际数字电信号波形

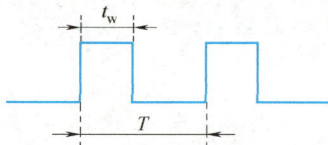

图 1-6 典型的周期性数字信号波形

1.2 电子电路概述

1.2.1 电子电路的分类

根据所处理信号对象的不同，电子电路分为以下三类：

（1）模拟电路 分析处理的对象是模拟电信号，主要包括放大电路、运算电路、波形发生电路、滤波电路、直流电源电路等。放大电路实现信号的电压、电流或功率放大，是模拟电路的基础；运算电路实现信号的加、减、乘、除、积分、微分等；波形发生电路用于产生正弦波、矩形波、三角波、锯齿波等；滤波电路用于保留信号中的有用成分，抑制干扰等其他成分；直流电源电路实现将交流电转换成直流电。

（2）数字电路　分析处理的对象是数字信号，主要包括门电路、组合逻辑电路、触发器、时序逻辑电路、可编程逻辑器件（Programmable Logic Device，PLD）等，可实现信号的存储、变换、运算、测量和传输。

（3）模数混合电路　在一个电子电路系统中既含有数字元件，又含有模拟元件，如模数转换电路、数模转换电路等。

人类社会的进步给电子技术的发展带来了巨大的推动力，从19世纪末期至今短短一百多年，电子技术经历了超乎寻常的跨越式发展。从目前的发展态势看，数字电子技术得到了更加广泛、深入的应用，甚至以往一些传统的模拟电路应用场合也有逐步被数字电路所取代的趋势，一个重要的原因是数字电路具有独特的优势。

1.2.2　数字电路的特点

数字电路中的器件主要工作在开关状态（即导通和截止两种状态之一），对电路电压的精确值要求不高，只要电路能可靠地区别高、低电平即可。因此，数字电路具有以下特点：

1）稳定性好，抗干扰能力强，电路中电压小的波动以及温度和工艺偏差等对其工作性能的影响比较小。

2）数字信号便于识别，通过增加二进制位数很容易获得较高的精度。

3）数字信号便于处理、存储和运算。

4）数字电路便于集成，可大大降低成本、减小体积。

5）便于利用硬件描述语言（Hardware Description Language，HDL）进行电路的硬件设计和测试，从而极大地提高了设计效率。

1.2.3　数字电路的分类

1）根据电路中是否含有集成器件，可分为分立元器件数字电路和集成数字电路。前者由二极管、晶体管、电阻、电容等组成，没有封装。随着集成电路的飞跃发展，分立元器件电路已基本被集成电路所取代。

2）根据电路的集成度大小，可分为小规模集成电路、中规模集成电路、大规模集成电路、超大规模集成电路、特大规模集成电路和巨大规模集成电路。需要指出的是，在过去的几十年里，电路的集成度基本上按照摩尔定律发展，即集成电路上可以容纳的晶体管数目每经过18～24个月便会增加一倍，因此上述的集成度分类具有时代性。例如，现在的小规模集成电路认定标准已经达到20世纪70年代大规模集成电路的认定标准。

3）从电路的应用角度出发，可分为通用型集成电路和专用型集成电路。通用型是已被定型的标准化、系列化产品，适用于不同的数字设备；专用型是指为某种特殊用途设计的产品，只适用于特定的数字设备。

4）根据构成电路的半导体器件类型，可分为双极型电路、单极型电路和双极-单极混合型电路。双极型电路主要采用晶体管；单极型电路主要采用MOS（Metal-Oxide-Semiconductor）管；双极-单极混合电路采用了晶体管和MOS管兼容工艺，因而兼有两者的优点。

5）根据电路是否含有记忆部件，可分为组合逻辑电路和时序逻辑电路。

本 章 小 结

本章首先介绍了信号的一些基本概念，包括模拟量、数字量、非电信号、电信号、模拟电信号、数字电信号，并对幅值、脉冲宽度、频率、周期、占空比等数字电信号的主要参数作了解释；接着介绍了电子电路的基本概念、分类以及数字电路的特点和分类。了解这些知识点有益于后续章节的学习。

复习思考题

1. 查询相关资料，简要阐述电子二极管的结构和工作原理。

2. 查询相关资料，简要阐述真空三极管的结构和工作原理。

3. 查询相关资料，简要阐述晶体管的结构和工作原理。

4. 什么是集成电路？它的特点是什么？

5. 列举至少 5 种非电模拟量，写出它们各自的度量单位。

6. 列举至少 5 种传感器，写出它们各自的作用。

7. 模拟电信号和数字电信号的区别是什么？

8. 某数字电信号的幅值为 3.3V，脉宽 t_w 为 30ms，1min 内周期性变化了 600 次。写出该信号的频率 f、周期 T、占空比 q。

9. 查询占空比的相关资料，简要叙述它的用途。

10. 列举至少 5 种含有数字电路的电子产品，并说明这些电子产品的主要功能。

第2章

数制和编码

```
数制和编码
├─ 数制
│   ├─ 数制的构成要素
│   │   ├─ 数码
│   │   ├─ 基数
│   │   ├─ 位权
│   │   └─ 进位关系
│   └─ 数制之间的转换
│       ├─ 十进制转其他进制
│       │   ├─ 整数部分，采用"除R取余法"
│       │   └─ 小数部分，采用"乘R取整法"
│       ├─ R进制转十进制 ── 按位权展开并求和
│       ├─ 二进制与八进制相互转换 ── 1位八进制数对应3位二进制数
│       └─ 二进制与十六进制相互转换 ── 1位十六进制数对应4位二进制数
└─ 编码
    ├─ 编码的特点
    │   ├─ 由字母、数字、符号等构成
    │   ├─ 具有特定的规律
    │   └─ 具有特定的含义
    ├─ 数字信号编码
    │   ├─ BCD码
    │   │   ├─ 8421BCD码 ── 有权码，最常用
    │   │   ├─ 5421BCD码 ── 有权码
    │   │   ├─ 2421BCD码 ── 有权码
    │   │   ├─ 余3码 ── 无权码
    │   │   └─ 余3循环码 ── 无权码
    │   ├─ 原码、反码和补码
    │   ├─ 格雷码 ── 相邻性、反射性、循环性
    │   ├─ 奇偶校验码
    │   ├─ ASCII码
    │   └─ 汉字编码
    └─ 编码问题的0、1描述 ── 输入需求的表示、不同个体的优先级区分、输出编码的形式等任务，均需要且只能用数字信号完成
```

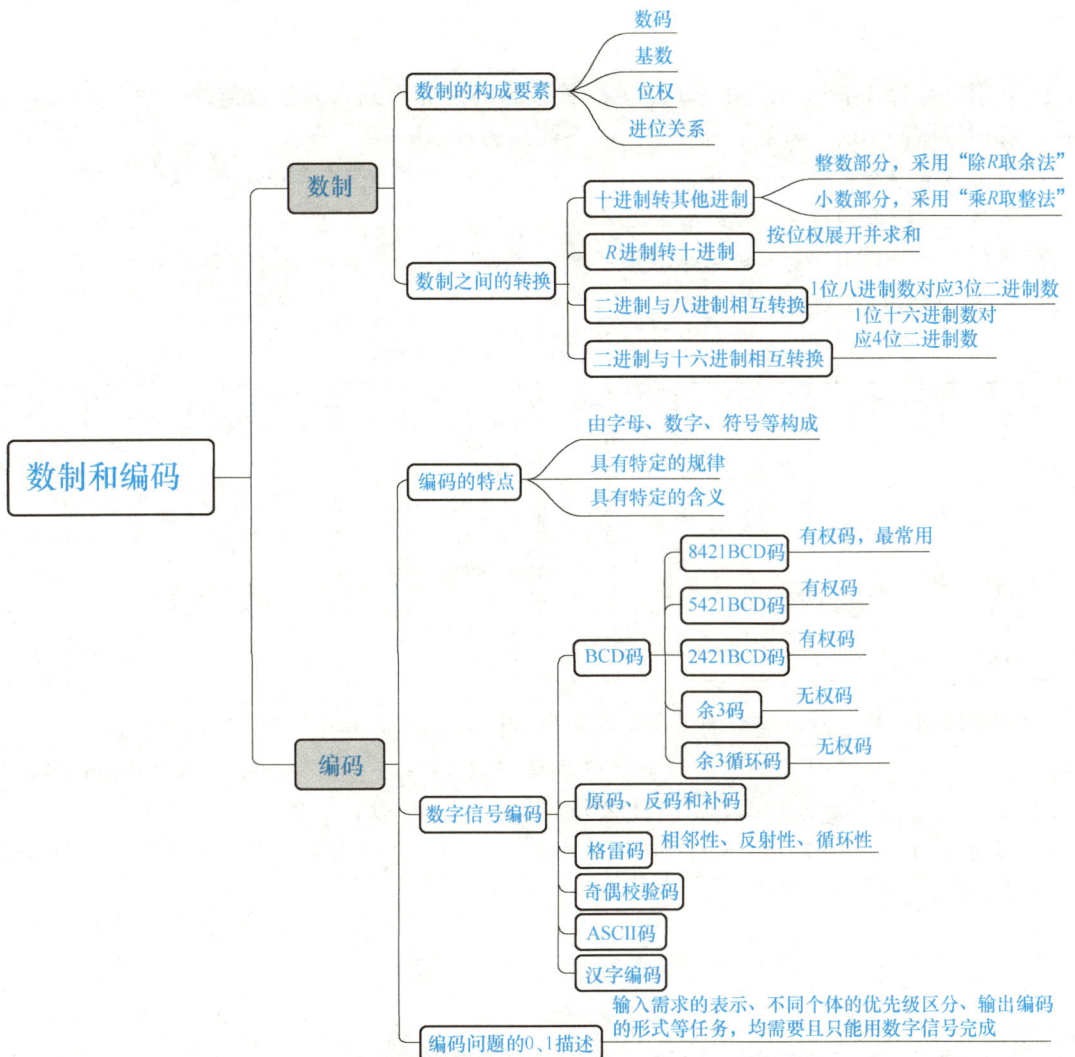

数的运算处理是数字电路最主要的工作之一，无论是生活中的便携式电子计算器，还是航天航空、卫星导航所用的高精度计算系统，其核心都是数的运算。数制是研究数的运算的基础。在数字电路中，数的运算与日常生活中所熟悉的普通代数完全不同，需要运算的数和运算操作都必须用只有两种取值的数字信号进行合理、准确、完整的表示、描述和处理。

数的运算如此，用数字电路解决生活中的其他实际问题也如此。一个典型的数字电路主要包括输入、处理、输出三个部分，如图 2-1 所示。设计实现一个数字电路，首先需要面对的是输入量如何用数字信号表示。要想解决好这个问题，必须深刻理解并熟练掌握编码的知识。

图 2-1　典型数字电路框架

2.1　数制

2.1.1　数制的基本概念

数制也称为计数制，是用一组固定的符号和约定的规则来表示数值的方法。日常生活中，我们习惯使用的十进制、十二进制都是数制的具体体现。

数字系统中最常用的是二进制，但用二进制表示数值时存在着位数长、识别不易、书写烦琐等缺点，因此，在编写文字材料和程序时，还经常用到八进制、十进制、十六进制等。掌握数制的有关知识，对理解数字系统中数的存储、表示、转换、运算等非常必要且重要。表 2-1 是几种常用数制的表示方法。

表 2-1　几种常用数制的表示方法

二进制	八进制	十进制	十六进制	二进制	八进制	十进制	十六进制
0	0	0	0	1000	10	8	8
1	1	1	1	1001	11	9	9
10	2	2	2	1010	12	10	A
11	3	3	3	1011	13	11	B
100	4	4	4	1100	14	12	C
101	5	5	5	1101	15	13	D
110	6	6	6	1110	16	14	E
111	7	7	7	1111	17	15	F

为了区别各种数制，通常的做法是在数值后面加上相应的英文字母标识，二进制、八进制、十进制、十六进制的英文字母标识分别是 B（Binary）、O（Octal）、D（Decimal）、H（Hexadecimal），例如 1011B、73O、2023D、3AFH；也可以在数值外加括号并辅以数字下标，例如 $(1011)_2$、$(73)_8$、$(2023)_{10}$、$(3AF)_{16}$。对于十进制数，可以省略英文字母标识或数字下标，只写数值即可。

2.1.2　数制的构成要素

任何一种数制都包含以下 4 个基本要素：

（1）数码　数码是指构成数制的元素，例如十进制的数码是 0、1、2、3、4、5、6、7、8、9，二进制的数码是 0、1。

需要指出的是，每一种数制中的数码必须是独立的、排他的，也就是说，某一个数码不能由其他数码构成，否则会引起表示上的混乱。例如，十六进制的数码是 0、1、2、3、4、5、6、7、8、9、A、B、C、D、E、F，为什么后 6 个数码不能用 10、11、12、13、14、15

表示呢？读者先思考这个问题，答案留到后面学习不同数制的表示及相互转换时再解答。

（2）基数 基数是指数制所使用数码的个数，例如十进制的基数是 10，八进制的基数是 8。

（3）位权 位权是指数制中某一位的权重，位权以基数为底。例如，十进制数 365 最高位的位权是 $10^2 = 100$，次高位的位权是 $10^1 = 10$，最低位的位权是 $10^0 = 1$；而二进制数 110 最高位的位权是 $2^2 = 4$，次高位的位权是 $2^1 = 2$，最低位的位权是 $2^0 = 1$。

（4）进位关系 进位关系是指数制的计数原则，例如十进制的进位关系是逢十进一，十六进制的进位关系是逢十六进一。

2.1.3 不同数制之间的相互转换

1. 十进制转换为其他进制

十进制转换为其他（为方便讲解，下面以 R 表示）进制，采用的方法是将整数与小数分别进行转换。

（1）整数部分的转换 通常采用"除 R 取余法"，将十进制整数除以 R，得到一个余数，将商继续除以 R，又得到一个余数，直到商为 0 为止，然后将余数按照从后到前的顺序排列，即可得到以 R 进制表示的整数。

【例 2-1】 将十进制整数 69 分别转换为二进制数、八进制数、十六进制数。

解： 分别将十进制整数 69 除以 2 取余、除以 8 取余、除以 16 取余，直到商为 0，步骤如下：

将余数按照从高位到低位的顺序排列，即得

$$(69)_{10} = (1000101)_2 = (105)_8 = (45)_{16}$$

（2）小数部分的转换 通常采用"乘 R 取整法"，将十进制小数乘以 R，得到一个整数，将剩下的小数继续乘以 R，又得到一个整数，重复该过程，直到小数部分为零（如果遇到小数部分永远不为零的情况，可以根据要求达到转换精度即可），最后将整数按照从前到后的顺序排列，即得到以 R 进制表示的小数。

【例 2-2】 将十进制小数 0.3275 分别转换为二进制数、八进制数、十六进制数，保留小数点后 4 位。

解：分别将十进制小数 0.3275 乘 2 取整、乘 8 取整、乘 16 取整，直到满足精度为止，步骤如下：

$$
\begin{array}{ll}
0.3275 & \\
\times \quad 2 & \text{整数} \\
\hline
0.6550 & \cdots\cdots 0 \quad \text{高位} \\
\times \quad 2 & \\
\hline
1.3100 & \cdots\cdots 1 \\
0.3100 & \\
\times \quad 2 & \\
\hline
0.6200 & \cdots\cdots 0 \\
\times \quad 2 & \\
\hline
1.2400 & \cdots\cdots 1 \quad \text{低位}
\end{array}
$$

$$
\begin{array}{ll}
0.3275 & \\
\times \quad 8 & \text{整数} \\
\hline
2.6200 & \cdots\cdots 2 \quad \text{高位} \\
0.6200 & \\
\times \quad 8 & \\
\hline
4.9600 & \cdots\cdots 4 \\
0.9600 & \\
\times \quad 8 & \\
\hline
7.6800 & \cdots\cdots 7 \\
0.6800 & \\
\times \quad 8 & \\
\hline
5.4400 & \cdots\cdots 5 \quad \text{低位}
\end{array}
$$

$$
\begin{array}{ll}
0.3275 & \\
\times \quad 16 & \text{整数} \\
\hline
5.2400 & \cdots\cdots 5 \quad \text{高位} \\
0.2400 & \\
\times \quad 16 & \\
\hline
3.8400 & \cdots\cdots 3 \\
0.8400 & \\
\times \quad 16 & \\
\hline
13.4400 & \cdots\cdots D \\
0.4400 & \\
\times \quad 16 & \\
\hline
7.0400 & \cdots\cdots 7 \quad \text{低位}
\end{array}
$$

将余数按照从高位到低位的顺序排列，即得

$$(0.3275)_{10} \approx (0.0101)_2 \approx (0.2475)_8 \approx (0.53D7)_{16}$$

【例 2-3】 将十进制数 29.73 转换成二进制数（保留小数点后 5 位）。

解：整数部分采用"除 2 取余法"，小数部分采用"乘 2 取整法"。

$$
\begin{array}{ll}
2 \underline{|\,29\,} & \text{余数} \\
2 \underline{|\,14\,} & \cdots\cdots 1 \quad \text{低位} \\
2 \underline{|\,7\,} & \cdots\cdots 0 \\
2 \underline{|\,3\,} & \cdots\cdots 1 \\
2 \underline{|\,1\,} & \cdots\cdots 1 \\
0 & \cdots\cdots 1 \quad \text{高位}
\end{array}
$$

$$
\begin{array}{ll}
0.73 & \\
\times \quad 2 & \text{整数} \\
\hline
1.46 & \cdots\cdots 1 \quad \text{高位} \\
0.46 & \\
\times \quad 2 & \\
\hline
0.92 & \cdots\cdots 0 \\
\times \quad 2 & \\
\hline
1.84 & \cdots\cdots 1 \\
0.84 & \\
\times \quad 2 & \\
\hline
1.68 & \cdots\cdots 1 \\
0.68 & \\
\times \quad 2 & \\
\hline
1.36 & \cdots\cdots 1 \quad \text{低位}
\end{array}
$$

将整数部分与小数部分求和，得到转换结果为

$$(29.73)_{10} \approx (11101.10111)_2$$

2. R 进制转换为十进制

采用按位权展开并求和的方法，将 R 进制每一位上的系数乘以该位的位权，然后相加即可得到十进制数。

【例 2-4】 将二进制数 $(10011.01)_2$、八进制数 $(275.3)_8$、十六进制数 $(8F.A)_{16}$ 分别转换为十进制数。

解：将三个数分别按位权展开，可得

$$(10011.01)_2 = 1\times2^4+1\times2^1+1\times2^0+1\times2^{-2} = 16+2+1+0.25 = (19.25)_{10}$$

$$(275.3)_8 = 2\times8^2+7\times8^1+5\times8^0+3\times8^{-1} = 128+56+5+0.375 = (189.375)_{10}$$

$$(8F.A)_{16} = 8\times16^1+15\times16^0+10\times16^{-1} = 128+15+0.625 = (143.625)_{10}$$

现在可以回答 2.1.2 小节中提的问题了，即为什么任何一种数制中的数码不能由其他数码构成。以 $(8F.A)_{16}$ 为例，如果该数的 F 用 15 表示，A 用 10 表示，则 $(8F.A)_{16}$ 将表示为 $(815.10)_{16}$，转换成十进制数则是 $8\times16^2+1\times16^1+5\times16^0+1\times16^{-1}=2048+16+5+0.0625=(2069.0625)_{10}$。显然这个结果是错误的，错误的原因在于这个数中的 F 和 A 本应都只占据 1 位，但写成 15 和 10 之后都占据了两位，按位权展开时就发生了错误。

3. 二进制与八进制、十六进制的相互转换

由表 2-1 可知，1 位八进制数相当于 3 位二进制数，1 位十六进制数相当于 4 位二进制数，因此二进制和八进制、十六进制之间的转换可以按照这个对应关系进行。

（1）二进制转换为八进制 将二进制数以小数点为界，对于整数部分，按照从低位到高位的顺序，以 3 位二进制数为一组进行划分，得到若干组，每一组转换为 1 位等值的八进制数，若出现不够 3 位的情况，可通过在高位添加 0 的方式补足；对于小数部分，按照从高位到低位的顺序，也以 3 位二进制数为一组进行划分，得到若干组，每一组转换为 1 位等值的八进制数，若出现不够 3 位的情况，可通过在低位添加 0 的方式补足。

【例 2-5】 将二进制数 $(110101.100001111)_2$ 转换为八进制数。

解： 按照 3 位二进制数对应 1 位八进制数，可得

$$\begin{array}{ccccc} 110 & 101 & .\ 100 & 001 & 111 \\ \downarrow & \downarrow & \downarrow & \downarrow & \downarrow \\ 6 & 5 & 4 & 1 & 7 \end{array}$$

$$(110101.100001111)_2 = (65.417)_8$$

（2）二进制转换为十六进制 与二进制转换为八进制相似，对于整数部分，按照从低位到高位的顺序，以 4 位二进制数为一组进行划分，得到若干组，每一组转换为 1 位等值的十六进制数，若出现不够 4 位的情况，可通过在高位添加 0 的方式补足；对于小数部分，按照从高位到低位的顺序，也以 4 位二进制数为一组进行划分，得到若干组，每一组转换为 1 位等值的十六进制数，若出现不够 4 位的情况，可通过在低位添加 0 的方式补足。

【例 2-6】 将 $(1011101011.1001011110)_2$ 转换为十六进制数。

解： 按照 4 位二进制数对应 1 位十六进制数，可得

$$\begin{array}{cccccc} 0010 & 1110 & 1011 & .\ 1001 & 0111 & 1000 \\ \downarrow & \downarrow & \downarrow & \downarrow & \downarrow & \downarrow \\ 2 & E & B & 9 & 7 & 8 \end{array}$$

$$(1011101011.1001011110)_2 = (2EB.978)_{16}$$

（3）八进制、十六进制转换为二进制 按照 1 位八进制数转换为 3 位二进制数，1 位十六进制数转换为 4 位二进制数的对应关系，逐位进行转换即可得到相应的二进制数。

【例 2-7】 将 $(2567.134)_8$ 和 $(5B3.DCF)_{16}$ 转换为二进制数。

解： 按照 1 位八进制数转换为 3 位二进制数的对应关系，可得

$$\begin{array}{ccccccc} 010 & 101 & 110 & 111 & .\ 001 & 011 & 100 \\ 2 & 5 & 6 & 7 & 1 & 3 & 4 \end{array}$$

$$(2567.134)_8 = (10101110111.0010111)_2$$

按照 1 位十六进制数转换为 4 位二进制数的对应关系，可得

0101	1011	0011	.	1101	1100	1111
↑	↑	↑		↑	↑	↑
5	B	3		D	C	F

$$(5B3.DCF)_{16} = (10110110011.110111001111)_2$$

2.2 编码

2.2.1 编码概述

编码是信息从一种形式转换为另一种形式的过程，其作用是将一定的信息内容包含在少量特定信号的排列组合中。生活中，各种各样的编码随处可见，例如身份证号码、邮政编码、机动车牌号、学号、商品的生产序列号等。这些编码无一例外都具有如下特点：

1）都是由若干种字母、数字、符号等单独或组合构成。

2）都具有特定的规律。

3）都具有特定的含义。

图 2-2 所示是我国公民二代身份证样证，现在以它为例来解读上述编码的特点。

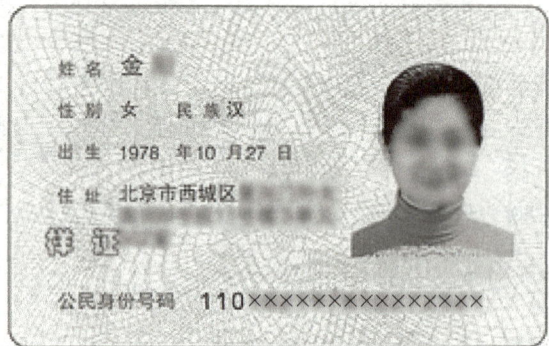

图 2-2 我国公民二代身份证样证

1）构成：由 17 位数字本体码和 1 位校验码组成。

2）规律：从左至右依次为 6 位数字地址码、8 位数字出生日期码、3 位数字顺序码（末位是奇数表示男性，是偶数表示女性）和 1 位校验码（根据前面 17 位数字码，按照 ISO/IEC 7064：2003.MOD 11-2 计算得到，取值范围为 0~10；遇到计算结果为 10 时，身份证变成了 19 位，不符合国家标准规定，因此用 X 来代替）。

3）含义：是具有中华人民共和国国籍的公民的唯一的、终身不变的身份代码，包含办证时所在的户籍地、出生日期、性别等公民身份信息。

编码的本质是信息外在形式的变化，其作用是区分同一类事物中的不同个体，因此，它没有大小之分，也不能用于算术运算。举一个显而易见的例子，100089 是北京市海淀区的邮政编码，611100 是成都市温江区的邮政编码，它们分别代表两个不同行政区域投递邮件的专用代号，而不是两个数值。

2.2.2 数字信号编码

数字电路输入信号的表示大致可以分为两大类：

第一类是针对任务要求，输入信号的功能或作用可以直接用高、低两种电平清晰描述。

例如：甲、乙、丙三人就某一提议进行表决，按照"少数服从多数"的原则确定提议是否通过。显然，甲、乙、丙三人的决定是输入信号，该提议通过与否是输出信号。如何对甲、乙、丙三人的决定进行描述呢？

由于甲、乙、丙三人的决定只能是同意提议或者不同意提议，因此，如果用高电平 1 表示同意提议，低电平 0 表示不同意提议，则输入信号的描述能够清晰且完整地反映在表 2-2 中。

表 2-2　三人表决的输入信号描述

甲	乙	丙	甲	乙	丙
0	0	0	1	0	0
0	0	1	1	0	1
0	1	0	1	1	0
0	1	1	1	1	1

从表 2-2 中可知，三人对提议的态度共有 8 种组合，每一种组合都可以按照"少数服从多数"的原则确定输出的结果。例如，000 表示三人对该提议都不同意，那么结果必然不通过；100 表示甲同意而乙和丙不同意，结果也不通过；111 表示三人都同意，结果通过。

第二类是针对设计任务，输入信号的功能或作用无法直接用高、低两种电平清晰表示。例如：完成甲、乙两个 1 位十进制数相加求和，因为甲和乙的取值范围都是 0~9 共 10 个状态，因此不能用类似表 2-2 那样对输入信号进行描述，必须采用编码的方式将每一个输入信号用一组高、低电平进行定义和区分。在不致引起歧义的情况下，数字信号编码也可以理解为由 0、1 构成的一组二进制代码。如何构成这一组 0、1 代码呢？我们来看一个例子。

假设某公司需要开发一套人员管理信息系统，其中的一项工作是对每位员工赋予一个唯一的 0、1 编码。如果公司只有甲、乙两名员工，则 1 位数字信号即可对二人进行编码，例如用 0 表示甲，用 1 表示乙。如果公司有甲、乙、丙、丁 4 名员工，则至少需要 2 位数字信号才能完成编码，例如用 00 表示甲，01 表示乙，10 表示丙，11 表示丁。依此类推，如果有 8 名员工，则至少需要 3 位数字信号进行编码，16 名员工至少需要 4 位数字信号进行编码……

稍加总结不难得出，如果待编码的个体数量为 m，用于编码的位数为 n，只要满足 $2^n \geqslant m$，则可以为每一个个体赋予唯一的编码。前面提到的甲、乙两个 1 位十进制数相加，需要将甲和乙分别转换为对应的数字编码，再进行加法运算。这里 $m = 10$，n 的取值需要大于或等于 4。

通过数字信号编码，就可以对各种实际问题的输入量进行定义和描述了。

2.2.3　常用的数字信号编码

BCD（Binary Coded Decimal）码是指用 4 位二进制代码表示 1 位十进制代码的编码。4 位二进制代码有 0000~1111 共 16 种状态。从 16 种状态中任意选取 10 种状态，有多达 $\binom{16}{10} = 8008$ 种组合方式，再将每种组合里的 10 个状态分配给 0~9 进行编码，则有 10! = 3628800 种排列方式，两者结合起来共有 $8008 \times 3628800 = 29059430400$ 种编码，这无疑是一个天文数字。

但正如前所述，能够被认可并采纳的编码一定具有某些特点，符合某些规律，常用的BCD 码也不例外。BCD 码可分为有权码和无权码两类，有权码指编码中的每一位都具有固定"权重"。无权码则没有固定"权重"。这里所谓的"权重"只是便于描述编码规律，并非数制中有大小关系的"权重"。常见的有权码有 8421BCD 码、5421BCD 码、2421BCD 码等，常见的无权码有余 3 码、余 3 循环码等，见表 2-3。

表 2-3 常用的 BCD 码

十进制数	8421BCD 码	5421BCD 码	2421BCD 码	余 3 码	余 3 循环码
0	0000	0000	0000	0011	0010
1	0001	0001	0001	0100	0110
2	0010	0010	0010	0101	0111
3	0011	0011	0011	0110	0101
4	0100	0100	0100	0111	0100
5	0101	1000	1011	1000	1100
6	0110	1001	1100	1001	1101
7	0111	1010	1101	1010	1111
8	1000	1011	1110	1011	1110
9	1001	1100	1111	1100	1010

（1）8421BCD 码 8421BCD 码是最基本和最常用的 BCD 码，它和 4 位自然二进制数相似，用 0000~1001 代表对应的 0~9，余下 1010~1111 6 组代码不用。8、4、2、1 分别表示各自位的"权值"，但需要注意，该"权值"仅用来反映编码的一种规律或特点。

（2）5421BCD 码 5421BCD 码从高位到低位的"权值"分别是 5、4、2、1。对于这种有权码，有的十进制数存在两种表示方法，例如 5 既可以用 1000 表示，也可以用 0101 表示，这说明 5421BCD 码的编码方案不是唯一的，表 2-3 只列出了其中一种编码方案。

（3）2421BCD 码 2421BCD 码从高位到低位的"权值"分别为 2、4、2、1。它的编码方案也不是唯一的，例如 6 既可以用 1100 表示，也可以用 0110 表示，表 2-3 中只列出了其中一种编码方案。分析可知，这种编码方案的 2421BCD 码具有互补性，0 和 9、1 和 8、2 和 7、3 和 6、4 和 5 这 5 组代码互为反码，即两码各自对应位的取值相反。

（4）余 3 码 余 3 码是一种无权码，它是在 8421BCD 码基础上"加 3"后得到的。这里的"加 3"也不是真正意义上进行算术运算，只是用来表示余 3 码和 8421BCD 码之间的构成关系，反映了一种编码规律。余 3 码也具有互补性，0 和 9、1 和 8、2 和 7、3 和 6 及 4 和 5 的码组之间互为反码。

（5）余 3 循环码 余 3 循环码也是一种无权码，主要特点是任何相邻的两个代码之间仅有一位的状态不同，例如 0010 和 0110 只是次高位不同，0110 和 0111 只是最低位不同。

注意：4 位二进制代码构成的 BCD 码只表示 1 位十进制数，如果是多位十进制数，应先将该十进制数的每一位分别用其对应的 BCD 码表示，然后组合起来，例如十进制数 315 用8421BCD 码表示是（0011 0001 0101）$_{8421BCD}$。

2.2.4 原码、补码和反码

原码、补码和反码都属于编码的范畴，既然是编码，它们就没有大小之分，也不能用普通代数进行算术运算。以下内容提到的"加"或者"减",只是为了便于描述,在数字系统中,这些"算术运算"都是通过逻辑运算完成的。读者当前可能会有一些困惑,不妨先"不求甚解",随着学习的逐步深入,最终一定会"拨云见日"、消除疑惑。

(1)机器数和真值 机器数是数字在计算机中的二进制表示形式。数有正负之分,通常将符号放在二进制数的最高位,称为符号位,用0代表符号"+",以1代表符号"−"。

将带有符号位的机器数对应的真正数值称为机器数的真值。如果编码采用8位(下同),则机器数10000011的真值是−3,而不是131。

(2)原码 原码是符号位加上数值部分,例如+11的原码是 $[00001011]_原$,−11的原码是 $[10001011]_原$。因为有符号位,所以8位二进制数原码的表示范围是11111111 ~ 01111111,对应的十进制数范围是−127 ~ 127。其中,0有两个编码,$[00000000]_原$表示+0,$[10000000]_原$表示−0,0的两种不同表示带来了二义性问题。

两个正数相加,例如1+1,结果等于2。如果以原码形式进行运算,过程如下:

$$[00000001]_原+[00000001]_原=[00000010]_原=2$$

结果正确。

两个正数相减,例如1−1,可以先将减法转换为加法,即1+(−1),结果等于0。如果以原码形式进行运算,过程如下:

$$[00000001]_原-[00000001]_原=[00000001]_原+[10000001]_原=[10000010]_原=-2$$

显然,这个结果不正确,问题出在符号位参与了运算。所以如果用原码进行运算,符号位不能直接参与,必须和其他位分开,但这样做的结果是增加了硬件的开销和复杂性。正因如此,以计算机为代表的典型数字系统中不采用原码进行运算。

有没有一种二进制数编码,能够解决原码用于减法时出错的问题呢?答案是肯定的,这就是采用补码。

(3)补码 正数的补码和其原码一致,也是符号位加上数值部分,例如+11的补码是00001011。负数的补码是在其原码的基础上,符号位不变,其余各位取反,然后末位加1得到,例如−11的补码是11110101。两个补码运算之后的结果仍然是补码,如有进位,自动丢弃。根据定义,对补码再求补一次即可得到原码。下面举例说明用补码完成两个正数相减的运算。

【例2-8】 采用补码完成十进制数运算1−1。

解: 1的补码是 $[00000001]_补$,−1的补码是 $[11111111]_补$,则

$$[00000001]_补+[11111111]_补=[00000000]_补$$

符号位为0,说明是正数,所以补码即原码,运算结果为+0,正确。

【例2-9】 采用补码完成十进制数运算−1−127。

解: −1的补码是 $[11111111]_补$,−127的补码是 $[10000001]_补$,则

$$[11111111]_补+[10000001]_补=[10000000]_补$$

符号位为1,说明是负数,再求补得到原码 $[10000000]_原$。因为−1−127=−128,所以补码 $[10000000]_补$表示十进制数−128。由此可知,8位二进制数补码的表示范围虽然仍旧是11111111 ~ 01111111,但对应的十进制数范围是−128 ~ 127。

使用补码,不仅解决了带符号位运算的问题,而且 $[00000000]_补$表示0,$[10000000]_补$表示−128,也解决了原码中+0和−0的二义性问题,还能够多表示一个数。

需要指出的是，补码的运算应在其相应位数表示的数值范围内进行，否则将可能产生错误的计算结果。

【例 2-10】 采用补码完成十进制数运算 1+127。

解：1 的补码是 $[00000001]_{补}$，127 的补码是 $[01111111]_{补}$，则

$$[00000001]_{补}+[01111111]_{补}=[10000000]_{补}$$

例 2-9 的运算结果表明，补码 $[10000000]_{补}$ 表示 -128，而 1+127 应该等于 128，出现错误的原因是运算结果超过了 8 位二进制数补码的数值表示范围。

（4）反码　正数的反码和其原码一致；负数的反码是在其原码的基础上，符号位不变，其余各位取反。例如，+11 的反码是 $[00001011]_{反}$，-11 的反码是 $[11110100]_{反}$。不难看出，反码实际是原码到补码之间的过渡码。根据定义，对反码再求反一次即可得到原码。

2.2.5 格雷码

格雷（Gray）码是一种无权码，有多种编码形式，它的特点是任何相邻的两组代码之间，只有一位数码不同。以 4 位典型格雷码为例，它与十进制数的对应关系见表 2-4。

表 2-4　4 位典型格雷码与十进制数的对应关系

十进制数	格雷码	十进制数	格雷码
0	0　0　0　0	8	1　1　0　0
1	0　0　0　1	9	1　1　0　1
2	0　0　1　1	10	1　1　1　1
3	0　0　1　0	11	1　1　1　0
4	0　1　1　0	12	1　0　1　0
5	0　1　1　1	13	1　0　1　1
6	0　1　0　1	14	1　0　0　1
7	0　1　0　0	15	1　0　0　0

由于格雷码具有相邻性，因此它被广泛运用于数字信号的传输。第 1 章中提到，数字信号是现实生活中的模拟量经过转换得到的，而这些模拟量表现出来的特点是渐变，而不是突变。例如一幅图像，无论是人像还是风景照，若将它划分为若干个小区域，每一个小区域的颜色是相同或近似的，相邻小区域之间的颜色是逐渐变化的。因此，由图像转换得到的数字信号也必然存在渐变的特性。如果将渐变的数字信号用格雷码进行编码，在传输过程中就能最大限度降低错误。

举例来说，5 的 4 位格雷码是 0111，6 的 4 位格雷码是 0101，两组代码仅仅是次低位的码元不同，因此当从 0111 转变为 0101 时，出现其他代码的概率极小。如果采用的是 8421BCD 码，5 的代码是 0101，6 的代码是 0110，两组代码的次低位和最低位两个码元都不同，因此当从 0101 转变为 0110 时，如果这两个码元的变化不能做到完全同步，那么就会出现错误的过渡码，例如 0100、0111。由于码元的变化是通过电路实现的，不同步的概率很大，因此数据传输发生错误的可能性也就比较大。

分析还可知，格雷码的最小代码和最大代码之间也只有一位数码不同，因此它同时也是一种循环码。

2.2.6 奇偶校验码

数字信号在传输的过程中，衰减和干扰会导致目的端接收到的信号与发送端发出的信号

不一致，出现传输错误。奇偶校验码是一种能够发现传输错误的信号编码，它由需要传输的信息码再增加一位校验码构成。奇校验码的信息码和校验码中"1"的个数为奇数，偶校验码的信息码和校验码中"1"的个数为偶数。以5位奇偶校验码为例，其构成见表2-5。

表2-5　5位奇偶校验码的构成

十进制数	奇校验码		十进制数	奇校验码	
	信息码	校验码		信息码	校验码
0	0 0 0 0	1	0	0 0 0 0	0
1	0 0 0 1	0	1	0 0 0 1	1
2	0 0 1 0	0	2	0 0 1 0	1
3	0 0 1 1	1	3	0 0 1 1	0
4	0 1 0 0	0	4	0 1 0 0	1
5	0 1 0 1	1	5	0 1 0 1	0
6	0 1 1 0	1	6	0 1 1 0	0
7	0 1 1 1	0	7	0 1 1 1	1
8	1 0 0 0	0	8	1 0 0 0	1
9	1 0 0 1	1	9	1 0 0 1	0

奇偶校验码通过检测目的端接收的信号中"1"的个数是否正确，进而判断在信号传输过程中是否存在错误。以奇校验码为例，如果在接收到的某一个码中"1"的个数是偶数，那么一定可以得出这个码存在传输错误。

2.2.7　ASCII 码和汉字编码

ASCII 码（American Standard Code for Information Interchange）即美国信息交换标准码，最初是美国标准，后来被国际标准化组织（ISO）定为国际标准，适用于所有拉丁字母。标准 ASCII 码为8位，其中最高位固定为0，后7位用来表示所有的大写和小写字母、数字0~9、标点符号，以及特殊控制字符，共128个字符。部分字符的 ASCII 码见表2-6。

表2-6　部分字符的 ASCII 码

$B_7 B_6 B_5 B_4 B_3 B_2 B_1 B_0$	缩写/字符	解释
0 0 0 0 0 0 0 0	NUL(Null)	空字符
0 0 0 0 1 0 0 0	BS(Backspace)	退格
0 0 0 0 1 1 0 1	CR(Carriage Return)	回车键
0 0 1 0 0 0 0 0	(Space)	空格
0 0 1 0 0 0 0 1	!	叹号
0 0 1 0 1 0 1 1	+	加号
0 0 1 0 1 1 0 0	,	逗号
0 0 1 1 0 0 0 0	0	字符 0
0 0 1 1 1 1 0 1	=	等号
0 1 0 0 0 0 0 1	A	大写字母 A
0 1 1 0 0 0 0 1	a	小写字母 a
0 1 1 1 1 1 1 1	DEL(Delete)	删除

对英语而言，128个符号编码便可以完成所有的文字表示及操作控制，但欧洲其他一些拉丁语系语言仅用128个符号是不够的，例如法语的字母上方有注音符号，它就无法用标准 ASCII 码表示。于是，扩展 ASCII 码应运而生，它的最高位固定为1，后7位用来表示特殊

符号、外来语字母和图形符号，共 128 个字符。

汉字不同于拉丁文，属于表意文字，数量多达 10 万有余，常用汉字也有几千个。汉字编码是为汉字设计的一种便于计算机处理的代码，国标 GB/T 2312—1980 使用两个字节（共 16 位）表示一个汉字，理论上最多可以表示 2^{16}（65536）个字符。

2.3 编码问题的 0、1 描述

下面以最简单的 4-2 编码器为例。假设待编码的输入信号为 A、B、C、D，代码输出为 Y_1、Y_0，如果用 1 表示输入信号有编码需求，0 表示没有编码需求，则问题描述见表 2-7。

表 2-7 4-2 编码问题描述（一）

A	B	C	D	Y_1	Y_0
0	0	0	1	1	1
0	0	1	0	1	0
0	1	0	0	0	1
1	0	0	0	0	0

反之，如果用 0 表示输入信号有编码需求，1 表示没有编码需求，则问题描述见表 2-8。

表 2-8 4-2 编码问题描述（二）

A	B	C	D	Y_1	Y_0
1	1	1	0	1	1
1	1	0	1	1	0
1	0	1	1	0	1
0	1	1	1	0	0

对于输出信号，Y_1 和 Y_0 的代码分配可以有多种方案，表 2-7 和表 2-8 中将 11、10、01、00 分别赋予 D、C、B、A。

通过上述内容可知，在数字电路中，描述同一个问题时，0 和 1 的含义不同，表现形式就有所不同，但所反映的问题本质是一样的。

另外，还有一些情况需要考虑，例如：如果 4 个输入信号都没有编码要求，该如何描述？如果有两个以上的输入信号同时有编码要求，又该如何描述呢？

显然，对于第一种情况，仅两个输出端就不够了，需要增加一个输出端 Y_2，才能表示 5 种输入状态。这里仍旧用 1 表示有编码需求，0 表示没有编码需求，当 4 个输入信号都没有编码需求时，将 Y_2、Y_1、Y_0 赋值为 1、1、1，则问题描述见表 2-9。

表 2-9 4-2 编码问题描述（三）

A	B	C	D	Y_2	Y_1	Y_0
0	0	0	0	1	1	1
0	0	0	1	0	1	1
0	0	1	0	0	1	0
0	1	0	0	0	0	1
1	0	0	0	0	0	0

分析可知，3 个输出端可以表示 8 种状态，只要能将问题描述清楚，Y_2、Y_1、Y_0 的赋值有多种组合。但正如前面所述，编码赋值时需要考虑其特点和规律。

对于第二种情况，涉及优先级的概念。优先级是指当多个输入信号同时"有效"时，只对优先级别高的输入信号进行"应答"。具体对编码而言，所谓输入信号"有效"是指该信号有编码需求，所谓"应答"是指电路给该输入信号赋予一个代码。这里，如果设定 A 的优先级最高，D 的优先级最低，以表 2-9 为基础，则问题描述见表 2-10。

表 2-10 4-2 编码问题描述（四）

A	B	C	D	Y_2	Y_1	Y_0
0	0	0	0	1	1	1
1	X	X	X	0	0	0
0	1	X	X	0	0	1
0	0	1	X	0	1	0
0	0	0	1	0	1	1

上表中的"X"表示该输入信号既可以是 0，也可以是 1，但由于级别更高的输入信号有编码需求，所以电路"无视"该输入信号的状态。

本 章 小 结

本章围绕数制和编码两大知识点展开，介绍了数制的基本概念、数制的构成要素，以及不同数制之间的相互转换，并通过例题加以说明，还介绍了编码的定义，也给出了一些生活中编码的实例。数字信号编码是编码的一类，根据数字信号的特点，分析并给出了待编码个体数量与编码位数的关系。

常用的数字信号编码有 BCD 码、格雷码、奇偶校验码、ASCII 码和汉字编码等，其中8421BCD 码在数字电路中使用非常广泛。

原码、反码、补码用于数的"运算"，但其本质上是一种编码而非数值。

本章最后对编码问题的 0、1 描述进行了介绍，以 4-2 编码器为例，提出并回答了如何用 0 和 1 表达输入信号的"诉求"，如何反映输入信号的"优先级"，如何描述输出信号的状态含义。

复习思考题

1. 将以下的二进制数分别转换为八进制数、十进制数和十六进制数。

（1）1101101　　（2）0.011　　（3）10110110.11

2. 将以下的十进制数分别转换为二进制数、八进制数和十六进制数（小数部分保留 4 位）。

（1）25.6875　　（2）158.39　　（3）255

3. 将以下的十进制数分别转换为三进制数。

（1）9　　　　（2）25　　　（3）63

4. 将以下的十进制数分别转换为五进制数。

(1) 25   (2) 87   (3) 409

5. 将以下的八进制数分别转换为二进制数。

(1) 73   (2) 4.065   (3) 2023.12

6. 将以下的十六进制数分别转换为二进制数。

(1) 921A5.BCD   (2) F67.034   (3) E8

7. 写出下列十进制数的 8421BCD 码、5421BCD 码和余 3 码。

(1) 9013   (2) 7682   (3) 485

8. 写出下列二进制数的原码、补码和反码，设码长为 8 位。

(1) +100101   (2) +0111   (3) −11101   (4) −010101

9. 已知 $N = 11011001$，分别写出在下列情况下表示的十进制数。

(1) 无符号的二进制数   (2) 带符号的二进制数原码

(3) 带符号的二进制反码   (4) 带符号的二进制补码

10. 采用二进制补码完成下列运算，设码长为 8 位。

(1) 18+3   (2) 7−23   (3) −9−6

11. 参加学校运动会的运动员有 1265 人，如果给每位运动员赋予一个 0、1 代码，至少需要多少位？写出详细的分析过程。

12. 设计一个 4×5 的简易键盘，给每一个键赋予一个 0、1 代码，至少需要多少位？写出详细的分析过程。

13. 构造一个 3 位的格雷码，写出实现的思路。

14. 学校一共有 15 栋各类建筑，要求给每一栋建筑赋予一个 0、1 代码，并完成该编码的 0、1 描述。

第 3 章

基本逻辑关系与逻辑门

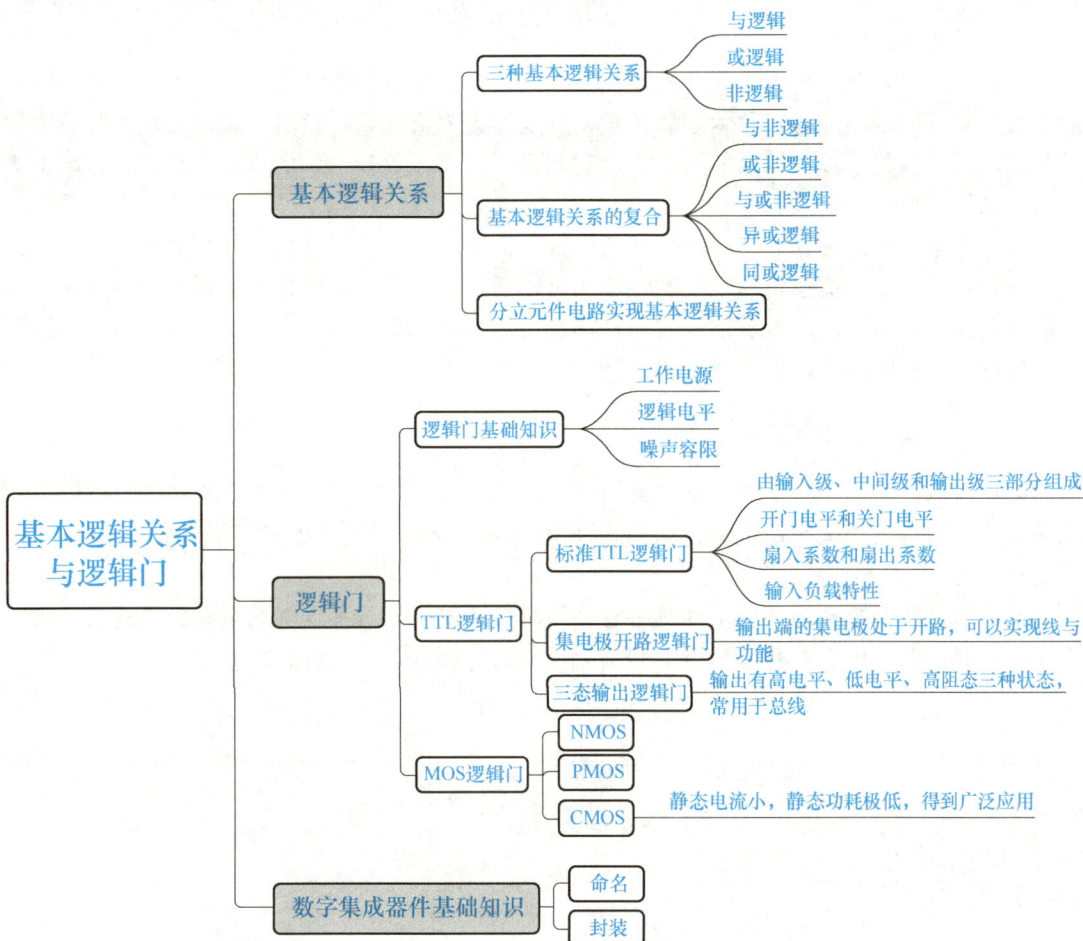

```
                                           ┌─ 与逻辑
                              ┌─ 三种基本逻辑关系 ─┼─ 或逻辑
                              │                └─ 非逻辑
                              │
                              │                ┌─ 与非逻辑
                              │                ├─ 或非逻辑
           ┌─ 基本逻辑关系 ─────┼─ 基本逻辑关系的复合 ─┼─ 与或非逻辑
           │                  │                ├─ 异或逻辑
           │                  │                └─ 同或逻辑
           │                  │
           │                  └─ 分立元件电路实现基本逻辑关系
           │
           │                                   ┌─ 工作电源
           │                   ┌─ 逻辑门基础知识 ─┼─ 逻辑电平
           │                   │               └─ 噪声容限
           │                   │
           │                   │                              ┌─ 由输入级、中间级和输出级三部分组成
基本逻辑关系 ─┤                   │               ┌─ 标准TTL逻辑门 ─┼─ 开门电平和关门电平
与逻辑门     │                   │               │               ├─ 扇入系数和扇出系数
           ├─ 逻辑门 ──────────┼─ TTL逻辑门 ─────┤               └─ 输入负载特性
           │                   │               │
           │                   │               ├─ 集电极开路逻辑门 ── 输出端的集电极处于开路,可以实现线与功能
           │                   │               │
           │                   │               └─ 三态输出逻辑门 ── 输出有高电平、低电平、高阻态三种状态,常用于总线
           │                   │
           │                   │               ┌─ NMOS
           │                   └─ MOS逻辑门 ─────┼─ PMOS
           │                                   └─ CMOS ── 静态电流小,静态功耗极低,得到广泛应用
           │
           │                              ┌─ 命名
           └─ 数字集成器件基础知识 ──────────┴─ 封装
```

第 2 章讲述了编码的相关知识,还有一个问题没有解决,即数字系统中的编码是如何通过电路实现的。本章将带着这个问题学习数字电路中的基本逻辑关系及逻辑门(Logic Gates)。

3.1 基本逻辑关系

3.1.1 二值逻辑

二值逻辑是指任一命题具有且仅有"真"或者"假",非此即彼。例如,足球比赛开场时主裁判抛硬币决定哪队先开球，其结果只有正面和反面两种情况；某人参加献血身体条件检查，其结果只会是合格或不合格。

与二值逻辑对应的是多值逻辑。例如，电动机有正转、反转和停止三种情况，一个电路的状态有正常工作、开路、短路、过载等，学生学习期满有毕业、结业、肄业等情况。多值逻辑关系远比二值逻辑关系复杂，处理起来也就比较困难。

二值逻辑关系可以用语言文字描述，也可以用逻辑图形符号（在不至于引起混淆的情况下，后面一律简称为逻辑符号）等其他形式描述。逻辑关系承接两大主体，分别是逻辑条件和逻辑结果。在二值逻辑世界里，无论是逻辑条件还是逻辑结果，其取值（状态）有且只有两个，即逻辑 0 和逻辑 1。逻辑 0 和逻辑 1 并不表示具体的数值，而是表示相互矛盾、相互对立的两种逻辑状态，如开关的通断、脉冲的有无、晶体管的饱和截止、事件发生与否等。因此，逻辑 0 和逻辑 1 之间并不存在大小关系，也没有数值意义。逻辑条件和逻辑结果的取值如果是恒定不变的，称为逻辑常量，反之称为逻辑变量。逻辑变量通常用大写英文字母来表示，习惯将字母表靠前的用来表示逻辑条件，如 A、B、C 等，字母表靠后的用来表示逻辑结果，如 X、Y、Z 等。

第 1 章中已经提到，数字电路处理的是数字信号，数字信号有且仅有高电平和低电平两种状态，正好符合二值逻辑的定义和特征，可以通过二值逻辑来描述并实现相应的功能。学习数字电路，要善于用逻辑思维、辩证思维和系统思维去认识问题、理解问题、思考问题，不断提高解决实际问题的能力。

3.1.2 三种基本逻辑关系

无论多么复杂的二值逻辑关系，都是由"与""或""非"三种基本的逻辑关系组合而成的。下面通过例子说明逻辑电路的概念以及"与""或""非"的意义。

1. 与逻辑

只有当决定某事件的条件全部具备时，该事件才发生，这种逻辑关系称为与逻辑。观察图 3-1 所示电路，开关 A 和 B 串联，只有当 A 和 B 同时闭合，灯泡 Y 才亮；只要有任何一

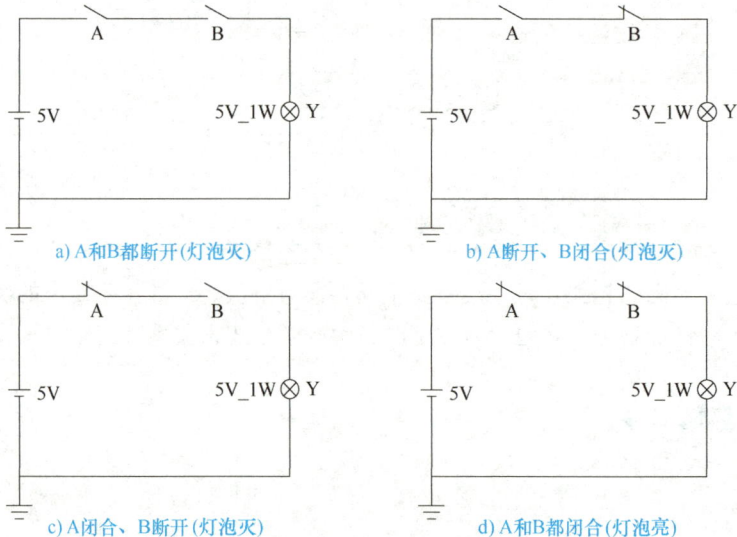

a) A和B都断开(灯泡灭)　　　　　　　　b) A断开、B闭合(灯泡灭)

c) A闭合、B断开(灯泡灭)　　　　　　　　d) A和B都闭合(灯泡亮)

图 3-1　2 输入与逻辑电路

个开关断开，Y 就不亮。这里，开关 A、B 只有断开和闭合两种状态，灯泡 Y 也只有亮和灭两种状态，灯泡的亮灭取决于开关是否闭合，因此，开关 A、B 是逻辑条件，灯泡 Y 是逻辑结果，这是一个典型的与逻辑电路。

与逻辑关系可以表示为 $Y=A \cdot B$。"·"是与逻辑的运算符，将这种描述输出与输入关系的方式称为逻辑表达式。与逻辑又称为逻辑乘。

如果用 1 表示开关闭合，用 0 表示开关断开，用 1 表示灯泡亮，用 0 表示灯泡灭，可得到表 3-1。这种描述输入条件和输出结果之间对应关系的表格称为真值表。

表 3-1　2 输入与逻辑的真值表

A	B	Y
0	0	0
0	1	0
1	0	0
1	1	1

逻辑关系还可以用逻辑符号进行描述。逻辑符号的主要特点在于它能准确、简洁地描述其所表示的对象。由于认定机构的不同以及发展过程中的几经变化，不同国家和地区、不同行业、不同体系所采用的逻辑符号往往是有所不同的。

IEC 60617 database 是国际电工委员会（IEC）制定的简图用图形符号标准，ANSI/IEEE Std 91-1984 是美国国家标准协会（ANSI）和美国电气电子工程师学会（IEEE）于 1984 年发布的逻辑函数图形符号标准，这两个标准都认定逻辑符号的整体轮廓为矩形框，通过加上不同的标识用以区分不同的逻辑功能。GB/T 4728.12—2022 是中国国家标准化管理委员会发布的关于二进制逻辑元件的国家标准，等同采用了 IEC 60617 database 标准。目前，国内很多高等院校的教材以及参考书采用的都是这种逻辑符号。

随着大规模可编程逻辑器件（Programmable Logic Devices，PLD）的广泛应用，使用矩形轮廓符号描述结构复杂的 PLD 存在一定的困难，因此，ANSI 和 IEEE 于 1991 年对标准 ANSI/IEEE Std 91-1984 作了补充和修订，命名为 ANSI/IEEE Std 91a-1991，修订后的标准既允许使用原有的矩形轮廓符号，也允许使用一类新的特定形状符号。目前国际上主流电子设计自动化（Electronic Design Automation，EDA）软件和经典的数字逻辑教材在描述基本逻辑门时往往采用的是这种特定形状符号。

鉴于这两种逻辑符号都是国际标准，也都被广泛使用，从知识获取的便利性和能力提高的实用性考虑，本教材采取矩形轮廓符号和特定形状符号并重原则，读者需要熟练掌握这两种符号。图 3-2 所示为 2 输入与逻辑的图形符号。

a) 矩形轮廓符号　　　　b) 特定形状符号

图 3-2　2 输入与逻辑的图形符号

2. 或逻辑

决定某事件的所有条件中只要有一个或一个以上具备，该事件就会发生，这种逻辑关系称为或逻辑。观察图 3-3 所示电路，开关 A 和开关 B 并联，只要 A 和 B 中有一个或一个以上闭合，灯泡 Y 就亮；只有当 A 和 B 都断开时，灯泡 Y 才灭。这是一个典型的或逻辑电路。

或逻辑关系可以表示为 $Y=A+B$，"+"是或逻辑的运算符。或逻辑又称为逻辑加。

如果用 1 表示开关闭合，用 0 表示开关断开，用 1 表示灯泡亮，用 0 表示灯泡灭，可得

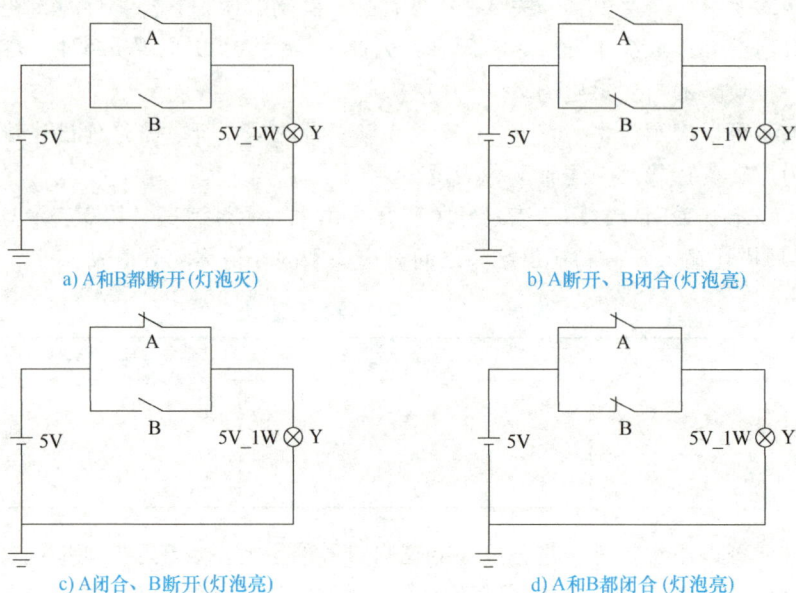

a) A和B都断开(灯泡灭)

b) A断开、B闭合(灯泡亮)

c) A闭合、B断开(灯泡亮)

d) A和B都闭合 (灯泡亮)

图 3-3 2 输入或逻辑电路

到表 3-2。图 3-4 所示为 2 输入或逻辑的图形符号。

表 3-2　2 输入或逻辑的真值表

A	B	Y
0	0	0
0	1	1
1	0	1
1	1	1

a) 矩形轮廓符号

b) 特定形状符号

图 3-4　2 输入或逻辑的图形符号

3. 非逻辑

当决定某一事件的条件满足时，事件不发生，当条件不满足时，事件发生，这种逻辑关系称为非逻辑，也称为反相。观察图 3-5 所示电路，开关 A 和灯泡 Y 并联，当开关 A 闭合（条件具备）时，则灯泡 Y 灭（事件不发生）；当 A 断开（条件不具备）时，灯泡 Y 亮（事件发生）。这是一个典型的非逻辑电路。

非逻辑关系可以表示为 $Y=\overline{A}$，"－"是非逻辑的运算符。有些教材和参考书也写成 $Y=A'$，$Y=\sim A$，它们都表示逻辑取反。

如果用 1 表示开关闭合，用 0 表示开关断开，用 1 表示灯泡亮，用 0 表示灯泡灭，可得到表 3-3。图 3-6 所示为非逻辑的图形符号，符号中的小圆圈表示取反。

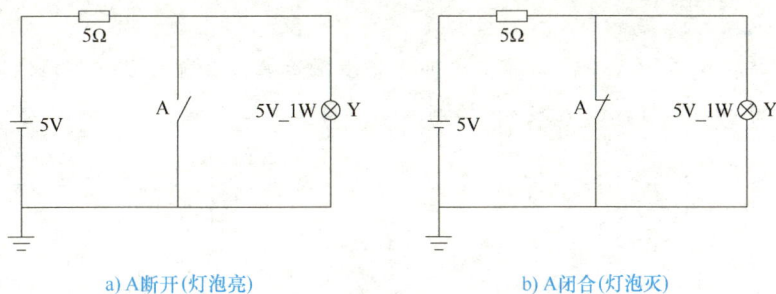

a) A断开(灯泡亮)   b) A闭合(灯泡灭)

图 3-5 非逻辑电路

表 3-3 非逻辑的真值表

A	Y
0	1
1	0

a) 矩形轮廓符号   b) 特定形状符号

图 3-6 非逻辑的图形符号

3.1.3 基本逻辑关系的复合

通过与、或、非逻辑的组合可以衍生出更多的逻辑关系，这些逻辑关系可以由与、或、非逻辑符号构成的逻辑电路和真值表加以描述。

1. 与非逻辑

顾名思义，与非逻辑是指先进行与逻辑运算，再进行非逻辑运算。由逻辑符号构成的 2 输入变量的与非逻辑电路如图 3-7 所示（以后的逻辑电路若无特别说明，均指由逻辑符号构成）。分析后不难得知，只有当输入变量全为 1 时，输出才为 0；当输入变量有一个以上为 0 时，输出为 1。

为分析图 3-7 中输出 Y 与输入 A、B 的逻辑关系，可以先增设一个中间变量 L，$L = A \cdot B$，因此 $Y = \overline{L} = \overline{A \cdot B}$。其真值表见表 3-4，其图形符号如图 3-8 所示。

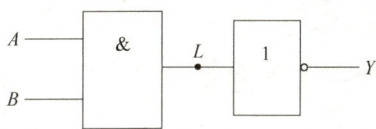

图 3-7 2 输入与非逻辑电路

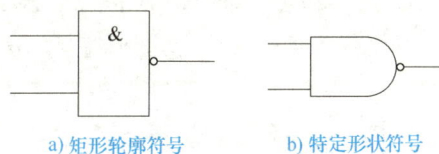

a) 矩形轮廓符号   b) 特定形状符号

图 3-8 2 输入与非逻辑的图形符号

表 3-4 2 输入与非逻辑的真值表

A	B	L	Y
0	0	0	1
0	1	0	1
1	0	0	1
1	1	1	0

2. 或非逻辑

或非逻辑是指先进行或逻辑运算，再进行非逻辑运算。2 输入或非逻辑电路如图 3-9 所示。当输入变量全为 0 时，输出为 1；当输入变量有一个以上为 1 时，输出为 0。

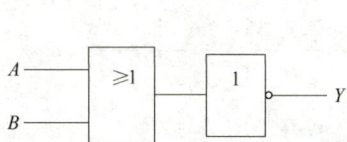

图 3-9　2 输入或非逻辑电路

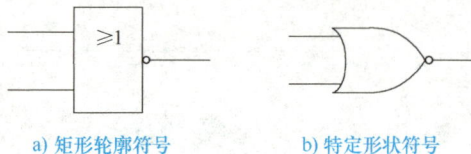

a) 矩形轮廓符号　　　b) 特定形状符号

图 3-10　2 输入或非逻辑的图形符号

或非逻辑可表示为 $Y = \overline{A+B}$，其真值表见表 3-5，其图形符号如图 3-10 所示。

表 3-5　2 输入或非逻辑的真值表

A	B	Y
0	0	1
0	1	0
1	0	0
1	1	0

3. 与或非逻辑

与或非逻辑是指输入变量先进行与逻辑运算，再进行或逻辑运算，最后进行非逻辑运算。4 输入与或非逻辑电路如图 3-11 所示。

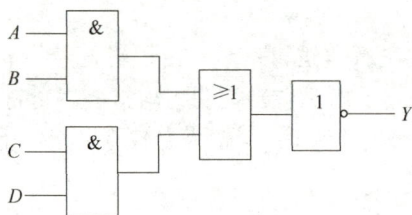

图 3-11　4 输入与或非逻辑电路

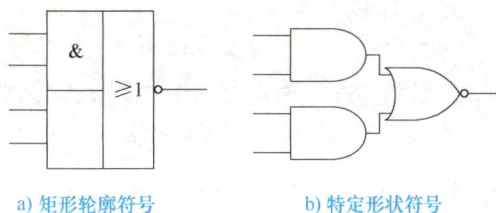

a) 矩形轮廓符号　　　b) 特定形状符号

图 3-12　4 输入与或非逻辑的图形符号

与或非逻辑关系可表示为 $Y = \overline{A \cdot B + C \cdot D}$（在一个逻辑式中，与运算的优先级高于或运算），其真值表见表 3-6，其图形符号如图 3-12 所示。

表 3-6　4 输入与或非逻辑的真值表

A	B	C	D	Y	A	B	C	D	Y
0	0	0	0	1	1	0	0	0	1
0	0	0	1	1	1	0	0	1	1
0	0	1	0	1	1	0	1	0	1
0	0	1	1	0	1	0	1	1	0
0	1	0	0	1	1	1	0	0	0
0	1	0	1	1	1	1	0	1	0
0	1	1	0	1	1	1	1	0	0
0	1	1	1	0	1	1	1	1	0

4. 异或逻辑

异或逻辑是一种 2 输入变量的逻辑运算，当两个变量的取值相同时，输出为 0；当两个变量的取值不同时，输出为 1。其逻辑电路如图 3-13 所示。

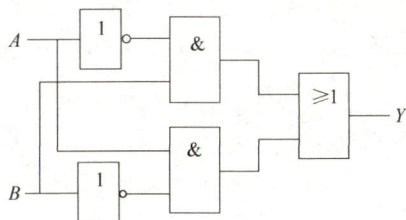

图 3-13 异或逻辑电路

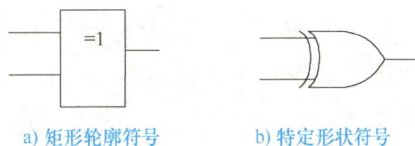

图 3-14 异或逻辑的图形符号

a) 矩形轮廓符号　　b) 特定形状符号

异或逻辑关系可表示为 $Y=A \oplus B$，其真值表见表 3-7，其图形符号如图 3-14 所示。

表 3-7 异或逻辑的真值表

A	B	Y
0	0	0
0	1	1
1	0	1
1	1	0

5. 同或逻辑

同或逻辑也是一种 2 输入变量的逻辑运算，其逻辑关系和异或逻辑正好相反，当两个变量取值相同时，输出为 1，当两个变量取值不同时，输出为 0。同或逻辑电路如图 3-15 所示。

同或逻辑关系可表示为 $Y=A \odot B$，其真值表见表 3-8，其图形符号如图 3-16 所示。

表 3-8 同或逻辑的真值表

A	B	Y
0	0	1
0	1	0
1	0	0
1	1	1

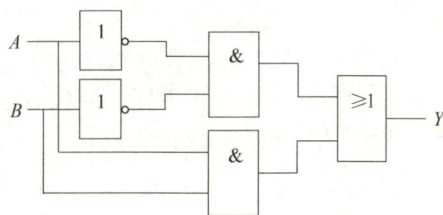

图 3-15 同或逻辑电路

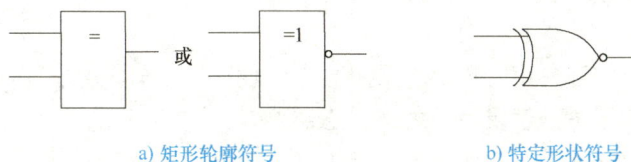

a) 矩形轮廓符号　　b) 特定形状符号

图 3-16 同或逻辑的图形符号

3.1.4 基本逻辑关系的分立元件电路实现

任何逻辑关系都可以通过电子电路实现，接下来本着先易后难、由简入繁的原则，首先介绍由分立元件构成的"与""或""非"逻辑电路。

1. 与逻辑电路的分立元件实现

电路如图 3-17 所示，当输入端 A 和 B 中有任何一个接低电平，例如 $V_A = 0V$，则其对应的二极管 VD_1 导通。假设 VD_1 和 VD_2 都是硅二极管，导通电压 $U_{ON} = 0.7V$，则 $V_Y = 0V + 0.7V = 0.7V$，输出 Y 被钳制在低电平；当 A 和 B 均为高电平时，例如 $V_A = V_B = 5V$，VD_1 和 VD_2 都不导通，电路没有形成闭合回路，电流为 0，电阻 R 上没有电压降，因此 $V_Y = 5V$，输出 Y 为高电平。Y 与 A、B 之间满足与逻辑关系。

2. 或逻辑电路的分立元件实现

电路如图 3-18 所示，当输入端 A 和 B 中有任何一个接高电平，例如 $V_A = 5V$，则 VD_1 导通。假设 VD_1 和 VD_2 都是硅二极管，导通电压 $U_{ON} = 0.7V$，则 $V_Y = 5V - 0.7V = 4.3V$，输出 Y 被钳制在高电平；当 A 和 B 均为低电平时，VD_1 和 VD_2 都不导通，电路没有形成闭合回路，电流为 0，电阻 R 上没有电压降，因此 V_Y 和地等电位，$V_Y = 0V$，输出 Y 为低电平。Y 与 A、B 之间满足或逻辑关系。

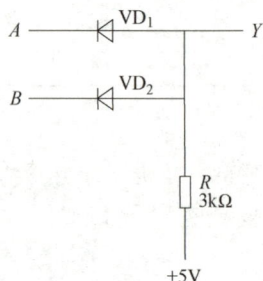

图 3-17 二极管构成的
2 输入与逻辑电路

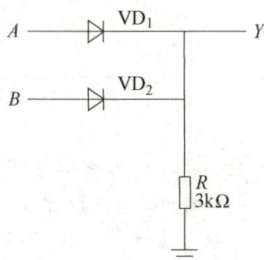

图 3-18 二极管构成的
2 输入或逻辑电路

3. 非逻辑电路的分立元件实现

电路如图 3-19 所示，不同于模拟电子电路，数字电路中的晶体管通常工作在饱和状态或截止状态，这可以通过选择合适的 VT、R_B、R_C 实现。本电路中晶体管 VT 的型号是 2N2219，$R_B = 5k\Omega$，$R_C = 1.5k\Omega$。当输入 A 为高电平 5V 时，晶体管饱和导通，$V_Y \approx 0V$，输出 Y 为低电平；当输入 A 为低电平 0V 时，晶体管可靠截止，$V_Y \approx U_{CC}$，输出 Y 为高电平。Y 与 A 之间满足非逻辑关系。

图 3-19 晶体管构成的
非逻辑电路

需要说明的是，实际应用时通常不采用分立元件构成的电路，因为除了考虑逻辑关系之外，还需要考虑很多其他因素，包括功耗、工作速度、抗干扰能力等，因此电路的内部结构也要复杂得多。以实际产品 74LS08 为例，它采用的是集成工艺，其内部包含有 4

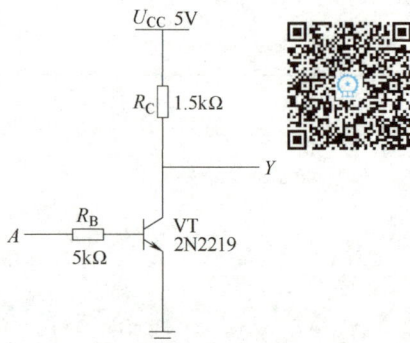

个完全相同的 2 输入与逻辑电路，图 3-20 所示是其中一个与逻辑的电路。可以看到，该电路由 6 个晶体管、6 个二极管、7 个电阻、电源 U_{CC}、地 GND 以及若干导线构成，A 和 B 是输入，Y 是输出，其结构复杂度远超图 3-17 所示电路，但与之相应的是，其性能也远优于图 3-17 所示电路。

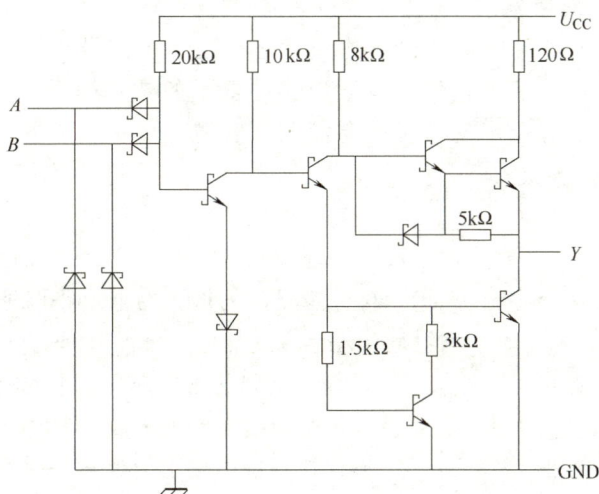

图 3-20　74LS08 的电路构成（1/4 部分）

3.2　逻辑门概述

逻辑门又称为数字逻辑电路基本单元，是执行"与""或""非""与非""或非"等基本逻辑运算的电路，是构成更大规模集成电路（Integrated Circuit）的基本组件。所谓"门"意指开关，由其决定数字信号的通过或者不通过。

3.2.1　逻辑门的分类

逻辑门按照构成元器件的不同，可分为双极型逻辑门和单极型逻辑门两大类。双极型逻辑门电路主要有晶体管-晶体管逻辑（Transistor-Transistor Logic，TTL）电路、发射极耦合逻辑（Emitter Coupled Logic，ECL）电路和集成注入逻辑（Integrated Injection Logic，I^2L）电路，在这些电路中，电子和空穴两种载流子都参与导电。单极型逻辑门电路主要有 N 型金属氧化物半导体（N Metal-Oxide-Semiconductor，NMOS）电路、P 型金属氧化物半导体（P Metal-Oxide-Semiconductor，PMOS）电路和互补金属氧化物半导体（Complementary Metal-Oxide-Semiconductor，CMOS）电路，在这些电路中，只有一种载流子（电子或者空穴）参与导电。下面将对 TTL 逻辑门和 CMOS 逻辑门作简要介绍。

3.2.2　逻辑门的工作电源及逻辑电平

1. 工作电源

无论是 TTL 器件，还是 CMOS 器件，都需要工作电源才能正常工作。TTL 集成逻辑门的电源电压通常为 5V，下限为 4.5V，上限为 5.5V。基本 CMOS 集成逻辑门的电源电压范围非常宽，为 3~18V；高速 CMOS 集成逻辑门的电源电压范围为 2~6V；先进 CMOS 集成逻辑门的电源电压范围为 4.5~5.5V。随着现代数字电子技术的发展，集成电路的工作电压越来越低是一个趋势，低电压 TTL（LVTTL）和低电压 CMOS（LVCMOS）常用的工作电源电压有 3.3V、2.5V 和 1.8V。

2. 逻辑电平

逻辑电平是数字信号可以取的电压值或状态，通常由信号与地线之间的电位差来体现。在过去的几十年，数字电路已经发展出多种电平的技术标准，不同工艺、不同类别的逻辑门，其逻辑电平有一定的差异。要深刻理解逻辑电平，需要知道以下几个概念的含义：

（1）最小输入高电平（$V_{IH(min)}$）　确保逻辑门的输入为高电平时所允许的最小电平值。当输入电平值大于 $V_{IH(min)}$ 时，均会被认定是输入高电平 V_{IH}，即识别为逻辑 1。

（2）最大输入低电平（$V_{IL(max)}$）　确保逻辑门的输入为低电平时所允许的最大电平值。当输入电平值小于 $V_{IL(max)}$ 时，均会被认定是输入低电平 V_{IL}，即识别为逻辑 0。

（3）最小输出高电平（$V_{OH(min)}$）　确保逻辑门的输出为高电平时所允许的最小电平值。当输出电平值大于 $V_{OH(min)}$ 时，均会被认定是输出高电平 V_{OH}，即识别为逻辑 1。

（4）最大输出低电平（$V_{OL(max)}$）　确保逻辑门的输出为低电平时所允许的最大电平值。当输出电平值小于 $V_{OL(max)}$ 时，均会被认定是输出低电平 V_{OL}，即被识别为逻辑 0。

以标准 TTL 电路为例，当工作电源为 5V 时，输入高电平 V_{IH} 通常大于 2V，输入低电平 V_{IL} 小于 0.8V，输出高电平 V_{OH} 通常大于 2.4V，输出低电平 V_{OL} 小于 0.4V，如图 3-21 所示。处于高、低电平之间的区域是无效电平，对于输入电平而言，即 0.8~2V，对于输出电平而言，即 0.4~2.4V。无效电平也被称为浮动状态，可能被电路随机地识别成高电平或低电平，从而导致逻辑错误，因此在电路设计或使用时，一定要避免出现这种情况。

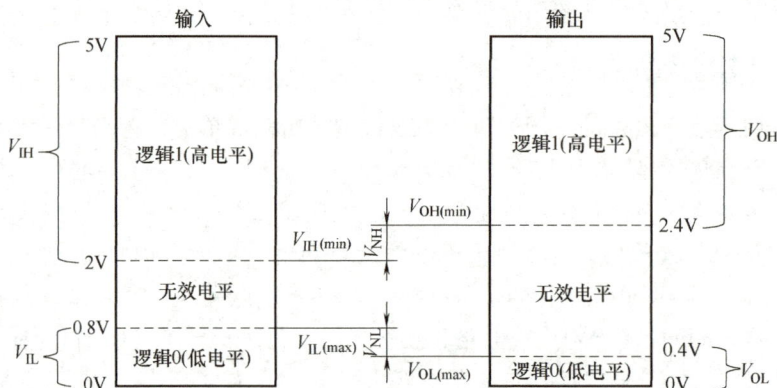

图 3-21　标准 TTL 电路的逻辑电平

对于 CMOS 电路，设工作电源电压为 U_{DD}，输出高电平 V_{OH} 的值通常大于或等于 $0.9U_{DD}$，输出低电平 V_{OL} 的值小于或等于 $0.1U_{DD}$，输入高电平 V_{IH} 大于或等于 $0.7U_{DD}$，输入低电平 V_{IL} 的值小于或等于 $0.3U_{DD}$。CMOS 电路的类别不同，工作电源电压也不同，其逻辑电平如图 3-22 所示。

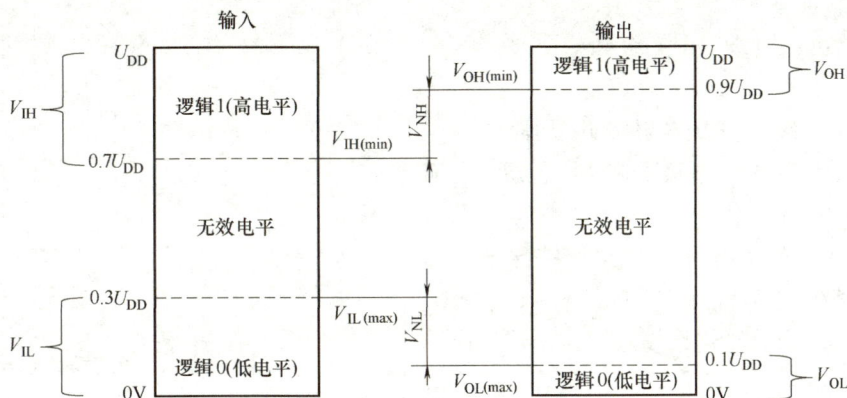

图 3-22　CMOS 电路的逻辑电平

3.2.3　逻辑门的噪声容限

当多个逻辑门进行级联构成更大规模的数字电路时，前一级逻辑门的输出就是后一级逻辑门的输入，两者的逻辑状态必须一致，否则就会导致逻辑混乱。以与非门为例，前级与门的输出 L 即后级非门的输入，假设输出 L 为低电平逻辑 0，其送到非门的输入应当也是低电平逻辑 0，但由于输出低电平 V_{OL} 与输入低电平 V_{IL} 的取值范围本身存在差异，再加上外界干扰和电源波动等原因，为了确保数字电路正常工作，必须限制加到输入端的干扰电压的大小，这就是噪声容限。

噪声容限表示逻辑门电路的抗干扰能力，用 U_N 表示，有低电平噪声容限 U_{NL} 和高电平噪声容限 U_{NH} 两个指标。

低电平噪声容限 U_{NL} 是指允许叠加在输入低电平 V_{IL} 上的最大噪声电压，即

$$U_{NL} = V_{IL(max)} - V_{OL(max)} \tag{3-1}$$

假设与门和非门都是 TTL 电路，可知 $U_{NL} = 0.8V - 0.4V = 0.4V$。也就是说，如果前级与门的输出达到 0.4V，那么该电平值传输至非门时，允许叠加的干扰电压最多不超过 0.4V，否则合并之后的电平值就超过了 0.8V，这个值落在了无效电平范围内，可能导致出现逻辑混乱。

高电平噪声容限 U_{NH} 是指允许叠加在输入高电平 V_{IH} 上的最大噪声电压，即

$$U_{NH} = V_{OH(min)} - V_{IH(min)} \tag{3-2}$$

对于上面列举的 TTL 与非逻辑电路，有 $U_{NH} = 2.4V - 2V = 0.4V$。

3.3　TTL 逻辑门

3.3.1　标准 TTL 逻辑门

TTL 逻辑门的型号众多，这里以 7400 标准型为例进行介绍。7400 内部包含 4 个完全一样的 2 输入与非逻辑，图 3-23 所示为其中一个的电路。

1. 电路结构分析

该电路由输入级、中间级和输出级三部分组成。

（1）输入级　由双发射极硅晶体管 VT_1、二极管 VD_1 和 VD_2、基极电阻 R_1 组成。当输入端 A、B 中有任何一个是低电平时，假设 $V_{IL} = 0.3V$，则 VT_1 必有一个发射结导通，因此 VT_1 的基极电位 $V_{B1} = U_{BE} + 0.3V \approx 1V$。$VD_1$ 和 VD_2 是硅二极管，假设输入端 A 出现负向干扰脉冲，例如 $V_A = -10V$，此时 VD_1 导通，由于 VD_1 的阳极接地，电压恒定为 $0V$，因此 A 端电位等于 $0V$ 减去 VD_1 的导通电压（约

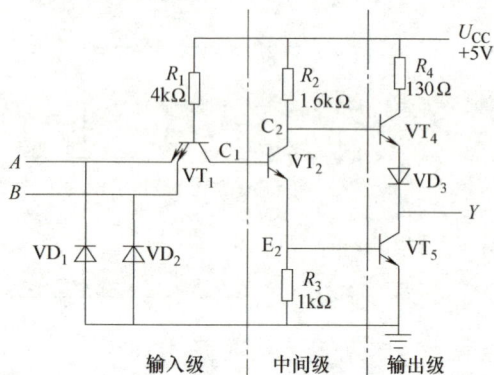

图 3-23　标准 TTL 与非门 7400
的电路（1/4 部分）

$0.7V$），即 $V_A = 0 - U_{ON} = 0V - 0.7V = -0.7V$，从而防止输入电压过低对电路造成影响。

（2）中间级　中间级由 VT_2、R_2 和 R_3 组成，从 VT_2 的集电极 C_2 和发射极 E_2 上可以分别获得两个相位相反的电压信号供输出级使用。

（3）输出级　输出级由 VD_3、VT_4、VT_5 和 R_4 组成。由于 VT_4 的基极信号（C_2 处）和 VT_5 的基极信号（E_2 处）相位相差 $180°$，所以 VD_3、VT_4 导通时 VT_5 截止；VT_5 导通时 VD_3、VT_4 截止。

2. 工作原理分析

将输入端 A、B 的状态分为两种情况来讨论，一种是 A 和 B 都是高电平，另一种是 A 和 B 至少有一个是低电平。

（1）A 和 B 都是高电平　$U_{CC} = 5V$，如果 $V_A = V_B = 5V$，则 VT_1 不导通，如果不考虑 VT_2 和 VT_5 的存在，基极电位 $V_{B1} = 5V$。由于 VT_2 和 VT_5 的存在，VT_2 和 VT_5 的发射结正偏导通，VT_1 的基极电位将被钳制在 $V_{B1} = U_{BC1} + U_{BE2} + U_{BE5} = 0.7V + 0.7V + 0.7V = 2.1V$，这时 VT_2 处于深度饱和状态，VT_2 的集电极电位 $V_{C2} = U_{CES2} + U_{BE5} \approx 0.3V + 0.7V = 1V$。$VT_2$ 的集电极电位 V_{C2} 就是 VT_4 的基极电位 V_{B4}，由于 VD_3 的存在，VT_4 截止。由于 VT_5 处于深度饱和状态，所以输出端 Y 的电位 $V_Y = U_{CES5} \approx 0.3V$，即输出低电平 $U_{OL} = 0.3V$。

（2）输入端至少有一个接低电平　假设 $V_A = 0V$，$V_B = 5V$，则 VT_1 对应 A 端的发射结导通，$V_{B1} = V_A + U_{BE1} = 0V + 0.7V = 0.7V$。由于 V_{B1} 只有 $0.7V$，而 VT_1 的集电结及 VT_2、VT_5 的发射结都导通至少需要 $2.1V$，因此 VT_2、VT_5 截止，R_2 上无电流，$V_{C2} \approx U_{CC} = 5V$，$VD_3$ 和 VT_4 的发射结均导通，所以输出端 Y 的电位 $V_Y = U_{CC} - U_{VD3} - U_{BE4} \approx 5V - 0.7V - 0.7V = 3.6V$，即输出高电平 $U_{OH} = 3.6V$。

对于 $V_B = 0V$、$V_A = 5V$ 和 $V_A = V_B = 0V$ 两种情况，分析过程相同，可知输出 Y 均为高电平。由此可见，电路的输入、输出之间满足与非逻辑关系。

3. 开门电平 U_{ON} 和关门电平 U_{OFF}

开门电平 U_{ON} 是指当输出低电平 $U_{OL} = 0.3V$ 时，允许的最小输入高电平值。U_{ON} 的典型值为 $1.4V$，一般产品要求 $U_{ON} \leq 1.8V$。

关门电平 U_{OFF} 是指保证输出为额定高电平 90% 的条件下，允许的最大输入低电平值。一般产品要求 $U_{OFF} \geq 0.8V$。

4. 扇入系数和扇出系数

（1）扇入系数 指逻辑门允许的输入端的数目，用 N_1 来表示。例如一个 4 输入端的与或非门，其扇入系数 $N_1 = 4$。通常情况下 $N_1 \leq 5$，最多不超过 8。

（2）扇出系数 指逻辑门可驱动同类门的个数，用 N_O 来表示，可以衡量逻辑门带负载能力的大小。当若干个同类逻辑门进行级联时，前级逻辑门作为驱动门，后级逻辑门则作为负载门。与 N_1 不同，N_O 需要分两种情况来讨论。

1）驱动门输出高电平。电路如图 3-24 所示，当驱动门输出高电平时，电流 I_{OH} 从驱动门流向负载门形成 I_{IH}，I_{OH} 称为拉电流。如果负载门的输入端有 N 个，则负载门所需要的拉电流就是 $N \times I_{IH}$。分析可知，驱动门的输出电压 V_{OH} 等于电源电压 V_{CC} 减去 R_4、VT_4 和 VD_3 上的压降，即 $V_{OH} = U_{CC} - R_4 \times I_{OH} - U_{CE} - V_{VD3}$，显然，$I_{OH}$ 越大，输出电压 V_{OH} 就越小。但正如 3.2.2 小节中提到的，$V_{OH(min)}$ 不能低于 2.4V，因此，I_{OH} 是有上限值的，即存在最大允许拉电流 $I_{OH(max)}$。驱动门能驱动同类门输入端的最大个数 N_{OH} 也是有限的，其计算公式如下：

$$N_{OH} = I_{OH(max)} / I_{IH} \tag{3-3}$$

2）驱动门输出低电平。电路如图 3-25 所示，当驱动门输出低电平时，电流 I_{IL} 从负载门流入驱动门形成 I_{OL}，I_{OL} 称为灌电流。如果负载门的输入端有 N 个，则驱动门得到的总灌电流就是 $N \times I_{IL}$。分析可知，驱动门的输出电压 V_{OL} 等于 I_{OL} 乘以 VT_5 集电极与发射极之间的等效电阻，显然，V_{OL} 会随着 I_{OL} 的增大而增大。3.2.2 小节中提到，$V_{OL(max)}$ 不能高于 0.4V，因此，I_{OL} 是有上限值的，即存在最大允许灌电流 $I_{OL(max)}$。驱动门能驱动同类门输入端的最大个数 N_{OL} 也是有限的，其计算公式如下：

$$N_{OL} = I_{OL(max)} / I_{IL} \tag{3-4}$$

通常 N_{OL} 与 N_{OH} 不相等，二者相比较取较小的作为门电路的扇出系数 N_O。扇出系数 N_O 越大，说明逻辑门带负载能力越强。

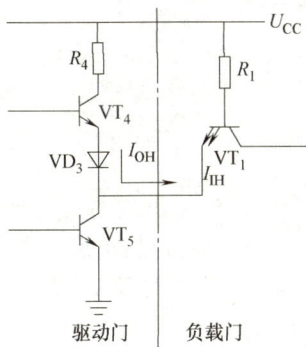

图 3-24 驱动门输出高电平

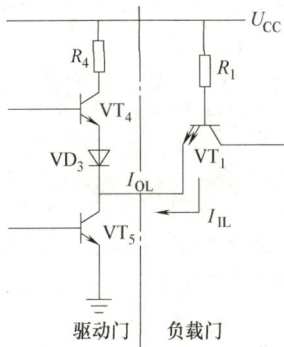

图 3-25 驱动门输出低电平

5. 输入负载特性

实际应用时，经常会在输入端与地之间接一个电阻 R_i，如图 3-26 所示。分析可知，U_{CC} 经过电阻 R_1 和 R_i 到地，形成回路。当 VT_1 的发射极电流流过 R_i 时，会在 R_i 上产生压降从而形成输入电压 U_i。输入负载特性是指 U_i 随着 R_i 变化而变化，两者之间的关系在坐标图上表现为输入负载特性曲线，如图 3-27 所示。

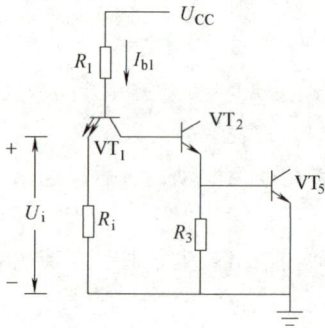

图 3-26　TTL 与非门的输入负载

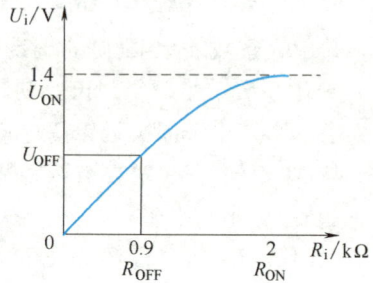

图 3-27　TTL 与非门输入负载特性曲线

当 R_i 较小时，U_i 与 R_i 成正比，即

$$U_i = \frac{R_i}{R_1 + R_i}(U_{CC} - U_{BE1}) \tag{3-5}$$

根据前述关门电平 U_{OFF} 的含义，为了保证电路可靠输出高电平，必须使 $U_i \leqslant U_{OFF}$，即

$$R_i \leqslant \frac{U_{OFF}}{U_{CC} - U_{BE1} - U_{OFF}} R_1 = R_{OFF} \tag{3-6}$$

在这种情况下求出的 R_i 的最大值称为关门电阻 R_{OFF}。若 $U_{OFF} = 0.8V$，将 $R_1 = 4k\Omega$、$U_{CC} = 5V$、$U_{BE1} = 0.7V$ 代入式（3-6），则 $R_{OFF} \approx 0.9k\Omega$。只要实际的 R_i 小于 R_{OFF}，就能确保与非门可靠输出高电平。

但随着 R_i 增大，当 U_i 增大到 1.4V 时，将导致 VT_2、VT_5 导通，VT_1 的基极电位 V_{B1} 被钳位在 2.1V。为保证电路可靠输出低电平，必须使 $U_i \geqslant U_{ON}$，即

$$R_i \geqslant \frac{U_{ON}}{U_{CC} - U_{BE1} - U_{ON}} R_1 = R_{ON} \tag{3-7}$$

在这种情况下求出的 R_i 的最小值称为开门电阻 R_{ON}。若 $U_{ON} = 1.4V$，将 $R_1 = 4k\Omega$、$U_{CC} = 5V$、$U_{BE1} = 0.7V$ 代入式（3-7），则 $R_{ON} \approx 2k\Omega$。只要实际的 R_i 大于 R_{ON}，就能确保与非门可靠输出低电平。

3.3.2　集电极开路逻辑门

1. 电路结构

顾名思义，集电极开路（Open Collector，OC）门是指逻辑门输出端的集电极处于开路状态。以 OC 门 7401 为例，该芯片包含 4 个完全相同的 2 输入与非逻辑电路，图 3-28 所示为其中一个与非逻辑的电路。与标准 TTL 门 7400 的电路结构对比，可知 7401 比 7400 少了输出级的 R_4、VT_4 和 VD_3。图 3-29 所示为集电极开路 2 输入与非门的图形符号，符号中的图标"◇"表示集电极开路。

使用 OC 门时，需要将输出通过外接一个电阻与直流电源相连。这个直流电源可以另外单接（电压范围在 5~30V），也可以直接连到 U_{CC}。因为外接电阻的一端连接至直流电源，故将其称为上拉电阻 R_P。

2. 工作原理分析

当输入端 A、B 都是高电平时，VT_2、VT_5 导通，$V_Y = U_{CE5} \approx 0.3V$，$Y$ 输出低电平；当输入端有一个以上为低电平时，VT_1 至少有一个发射结导通，V_{B1} 等于输入低电平 V_{IL} 加上导

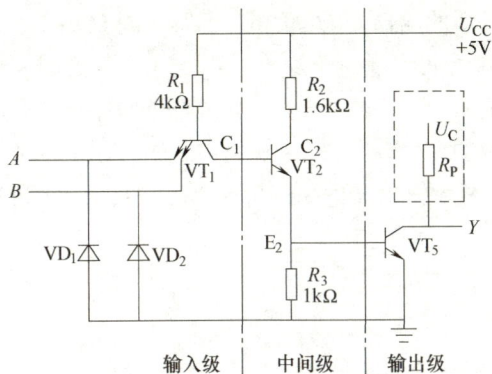

图 3-28 集电极开路与非门 7401 的电路（1/4 部分）

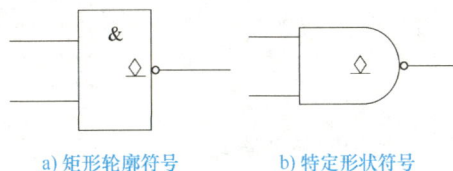

图 3-29 集电极开路 2 输入与非门的图形符号

通电压 V_{BE1}，其值远远小于能够让 VT_1 的集电结以及 VT_2、VT_5 的发射结都导通需要的 2.1V，因此 VT_2 和 VT_5 截止，$V_Y = U_C$，Y 输出高电平，实现了与非逻辑功能。

3. OC 门实现线与逻辑

在工程实践中，有时需要将几个逻辑门的输出端并联使用，以实现与逻辑，称为线与。普通 TTL 门电路采用的是推拉式输出级，无论高电平输出还是低电平输出，等效输出电阻值都比较小，如果将两个逻辑门的输出端并联，将会导致器件损坏。下面以两个 TTL 与非门 7400 的输出端并联为例进行分析，其电路如图 3-30 所示。

假定逻辑门 1 输出高电平，逻辑门 2 输出低电平，此时将从 U_{CC} 到地之间形成一个闭合回路，电流路径自 $U_{CC} \rightarrow$ 门 1 的 $R_5 \rightarrow$ 门 1 的 $VT_4 \rightarrow$ 门 2 的 $VT_5 \rightarrow$ 地。由于这个回路的等效电阻值较小，因此电流值较大，导致功耗过大而损坏器件，所以普通 TTL 电路不允许将输出端直接并联使用。

OC 门可以实现输出端并联使用，其电路如图 3-31 所示。

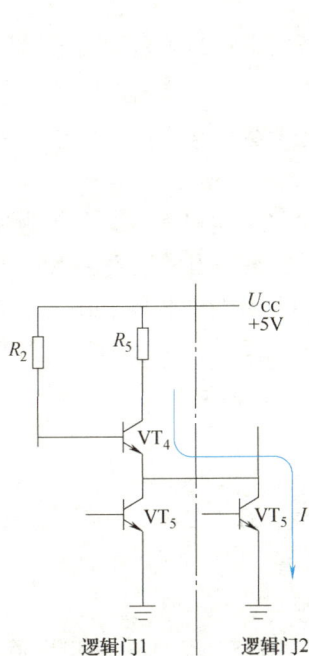

图 3-30 TTL 与非门输出端并联

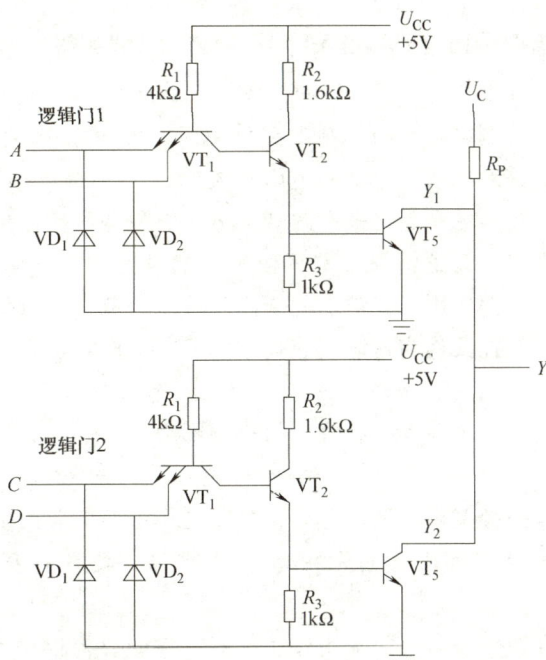

图 3-31 OC 门输出端并联

由图 3-31 可知，逻辑门 1 的输出 Y_1 和逻辑门 2 的输出 Y_2 并联在一起形成总输出 Y，并经上拉电阻 R_P 接至新的直流电源 U_C。Y_1 与 A、B 之间实现与非逻辑，Y_2 与 C、D 之间实现与非逻辑。若 Y_1 输出低电平，则 U_C、R_P、逻辑门 1 的 VT_5、地之间构成闭合回路，Y 输出低电平。同理，若 Y_2 输出低电平，则 U_C、R_P、逻辑门 2 的 VT_5、地之间构成闭合回路，Y 依然输出低电平。只有当 Y_1 和 Y_2 都输出高电平，Y 才输出高电平，因此 Y 与 Y_1、Y_2 之间是与逻辑关系，实现了线与，表达式为

$$Y = Y_1 \cdot Y_2 = \overline{AB} \cdot \overline{CD} = \overline{AB + CD}$$

3.3.3 三态输出逻辑门

在数字系统中，经常需要将多个逻辑门电路的输出端连接在一起，实现分时传送的功能，比如接到数据总线上。在某一时刻，只允许其中一个逻辑门的输出电平通过数据总线传递到后级电路，与此同时，其余的逻辑门被禁止向数据总线传递高电平或低电平。OC 门虽然也允许多个逻辑门电路的输出端连接在一起，但它实现的是线与功能，并非分时传送功能，使用三态门（TS）可以很好地解决这个问题。

1. 三态门概述

三态门又称为三态输出电路（Three State Output Circuit，TS），这种逻辑门有三种输出状态：输出高电平、输出低电平和输出高阻态。高阻态指的是电路的一种输出状态，既不是高电平也不是低电平，相当于开路，用 Z 表示。当三态门输出为高阻态时，对后级电路无任何影响。当多个三态逻辑门的输出端连接在一起时，若某一个逻辑门需要正常输出高低电平，只需让其余的逻辑门都处于高阻态即可，这样数据传送就不会出现混乱了。

2. 三态门的构成及表示

参照 TTL 与非门电路，当 VT_4 导通而 VT_5 截止时，Y 输出高电平；当 VT_4 截止而 VT_5 导通时，Y 输出低电平。三态门的构成是在普通 TTL 集成逻辑门的基础上，增加了一个控制端以及相应的控制电路。当控制电路作用时，使 VT_4 和 VT_5 都处于截止状态，此时输出端相当于悬空，其对地或对电源的电阻极大。

三态门的控制端有高电平有效和低电平有效两种控制形式。所谓高电平有效，是指当控制端为高电平时，该逻辑门正常行使本来的逻辑功能，输出高低电平；当控制端为低电平时，控制电路发挥作用，使输出处于高阻状态。低电平有效的分析过程与上相同。在数字电路中，控制端往往又称为使能端，通常用 EN 或 E（是英文 Enable 的缩写）表示。三态门的种类有三态缓冲门（Buffer）、三态非门、三态与非门等，图形符号如图 3-32 所示，其中控制端不带小圆圈表示高电平有效，带小圆圈表示低电平有效。

3. 缓冲门

缓冲门是一种单输入逻辑运算，可以看作由两个非门串联而成，如图 3-33 所示。显然，缓冲门的输出状态等于其输入状态，即 $Y = A$。其真值表见表 3-9，其图形符号如图 3-34 所示。

缓冲门在数字电路中通常用作驱动器，它能够提供比其他类型逻辑门更大的输出电流，因此，可以在不改变逻辑关系的情况下，增加电路的带负载能力。举例如下：

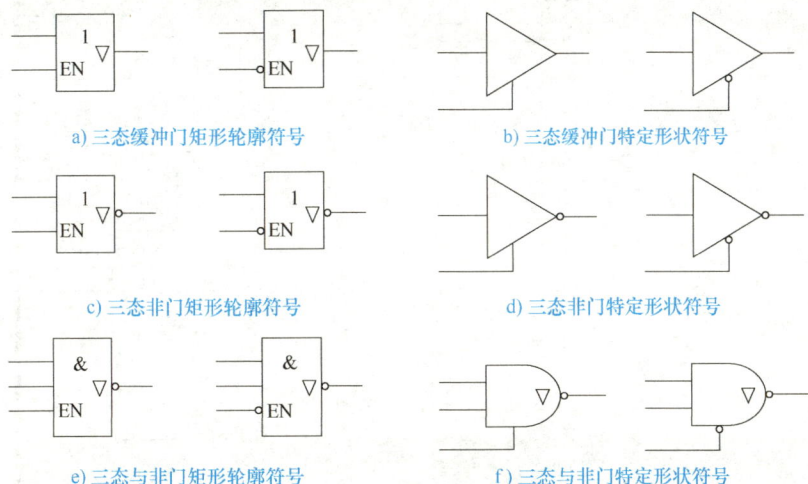

a) 三态缓冲门矩形轮廓符号   b) 三态缓冲门特定形状符号

c) 三态非门矩形轮廓符号   d) 三态非门特定形状符号

e) 三态与非门矩形轮廓符号   f) 三态与非门特定形状符号

图 3-32　三态门的图形符号

表 3-9　缓冲门的真值表

A	Y
0	0
1	1

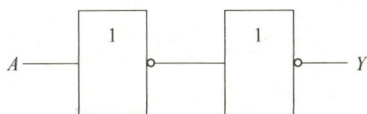

图 3-33　缓冲门的逻辑电路构成

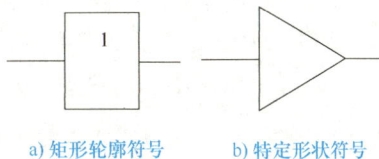

a) 矩形轮廓符号　　b) 特定形状符号

图 3-34　缓冲门的图形符号

假设某一与非逻辑门的扇出系数是 4，意味着它最多能带 4 个同类型的逻辑门，但如果电路需要带 5 个同类型的逻辑门，就可以通过在前级和后级之间增加一个缓冲门提高驱动能力从而实现此任务，如图 3-35 所示。

4. 三态缓冲门

当缓冲门用于数据总线时，必须具有三态输出功能，就需要用到三态缓冲门，其逻辑符号如图 3-32a、b 所示。

当控制端是高电平有效时，其输入输出关系可表述为：若 EN = 1，则输出等于输入；若 EN = 0，则输出为高阻态。

当控制端是低电平有效时，其输入输出关系可表述为：若 EN = 0，则输出等于输入；若 EN = 1，则输出为高阻态。

图 3-36 所示为三态缓冲门用于总线结构的连接方式。工作时，保证任何时刻只有一个控制端 EN 有效，这样只有一个门处于数据传输状态，其他门处于禁止状态，可以将 4 路数据分别送到总线上，各路数据之间互不干扰。

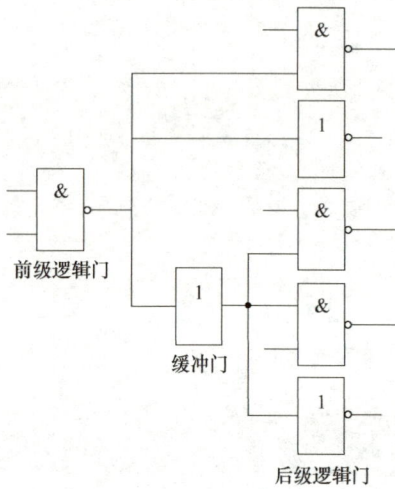

图 3-35 增加缓冲门提高驱动能力

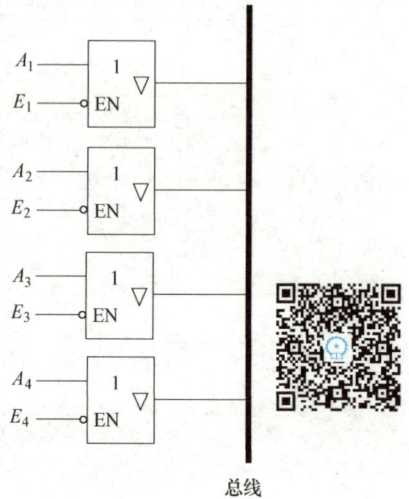

图 3-36 三态缓冲门用于总线结构的连接方式

3.4 MOS 管

MOS 管可以被制造成 N 沟道 MOS 管和 P 沟道 MOS 管，两者又分别可以细分为增强型和耗尽型，所以一共有 4 种类型，即 N 沟道增强型 MOS 管、N 沟道耗尽型 MOS 管、P 沟道增强型 MOS 管和 P 沟道耗尽型 MOS 管。在实际应用中，几乎都是增强型 MOS 管，以下提到的 NMOS 管和 PMOS 管都是指增强型。

NMOS 管导通电阻小、发热少、允许通过的电流大、成本低，因此获得了比 PMOS 管更广泛的应用。

3.4.1 增强型 MOS 管

1. 增强型 MOS 管的构造

在一块掺杂浓度较低的 P 型半导体硅衬底（Substrate）上，用半导体光刻、扩散工艺制作两个高掺杂浓度的 N 区，并用金属铝引出两个电极，分别作为漏极 D 和源极 S。在漏极和源极之间的 P 型半导体表面覆盖一层很薄的二氧化硅（SiO_2）绝缘层膜，再在这个绝缘层膜上装上一个铝电极，作为栅极 G，这样就构成了一个 N 沟道增强型 MOS 管，显然它的栅极和其他电极间是绝缘的。P 沟道增强型 MOS 管的构造方法类似，区别在于将 P 型半导体硅衬底换成 N 型半导体硅衬底。NMOS 管和 PMOS 管的构造及符号如图 3-37 所示。

符号中间的箭头表示衬底，箭头向里是 N 沟道 MOS 管，箭头向外是 P 沟道 MOS 管。MOS 管生产过程中往往已经将衬底和源极连接，所以符号中和箭头相连接的是源极，以区别漏极。

在数字系统中，MOS 管作为开关元件，只工作在截止或导通两种状态。以 NMOS 管为例，其电路如图 3-38a 所示。

当栅极 G 和源极 S 之间的电压 U_{GS} 小于管子的开启电压 U_T 时，MOS 管处于断开状态，漏极电流 $I_D \approx 0A$，漏极和源极之间的电压 $U_{DS} \approx U_{DD}$，管子工作在截止区，其等效电路如

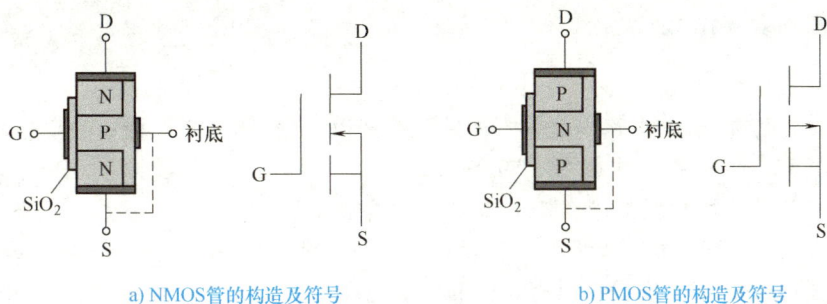

a) NMOS管的构造及符号 b) PMOS管的构造及符号

图 3-37 NMOS 管和 PMOS 管的构造及符号

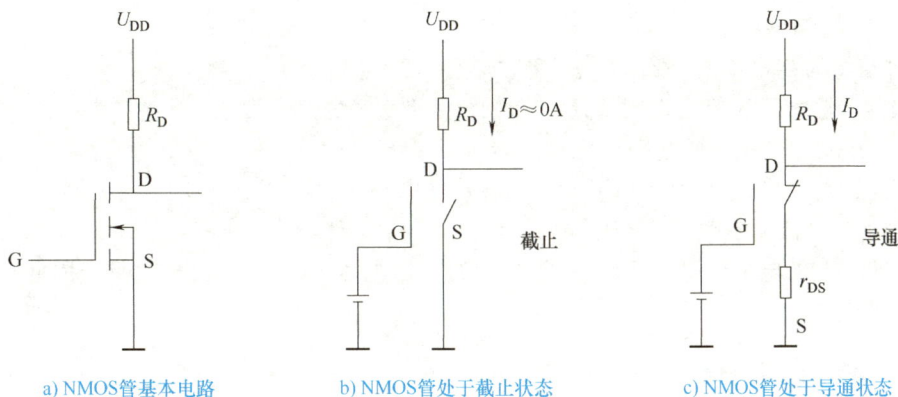

a) NMOS管基本电路 b) NMOS管处于截止状态 c) NMOS管处于导通状态

图 3-38 NMOS 管基本电路及其开关状态

图 3-38b 所示。

当 U_{GS} 大于 U_T 时，MOS 管处于导通状态，r_{DS} 是导通时漏极和源极之间的等效电阻，漏极电流 $I_D = U_{DD}/(R_D + r_{DS})$，漏极和源极之间的电压 $U_{DS} = U_{DD}r_{DS}/(R_D + r_{DS})$。如果 r_{DS} 远远小于 R_D，则 $U_{DS} \approx 0V$，MOS 管工作在导通区，其等效电路如图 3-38c 所示。

2. 增强型 MOS 管和晶体管的比较

1）与晶体管符号进行对比，MOS 管的源极 S、栅极 G、漏极 D 分别对应于晶体管的发射极 E、基极 B、集电极 C，它们的作用相似。NMOS 管对应 NPN 型晶体管，PMOS 管对应 PNP 型晶体管。

2）MOS 管是电压控制电流器件，由栅、源之间的电压 U_{GS} 控制漏极电流 I_D；而晶体管是电流控制电流器件，即由基极电流 I_B 控制集电极电流 I_C。

3）MOS 管的栅极和其他电极之间是绝缘的，不产生电流；晶体管的基极与其他极之间不是绝缘的。

4）MOS 管只有多数载流子参与导电，具体而言，NMOS 管参与导电的是电子，PMOS 管参与导电的是空穴；在晶体管中，多数载流子和少数载流子都参与导电。因为少数载流子的浓度受温度等环境因素影响较大，所以 MOS 管比晶体管的稳定性好。

5）MOS 管和晶体管都可以构成各种放大电路和开关电路，但是 MOS 管集成电路具有制造工艺简单、成品率高、功耗低、集成度高、抗干扰能力强等特点，特别适合于大规模集成电路，因此得到越来越广泛的应用。

3.4.2 NMOS 反相器

1. 电路构成

NMOS 反相器是 MOS 电路中最基本的单元，现以增强型 MOS 管构造的反相器为例来说明它的工作原理。其电路构成如图 3-39 所示。

NMOS 反相器由两只增强型 NMOS 管组成，其中 VT_1 为驱动管，VT_2 为负载管，电源为 U_{DD}。若 VT_1 和 VT_2 在同一工艺过程中制成，它们将具有相同的开启电压 U_T。

2. 工作原理

由于负载管 VT_2 的栅极与漏极同时连接到电源 U_{DD}，因而 VT_2 总是工作在饱和区，处于导通状态。

当输入 A 为高电平时，$V_A > U_T$，VT_1 导通，VT_2 也导通，形成漏、源之间的等效电阻 R_{ds1} 和 R_{ds2}，因此，Y 的电平值 V_Y 由 R_{ds1} 和 R_{ds2} 的电阻值之比决定。如果 R_{ds1} 远远小于 R_{ds2}，则 V_Y 的电平值将小于 1V，Y 输出低电平。

当输入 A 为低电平时，$V_A < U_T$，VT_1 截止，VT_2 仍然导通，因此，Y 的电平值等于 U_{DD} 减去 VT_2 的开启电压 U_T，Y 输出高电平。因此，该电路执行逻辑非功能。

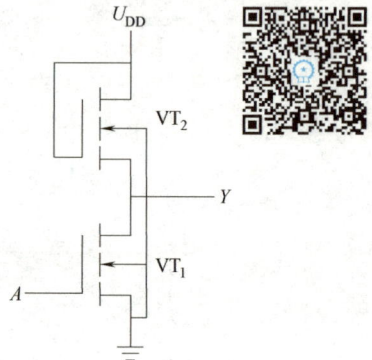

图 3-39　NMOS 反相器的电路构成

3.4.3 NMOS 门电路

在 NMOS 反相器的基础上，通过复合可以构成各种 NMOS 逻辑门电路。

1. NMOS 与非门

图 3-40 所示是 NMOS 与非门电路。其工作原理分析如下：VT_2 的源极作为 VT_1 的漏极，两个管子是串联形式，共同构成驱动管。VT_1 和 VT_2 的导通或截止受输入 A、B 的电平控制，VT_3 作为负载管始终导通。当输入 A、B 中有任何一个为低电平时，其对应的管子截止，因此输出 Y 与地之间呈断开状态，输出 Y 为高电平；当输入 A、B 都是高电平时，VT_1 和 VT_2 都处于导通状态，输出 Y 为低电平。可见，电路实现与非逻辑关系，即 $Y = \overline{A \cdot B}$。

2. NMOS 或非门

图 3-41 所示是 NMOS 或非门电路。VT_1 和 VT_2 有着公共的漏极和源极，两个管子是并联

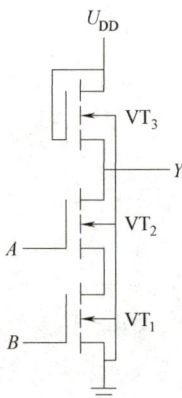

图 3-40　NMOS 与非门电路

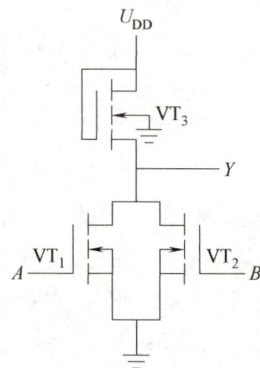

图 3-41　NMOS 或非门电路

形式，共同构成驱动管。VT_1 和 VT_2 的导通或截止受输入 A、B 的电平控制，VT_3 作为负载管始终导通。当输入 A、B 中有任何一个为高电平时，其对应的管子导通，输出 Y 为低电平；当输入 A、B 都是低电平时，VT_1 和 VT_2 都处于截止状态，因此输出 Y 与地之间呈断开状态，输出 Y 为高电平。可见，电路实现或非逻辑关系，即 $Y=\overline{A+B}$。

3. NMOS 与或非门

图 3-42 所示是 NMOS 与或非门电路。根据上面的分析不难得知，VT_1 和 VT_3、VT_2 和 VT_4 都是串联形式，再从总体来看，VT_1、VT_3 与 VT_2、VT_4 之间又是并联形式，4 只管子共同构成驱动管，VT_5 作为负载管始终导通。输出 Y 和输入 A、B、C、D 之间满足与或非逻辑关系，即 $Y=\overline{AB+CD}$。

3.4.4 PMOS 门电路

PMOS 门电路是空穴参与导电。它与 NMOS 门电路之间的区别是电源的接法不同，NMOS 门电路是漏极接电源 U_{DD}，而 PMOS 门电路是源极接电源 U_{DD}，电流方向为从栅极流向漏极，如图 3-43 所示。PMOS 门电路的导通条件为 $V_G-V_S<0$，且 $|V_G-V_S|>U_T$。PMOS 门电路工作原理的分析方法与 NMOS 门电路完全相同，这里就不再展开介绍了。

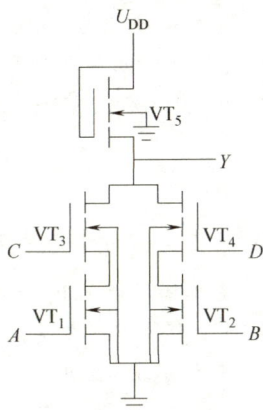

图 3-42　NMOS 与或非门电路

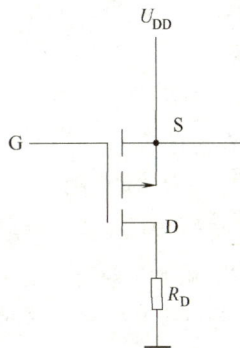

图 3-43　PMOS 门电路

3.5 CMOS 逻辑门

为提高工作速度，降低输出阻抗和功耗，目前 MOS 数字集成电路广泛采用 CMOS 电路，它是由 PMOS 管和 NMOS 管组成的互补型 MOS 电路。

3.5.1 CMOS 反相器

（1）CMOS 反相器的电路构成　CMOS 反相器的电路构成如图 3-44 所示。其中，VT_1 为 NMOS 管，其源极接地；VT_2 为 PMOS 管，其源极接电源 U_{DD}；VT_1 和 VT_2 的栅极 G 连在一起作为输入 A，漏极 D 连在一起作为输出 Y。

（2）CMOS 反相器的工作原理　　NMOS 管的栅源开启电压 $U_{T1}>0$，PMOS 管的栅源开启

电压 $U_{T2}<0$。为了使 CMOS 电路能正常工作，要求电源电压 $U_{DD}>(U_{T1}+|U_{T2}|)$。

当输入 A 为低电平（$V_A=0V$）时，$U_{GS1}=V_G-V_{S1}=0V-0V=0V<U_{T1}$，所以 VT$_1$ 截止，内阻很大；$U_{GS2}=V_G-V_{S2}=0V-U_{DD}=-U_{DD}<U_{T2}$，所以 VT$_2$ 导通，内阻很小；输出 Y 为高电平，$V_Y\approx U_{DD}$。

当输入 A 为高电平（$V_A=U_{DD}$）时，VT$_1$ 导通，VT$_2$ 截止，输出 Y 为低电平，$V_Y\approx 0V$。

因此，电路实现非逻辑关系，即 $Y=\overline{A}$。

由于电路在工作时，VT$_1$ 和 VT$_2$ 总是一个工作在导通状态，另一个工作在截止状态，即两管处于互补状态，这也是互补型 MOS 电路名称的由来。

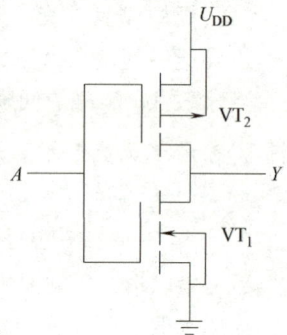

图 3-44　CMOS 反相器的电路构成

3.5.2　CMOS 与非门和或非门

1. CMOS 与非门

CMOS 与非门电路如图 3-45 所示，VT$_1$ 和 VT$_2$ 是两个 NMOS 管，以串联形式构成驱动管，VT$_3$ 和 VT$_4$ 是两个 PMOS 管，以并联形式构成负载管。当输入端 A 和 B 都为高电平时，VT$_1$ 和 VT$_2$ 导通而 VT$_3$ 和 VT$_4$ 截止，输出 Y 为低电平；当输入端 A 和 B 有任何一个为低电平时，该低电平对应的 NMOS 管截止，同时对应的 PMOS 管导通，输出 Y 为高电平。因此，该电路实现与非逻辑关系，即 $Y=\overline{AB}$。

2. CMOS 或非门

CMOS 或非门电路如图 3-46 所示，VT$_1$ 和 VT$_2$ 是两个 NMOS 管，以并联形式构成驱动管，VT$_3$ 和 VT$_4$ 是两个 PMOS 管，以串联形式构成负载管。当输入端 A 和 B 都为低电平时，VT$_1$ 和 VT$_2$ 截止而 VT$_3$ 和 VT$_4$ 导通，输出 Y 为高电平；当输入端 A 和 B 有任何一个为高电平时，该高电平对应的 NMOS 管导通，同时对应的 PMOS 管截止，输出 Y 为低电平。因此，该电路实现或非逻辑关系，即 $Y=\overline{A+B}$。

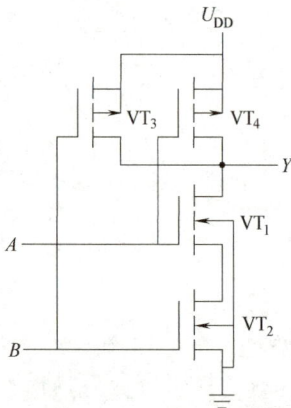

图 3-45　CMOS 与非门电路

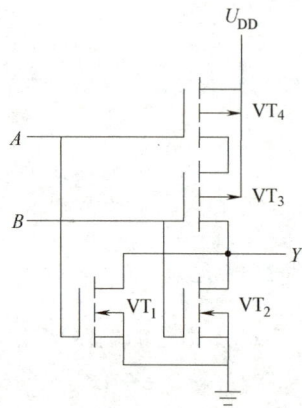

图 3-46　CMOS 或非门电路

3.5.3　CMOS 逻辑门的特点

（1）静态功耗低　CMOS 门电路工作时，NMOS 管和 PMOS 管总是一个导通、另一个截止，因此电源静态电流非常小，电路静态功耗极低。这也是近年来 CMOS 集成器件使用越来越广泛的主要原因之一。

（2）电源利用率高　CMOS 门电路输出高电平时，U_{OH} 近似等于电源正电压 U_{DD}；输出低电平时，U_{OL} 近似等于电源负电压 U_{SS} 其电源利用率在各类集成电路中是较高的。假设 $U_{DD}=$ 12V，$U_{SS}=0V$，则输出的电平差近似 12V。

（3）集成度高、稳定性好　由于 CMOS 电路功耗低，内部发热量小，所以集成度可大大提高。又由于其电路本身的互补对称结构，当环境温度变化时，其参数有互相补偿作用，因而其温度稳定性好。

（4）电源取值范围宽　CMOS 电路电源在较大范围变化时，电路仍能保持正确的逻辑关系，工作电源取值范围可达 3～18V。

（5）易受静态干扰　CMOS 电路容易受静电感应出现击穿，因此其电路内部应设置保护电路，并在使用和存放时注意静电屏蔽。不用的输入端不能悬空，如果是 CMOS 与非门，多余输入端应接电源正极；如果是 CMOS 或非门，多余输入端应接地。

随着技术和工艺的不断发展，CMOS 集成电路也在不断改进和完善。从 20 世纪 60 年代早期的 4000 系列到 74C 系列，再到 74HC（High-speed CMOS Logic）高速系列、74AC（Advanced CMOS Logic）先进系列、74AHC（Advanced High-speed CMOS Logic）先进高速系列，以及现今的 74HCT 系列、74ACT 系列、74AHCT（最后一个字母 T 表示与 TTL 电平兼容），各项性能参数都逐渐得到提升。

3.5.4　TTL 逻辑门与 CMOS 逻辑门级联的接口问题

在数字电路的设计或应用中，经常会遇到 TTL 逻辑门和 CMOS 逻辑门进行级联的情况。通过前面的学习，我们知道这两类逻辑门的电压和电流等参数存在一定差异，因此需要考虑接口问题，主要有两个方面：一方面，驱动门能给负载门提供足够大的灌电流和拉电流，即前级输出端的 I_{OH} 大于后级输入端的 I_{IH}，输出端的 I_{OL} 大于输入端的 I_{IL}；另一方面，驱动门的输出电压应在负载门所要求的输入电压范围内，即前级输出端的 V_{OH} 大于后级输入端的 V_{IH}，输出端的 V_{OL} 小于输入端的 V_{IL}。

如果不满足上述条件，必须增加接口电路，通常采用的方法有增加上拉电阻、驱动门并联等。若 TTL 逻辑门采用 74LS 系列，CMOS 逻辑门采用 74HCT 系列、74ACT 系列、74AHCT，由于两者电压参数兼容，因此不需要另外加任何接口电路。现代数字系统主要采用大规模可编程逻辑器件或大规模集成电路器件实现，因此已经不存在 TTL 和 CMOS 逻辑门混用的问题了。

3.6　数字集成器件基础知识

数字集成器件是采用集成工艺，将晶体管、二极管及电子元器件制作在一块半导体晶片上，按照电路要求将各元器件连接起来并封装在塑料或陶瓷管壳内，引出引脚，能实现某种逻辑功能的产品。

数字集成器件具有体积小、重量轻、引脚少、寿命长、可靠性高、成本低、性能好等优点，同时还便于大规模生产。用数字集成器件装配的电子设备，不仅装配密度比用晶体管装配的电子设备提高了几十倍至几千倍，而且延长了设备的使用寿命。

3.6.1　数字集成器件的命名

全球各地的半导体公司数量众多，知名的有意法半导体、美信（Maxim）、德州仪器（TI）、英特尔（Intel）、高通（Qualcomm）、英飞凌（Infineon）、仙童（FairChild）、AT-MEL、飞利浦（Philips）、摩托罗拉（Motorola）、日立（Hitachi）、三星（Samsung）等。各个公司生产的数字集成器件浩如烟海。至今国际上对数字集成器件型号的命名尚无统一标准，各厂商都有一套自己的命名方法。虽命名规则各异，但通常都包含公司代号、种类系列、功能名称、电路序号、封装形式、温度范围等内容，这些内容均用字母或数字来代表。下面以 TI 公司生产的 SN74LS08N 为例进行说明。

第一部分：SN 是生产公司的代号，类似的如 STM 表示意法半导体公司，MAX 表示美信公司，LM 表示国家半导体公司，HD 表示日立公司等。

第二部分：54 表示军品，74 表示民品和工业品。

第三部分：LS 指采用低功耗肖特基工艺，其他还有 H（快速）、S（肖特基工艺）、AS（先进肖特基工艺）、ALS（先进低功耗肖特基工艺）和 F（高速）等。该部分若缺省，则为标准系列。

第四部分：08 是该电路的逻辑功能编号，表示四 2 输入与逻辑，再如 00 表示四 2 输入与非逻辑，04 表示六非逻辑等。

第五部分：N 表示产品的封装是双列直插形式，其他如 D 表示表贴形式，W 表示宽体封装形式。

7408、74H08、74S08、74AS08、74LS08、74ALS08 的逻辑功能编号相同，说明它们都是四 2 输入与逻辑，而且引脚排列和外形尺寸也完全相同，只是工艺有所不同，因此传输延迟时间、功耗等电气特性略有差异。

高速 CMOS 系列芯片采用 TTL 电路的型号，也分为 54HC 和 74HC 两个系列，前者是军品，后者是民品和工业品。高速 CMOS 芯片后面的序号如果与 54LS/74LS 相同，则表明两种器件的逻辑功能、外形尺寸和引脚排列等完全相同，例如 74HC00 和 74LS00、74HC08 和 74LS08 等。

3.6.2　数字集成器件的封装

1. 概述

所谓封装，是指把晶片上的电路引脚，用导线接引到外部接头处，便于和其他器件连接。封装不仅起着固定、密封、保护芯片及增强电热性能等方面的作用，而且还将芯片上的接点用导线连接到封装外壳的引脚上，这些引脚又通过电路板上的导线与其他器件相连接，从而实现内部芯片与外部电路的连接。简而言之，封装的作用是物理保护、电气连接和标准规格化。集成器件的封装结构示意图如图 3-47 所示。

2. 常见封装形式简介

随着技术的发展，目前有几十种封装形式，可根据不同的需要选择使用。以下为常见的几种封装形式：

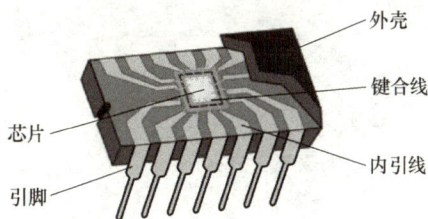

图 3-47 集成器件的封装结构示意图

（1）双列直插式封装（Dual In-line Package，DIP）引脚从封装两侧引出，封装材料有塑料和陶瓷两种。它根据不同的特点又可细分为塑料双列直插式封装（Plastic Dual In-line Package，PDIP）、窄体双列直插式封装（Skinny Dual In-line Package，SKDIP）、陶瓷双列直插式封装（Ceramic Dual In-line Package，CDIP）等类型。图 3-48 所示为 DIP 外观。

（2）小外形封装（Small Outline Package，SOP）引脚从封装两侧呈 L 形引出，封装材料有塑料和陶瓷两种。它是伴随着表面安装技术（Surface Mount Technology，SMT）发展起来的封装形式，又分为 J 引脚小外形封装（Small Out-line J-lead，SOJ）、缩小外形封装（Shrink Small Outline Package，SSOP）、甚小外形封装（Very Small Outline Package，VSOP）、小外形集成电路封装（Small Outline Integrated Circuit Package，SOIC）等。图 3-49 所示为 SOP 外观。

（3）方形扁平封装（Quad Flat Package，QFP）引脚从 4 个侧面呈 L 形引出，封装材料有陶瓷、金属和塑料 3 种。它根据不同的特点又可细分为薄款方形扁平封装（Low-profile Quad Flat Pack，LQFP）、缩小方形扁平封装（Shrink Quad Flat Pack，SQFP）等。图 3-50 所示为 QFP 外观。

图 3-48 DIP 外观

图 3-49 SOP 外观

图 3-50 QFP 外观

（4）方形 J 引脚扁平封装（Quad Flat J-leaded Package，QFJ）引脚从封装 4 个侧面引出，向下呈 J 字形，封装材料有塑料和陶瓷两种，其中塑料材质的又称为带引线的塑料芯片载体（Plastic Leaded Chip Carrier，PLCC），是表面安装型封装之一。图 3-51 所示为 QFJ 外观。

（5）插针网格阵列封装（Pin Grid Array Package，PGA）芯片内外有多个方阵形的插针，每个方阵形插针沿芯片的四周间隔一定距离排列，根据引脚数目的多少，可以围成多圈。和 PGA 类似的还有球阵列封装（Ball Grid Array，BGA）和栅格阵列封装（Land Grid Array，LGA）。图 3-52 所示为 PGA 外观。

每种封装的引脚排列各有不同，但都有规律可循。因为连线、测试方便，高校实验室通常使用 DIP 形式。以四 2 输入与逻辑门 74LS08 为例，其实物如图 3-53 所示，其引脚排列的判别方法是：将芯片印有字符或 Logo 的面正对自己，将向内凹陷的缺口或圆槽的一侧朝左，则缺口下方最左边的引脚为 1 号引脚，按照逆时针方向引脚号依次增大。

图 3-51　QFJ 外观

图 3-52　PGA 外观

图 3-53　DIP 形式的 74LS08 芯片实物

本 章 小 结

　　与逻辑、或逻辑、非逻辑是构成数字系统最基本的三种逻辑关系，它们可以构成与非、或非、与或非、异或、同或等复合逻辑关系乃至更为复杂的逻辑关系。任何逻辑关系都可以通过真值表、逻辑表达式、图形符号等方式进行描述。

　　图形符号是描述逻辑关系最为常用的一种方式，有矩形轮廓符号和特定形状符号两种，这两种逻辑符号都是国际标准。

　　任何逻辑关系都可以通过电子电路实现，采用集成工艺能够更好地满足功耗、工作速度、抗干扰能力等各项性能参数的要求。

　　逻辑门是实现与、或、非及其复合逻辑关系的电路，也是构成更大规模集成电路的基本组件。按照使用元器件的不同，逻辑门分为双极型逻辑门和单极型逻辑门两大类。本章对逻辑门的若干重要概念进行了介绍，包括工作电源、逻辑电平、噪声容限、开门电平、关门电平、扇入系数、扇出系数、输入负载特性等。结合逻辑电路图，详细分析了标准 TTL 逻辑门、集电极开路逻辑门、三态输出逻辑门、NMOS 逻辑门、CMOS 逻辑门等的工作原理、主要特点及典型应用。

　　数字集成器件是采用集成工艺实现某种逻辑功能的产品。本章最后介绍了数字集成器件的相关知识，包括器件的命名规则、封装形式等。

复习思考题

　　1. 举出至少三个二值逻辑的例子，并简要说明。

　　2. 举出至少两个生活中符合与逻辑的例子，说明逻辑条件是什么，逻辑结果又是什么。

　　3. 举出至少两个生活中符合或逻辑的例子，说明逻辑条件是什么，逻辑结果又是什么。

　　4. 举出至少一个生活中符合非逻辑的例子，说明逻辑条件是什么，逻辑结果又是什么。

　　5. 试着构造非与、非或、与或、或与、或与非等逻辑关系，画出逻辑电路，写出逻辑表达式。输入变量的个数自行决定。

　　6. 二极管在数字电路中为什么可以作为开关元件？当其作为开关元件时，分别工作在何种状态？

　　7. 晶体管在数字电路中为什么可以作为开关元件？当其作为开关元件时，分别工作在何种状态？

8. 分别说明最小输入高电平 $V_{IH(min)}$、最大输入低电平 $V_{IL(max)}$、最小输出高电平 $V_{OH(min)}$、最大输出低电平 $V_{OL(max)}$ 的含义。对于逻辑电路而言，这些参数为什么很重要？

9. TTL 标准与非门电路由哪几部分组成？

10. TTL 集电极开路门为什么能够实现线与逻辑功能？

11. TTL 三态门为什么能够实现总线连接方式？

12. TTL 门电路多余的输入端如果悬空相当于什么电平？为什么？正确的处理方式是什么？

13. MOS 管在数字电路中为什么可以作为开关元件？当其作为开关元件时，分别工作在何种状态？

14. NMOS 与非门和 NMOS 或非门在电路结构上的不同体现在哪里？

15. CMOS 门电路多余的输入端为什么不允许悬空？正确的处理方式是什么？

16. TTL 门电路如图 3-54 所示，判断每个门电路能否实现其逻辑功能，并说明原因。

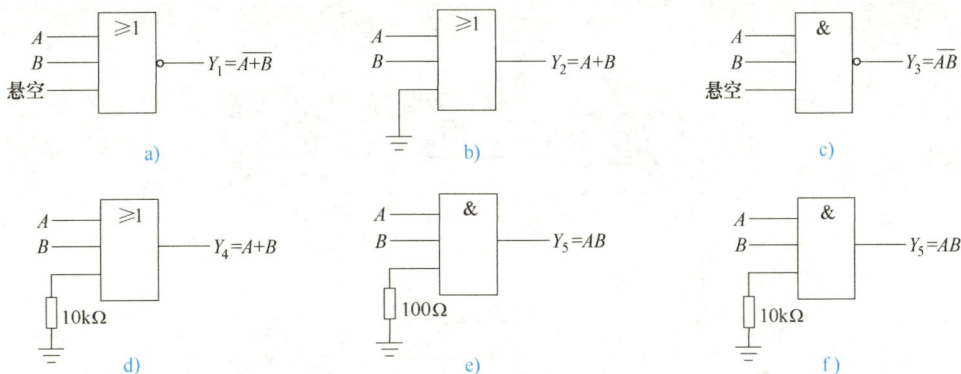

图 **3-54**

17. TTL 三态门电路如图 3-55 所示，分别写出输出的逻辑表达式。

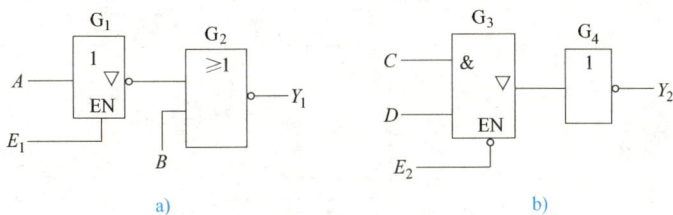

图 **3-55**

第 4 章

逻辑代数与逻辑函数

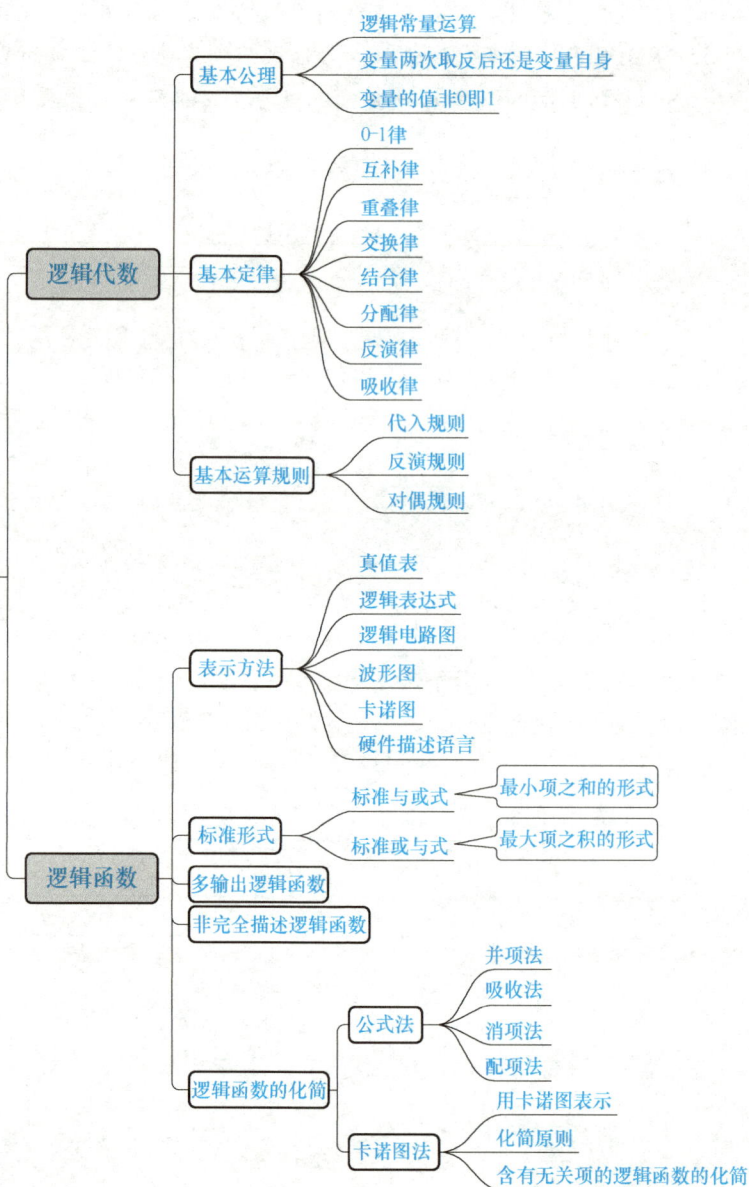

```
                                              ┌─ 逻辑常量运算
                                   ┌─ 基本公理 ├─ 变量两次取反后还是变量自身
                                   │          └─ 变量的值非0即1
                                   │
                                   │          ┌─ 0-1律
                                   │          ├─ 互补律
                                   │          ├─ 重叠律
                                   │          ├─ 交换律
                        ┌─ 逻辑代数 ┼─ 基本定律 ┼─ 结合律
                        │          │          ├─ 分配律
                        │          │          ├─ 反演律
                        │          │          └─ 吸收律
                        │          │
                        │          │              ┌─ 代入规则
                        │          └─ 基本运算规则 ┼─ 反演规则
                        │                         └─ 对偶规则
                        │
逻辑代数与逻辑函数 ──────┤
                        │                     ┌─ 真值表
                        │                     ├─ 逻辑表达式
                        │          ┌─ 表示方法 ┼─ 逻辑电路图
                        │          │          ├─ 波形图
                        │          │          ├─ 卡诺图
                        │          │          └─ 硬件描述语言
                        │          │
                        │          │          ┌─ 标准与或式 ── 最小项之和的形式
                        └─ 逻辑函数 ┼─ 标准形式 ┤
                                   │          └─ 标准或与式 ── 最大项之积的形式
                                   ├─ 多输出逻辑函数
                                   ├─ 非完全描述逻辑函数
                                   │
                                   │              ┌─ 并项法
                                   │          ┌─ 公式法 ┼─ 吸收法
                                   │          │        ├─ 消项法
                                   └─ 逻辑函数的化简 ┤    └─ 配项法
                                              │
                                              │          ┌─ 用卡诺图表示
                                              └─ 卡诺图法 ┼─ 化简原则
                                                         └─ 含有无关项的逻辑函数的化简
```

逻辑代数是一种用来描述二值逻辑关系的数学方法，由英国数学家乔治·布尔于19世纪中叶提出，因而又称为布尔代数，包括公理、定律和运算规则等。逻辑代数广泛地应用于数字电路的变换、分析、化简和设计。

用于描述输入逻辑变量和输出逻辑变量之间逻辑关系的函数称为逻辑函数。第3章所提到的与、或、非三种基本逻辑关系及其复合逻辑关系就是最简单的逻辑函数，本章将在此基础上，学习更多有关逻辑函数的知识。

需要强调的是，用逻辑思维进行思考是快速且深刻理解本章知识的关键。不论是逻辑代数还是逻辑函数，它们都离不开与、或、非三种基本逻辑关系，"0"和"1"代表的只是两种对立的状态，没有大小关系。

4.1　逻辑代数

4.1.1　逻辑代数的基本公理

公理1：$0 \cdot 0 = 0$；$1+1 = 1$。

公理2：$1 \cdot 1 = 1$；$0+0 = 0$。

公理3：$0 \cdot 1 = 0$；$0+1 = 1$。

公理4：$\overline{0} = 1$；$\overline{1} = 0$。

公理5：设 A 为逻辑变量，若 $A \neq 0$，则 $A = 1$；若 $A \neq 1$，则 $A = 0$。

公理6：设 A 为逻辑变量，这个变量取反后再取反，仍为自己本身，即 $\overline{\overline{A}} = A$。

4.1.2　逻辑代数的基本定律

逻辑代数的基本定律有0-1律、互补律、重叠律、交换律、结合律、分配律、反演律、吸收律，见表4-1。

表 4-1　逻辑代数的基本定律

名称	公式1	公式2
0-1律	$A \cdot 1 = A$ $A \cdot 0 = 0$	$A+0 = A$ $A+1 = 1$
互补律	$A \cdot \overline{A} = 0$	$A+\overline{A} = 1$
重叠律	$A \cdot A = A$	$A+A = A$
交换律	$A \cdot B = B \cdot A$	$A+B = B+A$
结合律	$(A \cdot B) \cdot C = A \cdot (B \cdot C)$	$(A+B)+C = A+(B+C)$
分配律	$A \cdot (B+C) = A \cdot B + A \cdot C$	$A+B \cdot C = (A+B) \cdot (A+C)$
反演律	$\overline{A \cdot B} = \overline{A} + \overline{B}$	$\overline{A+B} = \overline{A} \cdot \overline{B}$
吸收律	$A \cdot (A+B) = A$ $A \cdot (\overline{A}+B) = A \cdot B$ $(A+B)(A+C)(B+C) = (A+B)(\overline{A}+C)$	$A+A \cdot B = A$ $A+\overline{A} \cdot B = A+B$ $A \cdot B + \overline{A} \cdot C + B \cdot C = A \cdot B + \overline{A} \cdot C$

1. 定律的真值表证明

所有的逻辑代数基本定律都能够被证明，其中常用的一种方法是采用真值表，证明步骤如下：

1）将定律中出现的所有变量罗列出来，写出这些变量的所有状态组合。

2）将定律两边的逻辑运算式分列出来，并填入每一种变量状态下逻辑运算式的值。

3）对定律两边运算式的值进行对比，如果完全一致，得证。

【例 4-1】 用真值表的方法证明分配律 $A \cdot (B+C) = A \cdot B + A \cdot C$。

证明：该定律共有 A、B、C 三个变量，因此有 $2^3 = 8$ 种不同的状态，每一种状态都代表一种逻辑条件的组合。例如，$ABC = 000$，即指三个逻辑条件都不满足；$ABC = 011$，即指逻辑条件 A 满足，逻辑条件 B 和 C 不满足。依此类推。

将逻辑条件的 8 种状态组合分别代入定律的等式两边，求出逻辑结果的值。初学者可以将表达式分解为若干部分，先求出每一部分的结果，再求出最终值。证明过程见表 4-2。

表 4-2 真值表证明分配律

$A\ B\ C$	$B+C$	$A \cdot (B+C)$	$A \cdot B$	$A \cdot C$	$A \cdot B + A \cdot C$
0 0 0	0	0	0	0	0
0 0 1	1	0	0	0	0
0 1 0	1	0	0	0	0
0 1 1	1	0	0	0	0
1 0 0	0	0	0	0	0
1 0 1	1	1	0	1	1
1 1 0	1	1	1	0	1
1 1 1	1	1	1	1	1

从表 4-2 可知，对于逻辑条件的每一种状态组合，定律两边的表达式的值完全相同，因此该定律得证。

【例 4-2】 用真值表的方法证明以下 4 个反演律：

$$\overline{A \cdot B} = \overline{A} + \overline{B}, \quad \overline{A+B} = \overline{A} \cdot \overline{B}, \quad \overline{\overline{A} \cdot \overline{B}} = A+B, \quad \overline{\overline{A}+\overline{B}} = A \cdot B$$

证明：这 4 个反演律的变量有 A、B 两个，因此有 $2^2 = 4$ 种不同的状态。将逻辑条件的 4 种状态组合分别代入每一个定律的等式两边，求出逻辑结果的值。证明过程见表 4-3。

表 4-3 真值表证明反演律

A B	反演律 1		反演律 2		反演律 3		反演律 4	
	$\overline{A \cdot B}$	$\overline{A}+\overline{B}$	$\overline{A+B}$	$\overline{A} \cdot \overline{B}$	$\overline{\overline{A} \cdot \overline{B}}$	$A+B$	$\overline{\overline{A}+\overline{B}}$	$A \cdot B$
0 0	1	1	1	1	0	0	0	0
0 1	1	1	0	0	1	1	0	0
1 0	1	1	0	0	1	1	0	0
1 1	0	0	0	0	1	1	1	1

从表 4-3 可知，对于逻辑条件的每一种状态组合，定律两边的表达式的值完全相同，因此该定律得证。

反演律又称摩根定律，经常用于逻辑表达式的变换，是非常重要的公式。

2. 定律的公式证明

较为复杂的定律可用其他更简单的公式来证明。根据情况可以选择从等式左边往右边证明，也可以从等式右边往左边证明，还可以从等式两边往中间证明。

【例 4-3】 用公式法证明吸收律 $A \cdot (\overline{A}+B) = A \cdot B$。

证明：根据分配律有　　$A \cdot (\overline{A}+B) = A \cdot \overline{A}+A \cdot B$

根据互补律有　　　　　　　　　　　　$A \cdot \overline{A} = 0$

所以 $A \cdot (\overline{A}+B) = A \cdot B$，得证。

【例 4-4】 用公式法证明吸收律 $A+\overline{A} \cdot B = A+B$。

证明：根据分配律有　　$A+\overline{A} \cdot B = (A+\overline{A}) \cdot (A+B)$

根据互补律有　　　　　　　　　　　　$A+\overline{A} = 1$

所以 $A+\overline{A} \cdot B = A+B$，得证。

吸收律经常用于逻辑表达式的化简，涉及公式较多，需要熟练掌握。

4.1.3　逻辑代数的三个基本运算规则

逻辑代数有三个基本运算规则，分别是代入规则、反演规则、对偶规则。

1. 代入规则

在任何一个逻辑代数等式中，如果用某个逻辑变量或逻辑表达式同时取代等式两端的任何一个相同的逻辑变量，则新等式依然成立。

【例 4-5】 利用代入规则，用 $B+C$ 同时替代逻辑等式 $\overline{A+B} = \overline{A} \cdot \overline{B}$ 中的变量 B，写出新的逻辑等式，并用真值表的方法加以验证。

证明：新的逻辑等式是 $\overline{A+B+C} = \overline{A} \cdot \overline{B+C} = \overline{A} \cdot \overline{B} \cdot \overline{C}$，真值表证明见表 4-4。

表 4-4　真值表证明代入规则

A	B	C	$\overline{A+B+C}$	$\overline{A} \cdot \overline{B} \cdot \overline{C}$
0	0	0	1	1
0	0	1	0	0
0	1	0	0	0
0	1	1	0	0
1	0	0	0	0
1	0	1	0	0
1	1	0	0	0
1	1	1	0	0

代入规则为什么能够成立呢？这是因为，对于原式中的某一变量，它的取值只有两种，即 0 和 1，用于取代的逻辑变量或逻辑表达式，它的取值也只能是 0 和 1，而且这两者的 0 和 1 都表示两种对立的状态，在逻辑等式中作用完全一样，因此可以替代。请注意，代入规则成立的前提条件必须是在逻辑代数这个范畴。换句话说，如果脱离了逻辑代数范畴，比如在普通代数中，代入规则是不成立的。

代入规则最重要的作用是：在一个逻辑等式的基础上，可以衍生出无穷多个逻辑等式，而无须再证明。

仍以反演律 $\overline{A+B}=\overline{A}\cdot\overline{B}$ 为例，若以 AC（在不影响可读性的情况下，为了使逻辑表达式更加简洁、清晰，与运算符"·"可省略，下同）取代 A，可得 $\overline{AC+B}=\overline{AC}\,\overline{B}$；若以 $AC+D$ 取代 A，可得 $\overline{AC+D+B}=\overline{AC+D}\,\overline{B}$；若以 $\overline{A+B}\,C$ 取代 A，可得 $\overline{A+BC+B}=\overline{A+BC}\,\overline{B}$；等等。

2. 反演规则

对于某一逻辑函数 Y，若将其中的"·"变为"+"、"+"变为"·"、"0"变为"1"、"1"变为"0"、单个的原变量变为反变量、单个的反变量变为原变量，所得到的新的逻辑函数称为原函数的反函数，记作 $\overline{Y}$。

反函数是相对于原函数而言的，两者蕴含的逻辑关系正好相反。如果原函数在某些逻辑条件下结果发生，则反函数在同样的逻辑条件下结果不发生。例如，对于原函数 $Y=A+B$，当逻辑条件 A 和 B 中有任何一个为 1（成立）时，结果 Y 就为 1（发生）；该函数的反函数是 $\overline{Y}=\overline{A}\,\overline{B}$，只有当逻辑条件 A 和 B 都为 0（不成立）时，$\overline{Y}$ 为 1（发生）。两个函数的真值表见表 4-5，对应关系一目了然。

表 4-5　原函数与反函数的真值表

A　　B	$Y=A+B$	$\overline{Y}=\overline{A}\,\overline{B}$
0　　0	0	1
0　　1	1	0
1　　0	1	0
1　　1	1	0

【例 4-6】　利用反演规则，分别写出逻辑函数 $Y=A\overline{B}+C\overline{D}E$ 和 $Y=A+B+\overline{C}+\overline{\overline{D}\overline{E}}$ 的反函数。

解：
$$Y=A\overline{B}+C\overline{D}E\rightarrow\overline{Y}=(\overline{A}+B)(\overline{C}+D+\overline{E})$$

$$Y=A+B+\overline{C}+\overline{\overline{D}\overline{E}}\rightarrow\overline{Y}=\overline{A}\,\overline{B}\,C\overline{D}+E$$

运用反演规则时需要特别注意：

1）必须保持原函数的运算顺序，必要时加入括号。观察例 4-6 第一个反函数的两个括号，原函数中 B 变量先与 A 变量进行与运算，C 变量先与 D、E 变量进行与运算，所以反函数也必须遵循这一运算顺序。

2）公共非号不得改变。观察例 4-6 第二个原函数和反函数的公共非号，变换前后没有发生改变。

3. 对偶规则

对于某一逻辑函数 Y，若将其中的"·"变为"+"、"+"变为"·"、"0"变为"1"、"1"变为"0"，逻辑变量保持不变；所得到的新的逻辑函数称为原函数的对偶函数，记作 Y'。

该规则同样可以应用于逻辑等式，变换后得到的逻辑式称为原式的对偶式。若原逻辑等式成立，则对偶式也一定成立，反之亦然。因此，对偶规则常常用于逻辑等式的证明。

【例 4-7】 利用对偶规则，分别写出逻辑函数 $Y=A\overline{B}+C\overline{D}E$ 和 $Y=\overline{A+B+\overline{C}+D\overline{E}}$ 的对偶函数。

解：
$$Y=A\overline{B}+C\overline{D}E \rightarrow Y'=(A+\overline{B})(C+\overline{D}+E)$$

$$Y=\overline{A+B+\overline{C}+D\overline{E}} \rightarrow Y'=\overline{AB\overline{C}D+\overline{E}}$$

对偶规则和反演规则唯一的不同是对单个变量不需要作任何操作，变换时同样需要保持原函数的运算顺序以及不改变公共非号。

【例 4-8】 利用对偶规则，写出逻辑等式 $(A+B)(\overline{A}+C)(B+C)=(A+B)(\overline{A}+C)$ 的对偶式。

解： 对偶式为 $AB+\overline{A}C+BC=AB+\overline{A}C$。

观察表 4-1 中的公式 1 和公式 2 两栏，每一行中的两个逻辑等式都互为对偶式。利用对偶规则，可以使要证明及要记忆的公式数目减少一半。

例 4-8 中原式和对偶式的左边都是三部分，而右边都是两部分，意味着逻辑式简单了。因此，在逻辑函数化简时，凡是看到这种类似的结构，都可以简化。

4.2　逻辑函数

4.2.1　逻辑函数的表示方法

逻辑函数的表示方法有真值表、逻辑表达式、逻辑电路图、波形图、卡诺图、硬件描述语言等。前三种表示方法已经在第 3 章中提及，本节从逻辑函数的角度继续深入学习。

实际情况描述：生活中经常遇到两个位置控制一盏灯的情况，如图 4-1a 所示。墙壁开关 A 和 B 分别位于楼下和楼上，照明灯 L 安放在屋顶，上楼梯时拨下 A 开灯，上楼后拨下 B 关灯；下楼时拨上 B 开灯，下楼后再拨上 A 关灯。类似的，在卧室的床头和卧室门边也可以采用这样的设计，以达到对卧室灯具进行两地控制的目的。这样的灯具控制电路称为双控灯，其接线图如图 4-1b 所示。A 和 B 都是单刀双掷开关，即一个开关可以拨向两端，如图 4-1c 所示。

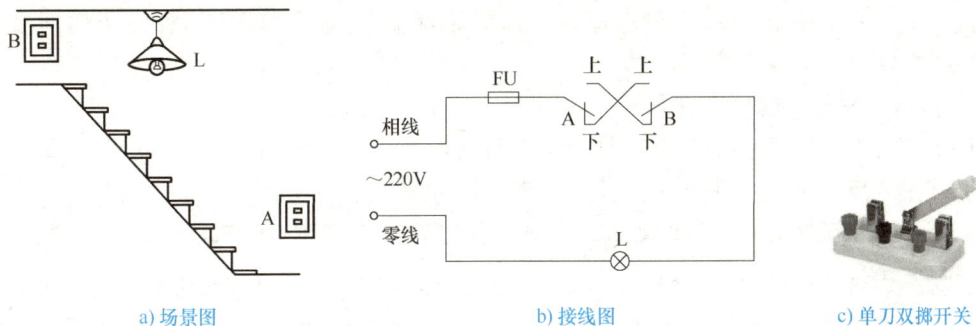

a) 场景图　　　　　　　　b) 接线图　　　　　　　　c) 单刀双掷开关

图 4-1　两个开关控制一盏灯

设计任务描述：设计一个逻辑电路，实现上述用两个开关控制一盏灯的目的。

逻辑抽象：对于逻辑条件 A 和 B，设开关拨向上方为 1，拨向下方为 0；对于逻辑结果 L，规定灯亮为 1，灯灭为 0。

1. 真值表

根据实际情况描述的关系，将逻辑条件变量的不同取值组合与逻辑结果变量之间的对应关系列成表格，得到此逻辑函数的真值表，见表4-6。

表 4-6　双控灯的真值表

A	B	L	A	B	L
0	0	0	1	0	1
0	1	1	1	1	0

表4-6与表3-7除了变量名之外完全相同，因此双控灯的逻辑功能实际上就是异或。

真值表最大的特点就是直观，每一行的输入和输出对应关系一目了然，因此，将一个实际问题抽象为逻辑问题时，采用真值表往往是最方便的。罗列输入变量的状态时，为了防止遗漏或重复，通常按照二进制递增规律排列。真值表的不足之处是当变量比较多时，所要表达的状态按2的指数增加，表格较大，比较烦琐。

2. 逻辑表达式

真值表反映的是在哪些逻辑条件下，逻辑结果为1（可以发生），以及在哪些逻辑条件下，逻辑结果为0（不发生）。将所有能使逻辑结果为1的逻辑条件组合找出来，对于每一个组合，变量值为1的写成原变量，变量值为0的写成反变量，然后将各个变量写成逻辑与（逻辑乘）的形式，再把各个与项进行逻辑或（逻辑加），即可得到该逻辑函数的表达式。用此方法写出真值表4-6所反映的逻辑函数表达式，即

$$L(A,B) = \overline{A}B + A\overline{B}$$

或简写为

$$L = \overline{A}B + A\overline{B}$$

有必要剖析一下 $L = \overline{A}B + A\overline{B}$ 的具体含义到底是什么。对照图4-1，$\overline{A}B$ 表示当开关 A 拨向下方时，开关 B 必须拨向上方，即 $A=0$、$B=1$，只有这样才能使灯泡 L 点亮，因此 A 和 B 之间必然是一种"与"的关系；而 $A\overline{B}$ 表示当开关 A 拨向上方时，开关 B 必须拨向下方，即 $A=1$、$B=0$，才能使灯泡点亮，因此 A、B 之间仍然是一种"与"的关系；同时，两种拨动方向的组合，只要有任何一个组合满足，都能让灯泡 L 点亮，因此两种组合之间必然是"或"的关系。

3. 最小项与最大项

（1）最小项　如果一个逻辑函数的某个与项包含了该函数的全部输入变量，每个变量都以原变量或反变量的形式出现，且仅出现一次，则这个与项称为该逻辑函数的一个最小项。若一个逻辑函数有 n 个条件变量，则最小项有 2^n 个。双控灯逻辑函数有 A、B 两个输入变量，因此它有 4 个最小项，即 $\overline{A}\,\overline{B}$、$\overline{A}B$、$A\overline{B}$ 和 AB。至此，真值表和逻辑表达式也可以理解为，它们反映了哪些最小项让结果发生，哪些最小项让结果不发生。

最小项具有以下特点：

① 对于任意一个最小项，输入变量只有一组取值使得它的值为1。

② 同一逻辑函数的任意两个不同的最小项的积（相与）为0。

③ 全体最小项之和（相或）为1。

这里的"积"指"逻辑乘",即与运算;这里的"和"指"逻辑加",即或运算;$L = \overline{A}B + A\overline{B}$这种形式称为最小项之和。学习的时候一定要明辨,不要被所谓的名字干扰。正如本章开头强调的,用逻辑思维进行思考是快速且深刻理解逻辑代数和逻辑函数的关键。从"全体最小项之和为1"进行分析,它意味着一个逻辑函数输入变量的所有状态组合都会使结果发生,因此这个逻辑函数的结果恒定发生。

【例4-9】 某逻辑函数的真值表见表4-7,写出该逻辑函数的表达式,并说明其具体含义。

表 4-7 某逻辑函数的真值表

A	B	Y		A	B	Y
0	0	1		1	0	1
0	1	1		1	1	1

解:逻辑表达式为

$$Y = \overline{A}\ \overline{B} + \overline{A}B + A\overline{B} + AB$$

该逻辑函数有两个输入变量,共有4个最小项,每个最小项都能让结果发生,所以这是一个必然发生逻辑函数。可以用公式法对逻辑表达式化简,得

$$Y = \overline{A}\ \overline{B} + \overline{A}B + A\overline{B} + AB = \overline{A}(\overline{B} + B) + A(\overline{B} + B) = \overline{A} + A = 1$$

上式清楚地表明该逻辑函数是必然发生逻辑函数。与必然发生逻辑函数对立的是必然不发生逻辑函数,反映到真值表中,就是所有的输入变量状态组合都使结果为0,若写成表达式,即$Y = 0$。

为了使描述简洁方便,通常将最小项记作m_i,下标i称为最小项的编号。编号的方法是:将使最小项为1的变量取值组合假设成二进制数,则这个二进制数对应的十进制数就是该最小项的编号。以双控灯逻辑函数为例,它的最小项可以分别表示为$\overline{A}\ \overline{B} = m_0$,$\overline{A}B = m_1$,$A\overline{B} = m_2$,$AB = m_3$。

(2)最大项 如果一个逻辑函数的某个或项包含了该函数的全部输入变量,每个变量都以原变量或反变量的形式出现,且仅出现一次,则这个或项称为该逻辑函数的一个最大项。n个变量的逻辑函数有2^n个最大项,可记作M_i,下标i称为最大项的编号。编号的方法是:将使最大项为0的变量取值组合当成二进制数,则该二进制数对应的十进制数就是该最大项的编号。仍以双控灯逻辑函数为例,它的最大项可以分别表示为$A + B = M_0$,$A + \overline{B} = M_1$,$\overline{A} + B = M_2$,$\overline{A} + \overline{B} = M_3$。

最大项具有以下特点:

① 对于任意一个最大项,输入变量只有一组取值使它为0。

② 同一逻辑函数的任意两个不同的最大项的和为1。

③ 全部最大项之积为0。

前面通过双控灯电路,对使用最小项之和的形式表示逻辑函数作了具体分析。总结起来,这种方式的特点是:通过描述输入变量在何种状态组合下能让结果发生来反映蕴含的逻辑关系。那么,是不是存在另一种逻辑表达形式,通过描述输入变量在何种状态组合下让结果不发生来反映蕴含的逻辑关系?

答案是肯定的，其中的缘由也很容易理解。对于一个逻辑函数，如果将所有结果不发生的情况都详尽指出了，剩下的显然就是结果可以发生的情况，因此，蕴含的逻辑关系同样能够得以准确表述。再来观察图4-1，当 A 和 B 都拨向上方，即 $A=1$、$B=1$，或者都拨向下方，即 $A=0$、$B=0$，灯泡不亮，除此之外，其他情况下灯泡都亮。这段话的重点是突出如何使灯泡不亮（结果不发生），但起到的效果与突出如何使灯泡亮（结果发生）是完全相同的。

根据最大项的特点，可以采用它构成另一种形式的逻辑表达式，这种形式的特点是通过描述输入变量在何种状态组合下让结果不发生来反映蕴含的逻辑关系。与采用最小项的逻辑表达式正好相反，其表达式由若干个最大项通过与运算构成。双控灯逻辑函数的最大项逻辑表达式为

$$L=(A+B)(\bar{A}+\bar{B})=M_0 M_3$$

当 $A=0$、$B=0$ 时第一个括号内的或项为 0，当 $A=1$、$B=1$ 时第二个括号内的或项为 0，两种状态组合之间是与的关系，有任何一种状态组合出现，都会使结果为 0（不发生）。

（3）最小项和最大项的关系　显然，相同编号的最小项和最大项互为相反，即

$$m_i=\overline{M_i};M_i=\overline{m_i}$$

表4-8列出了3变量逻辑函数的全部最小项和最大项以及它们的编号。

表 4-8　最小项和最大项的关系

$A\ B\ C$	十进制数	最小项	m_i	最大项	M_i
0　0　0	0	$\bar{A}\ \bar{B}\ \bar{C}$	m_0	$A+B+C$	M_0
0　0　1	1	$\bar{A}\ \bar{B}\ C$	m_1	$A+B+\bar{C}$	M_1
0　1　0	2	$\bar{A}\ B\ \bar{C}$	m_2	$A+\bar{B}+C$	M_2
0　1　1	3	$\bar{A}\ B\ C$	m_3	$A+\bar{B}+\bar{C}$	M_3
1　0　0	4	$A\ \bar{B}\ \bar{C}$	m_4	$\bar{A}+B+C$	M_4
1　0　1	5	$A\ \bar{B}\ C$	m_5	$\bar{A}+B+\bar{C}$	M_5
1　1　0	6	$A\ B\ \bar{C}$	m_6	$\bar{A}+\bar{B}+C$	M_6
1　1　1	7	$A\ B\ C$	m_7	$\bar{A}+\bar{B}+\bar{C}$	M_7

学习反演规则时，提及过反函数和原函数的关系，这也意味着，一个逻辑函数表示为最小项之和时，其反函数可用最大项之积表示，例如

$$L=\bar{A}B+A\bar{B}=m_1+m_2$$

$$\bar{L}=\overline{m_1+m_2}=\overline{m_1}\ \overline{m_2}=M_1 M_2=(A+\bar{B})(\bar{A}+B)$$

4. 逻辑表达式的常用形式

同一个逻辑函数，其逻辑表达式可以有多个，虽表现形式不同，但反映的是相同的逻辑关系。灵活运用逻辑代数，可以使不同的逻辑表达式之间相互转换。逻辑表达式常用的形式有以下5种：

（1）与或式　由若干"与项"进行"或"运算构成。要特别强调的是，"与项"可以是单个变量，也可是多个变量相"与"。与或式也称为"积之和"式，这里的"积"特指"逻辑乘"，这里的"和"特指"逻辑或"，学习的时候一定要明辨，不要被所谓的名字干扰。以下逻辑表达式均为与或式：

$$Y=AB+CD\quad Y=\bar{A}BC+\bar{B}\ \bar{C}\quad Y=AB+\bar{D}\quad Y=A+B\quad Y=\bar{C}$$

以下逻辑表达式均不是与或式：

$$Y = \overline{AB} + CD \qquad Y = \overline{A}(B+C) + \overline{B}\,\overline{C} \qquad Y = \overline{AB + \overline{D}}$$

（2）或与式 由若干"或项"进行"与"运算构成，也称为"和之积"式。利用分配律，可以将与或式变换为或与式，举例如下：

$$Y = AB + CD = (AB + C)(AB + D) = (A+C)(B+C)(A+D)(B+D)$$

（3）与非-与非式 由若干"与非项"再进行"与非"运算构成。先将与或式进行两次求反，再利用反演律将内层公共非号去掉即可变换为与非-与非式，举例如下：

$$Y = AB + CD = \overline{\overline{AB + CD}} = \overline{\overline{AB}\ \overline{CD}}$$

（4）或非-或非式 由若干"或非项"再进行"或非"运算构成。先将或与式进行两次求反，再利用反演律将内层公共非号去掉即可变换为或非-或非式。举例如下：

$$Y = (A+C)(B+C)(A+D)(B+D) = \overline{\overline{(A+C)(B+C)(A+D)(B+D)}} = \overline{\overline{A+C} + \overline{B+C} + \overline{A+D} + \overline{B+D}}$$

（5）与或非式 由若干"与项"先进行"或"运算再进行"非"运算构成。利用反演律将或非-或非式内层公共非号去掉即可变换为与或非式，举例如下：

$$Y = \overline{\overline{A+C} + \overline{B+C} + \overline{A+D} + \overline{B+D}} = \overline{\overline{A}\,\overline{C} + \overline{B}\,\overline{C} + \overline{A}\,\overline{D} + \overline{B}\,\overline{D}}$$

5. 逻辑电路图

由图形符号构成用来反映逻辑关系的图称为逻辑电路图，简称逻辑图。通过逻辑表达式可以方便地得到逻辑电路图。

双控灯的逻辑电路图如图 3-13 所示，将逻辑电路图中的图形符号用具体的集成电路芯片替换后，得到图 4-2，该图通过电子电路仿真软件 Multisim 绘制。对于基本逻辑门，Multisim 软件默认采用特定形状符号；如果希望使用矩形轮廓符号，可以对相关设置进行修改。

从图 4-2 可知，该电路用到了非门 74LS04、2 输入与门 74LS08、2 输入或门 74LS32、单刀双掷开关、5V 直流电源、5V_1W 灯泡等元器件及若干导线。准备好所需的元器件，经过安装、焊接、调试，就可以得到能执行双控灯逻辑功能的实物电路。

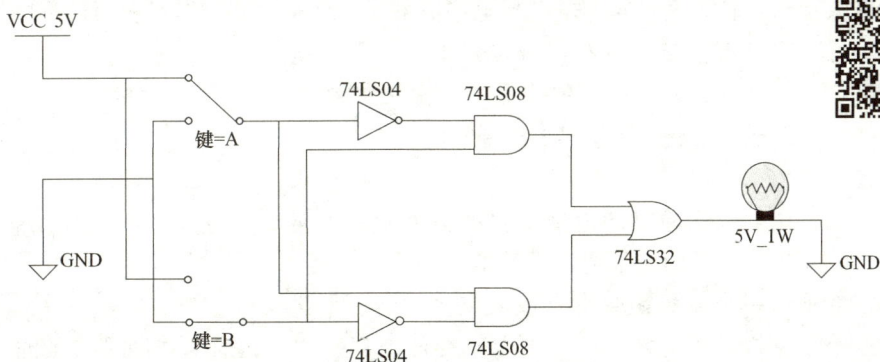

图 4-2 双控灯实际电路（一）

通过第 3 章的学习，我们了解到每片 74LS04 包含 6 个非门，每片 74LS08 和 74LS32 分别包含 4 个与门和或门，因此图 4-2 中的 3 种芯片分别只需要 1 片。集成电路芯片 74LS86 的逻辑功能就是异或，由该器件实现的双控灯电路如图 4-3 所示。相比于图 4-2，图 4-3 中电路所用芯片种类由 3 个减少为 1 个，但实现的功能完全相同。这也提醒我们，逻辑函数的实现存在着多种方案，应根据实际情况选择最适合的方案。

这种以集成芯片图形符号的形式来表现逻辑函数的电路简洁、直观，可读性强，适用于逻辑功能简单的场合。但需要注意，图中的器件既没有标示引脚号，也没有标示器件的工作电源和工作地，因此，实物制作时需要查询芯片手册，以确保正确接线。

如果用器件的引脚图来表现该电路，上面的问题就迎刃而解了，如图 4-4 所示。当然，如果电路所需要的集成电路芯片较多时，这种表现方式的可读性会减弱。

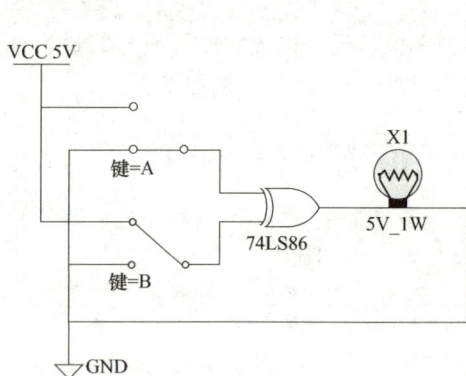

图 4-3 双控灯实际电路（二）

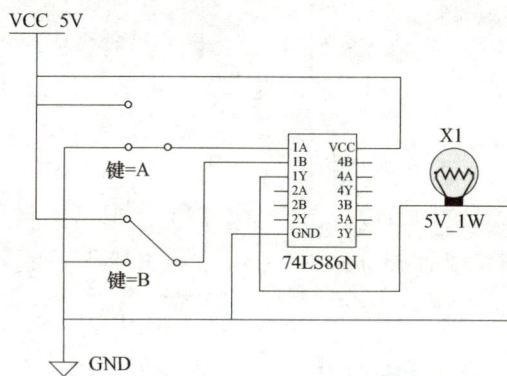

图 4-4 双控灯实际电路（三）

对于逻辑电路设计而言，通常在完成实物之前，需要进行电路仿真，尤其是结构较为复杂的电路。所谓仿真，是指使用数学模型对电子电路的真实行为进行模拟的工程方法。通过仿真，可以验证电路设计的正确性，最大限度减少设计中存在的错误或隐患。目前，能用于数字电路的主流仿真软件有 PSpice、Multisim、Proteus、Simulink 等，本书采用 Multisim 进行电路仿真。

6. 波形图

通过输入变量和输出变量对应的逻辑电平波形反映逻辑关系的图形称为波形图。波形图和真值表一样，也具有清晰、直观的特点，常用于数字电路的分析和调试。图 4-5 是双控灯的波形图，输入变量 A、B 共有 4 种状态组合，绘制时注意不要遗漏。

7. 卡诺图

卡诺图是美国贝尔实验室的电信工程师莫里斯·卡诺（Maurice Karnaugh）发明的，是逻辑函数的一种图形表示，是真值表的变形。一个逻辑函数的真值表有多少行，卡诺

图 4-5 双控灯的波形图

图就有多少个小方格，两者之间的区别在于真值表是一维的，而卡诺图是二维的。也就是说，卡诺图将输入变量分成两部分，一部分排成行，另一部分排成列，行与列交叉形成一个个小方格，每个小方格代表逻辑函数的一个最小项，故卡诺图又称为最小项方格图。2 变量

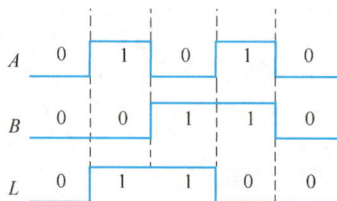

卡诺图如图 4-6a 所示，变量 A 和 B 分别作为行和列，每个变量有 0 和 1 两种取值，一共形成 4 个方格，分别对应输入变量的 4 种状态组合，即 00（$\overline{A}\,\overline{B}$）、01（$\overline{A}B$）、10（$A\overline{B}$）、11（$AB$）。将最小项用 m_i 的形式表示，卡诺图的构成会显得更简洁，图 4-6b 所示是 2 变量卡诺图的 m_i 表示。

用卡诺图描述逻辑函数，就是将能够使逻辑函数结果发生的最小项对应的方格内填 1，否则填 0，这个过程和用真值表描述逻辑函数本质上是一模一样的。双控灯逻辑函数的卡诺图表示如图 4-7 所示，输出变量 L 标注在图的左上角。

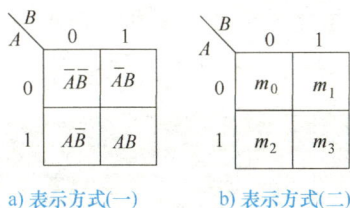

a) 表示方式(一)　　b) 表示方式(二)

图 4-6　2 变量卡诺图

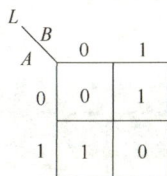

图 4-7　双控灯电路的卡诺图

卡诺图二维构造的目的是什么？为了回答这个问题，首先要了解逻辑相邻项这个概念。逻辑相邻项是指只有一个变量的状态不同，其余变量的状态都相同的两个最小项，例如 2 变量的 $\overline{A}\,\overline{B}$ 和 $\overline{A}B$、3 变量的 $\overline{A}BC$ 和 ABC、4 变量的 $\overline{A}BCD$ 和 $\overline{A}B\overline{C}D$ 等。

根据 $AB + A\overline{B} = A(B + \overline{B}) = A$ 可知，任何两个具有逻辑相邻性的最小项都可以合并为一项并消去那个状态互反的变量，例如 $\overline{A}\,\overline{B} + \overline{A}B = \overline{A}$，$\overline{A}BC + ABC = AC$，$\overline{A}BCD + \overline{A}B\overline{C}D = \overline{A}BD$。由此，我们可知莫里斯·卡诺当初构造卡诺图的出发点就是为了进行逻辑函数的化简。而为了达到这个目的，卡诺图在构造时必须突出逻辑相邻项这个特点，也就是要将具有逻辑相邻性的最小项在空间排列上也相邻，从而可以从图形上直观地找出相邻项进行合并化简。图 4-8~图 4-10 所示分别是 3 变量、4 变量、5 变量卡诺图。

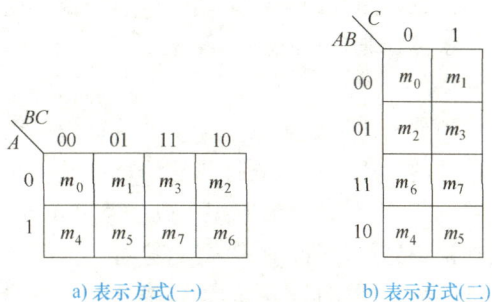

a) 表示方式(一)　　　　　　b) 表示方式(二)

图 4-8　3 变量卡诺图

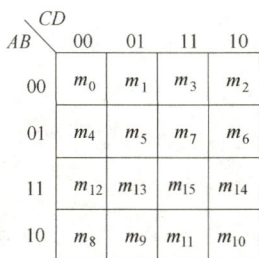

图 4-9　4 变量卡诺图

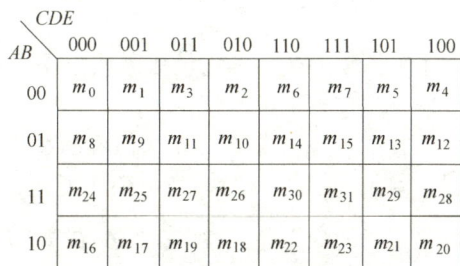

图 4-10　5 变量卡诺图

观察不难发现，这几个卡诺图的最小项布局都体现了逻辑相邻性，例如 m_1 和 m_3 紧邻，m_5 和 m_7 紧邻，m_9 和 m_{11} 紧邻。进一步分析可知，若以卡诺图中任一横向或纵向线段作为轴线对折，凡是重合的最小项均是逻辑相邻项。以 4 变量卡诺图为例，m_4 和 m_{12}、m_5 和 m_{13}、m_7 和 m_{15}、m_6 和 m_{14} 这几组在空间上紧邻，自然都是相邻项；若以中线为对称轴上下对折，则还会发现 m_0 和 m_8、m_1 和 m_9、m_3 和 m_{11}、m_2 和 m_{10} 这几组也是相邻项。相比较而言，真值表就很难反映出逻辑相邻的特点。

【例 4-10】 某逻辑函数的逻辑表达式为 $F=\overline{A}\,\overline{B}\,\overline{C}+\overline{A}BC+A\overline{B}\,\overline{C}+AB\overline{C}+ABC$，写出它的真值表并画出卡诺图。

解：该逻辑表达式中有 5 个最小项能使结果发生，据此得到真值表（见表 4-9）和卡诺图（见图 4-11）。两者对比，在表现逻辑相邻项方面，卡诺图显然比真值表更直观。

表 4-9　例 4-10 的真值表

A B C	m_i	F
0　0　0	m_0	1
0　0　1	m_1	0
0　1　0	m_2	0
0　1　1	m_3	1
1　0　0	m_4	1
1　0　1	m_5	0
1　1　0	m_6	1
1　1　1	m_7	1

F $\diagdown$ BC / A	00	01	11	10
0	1	0	1	0
1	1	0	1	1

图 4-11　例 4-10 卡诺图

该逻辑函数的 m_0 和 m_4、m_3 和 m_7、m_4 和 m_6、m_6 和 m_7 均为逻辑相邻项，在卡诺图中一目了然、非常直观。

8. 硬件描述语言

硬件描述语言是数字电子系统行为描述、结构描述、数据流描述的语言。随着可编程逻辑器件的广泛应用，硬件描述语言已成为数字系统设计的主要描述方式。据统计，目前美国硅谷约有 90% 以上的专用集成电路（Application Specific Integrated Circuit，ASIC）采用硬件描述语言进行设计。从发展趋势看，掌握硬件描述语言将是电子工程师的必备技能。被业界高度认可、使用最广泛的硬件描述语言有 Verilog、VHDL、ABEL 等。本书第 5 章将专门讲述 Verilog 的基本知识和常用操作，用其编写的硬件描述语言程序也将在后续章节中大量出现。

4.2.2　逻辑函数的标准形式

逻辑函数的标准形式包括标准与或式和标准或与式两种。

1. 标准与或式

由若干个最小项相"或"构成的逻辑式称为标准与或式，也叫作最小项之和式或积之和式，例如

$$F(A,B,C,D)=\overline{A}\,\overline{B}\,C\overline{D}+\overline{A}BCD+A\overline{B}C\overline{D}+ABC\,\overline{D}$$

$$=m_1+m_5+m_{10}+m_{12}=\sum m(1,5,10,12)$$

遇到逻辑表达式为非标准表达式的时候，可以运用逻辑代数公式将非标准表达式变换成

标准表达式。得到标准与或式的一般步骤：

1）首先将表达式变换成与或表达式。

2）对于非最小项的与项，利用互补律 $A+\overline{A}=1$ 增加缺少的变量。

3）合并重复项，得到标准与或式。

【例 4-11】 求逻辑函数 $F(A,B,C)=\overline{AB}\,\overline{C}+\overline{A}C+BC$ 的标准与或式。

解：首先将原式转换为与或式。

$F=\overline{AB}\,\overline{C}+\overline{A}C+BC=(\overline{A}+\overline{B})\,\overline{C}+\overline{A}C+BC$ 利用反演律

$=\overline{A}\,\overline{C}+\overline{B}\,\overline{C}+\overline{A}C+BC$ 得到与或式

$=\overline{A}(B+\overline{B})\,\overline{C}+(A+\overline{A})\,\overline{B}\,\overline{C}+\overline{A}(B+\overline{B})\,C+(A+\overline{A})BC$ 补齐缺少的变量

$=\overline{A}B\overline{C}+\overline{A}\,\overline{B}\,\overline{C}+A\overline{B}\,\overline{C}+\overline{A}\,\overline{B}\,\overline{C}+\overline{A}BC+\overline{A}\,\overline{B}C+ABC+\overline{A}BC$ 去掉括号

$=\overline{A}B\overline{C}+\overline{A}\,\overline{B}\,\overline{C}+A\overline{B}\,\overline{C}+\overline{A}BC+\overline{A}\,\overline{B}C+ABC$ 合并重复项

$=m_0+m_1+m_2+m_3+m_4+m_7=\sum m(0,1,2,3,4,7)$

【例 4-12】 表 4-10 为某逻辑函数的真值表，写出该逻辑函数的标准与或式。

表 4-10 例 4-12 的真值表

A	B	C	m_i	M_i	Y
0	0	0	m_0	M_0	1
0	0	1	m_1	M_1	0
0	1	0	m_2	M_2	0
0	1	1	m_3	M_3	0
1	0	0	m_4	M_4	0
1	0	1	m_5	M_5	0
1	1	0	m_6	M_6	0
1	1	1	m_7	M_7	1

解：通过真值表可以直接写出标准与或式。先找出表中能使结果 Y 为 1 的所有输入变量组合，然后用最小项的形式进行相或

$$F=\overline{A}\,\overline{B}\,\overline{C}+ABC=m_0+m_7=\sum m(0,7)$$

2. 标准或与式

由若干个最大项相"与"构成的逻辑表达式称为标准或与式，也叫作最大项之积式或和之积式，例如

$$F(A,B,C)=(\overline{A}+B+\overline{C})(A+\overline{B}+C)(A+B+\overline{C})$$
$$=M_1M_2M_5=\prod M(1,2,5)$$

同样，对于非标准表达式，将其变换成标准或与式，可遵循下面的步骤：

1）首先将表达式转换成或与表达式。

2）对非最大项的或项，利用互补律 $A\cdot\overline{A}=0$ 增加缺少的变量。

3）合并重复项，得到标准或与式。

【例 4-13】 求函数 $F(A,B,C)=(\overline{A}+B\overline{C})(A+B+\overline{C})$ 的标准或与式。

解：首先将原式转换为或与式。

$$F = (\overline{A} + B\overline{C})(A + B + \overline{C})$$

$$= (\overline{A} + B)(\overline{A} + \overline{C})(A + B + \overline{C}) \quad \text{利用分配律得到或与式}$$

$$= (\overline{A} + B + C\overline{C})(\overline{A} + B\overline{B} + \overline{C})(A + B + \overline{C}) \quad \text{补齐缺的变量}$$

$$= (\overline{A} + B + C)(\overline{A} + B + \overline{C})(\overline{A} + B + \overline{C})(\overline{A} + \overline{B} + \overline{C})(A + B + \overline{C}) \quad \text{利用分配律}$$

$$= (A + B + \overline{C})(\overline{A} + B + C)(\overline{A} + B + \overline{C})(\overline{A} + \overline{B} + \overline{C}) \quad \text{合并重复项}$$

$$= M_1 M_4 M_5 M_6 = \prod M(1,4,5,6)$$

【**例 4-14**】 根据表 4-10，写出该逻辑函数的标准或与式。

解：先找出表 4-10 中能使结果 Y 为 0 的所有输入变量组合，然后用最大项的形式进行相与。注意，写最大项时将变量为 0 的代以原变量，为 1 的代以反变量。

$$F = (A + B + \overline{C})(A + \overline{B} + C)(A + \overline{B} + \overline{C})(\overline{A} + B + C)(\overline{A} + B + \overline{C})(\overline{A} + \overline{B} + C)$$

$$= M_1 M_2 M_3 M_4 M_5 M_6 = \prod M(1,2,3,4,5,6)$$

3. 两种标准表达式间的转换

由例 4-12 和例 4-14 可知，同一个逻辑函数的两种标准形式所含最小项和最大项的编号正好是互补的，这也再次印证了前面关于逻辑函数可以从结果发生与否两方面进行描述的正确性。不难证明，如果一个函数的最小项表达式为 $F = \sum m_i$，最大项表达式为 $F = \prod M_j$，其中 m_i 是编号为 i 的全部最小项，则 M_j 是不包含在 i 内的所有其他编号的最大项。

4.2.3 多输出逻辑函数和非完全描述逻辑函数

1. 多输出逻辑函数

顾名思义，所谓多输出逻辑函数是指有两个以上输出变量的逻辑函数。表 4-11 中，两个输入变量是 A 和 B，两个输出变量是 S 和 CO。如果单独从 S 和 CO 的角度分别分析它们与输入变量之间的逻辑关系，不难得知，S 和 A、B 之间是异或逻辑，CO 和 A、B 之间是与逻辑。但是对于多输出函数而言，应该从整体视角分析输出变量和输入变量之间的逻辑关系。按照这个要求，重新分析可知，真值表可实际反映为不考虑进位的加法器，将之称为半加器，A 和 B 分别是加数和被加数，S 是和，CO 是进位。

表 4-11 半加器的真值表

A	B	S	CO
0	0	0	0
0	1	1	0
1	0	1	0
1	1	0	1

通过真值表分别写出两个输出的逻辑表达式：

$$S = \overline{A}B + A\overline{B}, \quad CO = AB$$

半加器的逻辑电路如图 4-12 所示。图 4-12a 中的器件给出了具体型号，异或逻辑采用 74LS86 实现，与逻辑采用 74LS08 实现；图 4-12b 中均为没有具体型号的图形符号。半加器的图形符号如图 4-13 所示。

a) 采用具体型号表示　　　　　b) 采用图形符号表示

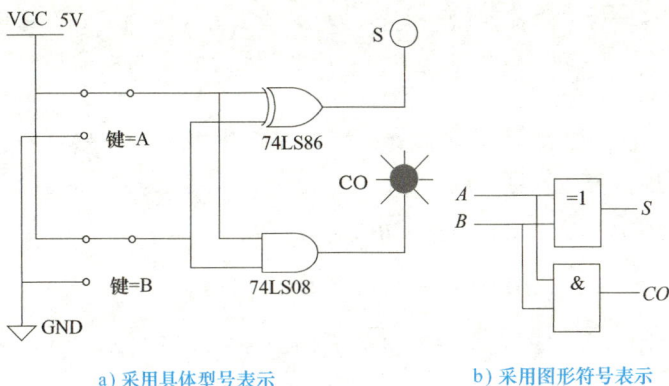

图 4-12　半加器的逻辑电路

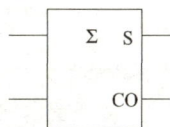

图 4-13　半加器的图形符号

2. 非完全描述逻辑函数

逻辑函数分完全描述和非完全描述两种。完全描述逻辑函数是指逻辑函数所有输入变量的状态组合都能够出现，而且每一组状态都会对应明确且有意义的输出结果。非完全描述逻辑函数是指逻辑函数的某些输入变量的状态组合根本不会出现，或者它们出现与否对输出结果而言没有意义。在非完全描述逻辑函数中，那些人为限制出现的输入变量状态组合对应的最小项称为约束项，客观上不会出现的最小项称为任意项，约束项和任意项统称为无关项。无关项在真值表或功能表中常用"X"表示，在逻辑表达式中常用"d"或"ϕ"表示。

【例 4-15】　某车间的电动机有三个控制按钮 A、B、C，当 A 按钮按下时，电动机正转；当 B 按钮按下时，电动机反转；当 C 按钮按下时，电动机停止。写出该电动机逻辑控制电路的真值表。

解：设按钮按下为 1，抬起为 0；用 Y_Z、Y_F、Y_T 分别表示电动机的正转、反转和停止，工作时为 1，不工作为 0。

电动机在正常工作时，只能按下其中一个按钮，执行一种功能，因此 A、B、C 的状态组合只能被人为限定在 100、010、001 中的一种，而不能是 000、011、101、110、111 中的任何一种，即 A、B、C 是具有约束性的变量。该逻辑函数的真值表见表 4-12。

表 4-12　例 4-15 的真值表

A B C	Y_Z	Y_F	Y_T
0 0 0	X	X	X
0 0 1	0	0	1
0 1 0	0	1	0
0 1 1	X	X	X
1 0 0	1	0	0
1 0 1	X	X	X
1 1 0	X	X	X
1 1 1	X	X	X

其逻辑表达式为

$$\begin{cases} Y_Z = A\overline{B}\,\overline{C}, Y_F = \overline{A}B\overline{C}, Y_T = \overline{A}\,\overline{B}C \\ \overline{A}\,\overline{B}\,\overline{C} + \overline{A}BC + A\overline{B}C + AB\overline{C} + ABC = 0 \text{（约束条件）} \end{cases}$$

上式中的约束项也可以写成 $\sum d(0,3,5,6,7)$。

下面简单解释一下约束条件的具体含义。前面已经提到，约束项是人为限制不允许出现的，因此它们一定不会导致结果发生（结果不发生就是 0）；同时，因为所有约束项都不能出现，因此各个约束项之间是或的关系。

第 2 章的 2.3 节提到了 4-2 编码器，其中表 2-7 所描述的逻辑关系既是多输出逻辑函数，也是一种非完全描述逻辑函数，其逻辑表达式可写成

$$\begin{cases} Y_1 = \overline{A}\,\overline{B}C\overline{D} + \overline{A}\,\overline{B}\,\overline{C}D = \overline{A}\,\overline{B}(\overline{C}D + C\overline{D}) = \overline{A}\,\overline{B}(C \oplus D) \\ Y_0 = \overline{A}\,\overline{B}\,\overline{C}D + \overline{A}B\overline{C}\,\overline{D} = \overline{A}\,\overline{C}(\overline{B}D + B\overline{D}) = \overline{A}\,\overline{C}(B \oplus D) \\ \overline{A}\,\overline{B}CD + \overline{A}B\overline{C}D + \overline{A}BC\overline{D} + \overline{A}BCD + A\overline{B}\,\overline{C}D + A\overline{B}C\overline{D} + A\overline{B}CD + \\ AB\overline{C}\,\overline{D} + AB\overline{C}D + ABC\overline{D} + ABC\overline{D} + ABCD = 0 (约束条件) \end{cases}$$

通过逻辑表达式可以得到逻辑电路图，从而实现逻辑函数的相应功能。图 4-14 所示分别是 4-2 编码器 4 个输入 A、B、C、D 对应的编码输出。

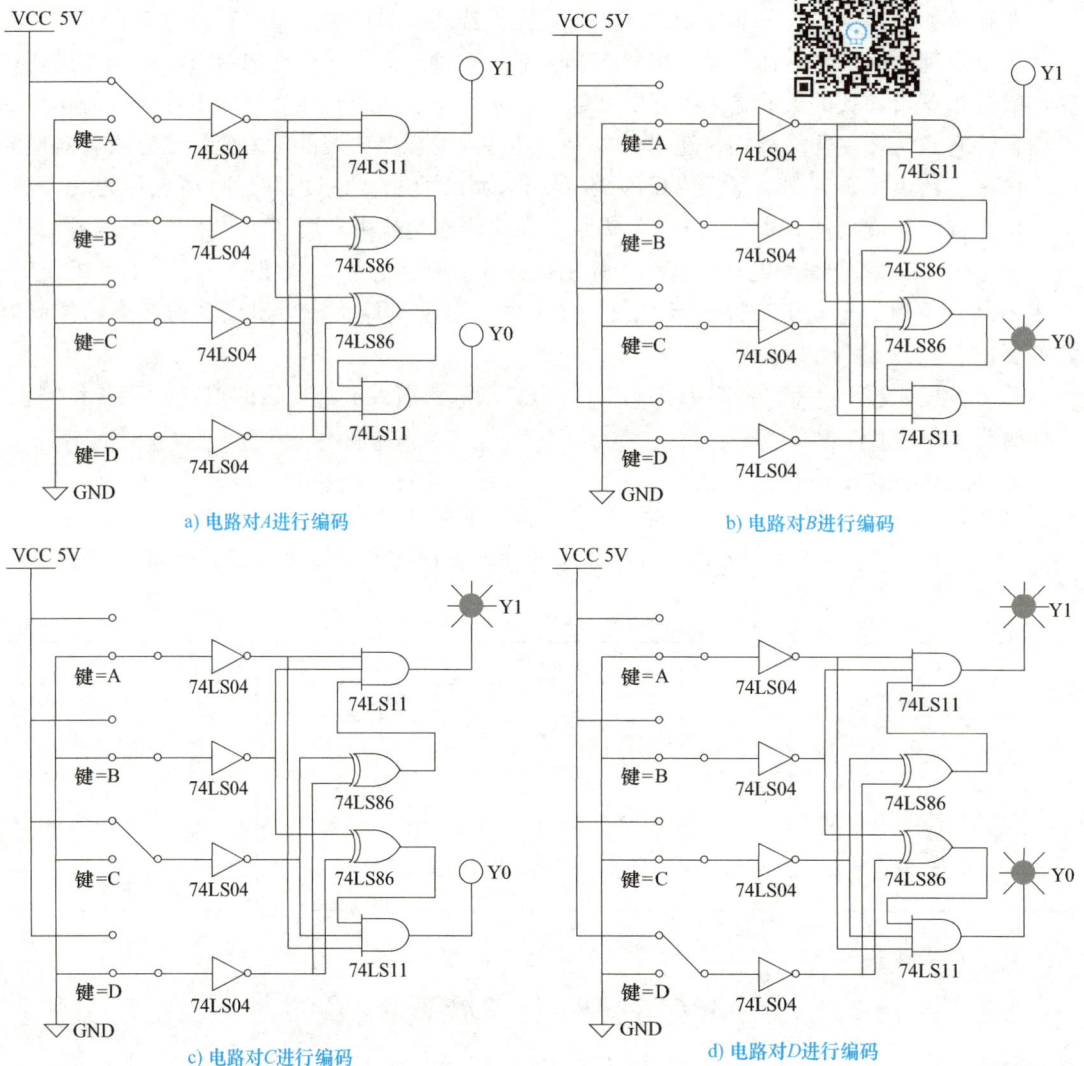

a) 电路对 A 进行编码

b) 电路对 B 进行编码

c) 电路对 C 进行编码

d) 电路对 D 进行编码

图 4-14 4-2 编码器 4 个输入对应的编码输出

类似的，我们可以完成第 2 章的 2.3 节中关于 4-2 编码器的编码问题描述（二）和（三）。

【例 4-16】 航天员模拟失重状态下的各项训练可以采用"中性浮力"水槽的方式。某训练用水槽深 10m，直径 20m，水槽内壁从下至上安装有三个位置感知检测器 A、B、C，能够检测航天员所处的位置。设计一个电路，当航天员在水中所处位置低于 A 时，红色指示灯 R 亮；高于 A 但低于 B 时，黄色指示灯 Y 亮；高于 B 但低于 C 时，绿色指示灯 G 亮；高于 C 时，三个指示灯全亮。写出该逻辑电路的真值表。

解：对于 A、B、C 三个位置感知检测器，若设定航天员位置低于某个检测器，则该检测器为 1，否则为 0；指示灯亮为 1，不亮为 0。

根据生活常识，010、100、101、110 这几种输入变量状态组合是不会出现的，作为任意项处理，可得真值表，见表 4-13。

表 4-13 例 4-17 的真值表

A B C	R	Y	G
0 0 0	1	1	1
0 0 1	0	0	1
0 1 0	X	X	X
0 1 1	0	1	0
1 0 0	X	X	X
1 0 1	X	X	X
1 1 0	X	X	X
1 1 1	1	0	0

如果由于故障或其他因素导致不应出现的无关项出现了（可以称之为干扰），那么电路的逻辑功能就可能出现错误。这个问题可以通过增加电路可靠性设计加以解决。

4.2.4 逻辑函数的化简

逻辑函数越简单，实现该逻辑函数所需要的器件越少，电路就越简单，相对而言成本也就越低，同时电路的可靠性往往能得到提高。常用的逻辑函数化简方法有公式法和卡诺图法。

如何判断逻辑表达式是最简的呢？首先，逻辑函数用到的逻辑门数量少；其次，门的输入端个数少；最后，逻辑电路的级数少。来看一个例子：

$$Y = \overline{A}B + A\overline{B} + AB$$

该逻辑表达式有三个与项，每个与项由两个逻辑变量相与构成，其中前两个与项中包含非运算，三个与项之间还要进行或运算。因此，需要用到非门、与门和或门。运用逻辑代数可对表达式进行化简。

$$Y = \overline{A}B + A\overline{B} + AB$$

$= A(\overline{B}+B) + B(\overline{A}+A)$ 根据重叠律 $A = A+A$，再结合代入规则 $AB = AB + AB$

$= A \cdot 1 + B \cdot 1$ 根据互补律

$= A + B$ 根据 0-1 律

通过一系列变换，最终得到的表达式只有两项，每项只有一个变量，电路的级数也减少为只有一级，此时的表达式就是最简形式。对于其他类型的电路，也可以得出类似的最简标准，例如或与表达式的最简标准是或项最少，每个或项中的变量数最少。

1. 逻辑函数的公式法化简

（1）并项法　运用 $A+\bar{A}=1$ 将两项并为一项，例如

$$F=AB\bar{C}+ABC=AB(\bar{C}+C)=AB$$

$$F=ABCD+\overline{ABC}D=D(ABC+\overline{ABC})=D$$

（2）吸收法　运用 $A+AB=A$ 或 $A+\bar{A}B=A+B$ 消去多余的部分，例如

$$F=AB+AB\bar{C}+AB(C+DE)=AB+AB(C+DE)=AB$$

$$F=A\bar{B}+(\bar{A}+B)C=A\bar{B}+\overline{A\bar{B}}C=A\bar{B}+C$$

（3）消项法　运用 $AB+\bar{A}C+BC=AB+\bar{A}C$ 消去多余的项，例如

$$F=\overline{A}BC+ABD+CD=\overline{A}BC+ABD$$

（4）配项法　根据实际情况，选择运用 $A+\bar{A}=1$、$A+A=A$、$A\bar{A}=0$ 在逻辑表达式中添加配项，再与其他项合并，以获得更简单的化简结果，例如

$$F=AB+\bar{A}C+BCD$$

$$=AB+\bar{A}C+BCD(A+\bar{A})$$

$$=AB+\bar{A}C+ABCD+\bar{A}BCD=AB+\bar{A}C$$

【例 4-17】　将逻辑表达式 $Y=A\bar{B}C+\overline{A}\,\overline{B}\,\overline{C}+A\bar{B}D+CD+BD$ 化为最简与或式。

解：$Y=A\bar{B}C+\overline{A}\,\overline{B}\,\overline{C}+A\bar{B}D+CD+BD$

$\quad=A\bar{B}C+\overline{A}\,\overline{B}\,\overline{C}+CD+\bar{B}(A\bar{D}+D)$　　利用 $D+\bar{D}A=D+A$

$\quad=A\bar{B}C+\overline{A}\,\overline{B}\,\overline{C}+CD+A\bar{B}+\bar{B}D$

$\quad=A\bar{B}(C+1)+\overline{A}\,\overline{B}\,\overline{C}+CD+\bar{B}D$　　利用 $C+1=1$

$\quad=A\bar{B}+\overline{A}\,\overline{B}\,\overline{C}+CD+\bar{B}D$

$\quad=\bar{B}(A+\bar{A}\,\overline{C})+CD+\bar{B}D$　　利用 $A+\bar{A}C=A+C$

$\quad=A\bar{B}+\bar{B}\,\overline{C}+CD+\bar{B}D$

$\quad=A\bar{B}+\bar{B}(\overline{C}+D)+C\bar{D}$　　利用 $\overline{C}+D=\overline{C\bar{D}}$

$\quad=A\bar{B}+\bar{B}\,\overline{C\bar{D}}+C\bar{D}$

$\quad=A\bar{B}+\bar{B}+C\bar{D}$　　利用 $\overline{BC\bar{D}}+C\bar{D}=\bar{B}+C\bar{D}$

$\quad=\bar{B}(A+1)+C\bar{D}=\bar{B}+C\bar{D}$

化简逻辑函数时，需要灵活掌握上述方法，综合运用。

2. 逻辑函数的卡诺图法化简

公式法化简的优点是不受变量数目的限制，不足之处是没有固定的步骤可循，需要熟练运用各种逻辑代数公式和定律，还需要具备一定的技巧和经验，而且有时很难判定化简结果

是否最简。卡诺图最大的特点是能清楚地观察到所有的逻辑相邻情况，非常适合条件变量数少于 5 个的逻辑函数的化简。

（1）将逻辑函数用卡诺图表示　利用卡诺图法化简逻辑函数，首先需要用卡诺图将逻辑函数表示出来。如果逻辑函数是真值表的形式，由于卡诺图是真值表的变形，因此处理起来比较容易。如果逻辑函数是表达式的形式，可以先将其转化为标准与或式，也就是最小项之和的形式，然后将最小项对应的方格内填入 1，其他方格内填入 0，即可得到卡诺图。

【例 4-18】　用卡诺图表示逻辑函数 $F = A\overline{B} + AC + \overline{A}B + \overline{B}\,\overline{C}$。

解：该逻辑函数的输入变量有 3 个，先将其变换为标准与或式，再填入卡诺图，如图 4-15 所示。

$$F = A\overline{B} + AC + \overline{A}B + \overline{B}\,\overline{C}$$
$$= A\overline{B}(C+\overline{C}) + A(B+\overline{B})C + \overline{A}B(C+\overline{C}) + (A+\overline{A})\overline{B}\,\overline{C}$$
$$= \overline{A}\,\overline{B}\,\overline{C} + ABC + \overline{A}B\overline{C} + A\overline{B}\,\overline{C} + AB\overline{C} + ABC$$

A＼BC	00	01	11	10
0	1	0	1	1
1	1	1	1	0

图 4-15　例 4-18 的卡诺图

（2）卡诺图化简的方法　对于取值为 1 的最小项，任意 2 个相邻项可以合并为 1 项，消去状态不同的 1 个变量；任意 4 个相邻项可以合并为 1 项，消去状态不同的 2 个变量。依此类推，8 个相邻项可以消去状态不同的 3 个变量，2^n 个相邻项可以消去状态不同的 n 个变量。为了便于查看并进行化简，通常将同组的相邻项用圈包起来，这种圈称为卡诺圈。图 4-16 所示分别是 2 个相邻项、4 个相邻项和 8 个相邻项的化简示例。

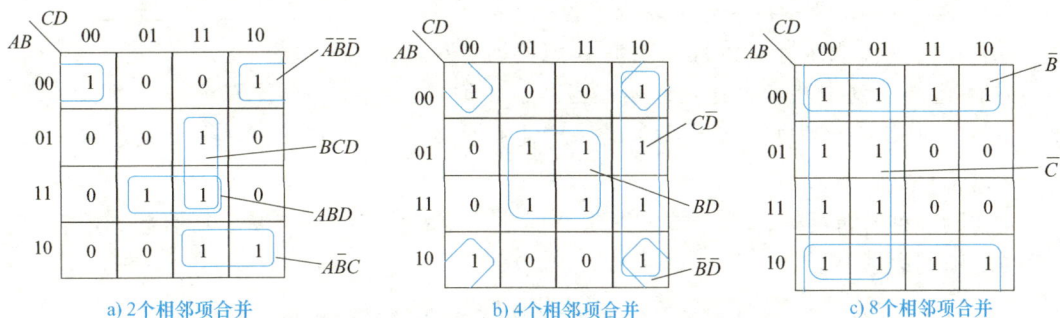

a) 2个相邻项合并　　b) 4个相邻项合并　　c) 8个相邻项合并

图 4-16　相邻项的卡诺图化简

为了保证将逻辑函数化到最简，应当遵循以下原则：

① 卡诺圈包的相邻项尽可能多，以便能消去更多的变量，但每个圈包的相邻项数目必须是 2^n 个，例如 1、2、4、8、16 等。

② 卡诺圈的个数尽可能少，使得化简后的逻辑函数的项数最少。

③ 卡诺圈要覆盖图中所有取值为 1 的最小项。

④ 取值为 1 的最小项可以被重复利用，也就是说，可以被包在不同的卡诺圈中，但必须确保每个卡诺圈至少有 1 个独立属于自己的最小项，否则该卡诺圈是冗余的。

【例 4-19】　用卡诺图化简逻辑函数 $F = A\overline{B} + AC + \overline{A}B + \overline{B}\,\overline{C}$ 为最简与或式。

解：将逻辑表达式转换为标准与或式，填入卡诺图，过程见例 4-18。根据上述化简原则分析可知，该逻辑函数的 6 个能使结果发生的最小项有两种包法，每种包法都使用 3 个卡诺圈，每个卡诺圈中都包含两个最小项。

按照图 4-17a 化简，得到表达式 $F = AC + \overline{A}\overline{B} + \overline{B}\,\overline{C}$。

按照图 4-17b 化简，得到表达式 $F = \overline{A}\,\overline{C} + \overline{A}B + BC$。

对比这两个表达式，它们的与项数都是 3 个，每个与项的变量数都是 2 个，因此它们都是最简表达式，两者等价。从这个例子也可知道，逻辑函数的化简结果有时候不是唯一的。

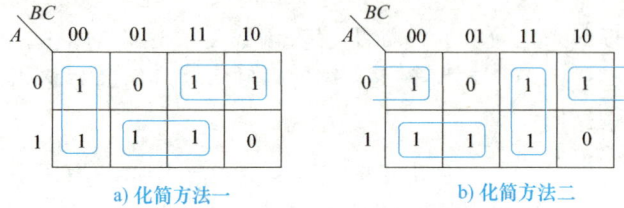

a) 化简方法一　　　b) 化简方法二

图 4-17　例 4-19 的卡诺图化简

【**例 4-20**】　用卡诺图化简逻辑函数 $F(A,B,C,D) = \sum m(0,2,3,4,5,6,7,8,10,11,13,14,15)$ 为最简与或式。

解：该逻辑函数的逻辑表达式用最小项的形式表现，首先需要将最小项准确无误地填入卡诺图，再按照化简原则，将这些最小项包在图 4-18 所示的卡诺圈中，化简后的最简表达式是

$$F = C + BC + \overline{A}\,\overline{D} + \overline{B}\,\overline{D}$$

【**例 4-21**】　逻辑函数的真值表见表 2-10，用卡诺图表示该逻辑函数。

解：该表反映出 4 个输入有优先级之分，A 的优先级最高，D 的优先级最低。因此，当给 A 编码时，B、C、D 的状态不会对电路产生任何影响；当不给 A 编码而给 B 编码时，C、D 的状态不会对电路产生任何影响。依此类推。

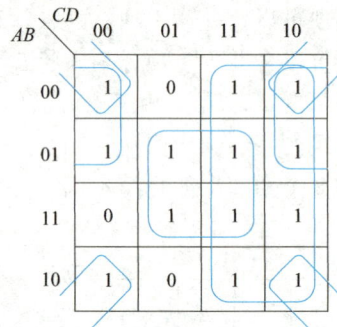

图 4-18　例 4-20 的卡诺图化简

通过前面的分析可知，表 2-10 实际上是简化后的真值表，如果将其所有状态组合都罗列出来，可得表 4-14。

表 4-14　4-2 编码问题描述（四）的完整真值表

A	B	C	D	Y_2	Y_1	Y_0	说明
0	0	0	0	1	1	1	对应表 2-10 中第 1 行
0	0	0	1	0	1	1	对应表 2-10 中第 5 行
0	0	1	0	0	1	0	对应表 2-10 中第 4 行
0	0	1	1	0	1	0	
0	1	0	0	0	0	1	对应表 2-10 中第 3 行
0	1	0	1	0	0	1	
0	1	1	0	0	0	1	
0	1	1	1	0	0	1	

（续）

A	B	C	D	Y_2	Y_1	Y_0	说明
1	0	0	0	0	0	0	
1	0	0	1	0	0	0	
1	0	1	0	0	0	0	
1	0	1	1	0	0	0	对应表 2-10 中第 2 行
1	1	0	0	0	0	0	
1	1	0	1	0	0	0	
1	1	1	0	0	0	0	
1	1	1	1	0	0	0	

注：说明栏中所说的表中第 n 行均为不含表头的行数，后同。

根据真值表，该逻辑函数 3 个输出的卡诺图如图 4-19 所示。

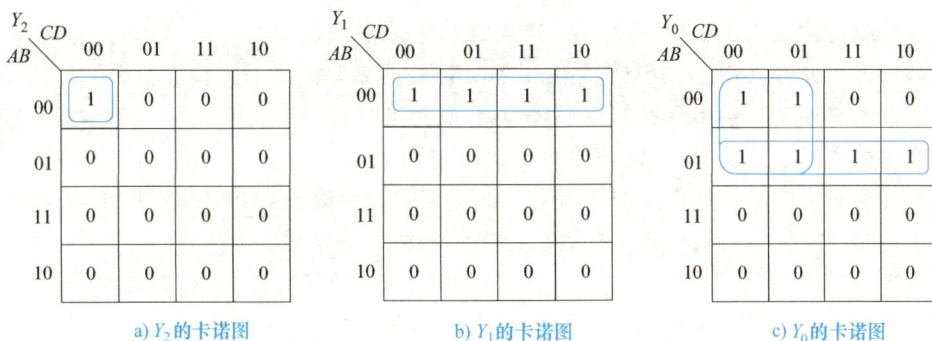

a) Y_2 的卡诺图　　　　　b) Y_1 的卡诺图　　　　　c) Y_0 的卡诺图

图 4-19　例 4-21 的卡诺图化简

写出逻辑表达式：

$$Y_2 = \overline{A}\,\overline{B}\,\overline{C}\,\overline{D}, \quad Y_1 = \overline{A}\,\overline{B}, \quad Y_0 = \overline{A}B + \overline{A}\,\overline{C}$$

图 4-20 所示是该逻辑函数的电路仿真。先看图 4-20a，当 $ABCD = 0001$ 时，只有 D 变量是高电平 1，因此给 D 变量编码，输出 $Y_2Y_1Y_0 = 011$。再看图 4-20b，当 $ABCD = 0011$ 时，输出 $Y_2Y_1Y_0 = 010$。注意，此时 D 变量依旧是高电平 1，但在 C 变量也是高电平的情况下，D 变量的高电平 1 没有"效力"，因为 C 的优先级高于 D。电路的其他工作情况可以自行验证。

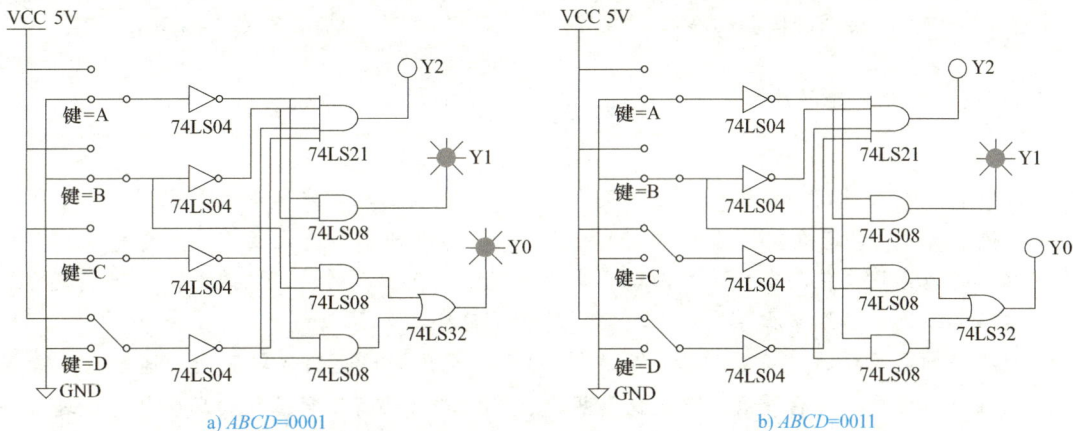

a) $ABCD$=0001　　　　　　　　b) $ABCD$=0011

图 4-20　例 4-21 的电路仿真

当逻辑函数的卡诺图中0的个数很少或者比较集中的时候，可以采取包“0”的方法，先求出反函数，然后根据反演规则，得到原函数。

【例 4-22】 利用卡诺图将逻辑函数 F 化为最简或与式。

$$F(A,B,C,D)=\sum m(0,1,2,3,4,6,8,9,10,11,12,14)$$

解：由逻辑表达式画出卡诺图，如图 4-21 所示。

将所有使结果为0的最小项用卡诺圈包起来，得到反函数的与或表达式为

$$\overline{F}=BC$$

再求出原函数的或与表达式为

$$F=\overline{B}+\overline{C}$$

$AB \backslash CD$	00	01	11	10
00	1	1	1	1
01	1	0	0	1
11	1	0	0	1
10	1	1	1	1

图 4-21 例 4-22 的卡诺图

前面已经讨论过无关项的定义。在化简含有无关项的逻辑函数时，可以充分利用无关项的特点，即在电路正常工作的情况下，无关项是不会出现的，既然不会出现，当然就不会对电路产生影响。在这个前提条件下，化简逻辑函数时，可以将无关项对应的结果当作0或1考虑。必须清楚，无论是当0考虑，还是当1考虑，主要是为了化简的需要，它们只是一个表象，实际上根本不存在。至于哪些无关项当作1，哪些无关项当作0，要以尽量扩大卡诺圈、减少圈的个数、使逻辑函数最简为原则。无关项在卡诺图中常用符号“×”表示。

【例 4-23】 化简逻辑函数 $F(A,B,C,D)=\sum m(0,3,6,9,13)+\sum d(1,2,7,8,15)$。

解：卡诺图如图 4-22 所示。从利于化简的角度，将某些无关项考虑为1用卡诺圈包起来，其他没有被包的考虑为0。

写出逻辑函数的最简与或表达式：

$$F=\overline{A}\,\overline{B}+\overline{A}C+A\overline{C}$$

$AB \backslash CD$	00	01	11	10
00	1	×	1	×
01	0	0	×	1
11	1	1	×	0
10	×	1	0	0

图 4-22 例 4-23 的卡诺图

卡诺图化简法的优点是简单、直观，有一定的化简步骤可循，不易出错，且容易化到最简。但是当输入变量超过5个时，卡诺图的结构复杂度成倍增加，所以卡诺图往往用于4个及以下输入变量的逻辑函数化简。

本章小结

逻辑代数是一种用来描述二值逻辑关系的方法，包括公理、定律和运算规则等。定律中的0-1律、互补律、重叠律、分配律、反演律、吸收律有别于普通代数，需要特别注意。所有定律都可以通过真值表或公式加以证明。代入规则、反演规则、对偶规则是逻辑代数的三个基本运算规则，熟练掌握它们对于数字逻辑的学习很有必要。

代入规则最重要的应用是“举一反 N”，对于一个已经证明的逻辑等式，通过代入规则可以衍生出无穷多个逻辑等式。通过反演规则，可以求得已有逻辑函数的反函数。通过对偶规则，可以求得已有逻辑函数的对偶函数。

逻辑函数的描述方法有真值表、逻辑表达式、逻辑电路图、波形图、卡诺图、硬件描述

语言等，涉及的知识点包括最小项、最大项、卡诺图的构造、标准与或式、标准或与式、不同形式逻辑表达式之间的相互转换等。

多输出逻辑函数和非完全描述逻辑函数是实际应用中经常遇到的两种类型，对于非完全描述逻辑函数，无关项是非常重要的一个知识点。

公式法和卡诺图法是两种主要的逻辑函数化简方法，本章最后结合实例，对这两种方法分别进行了详细介绍。

复习思考题

1. 用真值表的方法证明下列逻辑式左右两边相等。

（1）$(A+\bar{C})(B+D)(B+\bar{D})=AB+B\bar{C}$

（2）$(A\oplus B)\oplus C=A\oplus(B\oplus C)$

2. 用公式法将下列逻辑表达式化为最简与或式。

（1）$Y=(\overline{\bar{A}B}+B\bar{D})C+BD\,\overline{A\,C}+D\,\overline{\bar{A}+B}$

（2）$Y=\overline{\overline{AC+A\bar{B}C}+\bar{B}C+ABC}$

（3）$Y=A\bar{C}+ABC+AC\bar{D}+CD$

（4）$Y=ABC+ABD+\bar{A}C\bar{D}+C\bar{D}+A\bar{B}C+\bar{A}C\bar{D}$

（5）$Y=(A\oplus B)C+ABC+\bar{A}\,\overline{BC}+\overline{BD}$

（6）$Y=(A+B)C+\bar{A}C+AB+ABC+\overline{BC}+\overline{A+BC}$

3. 用卡诺图法将下列逻辑表达式化为最简与或式。

（1）$Y=AB\bar{C}+\bar{A}\bar{B}+AD+C+BD$

（2）$Y=A\bar{B}+B\bar{C}\bar{D}+ABD+\bar{A}B\bar{C}D$

（3）$F(A,B,C,D)=\sum m(3,4,5,6,9,10,12,13,14,15)$

（4）$F(A,B,C,D)=\sum m(0,2,3,4,5,6,7,10,11,13,14,15)$

（5）$F(A,B,C,D)=\sum m(1,5,6,7,9,12,13,14,15)$

（6）$F(A,B,C,D)=\sum m(2,4,7,8)+\sum d(10,11,12,13,14)$

4. 利用反演规则，写出下列函数的反函数。

（1）$Y=\overline{(A+\bar{B})(\bar{A}+C)}AC+BC$

（2）$Y=\overline{(A+C+\bar{D})}+A\bar{B}C+(\bar{B}+\bar{D})(\bar{B}+C)$

（3）$Y=(A\oplus B)C+\overline{B}\overline{C}+\bar{A}D+\bar{B}D$

（4）$Y=(\bar{A}\odot B+D)C+\bar{D}\,\overline{\bar{A}\,B}$

5. 利用对偶规则，写出下列函数的对偶函数。

（1）$Y=\overline{(AB+C\bar{B})+C)}AC+(B+C)$

（2）$Y=(A\bar{B}+C)(\overline{\overline{B}+\overline{C}+D})\overline{B+\bar{C}}$

（3）$Y=\overline{(A\oplus B)C}+\overline{\bar{B}C}+\bar{A}BD$

（4）$Y=\bar{A}\odot(B+CD)+\bar{D}\overline{\bar{A}\bar{B}}$

6. 利用代入规则，写出下列逻辑等式的衍生式（每个逻辑等式的衍生式不少于 3 个）。

（1）$\overline{A+B}=\bar{A}\bar{B}$

（2）$A+\bar{A}B=A+B$

（3）$A+BC=(A+B)(A+C)$

（4）$AB+\bar{A}C+BC=AB+\bar{A}C$

7. 根据图 4-23 所示的逻辑电路图写出逻辑表达式。

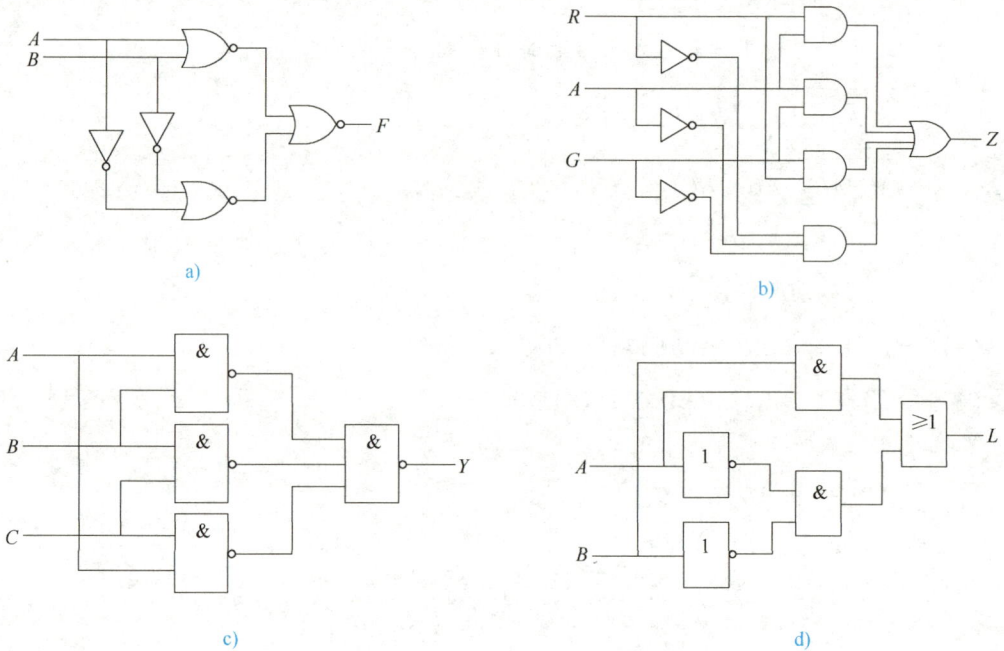

a)

b)

c)

d)

图 4-23　题 7 的逻辑图

8. 根据逻辑表达式，分别用矩形轮廓符号和特定形状符号画出逻辑电路图。

（1）$Y=\overline{(\bar{A}+C)B}+C$

（2）$Y=\overline{A\oplus C+A\bar{B}}+(\overline{\bar{B}+\bar{D}})$

（3）$Y=AB\bar{C}+\overline{\bar{B}C}+AD\bar{B}$

（4）$Y=(\bar{A}\odot B+D)\overline{CD}\,\overline{\bar{A}\bar{B}}$

9. 某逻辑函数的输入输出波形如图 4-24 所示，其中 A、B 为输入变量，Y_1、Y_2 为输出变量，分析并写出 Y_1、Y_2 的逻辑表达式。

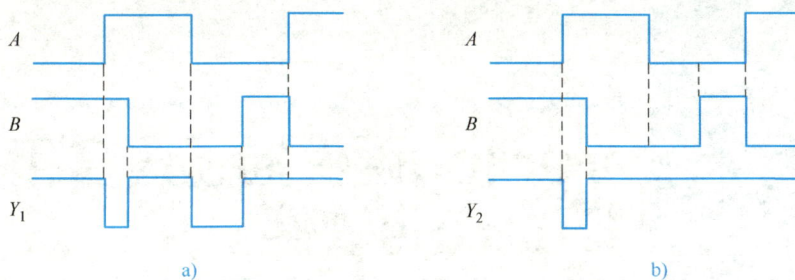

a)

b)

图 4-24 题 9 的波形图

10. 将下列逻辑表达式先转换成与或式，能化简就化简，再分别写出对应的与非-与非式、或与式、或非-或非式和与或非式。

（1） $F = A\overline{BC}$

（2） $F = (AB + CD)C + \overline{C}$

（3） $F = (\overline{A} + B)(A + \overline{B})$

第 5 章

Verilog硬件描述语言和 Quartus软件

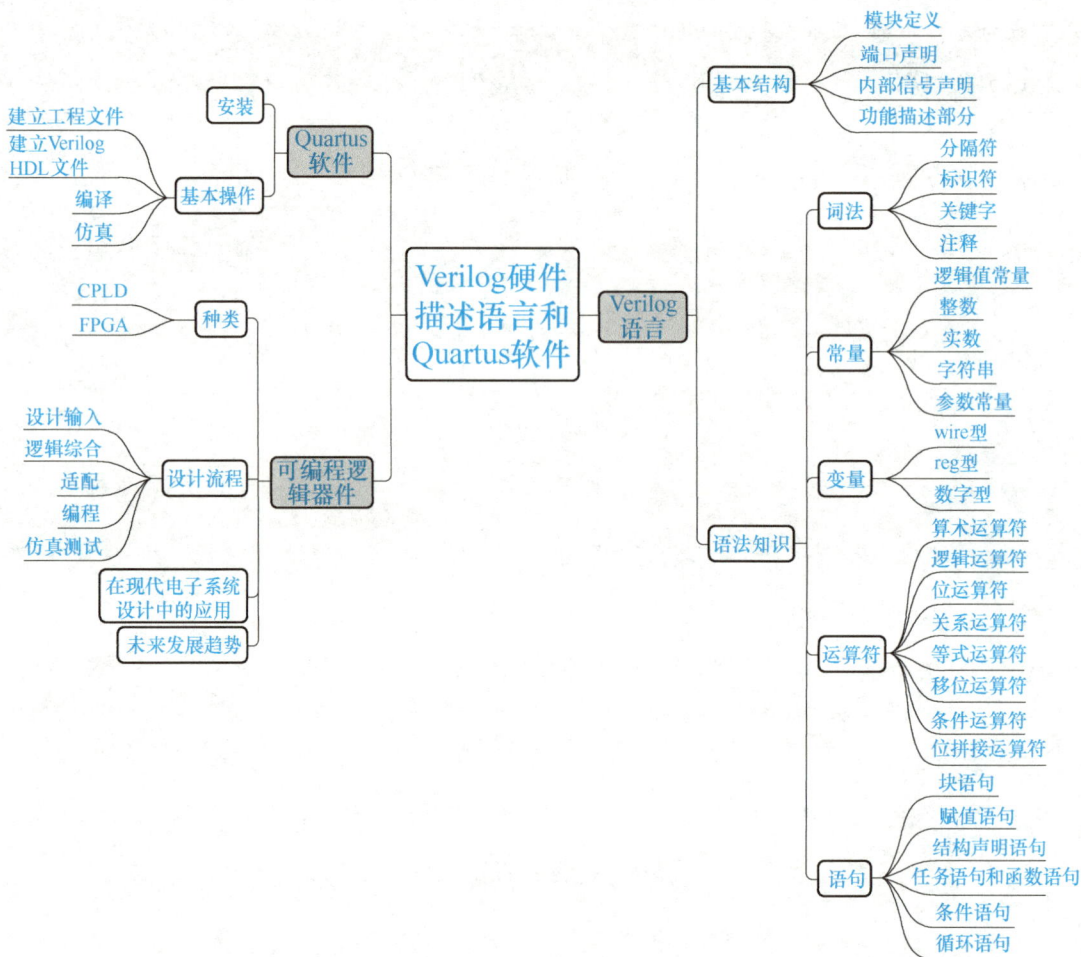

建立工程文件
建立Verilog HDL文件
编译
仿真

安装

基本操作

Quartus 软件

CPLD
FPGA

种类

设计输入
逻辑综合
适配
编程
仿真测试

设计流程

可编程逻辑器件

在现代电子系统设计中的应用

未来发展趋势

Verilog硬件描述语言和 Quartus软件

基本结构

模块定义
端口声明
内部信号声明
功能描述部分

词法

分隔符
标识符
关键字
注释

Verilog 语言

常量

逻辑值常量
整数
实数
字符串
参数常量

变量

wire型
reg型
数字型

语法知识

运算符

算术运算符
逻辑运算符
位运算符
关系运算符
等式运算符
移位运算符
条件运算符
位拼接运算符

语句

块语句
赋值语句
结构声明语句
任务语句和函数语句
条件语句
循环语句

  20 世纪 80 年代之前，数字电路的设计通常是通过手动绘制原理图和手工布线来完成的。这种方法效率低下、容易出错，并且难以处理复杂的大型电路。为了解决这些问题，人们开始开发基于计算机的数字电路设计工具。硬件描述语言是数字电子系统进行行为描述、结构描述、数据流描述的语言。利用这种语言，数字电路系统的设计可以从顶层到底层逐层描述，经仿真验证正确后，通过自动综合工具转换为门级电路网表，再用专用集成电路或现场可编程门阵列（FPGA）自动布局布线工具将网表转换为具体电路。

早期的硬件描述语言一般都面向特定的设计领域和层次。20世纪80年代后期，VHDL和Verilog由于面向设计的多领域、多层次并得到普遍认同从而先后成为IEEE标准。

Verilog由Phil Moorby于1984年创建，目前已经成为最流行和最广泛使用的硬件描述语言。Verilog被广泛应用于数字电路设计和验证，包括芯片设计、FPGA设计、系统级设计和集成电路验证。Verilog语言的特点是容易学习、易于使用。与C语言相比，它具有更高的抽象级别和更多的硬件描述功能，包括状态机、触发器、时序控制和并行处理等。同时，Verilog也支持基本的结构化编程，如if语句、case语句和循环语句等，这使得它可以作为一种通用的编程语言来使用。

5.1 Verilog的基本结构

Verilog中最基本的单元是模块，用于描述电路的行为。模块是一个可以独立进行功能实现的单元，可以被实例化、连接和调用。每个模块都由以下几个部分组成：

1）模块定义：用module关键字开始定义，后面紧跟着模块名和端口声明列表。

2）端口声明：用input、output等关键字声明，分别代表电路的输入和输出。

3）内部信号声明：模块中可以定义内部信号，用于存储计算过程中的中间结果或状态。内部信号一般使用wire或reg关键字声明。

4）功能描述部分：用于描述模块的功能行为，包括组合逻辑和时序逻辑。功能描述部分可以用连续赋值、过程赋值等方式实现。

5.1.1 模块声明

在Verilog中，模块声明是定义模块的开始部分，它告诉编译器将要定义一个模块，并描述模块的名称、端口和其他属性。模块是Verilog的基本单元，用于描述电路的功能和行为，module关键字用于声明一个模块。

模块声明的语法如下：

> module 模块名(端口1,端口2,…,端口n);

例如：

> module module_name(in1,in2,out1);

endmodule关键字用于结束一个模块的声明。模块名是唯一的，每个模块必须具有唯一的名称。

5.1.2 输入和输出端口声明

在Verilog中，模块可以有输入和输出端口，它们定义了模块与其他模块或外部世界之间的接口。模块的输入和输出端口可以在模块的声明中定义。一般而言，模块的输入端口使用input关键字声明，输出端口使用output关键字声明，输入/输出双向端口使用inout关键字声明。在端口声明时，还需要给出端口的名称和数据类型。

端口声明的语法如下：

> input[n-1:0] 端口名1,端口名2,…,端口名n;   //输入端口

```
output[n-1:0] 端口名1,端口名2,…,端口名n;        //输出端口
inout[n-1:0] 端口名1,端口名2,…,端口名n;         //输入/输出双向端口
```

例如：

```
Input in1;              //定义一个端口名为 in1 的 1 位输入
Input[3:0] in2;         //定义一个端口名为 in2 的 4 位输入
output out1;            //定义一个端口名为 out1 的 1 位输出
output[3:0] out2;       //定义一个端口名为 out2 的 4 位输出
```

在实际使用中，根据需要对端口进行适当的定义。需要注意的是，端口名称必须在模块内是唯一的，但可以与其他模块中的端口名称相同。

5.1.3 信号类型声明

在 Verilog 中，信号类型声明是指在模块中声明一个信号的类型。常见的信号类型包括 reg、wire 等，reg 表示寄存器类型，wire 表示线网类型。它们的区别在于 reg 具有存储功能，可以存储一个值；而 wire 不具有存储功能，只是一条电线连接不同的模块或元件。

信号类型声明示例如下：

```
reg[3:0] count;      //4 位寄存器型信号
wire[7:0] data;      //8 位线网型信号
```

其中，reg[3:0] count 表示声明一个 4 位寄存器型信号 count；wire[7:0] data 表示声明一个 8 位线网型信号 data。

5.1.4 功能描述

模块中最核心的部分是功能描述，在 Verilog 中有多种方法可在模块中描述和定义功能。下面介绍定义功能常用的几种基本方法：

（1）结构描述 结构描述主要用于描述电路中的各种逻辑门电路、寄存器等结构。Verilog 中提供了多种方法来实现结构描述，其中最基本的是实例化。通过实例化，可以将一个已经定义好的模块（或是一个已经实例化好的模块）插入到当前模块中，从而构建出更加复杂的电路结构。

例如，我们可以实例化 3 个 2 输入与门来构建一个 4 输入与门：

```
module and4(input a,b,c,d,output y);
wire w1,w2;
and u1(a,b,w1);        //实例化 2 输入与门
and u2(c,d,w2);        //实例化 2 输入与门
and u3(w1,w2,y);       //实例化 2 输入与门
endmodule
```

（2）数据流描述 数据流描述是一种基于行为级的描述方式，常用于组合电路的描述。在数据流描述中，可以使用各种逻辑运算符、控制结构和函数来定义电路的行为，从而描述

出组合逻辑电路的功能。数据流描述中的每个语句都表示一个逻辑函数或组合逻辑电路中的一个门或寄存器。

以下是一个简单的 Verilog 模块，其中使用数据流描述方式实现了一个 2 选 1 的功能：

```
module mux2x1(input a,b,sel,output out);
assign out=(sel==1'b0)? a:b;        //三目运算符(?:)
endmodule
```

在这个模块中，使用了 assign 语句来描述选择器的逻辑功能。其中，sel 为选择信号，当 sel 为 0 时，输出 a 信号；当 sel 为 1 时，输出 b 信号。这里使用了三目运算符（?:），它表示如果条件为真，则返回第一个表达式的值，否则返回第二个表达式的值。

（3）行为描述　行为描述是一种描述电路行为的方式，相对于数据流描述。行为描述更加符合人们对电路行为的直观理解。always 块是最常用的行为描述方式。always 块用于描述组合逻辑和时序逻辑的行为，表示在某些条件下电路的输出会随着输入的变化而变化。一个 always 块通常由两部分组成：敏感列表和语句块。

敏感列表用于指定 always 块所敏感的信号，也就是会触发 always 块的信号。当敏感列表中的信号发生变化时，always 块中的语句就会被执行。敏感列表可以是电平、上升沿、下降沿等触发条件。语句块则是 always 块中实际执行的语句，用于描述电路的行为。语句块可以是组合逻辑或时序逻辑，可以使用多种操作符和控制结构。

下面是一个简单的 Verilog 代码示例，使用 always 块实现逻辑与运算：

```
module and_gate(input a,b,output y);
   always @ ( * )begin
     y=a & b;//逻辑与运算符
   end
endmodule
```

这个例子实现了一个简单的与门。在 always 块中，使用@（*）来表示逻辑运算与输入变量的变化有关，当 a 或 b 的值发生改变时，always 块中的语句就会被执行。在块中，使用逻辑与运算符 & 来计算 a 和 b 的逻辑与，将结果赋给输出变量 y。这个例子中使用的是行为描述风格，它描述了模块中的行为，而不是组成模块的具体硬件电路。

5.1.5　模块的实例化

Verilog 可以通过实例化模块来重复使用已经编写好的模块。实例化是一种将一个已编写的模块嵌入到另一个模块中的过程。

实例化模块可以通过在代码中声明一个模块实例来实现。要实例化一个模块，需要使用该模块的名称，以及将在该模块中使用的输入和输出端口的名称和信号类型。其语法如下：

```
<模块名称><实例名称>(<端口列表>);
```

其中，<模块名称>是要实例化的模块的名称，<实例名称>是该实例的名称，<端口列表>是输入和输出端口的列表，用逗号分隔。端口列表的格式如下：

```
.<端口名称>(<信号名称>)
```

例如，假设有一个模块 or2，它有两个输入端口 a 和 b，一个输出端口 y。现在我们想在另一个模块中使用 or2，并将 a、b 和 y 连接到该模块的其他信号，代码如下：

```
module or2(input a,input b,output y);
    always @ ( * ) begin
        y = a | b;
    end
endmodule

module or4(input[3:0] in,output yout);
wire o1,o2,o3;
    or2 u1(.a(in[0]),.b(in[1]),.y(o1));
    or2 u2(.a(in[2]),.b(in[3]),.y(o2));
    or2 u3(.a(o1),.b(o2),.y(o3));
    assign yout = o3;
endmodule
```

我们实例化 or2 这个模块 3 次，创建了 3 个 2 输入或门，来实现 4 输入或门功能。

5.2 Verilog 语法知识

5.2.1 词法

Verilog 程序是由各种符号构成的，这些符号包括分隔符、标识符、关键字、注释等，下面分别予以介绍。

1. 分隔符

在 Verilog 中，分隔符用来区分不同的语言元素，以便于编译器正确解析代码。常见的分隔符包括空格、制表符等，以及特定的符号，如逗号、分号、括号等。

以下是一些常见的分隔符：

1）空格和制表符：用来分隔不同的关键字、运算符、标识符等。空格和制表符在 Verilog 中被视为相同的分隔符。

2）逗号：用来分隔参数、端口、变量等列表中的不同元素。

3）分号：用来表示语句的结束，通常在模块实例化、过程块结束等语句后使用。

4）括号：用来表示不同的语句块、表达式等，包括圆括号、方括号、大括号等。在 Verilog 中，括号中的内容可以使用分号或逗号进行分隔。

例如，下面是一个简单的 Verilog 模块，其中使用了多种分隔符：

```
module my_module(
    input clk,
    input rst,
    output reg[7:0] data_out
```

```
);

always @ ( posedge clk ) begin
    if ( rst ) begin
        data_out<=8'h00;
    end
else begin
        data_out<=data_out+8'h01;
    end
  end
endmodule
```

在上面的例子中，空格和制表符用来分隔不同的关键字和标识符；逗号用来分隔端口列表中的不同元素；分号用来分隔不同的语句；圆括号用来表示端口列表。

2. 标识符

标识符是指用来标识各种变量、模块、端口、网表、行为语句等各种元素的名称。在Verilog中，标识符必须以字母或下画线"_"开头，其后可以跟着若干个数字、字母或下画线。Verilog是大小写敏感的，即区分大小写。

在Verilog中，标识符主要有以下几种用法：

1）模块名：用于标识模块，可以包含字母、数字和下画线。模块名是唯一的，不能重复。

2）端口名：用于标识模块的输入输出端口，可以包含字母、数字和下画线。端口名也是唯一的，不能重复。

3）信号名：用于标识各种数据类型的变量，包括 wire、reg、integer、parameter 等。信号名也必须以字母或下画线开头，可以包含字母、数字和下画线。

4）参数名：用于标识模块的参数。参数名可以是数值、字符串或标识符。

3. 关键字

在Verilog中，关键字是具有特殊含义的保留字，不能用作标识符名称。下面是Verilog中一些常见的关键字：

always	default	if	output
assign	end	initial	reg
begin	for	input	wire
case	function	module	while

这些关键字在Verilog代码中具有特殊的含义，通常用于描述模块、信号、赋值、循环、分支等逻辑结构。在编写Verilog代码时，应该避免使用这些关键字作为标识符名称，否则会导致编译错误。

4. 注释

在Verilog中，有两种类型的注释，分别是单行注释和多行注释。

单行注释以"//"开头，注释内容直到该行结束，例如：

```
//这是一个单行的注释
```

多行注释以"/*"开头，以"*/"结尾，注释内容位于两者之间，例如：

```
/*
这是一个
多行的注释
*/
```

注释是对代码进行解释和说明的有用工具，可以提高代码的可读性和可维护性。

5.2.2　常量

在 Verilog 程序运行过程中，值不能被改变的量称为常量。Verilog 中常量有逻辑值常量、整数、实数、字符串、参数常量等。

1. 逻辑值常量

在 Verilog 中，逻辑值常量指的是表示逻辑值的常量，即 1 或 0。Verilog 中用 1 表示逻辑高电平，用 0 表示逻辑低电平。逻辑值常量在 Verilog 中被广泛使用，例如在给信号赋初值、比较操作等方面。

2. 整数

Verilog 中整数可以用 4 种方式表示，即十进制、二进制、八进制和十六进制。整数可以带符号或者不带符号，可以使用不同位宽来表示。位宽用于限制整数的范围和长度。

（1）十进制整数表示　十进制整数可以使用数字 0~9 表示，不带前缀，可以用负号表示负数，例如-10 表示负十，100 表示正一百。

（2）二进制整数表示　二进制整数使用数字 0 和 1 表示，必须以"b"或"B"作为前缀，例如 8'b10110101 表示二进制数 10110101，长度为 8 位。可以使用下画线分隔符使数字更易读，例如 8'b1011_0101。

（3）八进制整数表示　八进制整数使用数字 0~7 表示，必须以"o"或"O"作为前缀，例如 16'o47 表示八进制数 47，长度为 16 位。也可以使用下画线分隔符，例如 16'o4_7。

（4）十六进制整数表示　十六进制整数使用数字 0~9 和字母 A~F（大小写均可）表示，必须以"h"或"H"作为前缀，例如 32'h1A2B3C4D 表示十六进制数 1A2B3C4D，长度为 32 位。也可以使用下画线分隔符，例如 32'h1A2B_3C4D。

在 Verilog 中，还可以使用位宽来限制整数的长度。位宽表示整数的二进制位数，可以用于限制寄存器的长度，不包括符号位。位宽可以用十进制或者其他整数表示，也可以使用变量或者表达式表示。

使用位宽可以在声明变量或端口时指定，例如：

```
input[7:0] data;          //声明 8 位输入端口
reg[31:0] counter;        //声明 32 位寄存器
```

或者在操作数前指定，例如：

```
reg[7:0] a,b;             //位宽中使用冒号来表示范围,例如[7:0]表示 8 位二进制数
reg[15:0] c;
```

```
a = 8'hFF;                //将 a 赋值为 8 位全 1 的二进制数
b = 8'b10101010;          //将 b 赋值为 8 位二进制数 10101010
c = a+b;                  //将 a 和 b 相加,并将结果存储在 16 位寄存器 c 中
```

3. 实数

在 Verilog 中, 实数类型的变量可以用关键字 real 来定义, 例如:

```
real my_real_number;
```

需要注意的是, 由于硬件电路设计中需要较高的精确度, 因此实数的使用比较有限。在大多数情况下, 整数类型就已经足够满足设计要求。

4. 字符串

在 Verilog 中, 字符串是由一串字符组成的数据类型, 使用双撇号("")来表示。Verilog 中的字符串可以包含任何可打印的 ASCII 字符, 包括空格、数字、字母、标点符号等。

下面是一个简单的 Verilog 字符串的例子:

```
module test;
    initial begin
     $display("Hello,World!");//输出字符串
    end
endmodule
```

在这个例子中, 字符串"Hello, World!" 作为参数传递给了 $ display 系统任务, 用于在仿真中输出运行信息。Verilog 的字符串在输出时需要使用相关的系统任务或函数来进行操作。

5. 参数常量

在 Verilog 中, 参数常量是指在模块中定义的具有固定值的常量。这些常量的值可以在实例化该模块时被赋予不同的值, 以满足不同的应用场景需求。参数常量的定义可以为模块实例化提供灵活性, 并且方便了代码的重用和维护。在 Verilog 中, 参数常量使用关键字 parameter 进行定义, 格式如下:

```
parameter 参数名称 = 参数值;
```

参数名称和参数值之间使用等号进行连接, 多个参数之间使用逗号进行分隔。下面是一个简单的例子, 定义了一个具有固定值的参数常量:

```
module example #(
    parameter WIDTH = 8//WIDTH 为参数常量,初始值为 8
)(
    input[WIDTH-1:0] data_in,
    output[WIDTH-1:0] data_out
);  //模块的实现
endmodule
```

在该例子中, 模块 example 定义了一个名为 WIDTH 的参数常量, 初始值为 8。在实例化

该模块时，可以通过修改参数 WIDTH 的值来改变模块的行为。

5.2.3 变量

在 Verilog 中，变量是用来存储值的，可以是任何合法的数据类型，例如整数、实数、布尔等。在 Verilog 中，常用的变量可以分为 wire 型、reg 型和数字型。

1. wire 型

wire 是一种表示连接到逻辑门输出的连线的信号类型，它可以被看作一种被动连接。它通常用于连接不同模块之间的信号。wire 信号可以同时连接到多个输出端口，并且可以读取和写入。

wire 信号在代码中可以通过 wire 关键字进行声明，并且需要指定信号的位宽，例如：

```
wire[7:0] data_out;
```

该语句声明了一个 8 位宽的 wire 信号，名为 data_out。我们也可以声明一个单位宽的 wire 信号，例如：

```
wire clk;
```

在这个例子中，定义了一个单位宽的 wire 信号，名为 clk。

2. reg 型

reg 是一种数据类型，用于描述存储数据的寄存器。reg 数据类型在描述时需要声明其位宽和初始值。下面是一个简单的例子，声明一个 reg 型寄存器，并对其进行赋值：

```
reg[7:0] data;
```

在这个例子中，定义了一个名为 data 的 8 位 reg 型寄存器。

3. 数字型

在 Verilog 中，数字型变量是指表示数字的变量，用于存储数值信息。Verilog 中支持多种数字型变量，包括整型、实型、时间型等。

整型变量是一种基本的数字型变量，用于存储整数值。在 Verilog 中，整型变量可以使用有符号或无符号类型进行声明，并且可以指定不同的位宽，例如：

```
//声明有符号整型变量 a,位宽为 8 位
reg signed[7:0] a;
//声明无符号整型变量 b,位宽为 16 位
reg[15:0] b;
```

实型变量用于存储实数值，通常用于仿真和测试中。在 Verilog 中，实型变量可以使用 real 类型进行声明，例如：

```
//声明实型变量 c
real c;
```

时间型变量用于表示时间值，通常用于仿真和测试中。在 Verilog 中，时间型变量可以使用 time 类型进行声明，例如：

```
//声明时间型变量 d
time d;
```

以上的数字型变量在 Verilog 中都有各自的使用场景和特点。

5.3　运算符

Verilog 中有多种运算符，包括算术运算符、逻辑运算符、位运算符等。还有一些特殊的运算符，如拼接运算符 ‖，用于将多个信号拼接成一个信号。需要注意的是，运算符的优先级是有区别的，可以通过加括号来改变优先级。

5.3.1　算术运算符

在 Verilog 中，算术运算符用于执行算术操作。以下是 Verilog 中常见的算术运算符：加法"+"、减法"−"、乘法"*"、除法"/"和模数"%"。

这些运算符可用于各种数据类型，例如整数、实数等，以下是一些示例：

```
module arithmetic_example( input a,b,output c,d,e);
    //加法
   assign c = a+b;
    //减法
   assign d = a−b;
    //乘法
   assign e = a * b;
   endmodule
```

上例中，a 和 b 是输入端口，c、d、e 是输出端口。模块中使用了加法、减法和乘法运算符，分别将 a 和 b 的值相加、相减、相乘，并将结果赋值给输出端口 c、d、e。

5.3.2　逻辑运算符

Verilog 中的逻辑运算符用于对布尔值进行运算，并返回一个布尔值结果。下面是一些常用的逻辑运算符：

1）逻辑非（!）：用于取反操作，例如 ! a。

2）逻辑与（&）：用于执行按位逻辑与操作，例如 a&b。

3）逻辑或（|）：用于执行按位逻辑或操作，例如 a|b。

4）逻辑异或（^）：用于执行按位逻辑异或操作，例如 a^b。

5）逻辑同或（~^）：用于执行按位逻辑同或操作，例如 a~^b。

在使用逻辑运算符时，通常要注意它们的优先级和结合性，可以使用括号来明确运算顺序。

5.3.3　位运算符

Verilog 中的位运算符用于在二进制位上执行逻辑运算。以下是常见的位运算符：

1）按位与（&）：对两个操作数的每个二进制位执行逻辑与操作，结果是一个具有相同位数的新数。如果两个位都为 1，则相应位为 1，否则为 0。

2）按位或（|）：对两个操作数的每个二进制位执行逻辑或操作，结果是一个具有相同位数的新数。如果两个位中有一个或两个位都为 1，则相应位为 1，否则为 0。

3）按位异或（^）：对两个操作数的每个二进制位执行逻辑异或操作，结果是一个具有相同位数的新数。如果两个位中仅有一个位为 1，则相应位为 1，否则为 0。

4）按位取反（~）：对操作数的每个二进制位执行逻辑取反操作，结果是一个具有相同位数的新数。如果原来的位为 1，则相应位为 0；如果原来的位为 0，则相应位为 1。

下面是位运算符的一些示例：

```
wire a = 8'b11001100;
wire b = 8'b10101010;
wire c;
assign c = a & b;        //按位与,c 的值为 8'b10001000
assign c = a | b;        //按位或,c 的值为 8'b11101110
assign c = a ^ b;        //按位异或,c 的值为 8'b01100110
assign c = ~a;           //按位取反,c 的值为 8'b00110011
```

5.3.4　关系运算符

在 Verilog 中，关系运算符用于比较两个值，并返回一个逻辑值。以下是 Verilog 中常用的关系运算符：

（1）大于（>）　如果左操作数大于右操作数，则该运算符返回 1，否则返回 0。例如 a>b，表示如果 a 大于 b，则返回 1，否则返回 0。

（2）小于（<）　如果左操作数小于右操作数，则该运算符返回 1，否则返回 0。例如 a<b，表示如果 a 小于 b，则返回 1，否则返回 0。

（3）大于或等于（>=）　如果左操作数大于或等于右操作数，则该运算符返回 1，否则返回 0。例如 a>=b，表示如果 a 大于或等于 b，则返回 1，否则返回 0。

（4）小于或等于（<=）　如果左操作数小于或等于右操作数，则该运算符返回 1，否则返回 0。例如 a<=b，表示如果 a 小于或等于 b，则返回 1，否则返回 0。

这些关系运算符常用于条件语句和循环语句中，用于比较变量或常量的值，以决定程序的流程。

5.3.5　等式运算符

在 Verilog 中，等式运算符用于比较两个操作数是否相等，返回一个布尔值（1 或 0）。常见的等式运算符如下：

（1）相等运算符（==）　当两个操作数相等时，返回 1，否则返回 0。

（2）不等运算符（!=）　当两个操作数不等时，返回 1，否则返回 0。

以下是等式运算符的一些示例：

```
module equality_operators(
    input[3:0] a,
    input[3:0] b,
```

```
    output reg eq,
    output reg neq
);

//相等运算符示例
always @ ( * ) begin
    if( a = = b) begin
        eq = 1;
    end else begin
        eq = 0;
    end
end

//不等运算符示例
always @ ( * ) begin
    if( a ! = b) begin
        neq = 1;
    end else begin
        neq = 0;
    end
end
endmodule
```

在上述示例中，module 定义了两个输入端口 a 和 b，以及两个输出端口 eq 和 neq。其中，eq 的值等于 1 表示 a 等于 b，neq 的值等于 1 表示 a 不等于 b。使用 always 块进行等式运算，并将结果赋给输出端口的寄存器变量。

5.3.6　移位运算符

在 Verilog 中，移位运算符用于对数据进行移位操作。Verilog 支持左移、右移两种移位方式，分别用"<<"和">>"表示。

其中，"<<"表示左移操作，即将数据的二进制表示向左移动指定的位数，右侧补零。例如，对于二进制数 0101，左移一位得到 1010。

">>"表示右移操作，即将数据的二进制表示向右移动指定的位数，左侧补零。例如，对于二进制数 0101，右移一位得到 0010。

Verilog 中的移位运算符还可以和赋值运算符一起使用，用于对寄存器或线网的值进行移位后再赋值的操作，例如：

```
reg[3:0] data;          //定义一个 4 位寄存器
data = 4' b0101;        //将寄存器赋值为二进制数 0101
data = data<<2;         //对寄存器进行左移 2 位操作,结果为 0100
```

在这段代码中，首先定义了一个 4 位寄存器型变量 data，然后将它的值赋为二进制数 0101。接着使用"<<"对寄存器进行左移 2 位操作，再将结果赋回变量 data 中，最终 data 的值变为了 0100。

5.3.7　条件运算符

Verilog 中的条件运算符通常称为三目运算符，形式如下：

> 表达式 1？表达式 2：表达式 3；

其含义为，当表达式 1 成立时，执行表达式 2，否则执行表达式 3。其中，表达式 1 是一个逻辑表达式，只有当其值为 1（真）时，才会执行表达式 2，否则执行表达式 3。表达式 2 和表达式 3 可以是任意合法的表达式，也可以是常量、变量、运算等。

三目运算符可以用于简化代码，例如：

> reg[7:0] a,b;
> reg[7:0] c=(a>b)？a:b;

以上代码中，如果 a 大于 b，则将 c 赋值为 a 的值，否则赋值为 b 的值。

5.3.8　位拼接运算符

在 Verilog 中，位拼接运算符用于将两个或多个值拼接为一个向量。位拼接运算符用于创建一个大向量，该向量将其他向量的位拼接在一起。以下是几种常见的位拼接运算符：

（1）｛｝运算符　用于将两个或多个值拼接在一起，形成一个向量。例如 {a，b}，表示将向量 a 和向量 b 拼接在一起，形成一个新的向量。

（2）｛n｛｝｝运算符　用于将一个值重复 n 次并形成一个向量。例如 {3{a}}，表示将向量 a 重复 3 次，形成一个新的向量。

（3）｛｛｝，｛｝｝运算符　用于将一个向量分成几个部分，并且每个部分的位数可以是不同的。例如 {{a[1]，b[1]}，{a[0]，b[0]}}，表示将向量 a 和 b 的第一位和第二位拼接在一起，并形成一个新的向量。

这些运算符可以用于拼接任意数量的向量，可以用于组合寄存器和线网等元素。

5.4　语句

在 Verilog 中，语句用于描述组成模块的基本操作，包括赋值、条件分支、循环、跳转等操作。

5.4.1　块语句

块语句是由一对 begin 和 end 包围起来的一组语句。块语句中可以包含多个语句，这些语句会按顺序执行。

块语句通常用于控制语句的作用域，比如在 if-else 语句中，可以将 if 和 else 的语句都放在一个块语句中，这样 if 和 else 中的局部变量就不会互相影响。

以下是一个块语句的示例：

```
begin
    a = 1;
    b = 2;
end
```

在这个例子中，begin 和 end 之间的语句被包含在一个块语句中，首先执行 a = 1，然后执行 b = 2。块语句中的语句可以是任意合法的 Verilog 语句，也可以是其他的块语句。

5.4.2　赋值语句

赋值语句用于将一个值分配给一个变量或一个寄存器。Verilog 中有两种不同类型的赋值语句：阻塞赋值和非阻塞赋值。

阻塞赋值使用"="符号。它是一个同步操作，将在当前时钟周期结束时更新变量的值。因此，当多个阻塞赋值出现在同一过程中时，每个赋值的结果取决于前面赋值语句的完成时间。下面是一个使用阻塞赋值的例子：

```
always @ ( posedge clk ) begin
    a = b;   //阻塞赋值
    c = a;   //阻塞赋值
end
```

在这个例子中，当时钟上升沿到达时，首先将 b 的值赋值给 a，然后将 a 的值赋值给 c。

非阻塞赋值使用"<="符号。它是一个异步操作，将立即更新变量的值，并且不会受到同一过程中的其他赋值的干扰。因此，当多个非阻塞赋值出现在同一过程中时，每个赋值都将在下一个时钟周期开始时更新变量的值。下面是一个使用非阻塞赋值的例子：

```
always @ ( posedge clk ) begin
    a <= b;   //非阻塞赋值
    c <= a;   //非阻塞赋值
end
```

在这个例子中，当时钟上升沿到达时，将 b 的值非阻塞赋值给 a，同时将 a 的原值非阻塞赋值给 c。这两个赋值操作都是独立的，因此不会受到相互之间的影响。

注意：阻塞赋值语句和非阻塞赋值语句的使用要根据实际情况进行选择。一般来说，阻塞赋值语句用于组合逻辑电路中，而非阻塞赋值语句则用于时序逻辑电路中。

5.4.3　结构声明语句

在 Verilog 中，initial 和 always 都是结构声明语句，用于描述模块的行为和功能，它们的区别在于触发时机和执行次数。

initial 语句用于在仿真开始时执行一次初始化操作。它不需要敏感信号列表，而是在整个模块实例化之前执行。initial 语句只执行一次，通常用于在仿真开始前对模块进行初始化，比如对变量赋初值等。

always 语句则是一种持续执行的语句，根据敏感信号的变化触发执行。它需要指定一个敏感信号列表，即敏感信号的变化会触发 always 语句的执行。敏感信号可以是电平信号或边沿信号，具体取决于 always 语句的写法。

对于电平触发的 always 语句，它的敏感信号列表中的信号必须是连续的 1 或 0，只要这些信号值有变化，always 语句就会被触发执行，例如：

```
always @ (a or b) begin
  //当 a 或 b 信号变化时执行
end
```

对于边沿触发的 always 语句，它的敏感信号列表中的信号必须是由边沿触发器输出的信号或寄存器信号，只有当这些信号出现上升沿或下降沿时，always 语句才会被触发执行，例如：

```
always @ ( posedge clk) begin
  //当时钟信号出现上升沿时执行
End
```

边沿触发的敏感信号列表只包含时钟信号和时钟的触发沿。在上述代码中，posedge 表示上升沿触发（negedge 表示下降沿触发）。代码块只会在时钟触发沿出现时被执行。

always 结构声明语句是 Verilog 中最重要的结构之一，可用于定义时序逻辑和组合逻辑，并且可以使用电平触发或边沿触发来监视信号的变化。

5.4.4 任务语句和函数语句

1. 任务语句

在 Verilog 中，任务（Task）是一种可重用的子程序，是用来描述硬件功能的一种方式。任务中可以包含多个语句。

任务的定义使用 task 关键字，例如：

```
task add;
  input[7:0] a,b;
  output[7:0] sum;
  begin
    sum = a+b;
  end
endtask
```

在上面的例子中，我们定义了一个名为 add 的任务，它有两个 8 位输入 a 和 b，以及一个 8 位输出 sum。该任务的功能是将输入的 a 和 b 相加，并将结果存储在输出 sum 中。

任务可以被调用，例如：

```
module my_module(input[7:0] a,b,output[7:0] c,d);
  //...
  add(a,b,c);
  add(c,d,c);
```

```
//...
endmodule
```

在上面的例子中,我们在模块中调用了 add 任务两次:第一次是将输入的 a 和 b 相加,并将结果存储在输出 c 中;第二次是将输出 c 和输入 d 相加,并将结果再次存储在输出 c 中。

2. 函数语句

函数(Function)是一种可重用的子程序,它与任务类似,也是用来描述硬件功能的一种方式。与任务不同的是,函数可以返回一个值。

函数的定义使用 function 关键字,例如:

```
function[7:0]add(input[7:0] a,b);
    begin
        add=a+b;
    end
endfunction
```

在上面的例子中,我们定义了一个名为 add 的函数,它有两个 8 位输入 a 和 b,返回一个 8 位输出值。函数的功能是将输入的 a 和 b 相加,并将结果作为函数的返回值。

函数可以像任务一样被调用,例如:

```
module my_module(input[7:0] a,b,output[7:0] c,d);
    //...
    c=add(a,b);
    d=add(c,d);
    //...
endmodule
```

在上面的例子中,我们在模块中调用了 add 函数两次:第一次是将输入 a 和 b 相加,并将结果存储在输出 c 中;第二次是将输出 c 和输入 d 相加,并将结果存储在输出 d 中。

5.4.5 条件语句

在 Verilog 中,条件语句用于根据不同的条件执行不同的操作。常见的条件语句为 if 和 case 语句。

(1) if 语句 if 语句用于在满足某个条件时执行特定的操作,其基本语法如下:

```
if(条件)begin
    //在条件成立时执行的语句
end
else begin
    //在条件不成立时执行的语句
end
```

如果条件成立，则执行 if 语句块中的语句；否则，执行 else 语句块中的语句。

以下是一个简单的例子：

```
module example(input a,input b,output c);
    always @ ( * )
    begin
      if( a && b)
        c = 1;
      else
      c = 0;
    end
  endmodule
```

在这个例子中，如果输入变量 a 和 b 都为真，则输出变量 c 被赋值为 1；否则被赋值为 0。这里的 always 语句定义了一个组合逻辑块，它在输入变量 a 或 b 的值发生变化时自动更新输出变量 c 的值。

当具有多个条件需要判断时，可以使用 if-else if 来进行多个条件的判断。首先检查第一个条件表达式，如果为真，则执行相关的代码块，否则检查下一个条件表达式。依此类推，直到找到第一个为真的条件表达式，然后执行与之相关联的代码块。如果所有的条件表达式都为假，则执行 else 代码块中的代码。

以下是一个使用 if-else if 的简单例子，其中根据输入信号的不同值输出不同的信号：

```
module   example(
    input[1:0] in,
    output reg[3:0] out
);
    always @ ( * )begin
      if( in = = 2'b00)begin out = 4'b0001;end
else if( in = = 2'b01)begin out = 4'b0010;end
else if( in = = 2'b10)begin out = 4'b0100;end
else begin output_signal = 4'b1000;end
    end
  endmodule
```

在这个例子中，根据输入信号 in 的值，分别执行不同的代码块。当 in 的值为 2'b00 时，执行第一个 if 语句块，并将 out 的值设置为 4'b0001；当 in 的值为 2'b01 时，执行第二个 if 语句块，并将 out 的值设置为 4'b0010；当 in 的值为 2'b10 时，执行第三个 if 语句块，并将 out 的值设置为 4'b0100；当 in 的值为 2'b11 时，执行最后一个 else 语句块，并将 out 的值设置为 4'b1000。

可以看到，使用 if-else if 语句可以根据输入信号的不同值进行不同的操作，使得模块的功能更加灵活。

（2）case 语句 case 语句用于根据一个选择变量的不同取值，执行不同的操作，其基本语法如下：

```
case(条件)
值1:begin
    //在条件的值等于值1时执行的语句
end
值2:begin
    //在条件的值等于值2时执行的语句
end
default:begin
    //在条件的值不等于任何已经列出的值时执行的语句
end
endcase
```

其中，条件是一个选择变量，可以是任何整数或枚举类型。根据条件的值，执行相应的值1、值2或default语句块中的语句。如果条件的值不等于任何已经列出的值，则执行default语句块中的语句。

以下是一个简单的例子，展示如何使用case语句来实现一个根据输入值输出不同结果的逻辑：

```
module example(input[1:0] a,output reg[3:0] y);
    always @ (a)begin
        case(a)
            2'b00:y = 4'b0000;
            2'b01:y = 4'b0001;
            2'b10:y = 4'b0010;
            2'b11:y = 4'b0011;
            default:y = 4'b1111;
        endcase
    end
endmodule
```

在这个例子中，输入a是一个2位的信号，输出y是一个4位的信号。输入a的值如果是00，则输出0000；如果是01，则输出0001；如果是10，则输出0010；如果是11，则输出0011；如果其值不是这些值中的任何一个，那么就输出1111。

在Verilog中，if语句和case语句可以被放在always结构声明语句中进行组合使用，实现不同情况下的信号处理和状态转移。

5.4.6 循环语句

在Verilog中，常用的循环语句有以下4种类型：

1. for循环

for循环用于有限次数的循环，其基本语法如下：

```
for(initialization;condition;increment)begin
    //执行语句
end
```

其中，initialization 是循环变量的初始化，condition 是循环条件，increment 是每次循环后循环变量的增量。循环变量通常使用 reg 类型声明。

以下是一个简单的 for 循环的例子，用于计算 0~9 的和：

```
reg[7:0] sum;//声明循环变量 sum
sum=0;//初始化 sum 为 0
for(i=0;i<10;i=i+1)begin
    sum=sum+i;
end
```

2. while 循环

while 循环用于根据条件反复执行语句，其基本语法如下：

```
while(condition)begin
    //执行语句
end
```

其中，condition 是循环条件。当条件为真时，循环体内的语句会一直执行，直到条件为假时跳出循环。

以下是一个简单的 while 循环的例子，用于计算 2 的 n 次方（n 为输入变量）：

```
reg[7:0] n,i,power;
power=1;//初始化 power 为 1
while(n>0)begin
    power=power*2;
    n=n-1;
end
```

在这个例子中，当输入变量 n 大于 0 时，循环体内的语句会一直执行，每执行一次，将power 乘以 2，同时将 n 减 1，直到 n 变为 0 时跳出循环。

3. forever 语句

在 Verilog 中，forever 语句是一种用于描述无限循环的语句。它可以用于描述组合逻辑或时序逻辑，常用于描述状态机的状态转移。

forever 语句使用 forever 关键字，例如：

```
always @ (posedge clk)begin
    forever begin
        //状态转移逻辑
    end
end
```

在上面的例子中，我们定义了一个时序逻辑，它在时钟上升沿触发，然后进入一个无限循环，执行状态转移逻辑。在这种情况下，如果没有其他逻辑或条件来终止这个循环，它将一直运行下去。

在 forever 语句中可以使用其他的语句，如 if 语句、for 循环、while 循环、case 语句等。另外，forever 语句中也可以使用 break 和 continue 关键字，用于控制循环的流程。

需要注意的是，使用 forever 语句时要特别小心，因为如果循环条件不正确或者没有正确的终止条件，会导致模拟器进入死循环，影响仿真的效率和结果。因此，在使用 forever 语句时应该仔细检查循环条件，并在必要时添加终止条件。

4. repeat 语句

在 Verilog 中，repeat 语句是一种用于描述循环次数的语句。它可以用于描述组合逻辑或时序逻辑，常用于描述计数器等的功能。

repeat 语句使用 repeat 关键字，后跟一个整数表示循环的次数，例如：

```
repeat(10) begin
    //循环体
end
```

在上面的例子中，我们定义了一个循环，它将执行 10 次循环体。在 repeat 语句中，循环体可以包含任何组合逻辑或时序逻辑。

除了 repeat（n）的形式外，repeat 语句还可以使用类似于 for 循环的形式，例如：

```
repeat(a+b) begin
    //循环体
end
```

在上面的例子中，我们使用 a 和 b 的和来表示循环的次数。注意，a 和 b 必须是常量表达式，即在编译时可以确定的值。

需要注意的是，repeat 语句中不能使用 break 和 continue 关键字，因为它没有明确的循环控制变量。如果需要在循环中使用 break 或 continue 关键字，可以考虑使用 for 循环或 while 循环。同时，需要特别小心避免循环次数过多导致仿真时间过长，影响仿真的效率和结果。

5.4.7 编译预处理

在 Verilog 中，编译预处理指的是在编译阶段执行的一些预处理操作，例如宏定义、条件编译、包含文件等。

Verilog 中的编译预处理使用 "`" 符号来表示，后面跟着一个预处理指令。以下是一些常用的预处理指令：

1）`define：用于定义宏，例如`define WIDTH 32。

2）`ifdef/`ifndef/`else/`endif：用于条件编译，例如`ifdef DEBUG...`endif。

3）`include：用于包含文件，例如`include "myfile.v"。

在编译时，Verilog 编译器首先对源代码进行预处理，将所有的预处理指令替换成对应的内容。例如，在以下代码中：

```
`define WIDTH 32
module mymodule(
    input[`WIDTH-1:0] data
);
    //模块代码
endmodul
```

编译器会在预处理阶段将`WIDTH 替换成 32，生成如下代码：

```
module mymodule(
    input[31:0] data
);
    //模块代码
endmodule
```

预处理可以使 Verilog 代码更加模块化和可维护，例如可以将一些常量定义为宏，方便在多个地方使用。同时，条件编译可以根据需要编译不同的代码，避免在不需要的情况下浪费硬件资源。需要注意的是，在编写预处理指令时，应该小心避免出现歧义和错误，以免影响代码的正确性和可读性。

5.4.8　系统任务

在 Verilog 中，系统任务是由 Verilog 语言定义的一些特殊任务，用于完成一些系统级别的操作，例如显示消息、延时等。

以下是一些常用的系统任务：

（1）$display/$write　用于在仿真时显示消息。$display 可以接收格式字符串和参数列表，类似于 C 语言中的 printf 函数。$write 类似于 $display，但不会在消息之间自动添加空格和换行符。

（2）$monitor　用于在仿真时监视信号的变化。$monitor 可以接收格式字符串和参数列表，类似于 $display。

（3）$time　用于获取当前仿真的时间。

（4）$random　用于生成伪随机数。

（5）$stop/$finish　用于停止仿真。$stop 会停止仿真，但保留仿真状态，可以使用 $finish 结束仿真并释放资源。

（6）$fatal/$error/$warning　用于生成致命错误、一般错误和警告信息。$fatal 会终止仿真并输出错误信息，$error 和 $warning 只会输出错误信息。

需要注意的是，系统任务只能在仿真环境中使用，不能在实际的硬件中运行。同时，系统任务的使用应该小心谨慎，不应该过度依赖系统任务，应该尽量使用组合逻辑和时序逻辑实现功能。

5.5 Quartus 软件的基本操作与使用

5.5.1 Quartus 简介

Quartus 是 Intel 公司开发的一款综合性 EDA 软件, 提供了完全集成并且与电路结构无关的开发包环境, 具有数字逻辑设计的全部特性, 包括原理图、结构框图、Verilog HDL、AHDL 和 VHDL 等多种设计输入形式, 为可编程芯片系统提供全面的设计环境。Quartus Prime 分为专业版、标准版、精简版, 其中精简版可免费下载使用, 能满足一般的设计使用需求。本书使用 Quartus Prime 17.1 介绍软件的基本操作和应用。

5.5.2 Quartus Prime 17.1 软件安装

Quartus Prime 精简版可以在网站 https：///www. intel. cn 免费下载, 如图 5-1 所示。

图 5-1 **Quartus Prime 17.1 软件下载页面**

Quartus Prime 17.1 (含仿真软件 ModelSim) 软件的安装步骤如下：

1) 将下载的文件解压到同一个文件下, 如图 5-2 所示, 不改变文件夹下文件的位置。

2) 双击 "QuartusLiteSetup-17.1.0.590-windows. exe" 文件, 进入安装界面, 如图 5-3 所示。

3) 单击 "Next" 按钮, 进入 "License Agreement" 界面, 选择 "I accept the agreement" 选项, 如图 5-4 所示。

4) 单击 "Next" 按钮, 进入 "Installation directory" 界面, 选择安装路径, 如图 5-5 所示。硬盘上要预留足够的安装空间, 一般需要 12GB 左右。为了加快软件的启动和运行速度, 建议安装在固态硬盘的分区上。

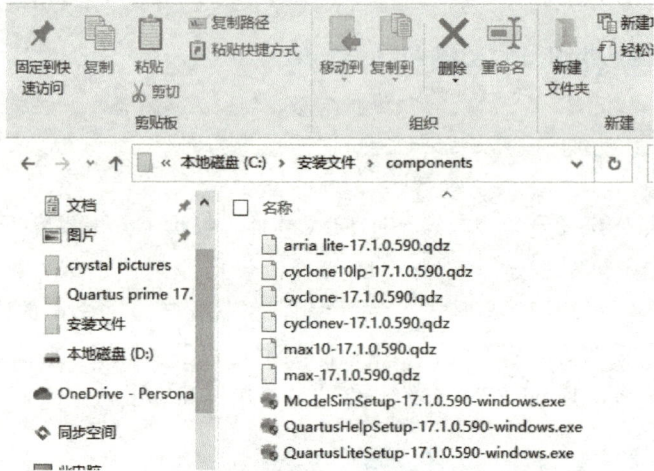

图 5-2　解压后的安装文件

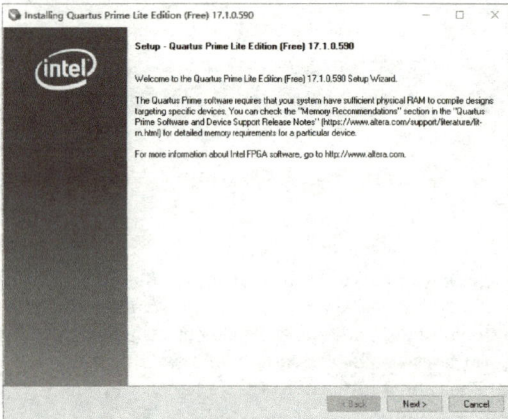

图 5-3　软件安装界面

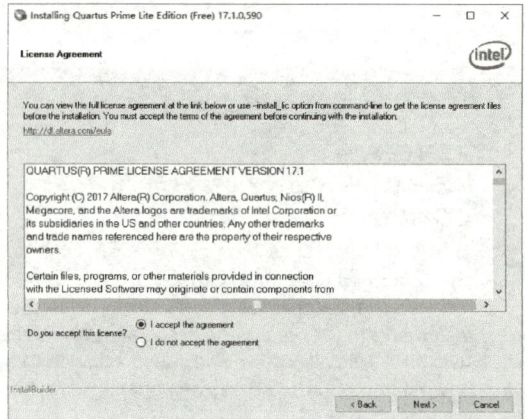

图 5-4　"License Agreement"界面

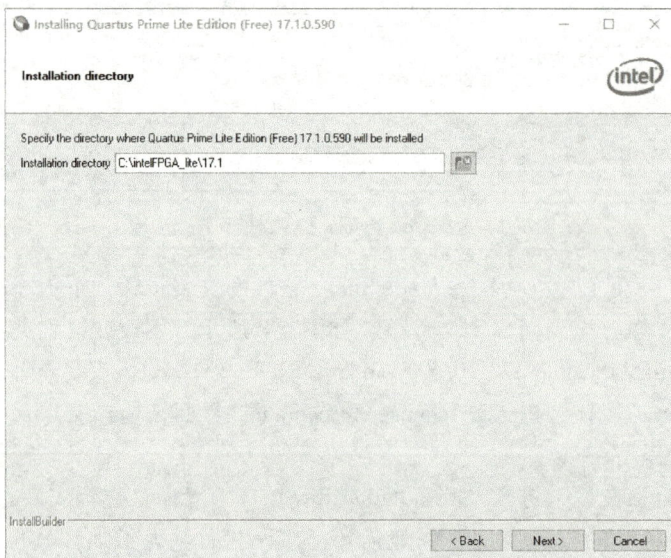

图 5-5　"Installation directory"界面

5）单击"Next"按钮，进入"Select Components"界面，选择对应的器件库，并选择仿真软件 ModelSim，如图 5-6 所示。

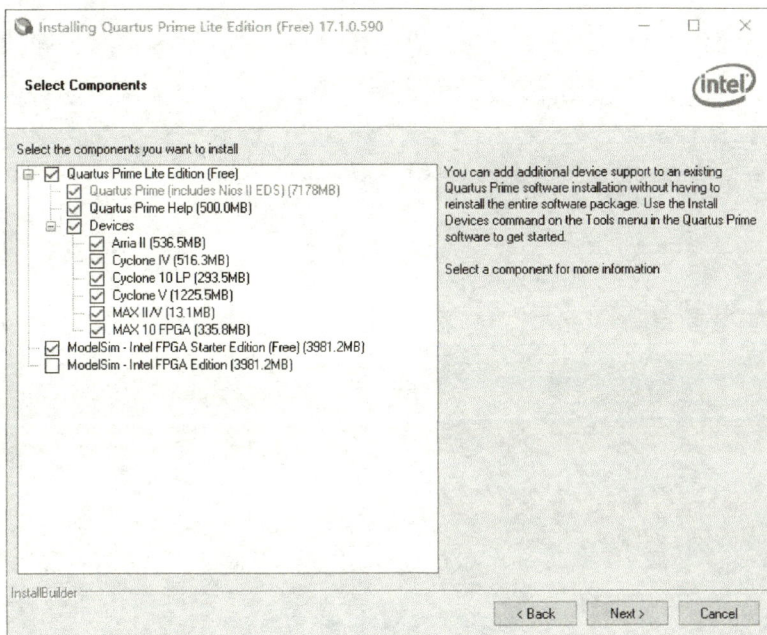

图 5-6　"Select Components"界面

6）单击"Next"按钮，进入"Ready to Install"界面，在此界面确认上述几步操作设定的安装信息，如图 5-7 所示。

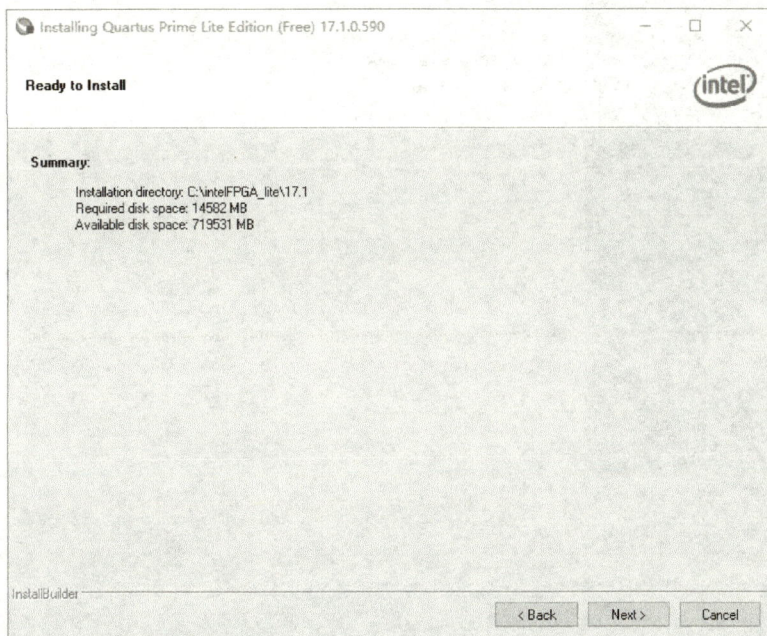

图 5-7　"Ready to Install"界面

7）单击"Next"按钮，进入"Installing"界面，显示安装的进度信息，如图5-8所示。

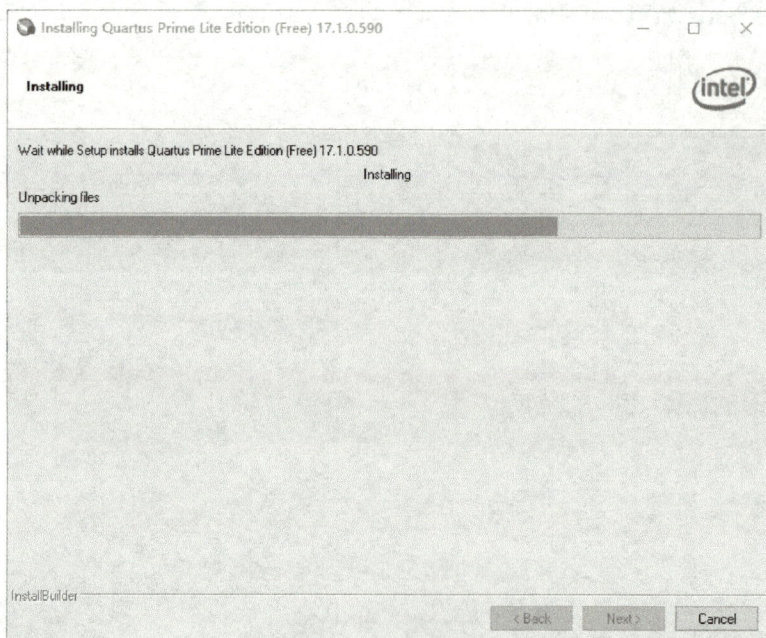

图 5-8 "Installing"界面

8）安装完成后，进入安装完成界面，显示软件安装成功后的勾选框信息，如图5-9所示。

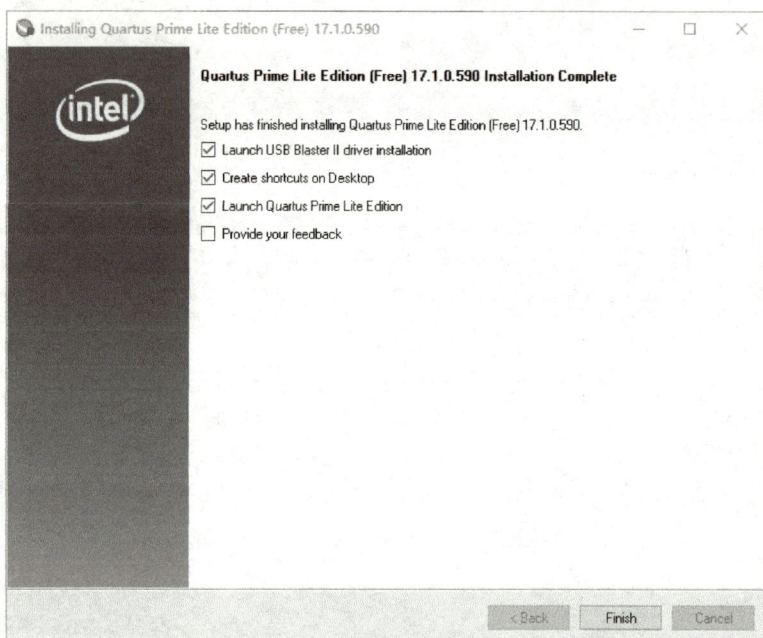

图 5-9 安装完成界面

9）单击"Finish"按钮，完成 Quartus Prime 软件、选择的元器件及 ModelSim 软件的安装。

5.5.3 Quartus Prime 17.1 的基本操作

Quartus Prime 17.1 的操作步骤如下：

1）单击"开始"→"所有程序"→"Altera"→"Quartus Prime 17.1"，或者双击桌面上的 Quartus Prime 快捷方式图标，运行 Quartus Prime 17.1 软件，出现图 5-10 所示界面。

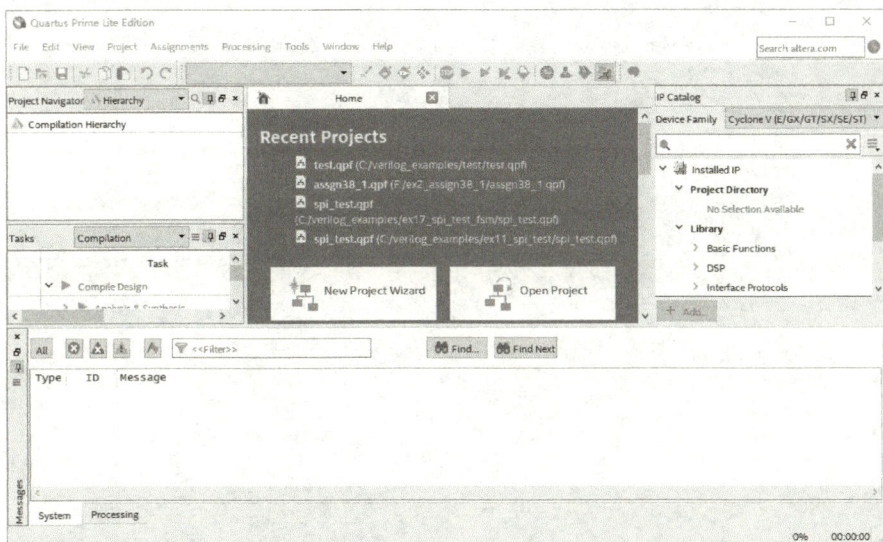

图 5-10　Quartus Prime 17.1 软件运行界面

2）单击"File"→"New Project Wizard"，新建一个工程，如图 5-11 所示。

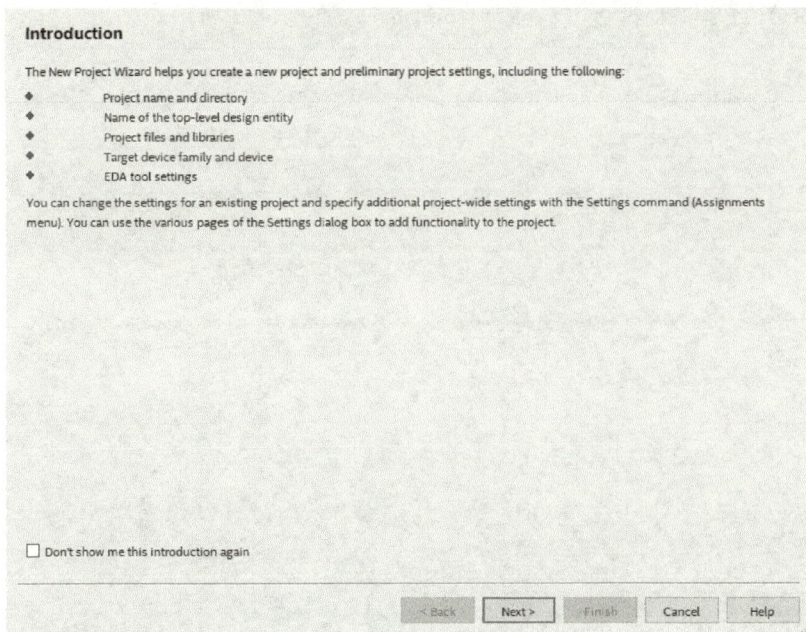

图 5-11　新建工程对话框

3）单击图 5-11 中的"Next"按钮进入工程名称设定对话框，如图 5-12 所示。第一个输入框为工程目录输入框，可以输入工作路径来设定工程的目录，或者通过输入框后的按钮选择已经存在的目录，目录的路径最好是全英文的。设定好后，所有的生成文件将存放在这个工作目录下。第二个输入框为工程名称输入框，第三个输入框为顶层实体名称输入框。用户可以根据电路的功能进行命名，例如设定为"test"。默认情况下工程名称与实体名称相同。

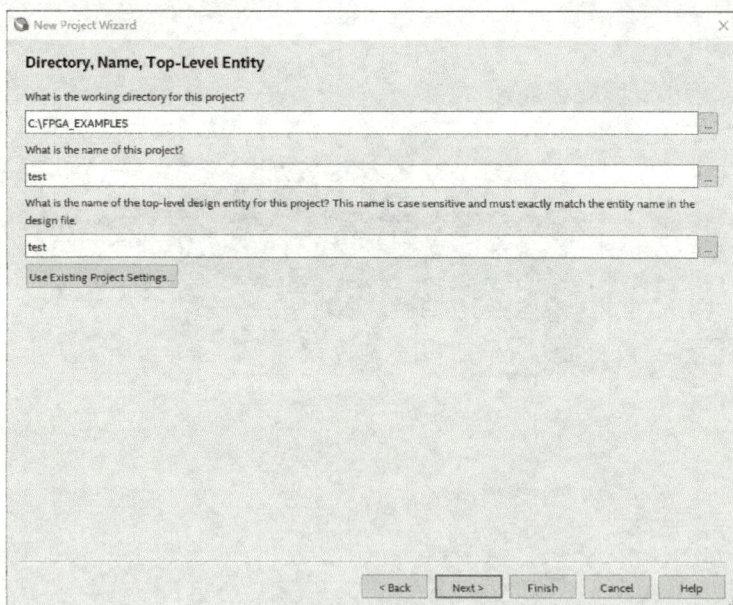

图 5-12　指定工程名称及工作目录

4）单击"Next"按钮，进入工程类型选择界面，此处可以选择新建一个空的工程（Empty project）或者工程模板（Project template），如图 5-13 所示。

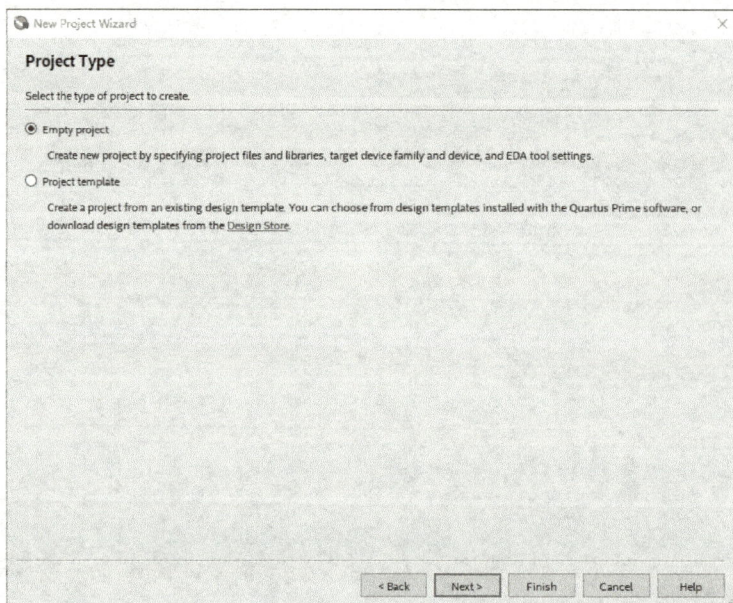

图 5-13　工程类型选择界面

5）单击"Next"按钮，进入添加设计文件界面，如图 5-14 所示。如果在建立工程时没有需要添加的文件，则无须操作。

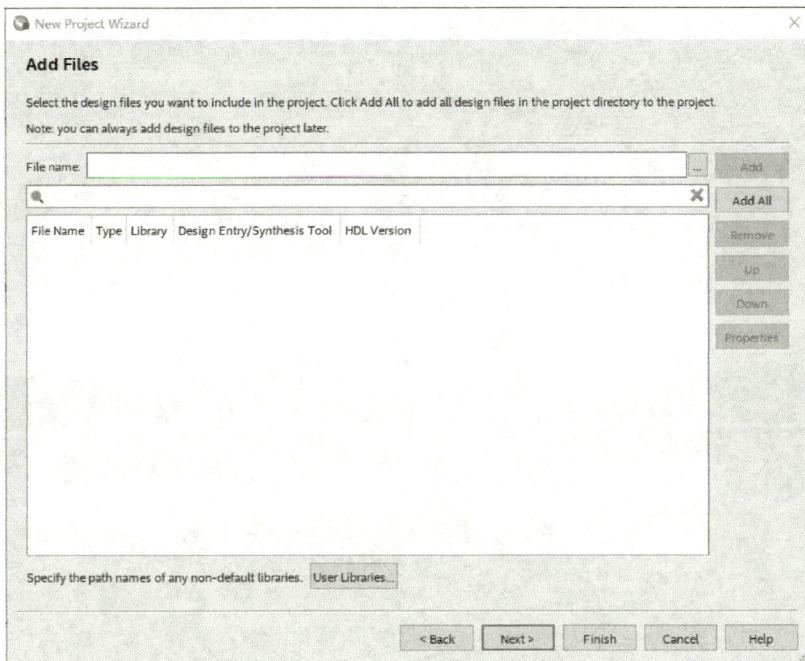

图 5-14　添加设计文件界面

6）单击"Next"按钮，进入器件选择界面，在此选择合适的 PLD/FPGA 芯片型号，如图 5-15 所示。注意：芯片型号的选择要与所用开发板的芯片相匹配。

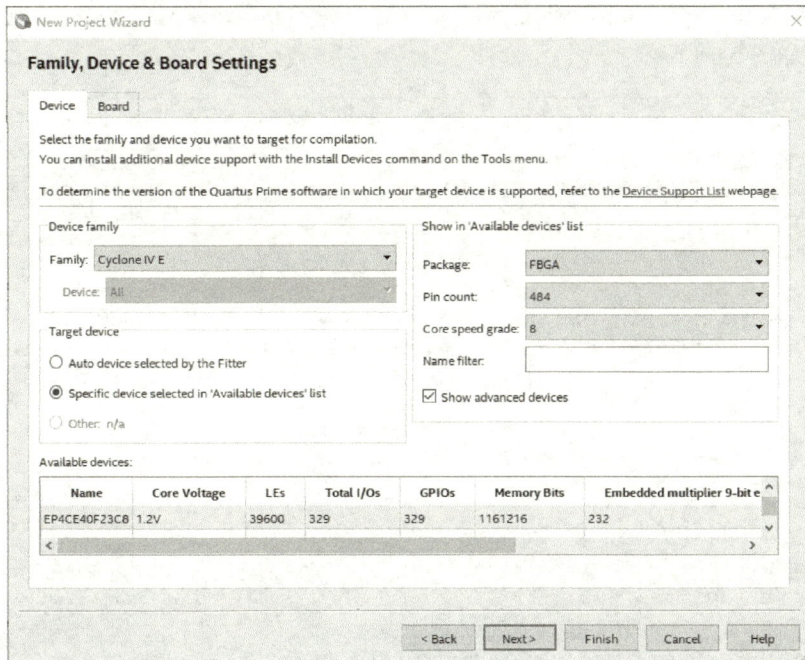

图 5-15　器件选择界面

7）单击"Next"按钮，进入 EDA 工具设置界面，在此选择 EDA 综合、仿真、时序分析工具，如图 5-16 所示。

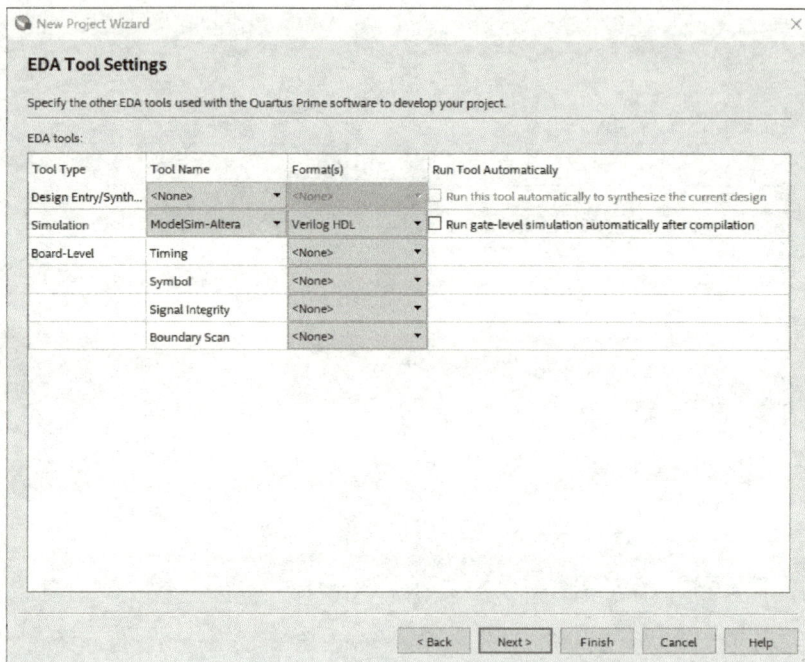

图 5-16　EDA 工具设置界面

8）单击"Next"按钮，出现新工程的所有设定信息，如图 5-17 所示，单击"Finish"按钮完成新工程的建立。

9）单击"File"→"New"，弹出新建对话框，在"Design Files"选项下选择"Verilog HDL File"，如图 5-18 所示。

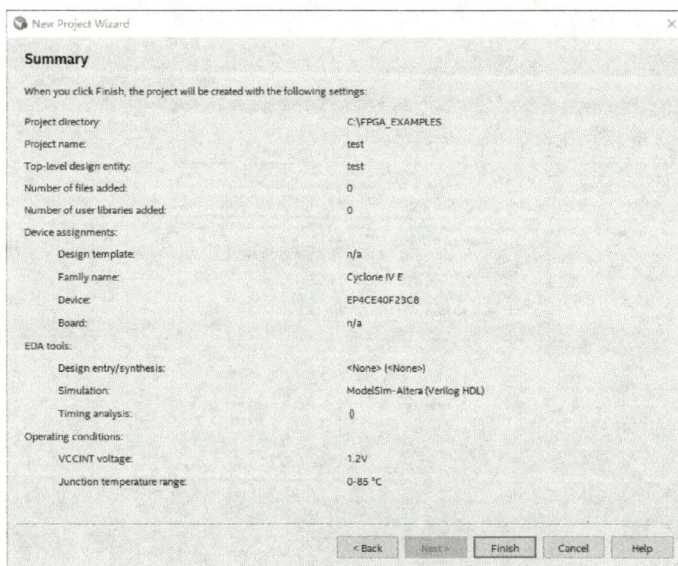

图 5-17　确认工程信息界面

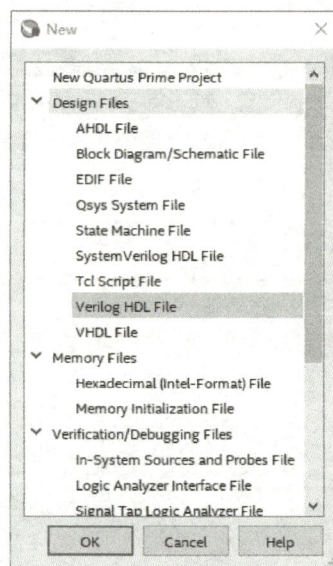

图 5-18　选择"Verilog HDL File"

10）建立了 Verilog HDL 文件后，则自动打开 Verilog HDL 编程界面，如图 5-19 所示。

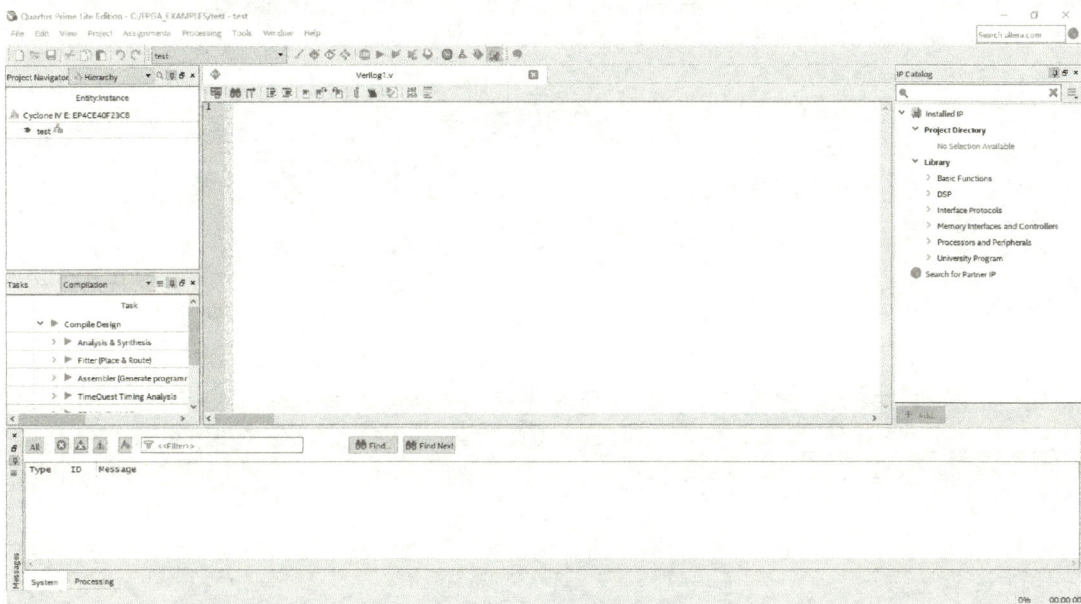

图 5-19 Verilog HDL 编程界面

11）在编程界面中进行程序的编写。图 5-20 所示为 4 位二进制全加器的 Verilog HDL 实现。

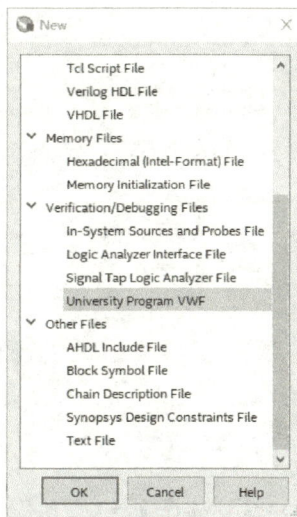

12）代码输入结束后，单击"Processing"→"Start Compilation"对编写的代码进行编译，直到编译通过。

13）编译通过后才能在工程中进行仿真，可以仿真整个设计，也可以只仿真设计的一部分。单击"File"→"New"，弹出新建对话框，在"Verification/Debugging Files"选项下选择"University Program VWF"，如图 5-21 所示。

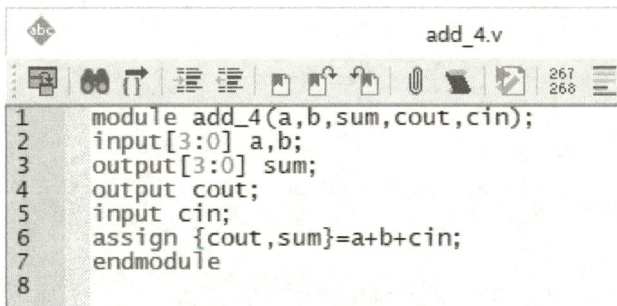

```
1  module add_4(a,b,sum,cout,cin);
2  input[3:0] a,b;
3  output[3:0] sum;
4  output cout;
5  input cin;
6  assign {cout,sum}=a+b+cin;
7  endmodule
8
```

图 5-20 4 位二进制全加器的 Verilog HDL 实现

图 5-21 选择"University Program VWF"

14）单击"OK"按钮，弹出图 5-22 所示的信号仿真界面，在"Name"区域双击以添加观察信号，弹出图 5-23 所示对话框。

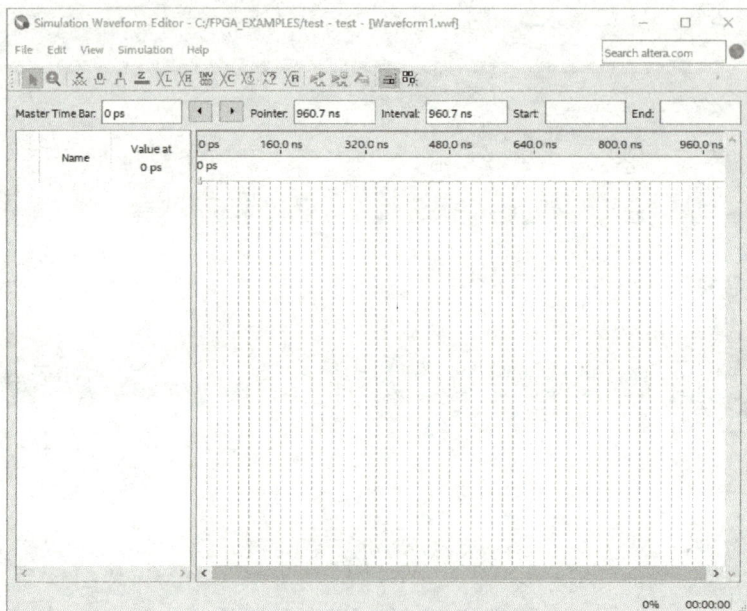

图 5-22　信号仿真界面

15）单击"Node Finder"按钮，弹出图 5-24 所示的对话框。单击"List"按钮，在左侧框中选择需要添加的信号，单击">"或">>"按钮将信号添加到右侧框中，如图 5-25 所示。添加所需信号后单击"OK"按钮确认。

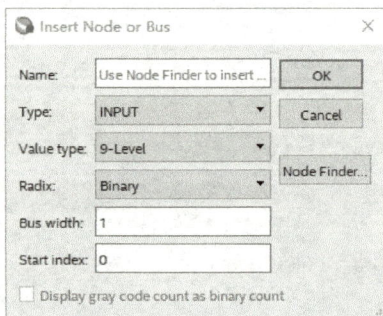

图 5-23　添加信号对话框

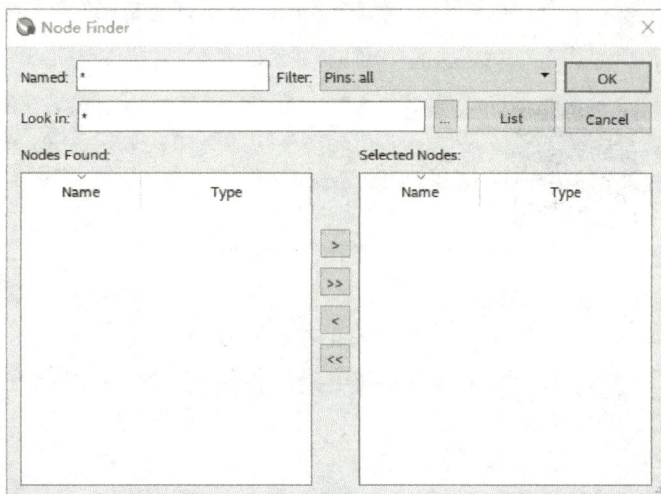

图 5-24　"Node Finder"对话框

16）信号选择确认后，回到信号仿真界面，如图 5-26 所示，所选择的信号已经添加到信号仿真界面。

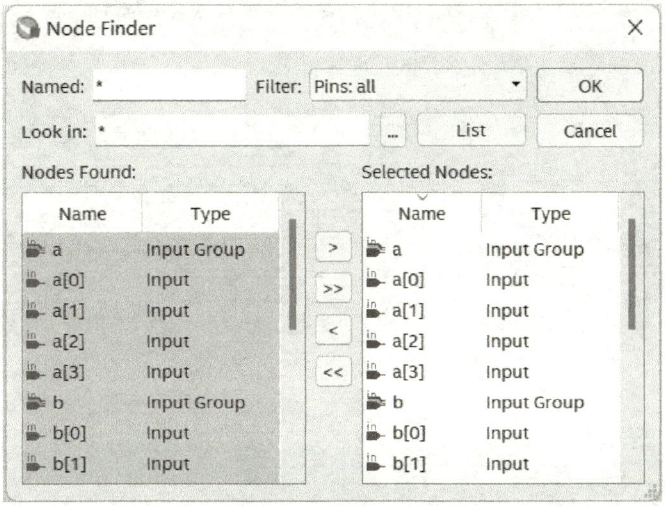

图 5-25 选择信号

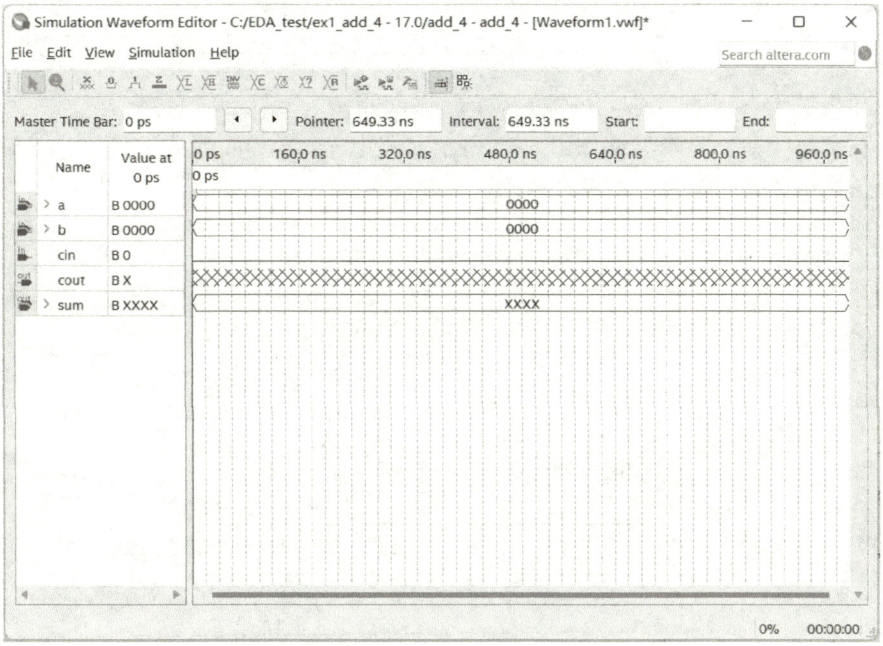

图 5-26 添加信号后的信号仿真界面

17）添加信号后，还需要选择和调整相应的激励输入信号。可通过图 5-27 所示的工具条添加仿真波形信号，信号按图 5-28 所示的 a、b、cin 的值进行添加，添加完成后保存文件。

图 5-27 添加信号工具条

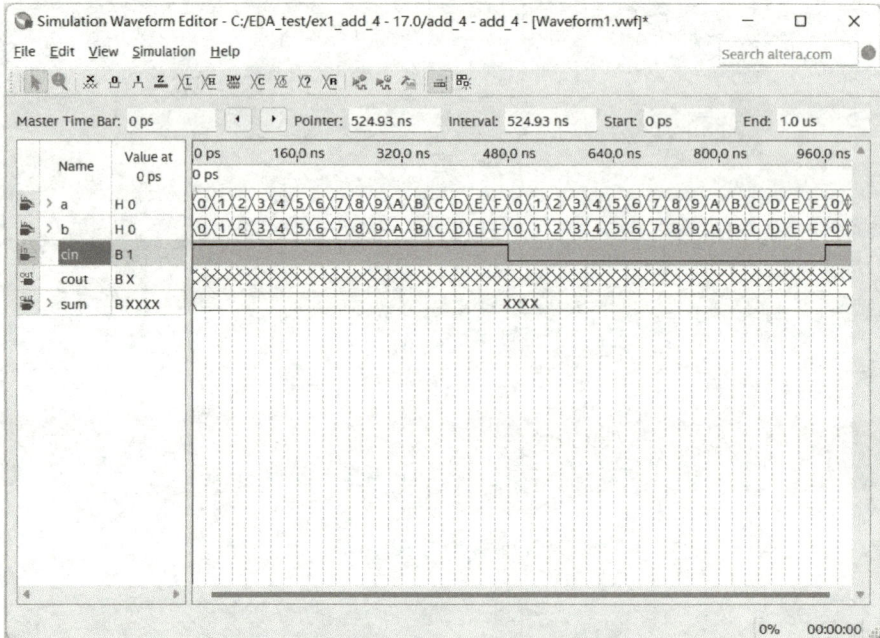

图 5-28 添加波形后的信号仿真界面

18）单击"Simulation"→"Run Functional Simulation"，系统开始仿真。

19）仿真结束后，显示界面如图 5-29 所示，图中 cout、sum 的波形为仿真得到的波形，可查看此仿真结果是否符合电路设计要求。

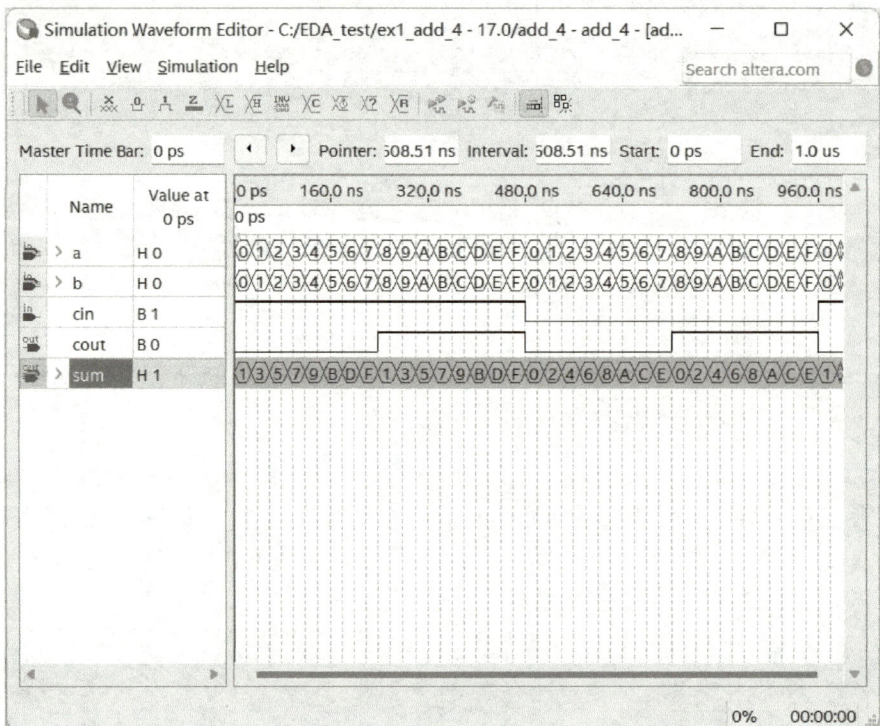

图 5-29 功能仿真后的信号仿真界面

5.6　可编程逻辑器件

可编程逻辑器件（Programmable Logic Devices，PLD）是一种在硬件级别可以被编程的集成电路，它们能够执行一系列用户定义的数字逻辑操作。PLD 由可编程的逻辑元素和可编程的互连构成。可编程的逻辑元素可以是简单的逻辑门，如与门、或门和非门，也可以是更复杂的功能块，如查找表（LUT）、触发器、记忆单元等。这些逻辑元素通过可编程的互连进行连接从而形成更复杂的数字逻辑电路。

Altera、Xilinx、Lattice 及 AMD 是全球知名的 PLD 研发生产公司，不同厂商生产的 PLD 结构差别较大，而且种类、型号繁多。但是，由于基于 PLD 的设计并不需要了解过多的 PLD 的内部结构，对于有数字电路基础的初学者，甚至可以不需要了解 PLD 的结构就可以进行初步设计，因此本书不再介绍 PLD 的内部结构及工作原理。

5.6.1　可编程逻辑器件的种类

PLD 有多种类型，其中最常见和最重要的是复杂可编程逻辑设备（Complex Programmable Logic Devices，CPLD）和现场可编程门阵列（Field Programmable Gate Array，FPGA）。

1. CPLD

CPLD 是一种半导体设备，拥有可编程的逻辑门和可编程的互连。它由一组可编程的基本逻辑单元（PLU）组成，这些 PLU 通过一个全局互联矩阵（Global Interconnect Matrix）相互连接。CPLD 的这种结构提供了比较高的门密度和比较大的 I/O 能力，使其适合实现高复杂度的组合逻辑设计。CPLD 的特点包括：

（1）可预测的计时特性　由于 CPLD 的结构固定，因此其计时特性是可预测的，这使得它在需要严格计时控制的设计中非常有用。

（2）非易失性　CPLD 使用闪存或抗熔丝技术进行编程，因此它是非易失性的。这意味着当电源关闭后，其配置信息将被保留。

（3）低功耗　相比于 FPGA，CPLD 通常具有较低的静态和动态功耗。

图 5-30 所示为 Altera 公司出品的 MAX7000 系列 CPLD 产品。

图 5-30　MAX7000 系列 CPLD 产品

2. FPGA

FPGA 是一种在硬件级别可编程的集成电路，它由大量的可编程逻辑块（Configurable Logic Block，CLB）和可编程的路由资源组成。FPGA 的这种结构使得它能够实现从简单的逻辑门到复杂的系统级集成（SoC）设计的广泛数字逻辑功能。FPGA 的特点包括：

（1）高度灵活性　FPGA 的可编程逻辑块和可编程的路由资源提供了极高的设计灵活性，使得它能够实现各种复杂的数字设计。

（2）高门密度　FPGA 通常提供了极高的门密度，这使得它能够实现非常复杂的设计。

（3）易失性　FPGA 通常使用 SRAM 进行编程，因此它是易失性的。这意味着当电源关闭后，其配置信息将会丢失，需要在每次上电时重新配置。

（4）高性能　FPGA 通常提供了非常高的性能，尤其是在处理并行计算和信号处理任务时。

图 5-31 所示为 Xilinx 公司出品的 Spartan 系列 FPGA 产品。

3. CPLD 和 FPGA 的适用场景

CPLD 和 FPGA 各有其优势和特点。CPLD 由于其非易失性、低功耗和可预测的计时特性，往往被用于需要稳定运行和严格计时控制的系统中。例如，一些工业控制系

图 5-31　Spartan 系列 FPGA 产品

统、汽车电子设备和航空电子设备等，都可能使用 CPLD 来实现特定的逻辑控制功能。

相比之下，FPGA 由于其极高的灵活性、大规模并行处理能力和高性能，更适合用于复杂的数字系统设计，如高性能计算、数字信号处理、网络设备、视频处理等领域。此外，FPGA 也常常被用作硬件加速器，配合传统的 CPU 或 GPU，共同处理某些特定的计算密集型任务。

在选择使用 CPLD 还是 FPGA 时，设计人员需要根据具体的设计需求和约束，如逻辑复杂度、功耗需求、计时要求、成本预算等，进行综合考虑和权衡。

5.6.2　基于可编程逻辑器件的设计流程

图 5-32 所示是基于 PLD 的设计流程框图，主要包括设计输入、逻辑综合、适配、编程和仿真测试 5 个部分。

1. 设计输入

设计输入是第一个步骤，有图形输入和硬件描述语言输入两种类型。图形输入方式通常包括原理图输入、状态图输入和波形图输入三种。原理图是图形化的表达方式，它利用软件中所提供的元器件符号和连线来描述设计。其特点是比较直观，便于进行接口设计和引脚锁定，容易实现仿真，便于信号的观察和电路的调整，系统运行速率较高，但当描述复杂电路时则比较烦琐。

硬件描述语言输入是采用文本方式描述设计。这种方式的描述范围较宽，从简单的门电路到复杂的数字系统均可描述，特别是在描述复杂设计时，非常简洁。常用的硬件描述语言有 Verilog 和 VHDL。

图 5-32　基于 PLD 的设计流程框图

2. 逻辑综合

逻辑综合是将设计文件与 PLD 的硬件结构相关联，是软件转换为硬件的关键一步。整个综合过程就是将设计者完成的文本文件或图形设计，依据给定的 PLD 硬件结构和约束控制条件进行编译、优化、转换和综合，最终获得门级甚至更底层电路的电路网表文件。

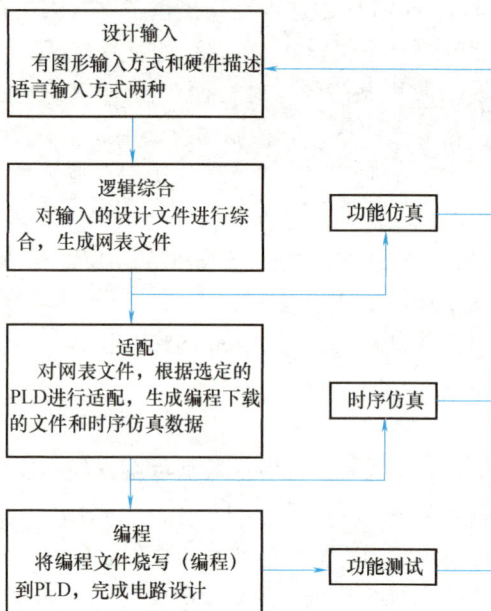

3. 适配

适配是将逻辑综合产生的网表文件，依据选定的 PLD 进行逻辑映射操作，包括底层器件配置、逻辑分割、逻辑优化、布局与布线等。能够实现适配的软件称为适配器，通常由FPGA/CPLD 开发商提供。适配会得到多种用途的文件，例如对 CPLD 编程的 POF 文件，对FPGA 配置的 SOF 文件，适配报告文件，以及用于时序仿真的文件。

4. 编程

编程是将适配后生成的下载或配置文件，通过编程器或下载电缆向 CPLD 或 FPGA 进行编程，以便进行硬件测试和验证。通常将对 FPGA 中的 SRAM 进行下载称为配置（Configure），将对 CPLD 中的 ROM 进行下载称为编程（Program）。

5. 仿真测试

仿真分为功能仿真和时序仿真两种。功能仿真是指直接对 HDL 描述、原理图描述或其他描述形式的逻辑功能进行测试模拟，以了解其实现的功能是否满足原设计要求的过程。仿真过程不涉及任何具体器件的硬件特性。在设计文件编译后即可进入功能仿真。时序仿真是接近真实器件运行特性的仿真，仿真文件中包含了器件的硬件特性参数，比如硬件延迟信息，因而仿真精度高。通常先进行功能仿真，当设计文件功能满足设计者要求时，再进行时序仿真，以便了解设计项目在硬件条件下的运行情况。

可对设计中的各个模块乃至整个系统进行仿真，若有错误，及时在软件环境中对设计进行修改，而不涉及硬件，这就极大地降低了成本。规模越大的设计，越需要仿真。仿真不消耗器件内的资源，仅消耗少许时间，从降低成本的角度考虑，这种时间的消耗是完全值得的。可以认为仿真是 EDA 的精髓。

测试是将载有设计电路的 FPGA 或 CPLD 进行统一调试，用以验证设计项目在硬件环境中的实际工作情况，以便排除错误，改进和完善设计。

5.6.3　可编程逻辑器件的优缺点

1. PLD 的优点

（1）灵活性　PLD（如 FPGA 和 CPLD）的最大优点就是其灵活性。设计人员可以对硬件进行编程，以执行任何数字逻辑功能，这使得 PLD 能够适应各种复杂的数字设计需求。

（2）可重配置性　FPGA 和 CPLD 都是可重配置的，这意味着设计人员可以在设备工作过程中或者之后修改其硬件配置。这为产品升级、错误修复和功能改进提供了便利。

（3）并行处理能力　PLD 可以并行执行多个操作，这使得它在处理并行计算和信号处理任务时具有较高的效率。

（4）快速原型设计　使用 PLD，设计人员可以快速地进行原型设计和验证，大大缩短了产品的开发周期。

2. PLD 的缺点

（1）功耗　尽管现代的 PLD 已经作了许多功耗优化，但是相比于定制的 ASIC 芯片，FPGA 和 CPLD 通常仍然具有较高的功耗。

（2）成本　在大规模生产时，PLD 的成本通常高于定制的 ASIC 芯片。因为 ASIC 芯片可以针对特定的应用进行优化，从而实现更高的集成度和更低的成本。

（3）性能　由于 FPGA 和 CPLD 的资源是通用和可编程的，因此它们的性能通常无法达到定制的 ASIC 芯片的水平。

（4）易失性　许多 FPGA 使用 SRAM 进行编程，因此它是易失性的，即当电源关闭后，其配置信息将会丢失，需要在每次上电时重新配置。

3. 与传统的数字电路设计方法进行比较

将 PLD 与传统的数字电路设计方法（主要依靠基本的数字电路器件，例如单独的逻辑门、触发器等）进行比较时，可以发现以下一些关键区别：

（1）复杂性和可扩展性　基本的数字电路器件通常用于实现简单的逻辑功能，而且当设计的复杂性增加时，使用这些基本器件的难度也会随之增加。例如，要在物理板上手动布线连接多个独立的逻辑门或触发器，以实现更复杂的功能，这在实践中可能会变得非常困难和耗时。

相比之下，PLD 可以在硬件级别进行编程，以实现各种复杂的数字逻辑功能。这使得设计人员可以方便地在一个单一的设备上实现大规模的数字设计，从简单的组合逻辑电路到复杂的系统级集成都可以实现。

（2）灵活性和重用性　使用基本的数字电路器件实现的设计通常是固定的，一旦硬件被实现，就很难修改或更新。这意味着如果设计需要进行修改或升级，可能需要重新设计和制造硬件。

PLD 则可以通过重新编程来修改其硬件功能，这使得它可以适应不断变化的设计需求。此外，由于它的可重配置性，同一个设备可以被重用在多个不同的设计中。

（3）开发周期和成本　使用基本的数字电路器件实现设计通常需要较长的开发周期和较高的成本，因为这可能需要进行物理的硬件设计、制造和测试。

使用 PLD，设计人员可以在软件中进行设计和验证，然后将设计下载到设备中，大大缩短了开发周期。此外，由于 PLD 的可重用性，它可以在多个设计中重复使用，从而降低了总体成本。

总的来说，尽管基本的数字电路器件在某些简单的应用中可能仍然有其用处，但是 PLD 由于其灵活性、可扩展性和高效性，在现代的数字设计中已经成为首选。

5.6.4　可编程逻辑器件在现代电子系统设计中的应用

PLD 在现代电子系统设计中有许多应用，以下是一些主要的应用领域：

（1）嵌入式系统设计　PLD，尤其是 FPGA，由于其在处理并行运算和实时任务方面的优势，常被用于嵌入式系统设计。例如，在自动驾驶汽车系统中，FPGA 可以用于实时处理大量传感器数据，并进行快速决策；在工业自动化系统中，FPGA 也可以用来处理复杂的控制算法，提供精确、稳定的控制性能。

（2）高性能计算　在高性能计算领域，FPGA 通常用作计算加速器。与传统的 CPU 和 GPU 相比，FPGA 可以提供更高的能效比（即每瓦的计算能力）。这是因为 FPGA 可以在硬件级别实现特定的算法，减少了不必要的数据移动和存储。因此，FPGA 在密码学、量子计算模拟、生物信息学和大数据分析等许多计算密集型任务中都有应用。

（3）数字信号处理（DSP）　在音频和视频处理领域，FPGA 可以用来实现各种复杂的数字信号处理算法。例如，可以使用 FPGA 进行高清视频的编解码、音频信号的混音和滤波、图像的压缩和增强等。此外，在雷达和声呐系统中，FPGA 也可以用来进行高速的信号处理和目标检测。

（4）通信系统设计　在无线通信领域，FPGA可以用来实现各种先进的通信协议。FP-GA可以实现基站和终端设备的数字信号处理部分，包括信号的调制和解调、编码和解码、频谱分析和滤波等。此外，在有线通信领域，如光纤通信和高速以太网，FPGA也有广泛的应用。

（5）系统测试和验证　FPGA的可重配置性使其可以用于电子系统的测试和验证。例如，可以使用FPGA来模拟可能的故障情况，检测系统的故障诊断和容错能力。此外，可以使用FPGA创建硬件在环（HiL）测试环境，模拟实际的系统环境，进行实时的系统测试和验证。

（6）原型设计　FPGA和CPLD的灵活性和快速原型能力使其在新产品开发过程中非常有价值。例如，在新的ASIC芯片设计过程中，设计人员可以先在FPGA上实现和验证设计，然后再进行更进一步的ASIC设计。这可以大大缩短产品的开发周期，减少设计错误的风险，从而节省时间和成本。

（7）网络设备　在网络设备中，如交换机、路由器、防火墙等，FPGA也有广泛的应用。FPGA可以用于实现各种网络协议的硬件处理，如IP路由、MAC地址查找、数据包分类和排队、防火墙规则匹配等。此外，FPGA的高性能和低延迟特性使其在实时网络应用中，如网络游戏、音视频流媒体、高频交易等，也具有优势。

（8）存储系统　在数据存储系统中，FPGA可以用来实现高性能的数据处理和管理功能。例如，FPGA可以用于实现数据的压缩和解压缩、加密和解密、校验和错误修复等。此外，FPGA也可以用来实现高速的存储接口，如SAS（串行连接小型计算机系统接口）、SA-TA（串行先进技术总线附属接口）等。

（9）人工智能和机器学习　在人工智能和机器学习领域，FPGA可以用来实现高效的深度学习模型计算。由于FPGA可以在硬件级别自定义数据路径和运算单元，因此可以实现高效的并行计算，提高模型的运算速度。此外，FPGA的低功耗特性也使其在边缘设备和移动设备的人工智能应用中具有优势。

（10）宇航和军事应用　在宇航和军事领域，FPGA由于其高性能、高可靠性和抗辐射能力，被广泛应用于各种系统中。例如，在卫星和航天器中，FPGA可以用来实现导航和定位系统、遥感和遥测系统、通信和数据链路系统等。

5.6.5　可编程逻辑器件的未来发展趋势

随着科技的快速发展，PLD在各个领域的应用也在不断扩展，其发展趋势表现为更高的集成度、更强的性能及更广泛的应用场景。以下是PLD未来发展的主要趋势：

（1）高度集成与系统级芯片　未来PLD将进一步实现高度集成，通过集成处理器核、存储器、模拟电路、射频电路等功能于单一芯片，形成更为紧凑的系统级芯片（SoC）。SoC结合了PLD的灵活性与专用硬件电路的高性能，使设计者能够更加方便地实现复杂的系统功能。此外，SoC的发展也将推动新一代低功耗、高性能的PLD的出现。

（2）新型逻辑架构与新材料　随着半导体技术的发展，PLD将采用新型逻辑架构与新材料，以提高器件的性能与能效。例如，新型逻辑架构，如异构计算架构、量子计算架构等将提高PLD的计算能力。同时，采用新材料，如碳纳米管、石墨烯等，将有助于提高器件的集成度与能效。

（3）人工智能与机器学习　人工智能与机器学习（ML）技术的发展将为 PLD 带来新的应用领域。FPGA 等 PLD 具有并行处理能力和可重构特性，非常适合实现深度学习、神经网络等机器学习算法。例如，FPGA 可以用于实现加速器、边缘计算设备等人工智能硬件平台，用于图像识别、语音处理、自然语言理解等领域。

（4）低功耗与能效优化　随着物联网、移动设备等应用场景的拓展，低功耗成为 PLD 发展的重要趋势。未来的 PLD 将通过采用尖端制程技术、低功耗设计技巧和新型材料等方式，实现更低的功耗和更高的能效。

（5）安全与可靠性　随着网络安全需求的提高，PLD 在安全与可靠性方面也将取得更大的进步。设计者会采用硬件安全技术、加密算法和防篡改设计等方法，提高 PLD 在安全关键应用中的可靠性与安全性。例如，FPGA 可以用于实现安全启动、密钥管理、防止侧信道攻击等功能，为各种安全关键应用提供坚实的硬件保障。

（6）开源硬件与设计生态系统　开源硬件与设计生态系统将成为 PLD 发展的重要趋势。随着开源硬件平台的兴起，如 RISC-V 等开源处理器架构将推动 PLD 在更广泛的开源硬件项目中得到应用。同时，开源硬件与设计生态系统的发展将推动 PLD 的快速创新与广泛应用。

（7）易用性与开发工具的提升　为了降低设计者的开发门槛，提高开发效率，PLD 厂商将进一步完善开发工具与设计资源，例如提供更丰富的 IP 核库、更易用的开发环境、更为详细的技术支持等。同时，通过与高级硬件描述语言（如 System C 等）以及高层次综合（HLS）技术的结合，使得设计者能够更加快速地实现复杂的 PLD 设计。

（8）云计算与边缘计算的融合　随着云计算与边缘计算技术的发展，PLD 将在数据中心和边缘计算设备中发挥更重要的作用。FPGA 等 PLD 具有高性能、低功耗和可重构特性，非常适合实现数据中心的硬件加速器、边缘计算设备等应用。此外，通过将云计算与边缘计算相结合，PLD 将为各种新兴应用场景，如物联网、智能交通等，提供强大的计算能力。

总之，PLD 在未来将面临更高的集成度、更强的性能及更广泛的应用场景等挑战。随着技术的不断发展，PLD 将在更多领域发挥重要作用，为各行各业的数字化、智能化转型提供强大的支持。

本 章 小 结

本章首先介绍了 Verilog 硬件描述语言的基本结构，主要有模块声明、输入和输出端口声明、信号类型声明、功能描述、模块的实例化等；接着介绍了 Verilog 语法知识，主要有词法、运算符、语句等；然后介绍了 Quartus 软件的基本操作与使用，包括软件的安装、文件的建立和仿真等；最后简要介绍了 PLD 的基础知识，主要包括 PLD 的分类、设计流程和特点等。

复习思考题

1. Verilog 程序由哪几部分组成？
2. Verilog 程序的功能描述有哪几种方法？

3. 连续赋值与过程赋值的区别是什么？阻塞赋值与非阻塞赋值有什么区别？

4. 编程产生周期为 6 个时间单位、脉宽为 2 个时间单位的连续脉冲信号。

5. 举例说明 initial 声明语句与 always 声明语句的相间点与不同点。

6. 模块的实例化有哪两种形式？

7. 在 Verilog 中，如何描述异步复位和同步复位？

8. 在 Verilog 中，下列哪些是合法的标识符？

Hmd ｛abc｝ begin str_0　4abc norif MqTT exec

9. 模块的端口默认为什么类型？如果想对输出端口用 assign 语句赋值，需要定义为什么类型？如果用非阻塞赋值语句赋值，需要定义为什么类型？

10. 若 case 语句的分支没有覆盖所有可能的选项，那么有 default 语句和没有 default 语句有什么不同？

11. 设已经定义"reg［3：0］a，b"，且 a 被赋值为 4'b1010，b 被赋值为 4'b0011，则下列表达式的值分别是多少？

（1）（a<b）&&（b>0）　　　（2）b＝b?(a−1'b1)：b

（3）｛b，a［0］｝　　　　　　（4）&a

12. 设已有宏定义 ` define LOCALSIZE 16，则下列用于定义 16 位总线的语句正确的是哪个？

（1）wire［LOCALSIZE］　　　　（2）wire［LOCALSIZE-1］

（3）wire［` LOCALSIZE：0］　　　（4）wire［` LOCALSIZE-1：0］

第6章

组合逻辑电路

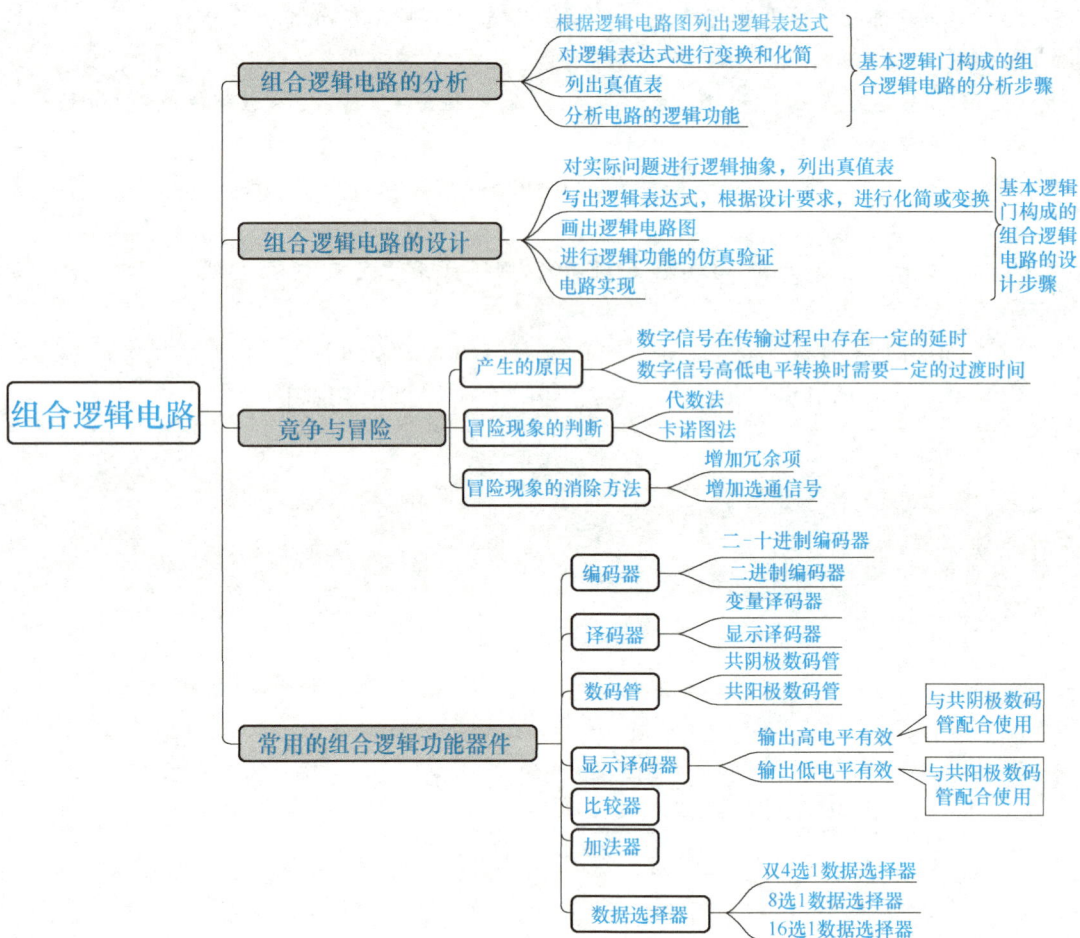

组合逻辑电路的分析
- 根据逻辑电路图列出逻辑表达式
- 对逻辑表达式进行变换和化简
- 列出真值表
- 分析电路的逻辑功能

基本逻辑门构成的组合逻辑电路的分析步骤

组合逻辑电路的设计
- 对实际问题进行逻辑抽象，列出真值表
- 写出逻辑表达式，根据设计要求，进行化简或变换
- 画出逻辑电路图
- 进行逻辑功能的仿真验证
- 电路实现

基本逻辑门构成的组合逻辑电路的设计步骤

组合逻辑电路

竞争与冒险
- 产生的原因
  - 数字信号在传输过程中存在一定的延时
  - 数字信号高低电平转换时需要一定的过渡时间
- 冒险现象的判断
  - 代数法
  - 卡诺图法
- 冒险现象的消除方法
  - 增加冗余项
  - 增加选通信号

常用的组合逻辑功能器件
- 编码器
  - 二-十进制编码器
  - 二进制编码器
- 译码器
  - 变量译码器
  - 显示译码器
- 数码管
  - 共阴极数码管
  - 共阳极数码管
- 显示译码器
  - 输出高电平有效 — 与共阴极数码管配合使用
  - 输出低电平有效 — 与共阳极数码管配合使用
- 比较器
- 加法器
- 数据选择器
  - 双4选1数据选择器
  - 8选1数据选择器
  - 16选1数据选择器

组合逻辑电路是指在任意时刻，逻辑函数的输出状态仅仅取决于当前时刻输入的状态，与电路原来的状态无关。前面章节所介绍的各种逻辑门电路均属于组合逻辑电路，它们是构成复杂组合电路的基本单元。一个多输入和多输出的组合逻辑电路的框图如图 6-1 所示。

其中，A_1，A_2，$\cdots$，A_n 是输入变量，Y_1，Y_2，$\cdots$，Y_m 是输出变量，每一个输出可以是全部或者部分输入变

图 6-1　多输入和多输出的组合逻辑电路的框图

量的逻辑函数，其逻辑表达式可以描述如下：

$$Y_1 = f_1(A_i)$$
$$Y_2 = f_2(A_i)$$
$$\vdots$$
$$Y_m = f_m(A_i)$$

式中，f 表示逻辑关系；$i = 1, 2, \cdots, n$。

从图 6-1 可以看出，信号的流动方向是从输入到输出，没有从输出到输入的反馈回路，因此先前输出的状态不会返回到输入端，也就不会影响当前时刻输出的状态。

6.1　组合逻辑电路的分析

组合逻辑电路分为由基本逻辑门构成和由功能器件构成两大类。本节首先介绍由基本逻辑门构成的组合逻辑电路分析，分析的一般步骤如下：

① 根据逻辑电路图列出所有的逻辑表达式；如果电路结构略显复杂，可以将电路分为几个部分，逐级列出逻辑表达式。

② 根据实际情况或要求，对逻辑表达式进行变换和化简。

③ 列出真值表。

④ 分析电路的逻辑功能。

整个分析过程如图 6-2 所示。

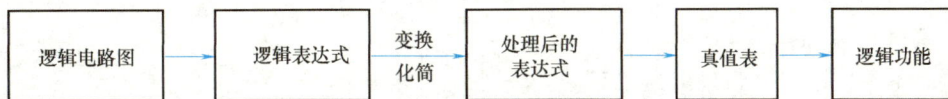

图 6-2　由基本逻辑门构成的组合逻辑电路分析步骤

【例 6-1】　分析图 6-3 所示组合逻辑电路的逻辑功能。

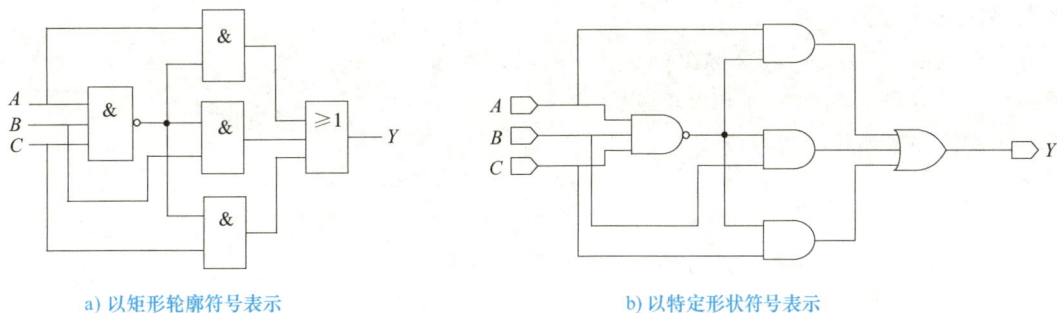

a) 以矩形轮廓符号表示　　　　　　　　b) 以特定形状符号表示

图 6-3　例 6-1 的逻辑电路

解：写出逻辑电路的逻辑表达式，可以将电路分成两部分，设定一个中间变量 Z，作为 3 输入与非门的输出，再写出 Y 的表达式。

$$Z = \overline{ABC}$$

$$Y = AZ + BZ + CZ = A\overline{ABC} + B\overline{ABC} + C\overline{ABC}$$

将输入变量所有能够出现的状态组合代入表达式，即可得到真值表。也可以通过逻辑代数对表达式进行变换，得到更适合填写真值表的与或式。

$$Y = \overline{ABC}(A+B+C) = (\overline{A}+\overline{B}+\overline{C})(A+B+C)$$
$$= \overline{A}B + \overline{A}C + A\overline{B} + \overline{B}C + A\overline{C} + B\overline{C}$$

当然，还可以将上式再进一步转换为标准与或式后列出真值表。很多时候，采用哪种方法，取决于对逻辑函数基础知识掌握的熟练程度。填写好的真值表见表6-1。

表 6-1　例 6-1 的真值表

A	B	C	Y
0	0	0	0
0	0	1	1
0	1	0	1
0	1	1	1
1	0	0	1
1	0	1	1
1	1	0	1
1	1	1	0

所谓分析逻辑功能，是指找出输出与输入之间存在的逻辑关系，也就是在哪些输入变量的状态组合下结果发生或者不发生，将这个内在蕴含的规律或特点总结出来就是逻辑功能。

由真值表可知，当 A、B、C 三个变量状态不一致时，电路输出为"1"，所以这个电路的逻辑功能可以认为是判断输入信号的"不一致性"。

【例 6-2】　分析图 6-4 所示组合逻辑电路的逻辑功能。

解：这是一个 3 输入、2 输出的逻辑函数，先分别写出每一个输出的逻辑表达式，并变换化简为与或式。

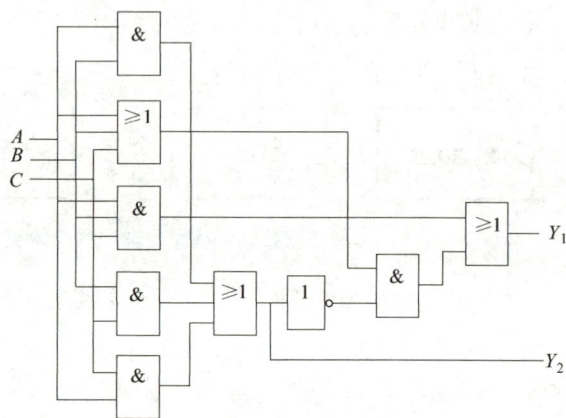

a) 以矩形轮廓符号表示

$$Y_1 = ABC + (A+B+C)\overline{\overline{AB}+\overline{AC}+\overline{BC}}$$

$$= ABC + (A+B+C)(\overline{AB}\,\overline{AC}\,\overline{BC})$$

$$= ABC + (A+B+C)(\overline{A}+\overline{B})(\overline{A}+\overline{C})(\overline{B}+\overline{C})$$

$$= ABC + (A+B+C)(\overline{A}+\overline{B}\,\overline{C})(\overline{B}+\overline{C})$$

$$= ABC + \overline{A}\overline{B}\,\overline{C} + \overline{A}B\overline{C} + \overline{A}\,\overline{B}C$$

$$Y_2 = AB + BC + AC$$

根据逻辑表达式，得到真值表，见表6-2。

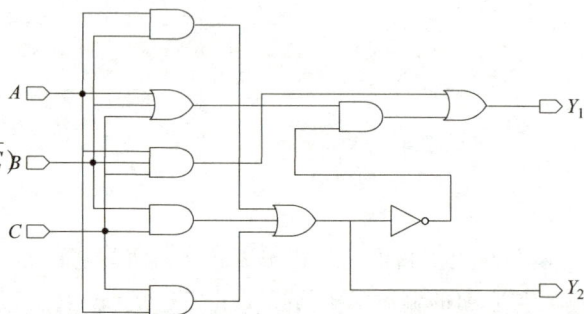

b) 以特定形状符号表示

图 6-4　例 6-2 的逻辑电路

表 6-2   例 6-2 的真值表

A	B	C	Y_1	Y_2
0	0	0	0	0
0	0	1	1	0
0	1	0	1	0
0	1	1	0	1
1	0	0	1	0
1	0	1	0	1
1	1	0	0	1
1	1	1	1	1

通过前面的学习已经知道，对于多输出函数，应当从整体来分析电路的逻辑功能。观察发现，当输入变量有 1 个或 3 个 1 时，Y_1 的取值为 1；当输入变量有 2 个或 3 个 1 时，Y_2 的取值为 1。如果将 A、B 分别考虑为被加数和加数，将 C 考虑为从低位来的进位输入，将 Y_1 考虑为本位和，将 Y_2 考虑为向高位的进位输出，那么，这个电路的逻辑功能就是一个 1 位的二进制全加器。真值表反映了两个 1 位二进制数相加并考虑从低位来的进位的所有情况，如图 6-5 所示。

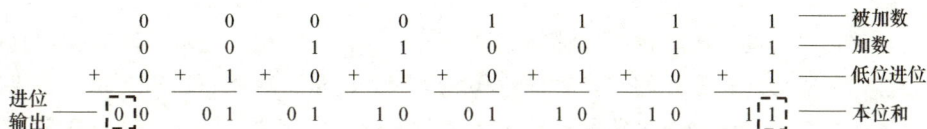

图 6-5   1 位全加器的 8 种情况

1 位全加器的图形符号如图 6-6 所示。4.2.3 小节的多输出逻辑函数介绍过 1 位半加器，和 1 位全加器相比，二者的区别在于半加器只考虑被加数和加数，而全加器同时考虑加数、被加数以及相邻低位来的进位。

当涉及多位二进制数相加时，需要将多个 1 位全加器进行级联。图 6-7 所示是 4 位串行进位全加器，分别将 A_3、A_2、A_1、A_0 和 B_3、B_2、B_1、B_0 的各位同时送到对应全加器的输入端，低位全加器的进位输出 CO 串行送至高位全加器的进位输入 CI，最低位全加器的 CI 端接 0，S_3、S_2、S_1、S_0 为相加后的和，C_3 为最终的进位输出结果。

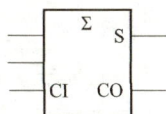

图 6-6   1 位全加器的图形符号

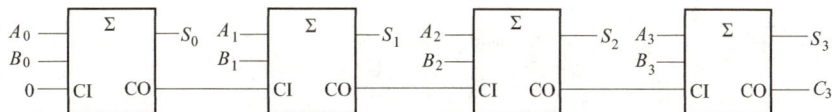

图 6-7   4 位串行进位全加器的逻辑电路图

通过 4-2 编码器以及 1 位半加器和 1 位全加器的例子，加深了对逻辑函数的认识。对于现实生活中的问题，只要想办法归结到用二值逻辑进行描述，就一定能够找到利用数字电路加以解决的办法。

6.2 组合逻辑电路的设计

根据所使用的器件类型，组合逻辑电路的设计分为三类：第一类是利用基本逻辑门实现，第二类是利用组合逻辑功能器件实现，第三类是利用硬件描述语言和 PLD 实现。第二类和第三类将在后续的章节中讲述。虽然使用的器件类型不同，但是实际问题的逻辑抽象、设计思路以及需要考虑的工程实际问题是具有共性的。

利用基本逻辑门进行设计的一般步骤如下：

① 对实际问题进行逻辑抽象，列出真值表。

② 写出逻辑表达式，根据设计要求，进行化简或变换。

③ 画出逻辑电路图。

④ 进行逻辑功能的仿真验证。

⑤ 完成实物。

设计过程框图如图 6-8 所示。

图 6-8　利用基本逻辑门设计组合逻辑电路的步骤

与组合逻辑电路的分析相比，设计的难度要大一些，主要困难是从实际问题到真值表这个环节。首先，需要通过实际问题描述确定哪些是输入变量，哪些是输出变量，完成逻辑抽象，确定条件与结果之间的因果关系；其次，需要进行状态赋值，即确定输入变量、输出变量的哪种状态用逻辑 0 表示，哪种状态用逻辑 1 表示。对于初学者而言，轻松跨越这个环节并不容易，善于用二值逻辑思维进行思考是提高设计能力的关键。

【例 6-3】　某产品有 A、B、C、D 四项质量指标，认定为合格的标准是指标 A 必须满足要求，其他三项指标中只要有任意两项满足要求即可。试设计一个检验产品合格的逻辑电路，要求用与非门实现。

解： 分析可知，质量指标决定产品合格与否，因此前者是逻辑条件，后者是逻辑结果。设逻辑 1 表示 A、B、C、D 满足要求，逻辑 0 表示不满足要求；结果用 Y 表示，逻辑 1 表示产品合格，逻辑 0 表示不合格。其真值表见表 6-3。

表 6-3　例 6-3 的真值表

A	B	C	D	Y	A	B	C	D	Y
0	0	0	0	0	1	0	0	0	0
0	0	0	1	0	1	0	0	1	0
0	0	1	0	0	1	0	1	0	0
0	0	1	1	0	1	0	1	1	1
0	1	0	0	0	1	1	0	0	0
0	1	0	1	0	1	1	0	1	1
0	1	1	0	0	1	1	1	0	1
0	1	1	1	0	1	1	1	1	1

通过真值表画出卡诺图，如图 6-9 所示，化简后再转换为与非-与非式，即

$$Y = ABD + ABC + ACD = \overline{\overline{ABD} \cdot \overline{ABC} \cdot \overline{ACD}}$$

根据逻辑表达式画出逻辑电路图，如图 6-10 所示。

【例 6-4】 某车间有 3 台电动机 M_3、M_2、M_1，要求设计一个监控电路，用 R（红）、Y（黄）、G（绿）3 个指示灯作输出，表示 3 台电动机的工作状态。若电动机全部工作正常，则绿灯亮；若有任何一台电动机工作不正常，则黄灯亮；若有任何两台电动机工作不正常，则红灯亮；若 3 台电动机工作都不正常，则红灯和黄灯全亮。

Y $\backslash$ CD	00	01	11	10
AB				
00	0	0	0	0
01	0	0	0	0
11	0	1	1	1
10	0	0	1	0

图 6-9 例 6-3 的卡诺图

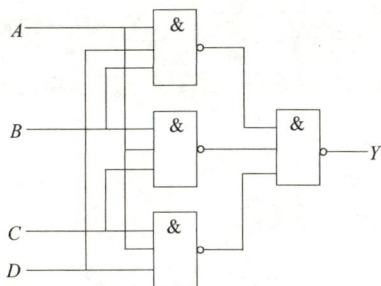

a) 以矩形轮廓符号表示
b) 以特定形状符号表示

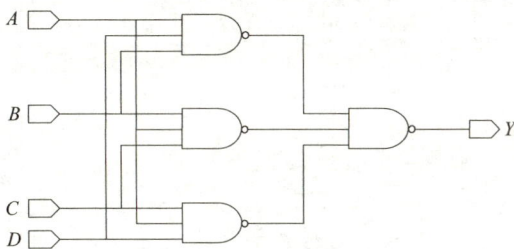

图 6-10 例 6-3 的逻辑电路图

解：分析可知，电动机的工作状态决定指示灯的状态，因此前者是逻辑条件，后者是逻辑结果。设逻辑 1 表示 M_3、M_2、M_1 正常工作和灯亮，逻辑 0 表示电动机工作不正常和灯灭。其真值表见表 6-4。

表 6-4 例 6-4 的真值表

M_3	M_2	M_1	R	Y	G
0	0	0	1	1	0
0	0	1	1	0	0
0	1	0	1	0	0
0	1	1	0	1	0
1	0	0	1	0	0
1	0	1	0	1	0
1	1	0	0	1	0
1	1	1	0	0	1

通过真值表分别画出 3 个输出的卡诺图并化简，如图 6-11 所示。

可分别得到 3 个输出的逻辑表达式为

$$R = \overline{M_2}\,\overline{M_1} + \overline{M_3}\,\overline{M_2} + \overline{M_3}\,\overline{M_1}$$

$$Y = \overline{M_3}\,\overline{M_2}\,\overline{M_1} + \overline{M_3}M_2M_1 + M_3\overline{M_2}M_1 + M_3M_2\overline{M_1} = M_3 \oplus M_2 \oplus M_1$$

$$G = M_3M_2M_1$$

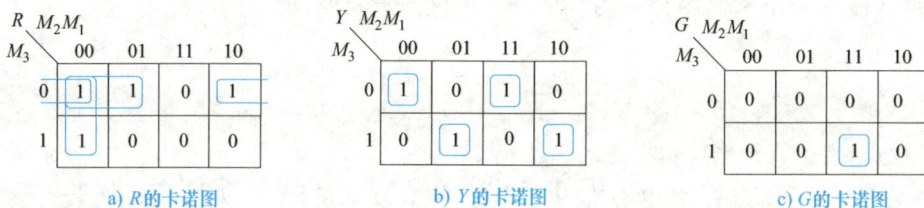

a) R的卡诺图　　　　b) Y的卡诺图　　　　c) G的卡诺图

图 6-11　例 6-4 的卡诺图

根据逻辑表达式画出逻辑电路图，如图 6-12 所示。

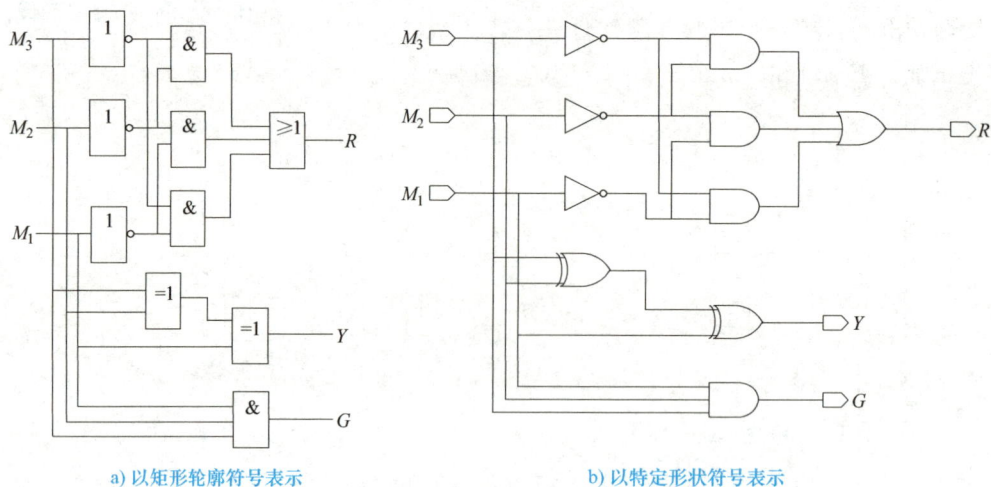

a) 以矩形轮廓符号表示　　　　　　　b) 以特定形状符号表示

图 6-12　例 6-4 的逻辑电路图

【例 6-5】　设计一个码制转换电路，将 8421BCD 码转换为 2421BCD 码。

解：根据题目要求，设 A_3、A_2、A_1、A_0 为输入的 8421BCD 码，B_3、B_2、B_1、B_0 为输出的 2421BCD 码。需要注意，8421BCD 只允许出现 0000～1001 这 10 个代码，1010～1111 这 6 个代码是无关项。其真值表见表 6-5。

表 6-5　例 6-5 的真值表

8421BCD				2421BCD				8421BCD				2421BCD			
A_3	A_2	A_1	A_0	B_3	B_2	B_1	B_0	A_3	A_2	A_1	A_0	B_3	B_2	B_1	B_0
0	0	0	0	0	0	0	0	1	0	0	0	1	1	1	0
0	0	0	1	0	0	0	1	1	0	0	1	1	1	1	1
0	0	1	0	0	0	1	0	1	0	1	0	×	×	×	×
0	0	1	1	0	0	1	1	1	0	1	1	×	×	×	×
0	1	0	0	0	1	0	0	1	1	0	0	×	×	×	×
0	1	0	1	0	1	0	1	1	1	0	1	×	×	×	×
0	1	1	0	0	1	1	0	1	1	1	0	×	×	×	×
0	1	1	1	0	1	1	1	1	1	1	1	×	×	×	×

分别画出 4 个输出变量的卡诺图并化简，如图 6-13 所示。化简的时候应充分利用无关

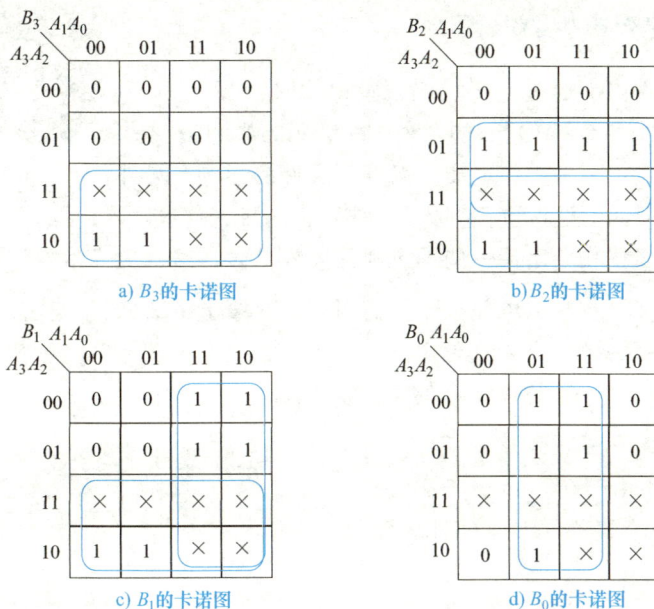

a) B_3的卡诺图   b) B_2的卡诺图

c) B_1的卡诺图   d) B_0的卡诺图

图 6-13 例 6-5 的卡诺图

项，使逻辑函数表达式尽量简单。

化简后得到的逻辑表达式为

$$B_3 = A_3, B_2 = A_3 + A_2, B_1 = A_3 + A_1, B_0 = A_0$$

根据逻辑表达式画出逻辑电路图，如图 6-14 所示。

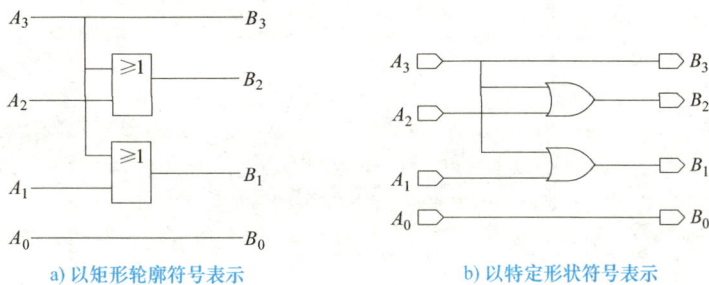

a) 以矩形轮廓符号表示   b) 以特定形状符号表示

图 6-14 例 6-5 的逻辑电路图

6.3 组合逻辑电路中的竞争与冒险

所谓竞争，是指在组合逻辑电路中，同一输入信号经不同的路径传输到同一个逻辑门的时间有先有后，或者一个逻辑门的两个输入端的信号同时向相反方向变化时，从变化开始到状态稳定所需的时间不同。

所谓冒险，是指在组合逻辑电路中，逻辑门因输入端的竞争而导致输出产生不应有的尖峰干扰脉冲的现象。

6.3.1 竞争与冒险产生的原因

数字信号在器件内部通过连接线或逻辑单元时，都有一定的延时，延时的大小与连线的长短以及逻辑单元的数目有关，同时还受器件的制造工艺、工作电压、温度等条件的影响。另外，数字信号高低电平转换时也需要一定的过渡时间。这两方面因素共同影响，导致多路输入信号的电平值发生变化的瞬间，组合逻辑的输出往往会出现一些不正确的尖峰信号，这些尖峰信号称为"毛刺"。

观察图 6-15a，$F = \bar{A}A$，当电路处于稳态时，F 的输出恒为 0。由于逻辑门的传输延迟和连接线的传输延迟不一样，当 A 由低电平 0 变化至高电平 1 时，对于门 G_2 的两个输入端而言，A 已经进入高电平区间，门 G_1 的输出 $\bar{A}$ 由于延迟也处于高电平。此时，在一个极短的时间间隔 Δt 内，输出 F 会产生一个极窄的尖峰脉冲，显然，这个尖峰脉冲是错误输出，如图 6-15b 所示。

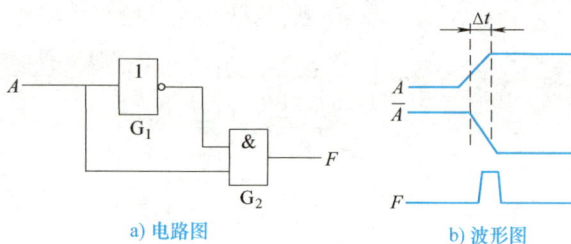

a) 电路图　　　　b) 波形图

图 6-15　竞争冒险

为了更直观地了解竞争冒险现象，设计出一个仿真电路，如图 6-16 所示。为了有效地增加延时，使用了三个非逻辑门 7404N。图的上方是虚拟示波器显示的输出波形。可以看到，一直保持输出低电平的直线上，在输入 A 由 0 到 1 的那个瞬间，出现了一个尖峰脉冲，时长大约 50ns。

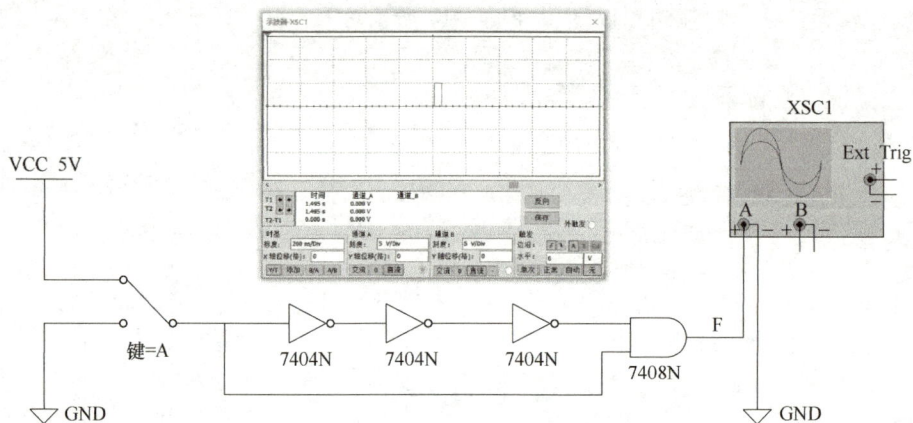

图 6-16　竞争冒险仿真电路及尖峰脉冲现象

有竞争并不意味着一定会产生冒险。大家可以自行分析一下图 6-15a，当输入 A 从高电平 1 变化为低电平 0 时，输出 F 的情况。

6.3.2 冒险现象的判断

判断一个组合逻辑电路是否可能产生冒险现象的方法有两种，分别是代数法和卡诺图法。

1. 代数法

在逻辑表达式中，若某个变量同时以原变量和反变量的形式出现，而且表达式在某些条件下可以转换为 $F=A\overline{A}$ 或者 $F=A+\overline{A}$，则可以判定存在冒险。这是因为两个输入信号 A 和 $\overline{A}$ 是通过不同的途径传输而来的，当 A 跳变时就可能在电路输出端产生尖峰脉冲。

【例 6-6】 某逻辑表达式为 $F=AC+B\overline{C}$，判断该逻辑电路是否存在冒险。

解：表达式中 C 以原变量和反变量的形式出现，若输入变量 $A=B=1$，则有 $F=C+\overline{C}$，因此，该电路存在冒险。

【例 6-7】 某逻辑函数表达式为 $F=(A+B)(\overline{B}+D)$，判断该逻辑电路是否存在冒险。

解：表达式中 B 以原变量和反变量的形式出现，若输入变量 $A=0$，$D=1$，则有 $F=B\overline{B}$，因此，该电路存在冒险。

2. 卡诺图法

使用卡诺图进行判别的方法是，根据逻辑函数的表达式，完成该函数的卡诺图并用卡诺圈将所有能使结果发生的最小项包上，观察是否存在两个圈相切的情况。如果有，而且相切处又无其他圈包含，则存在冒险。

【例 6-8】 某逻辑函数的卡诺图如图 6-17 所示，判断该逻辑电路是否存在冒险。

解：画出该逻辑函数的卡诺图，并标出卡诺圈，如图 6-18 所示。可以看到有两圈相切情况，而且相切处又无其他圈包含，因此存在冒险。

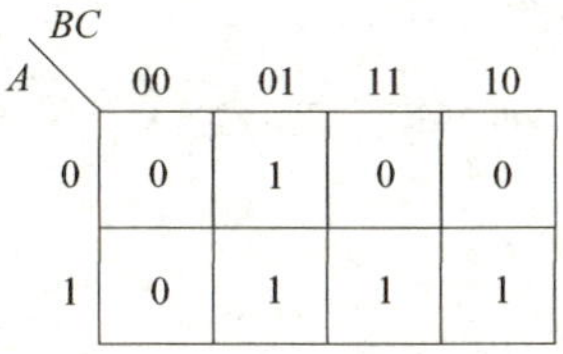

图 6-17 例 6-8 的卡诺图

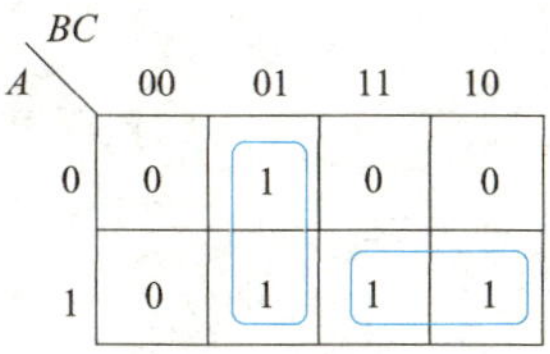

图 6-18 标出卡诺圈

代数法和卡诺图法判断组合逻辑电路是否存在冒险的方法存在较大的局限性，只适用于某一个输入变量发生变化的情况；当出现多个输入变量同时变化的情况时，这两种方法无法胜任。目前，通常采用计算机模拟仿真的方法来查找逻辑电路的竞争与冒险情况。

6.3.3 冒险现象的消除方法

知道了冒险现象产生的原因，也就有了相应的解决办法。

1. 增加冗余项

通过增加冗余项使得逻辑表达式变换不成 $F=A\overline{A}$ 或者 $F=A+\overline{A}$ 的形式。在例 6-6 的逻辑表达式 $F=AC+B\overline{C}$ 中，增加冗余项 AB，使其变为 $F=AC+B\overline{C}+AB$，则在原来产生冒险的条件 $A=B=1$ 时，F 恒等于 1，因此不会再产生冒险。同样，在例 6-8 中，通过增加一个冗余卡诺圈，即能消除冒险，如图 6-19 所示。

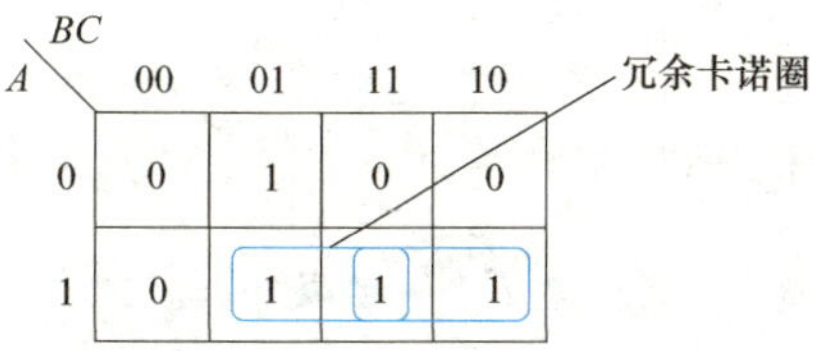

增加冗余项和逻辑函数化简是互逆的过程。通

图 6-19 例 6-8 增加冗余卡诺圈

过以上例子可知，逻辑函数并不是一味地追求最简，哪种表达式更合适，需要根据实际情况来决定，这反映了事物自身的辩证性。

增加冗余项可以解决每次只有单个输入信号发生变化时电路的冒险问题，却不能解决多个输入信号同时发生变化时的冒险现象，适用范围有限。

2. 增加选通信号

在可能产生冒险的逻辑门电路的输入端增加一个选通脉冲作控制，只有当输入信号变换完成进入稳态后，才启动选通脉冲将门打开，即可避免出现冒险脉冲。在图 6-15a 中增加选通信号 S，得到图 6-20a 所示电路图，图 6-20b 为波形图。当 A 处于稳态时，将 S 设置为高电平，此时对于门 G_2 而言，$F = A\overline{A} = 0$；当 A 处于从 0 到 1 变化的暂态时，将 S 设置为低电平，迫使电路的输出 $F = 0$，这样即可保证电路的逻辑关系是正确的。

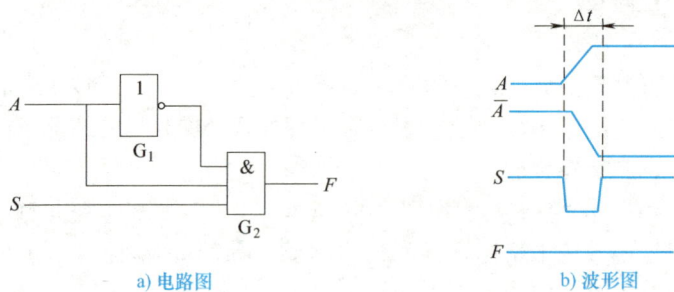

a) 电路图   b) 波形图

图 6-20　增加选通信号

增加选通信号的方法比较简单，但选通信号的高低电平切换必须与输入信号保持严格的时间关系。

6.4　常用的组合逻辑功能器件

随着集成电路技术的发展，许多常用的组合逻辑功能电路都有现成的集成器件可以直接拿来使用，不需要用基本的逻辑门电路实现，从而为设计更复杂电路带来了极大的便利。本节将介绍编码器、译码器、比较器、加法器、数据选择器等常用组合逻辑功能器件，重点分析这些器件的逻辑功能、实现原理及应用方法。

接下来，通过项目案例的方式介绍常用逻辑电路功能器件，真正做到带着问题学习，在实践中掌握知识、提高能力。这与党的二十大报告中提到的"必须坚持问题导向。问题是时代的声音，回答并指导解决问题是理论的根本任务""我们要增强问题意识，聚焦实践遇到的新问题""不断提出真正解决问题的新理念新思路新办法"是一致的。

鉴于本书定位于数字电子技术基础知识的学习，侧重逻辑思维和系统思维的建立，为便于读者理解和掌握相关知识，并利于实践，项目案例在功能指标和复杂度上进行了一定的弱化。

6.4.1　基于功能器件的数字系统

某企业准备开发一套片剂装瓶计数显示系统，系统功能如下：可以根据片剂种类的不同设定每瓶所装的数量并显示该数值，设定上限值是 9；装满一瓶后，暂时关闭投送开关，直到传送带运送空瓶至装瓶位置再开启；实时统计累计装瓶的片剂数量并显示，统计上限为255；将累计装瓶片剂数值传送到企业中控室，以便远程监控。

分析可知，有以下几个关键环节需要解决：通过键盘设定的是十进制数码，需要编码电路才能将其转换为 0、1 代码；应具备存储电路，以便存放 0、1 数码；如果采用数码管进行显示，必须有译码电路将设定值和累计统计值转换为数码管可以识别的段码；需要计数电路，完成实时统计装瓶数量的任务；应有比较电路，通过它对设定值与计数值进行比较，当二者相等时，停止装瓶；应具有加法电路，通过它不断地实现累加；传送带的输送可以通过步进电动机进行控制，步进电动机的转动可以通过移位寄存电路轮流给线圈通电实现；考虑到远程监控要求，需要将数据以串行方式进行传输，可以通过数据选择电路将并行数据转为串行。根据上述分析，得到图 6-21 所示的片剂装瓶计数显示系统框图。

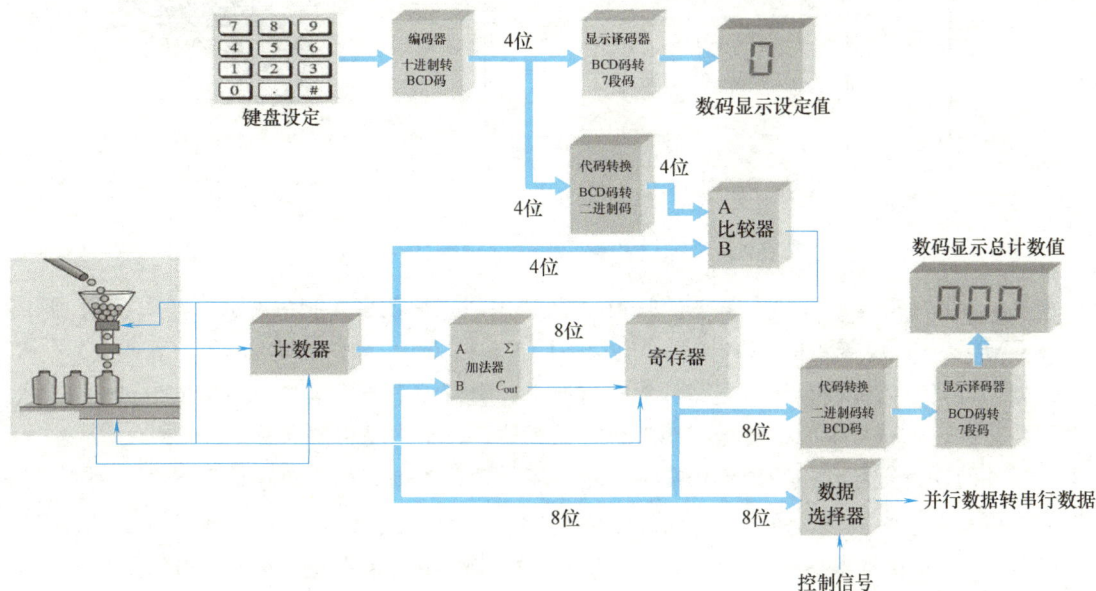

图 6-21　片剂装瓶计数显示系统框图

其中的粗线表示数据信息，细线表示控制信息，箭头表示信息传输的方向。系统包含的主要功能电路有编码电路、数码寄存电路、译码电路、数码显示电路、代码转换电路、计数电路、比较电路、加法电路、数据选择电路和移位寄存电路。设计这些电路的一个最基本的原则是，尽可能使用市面上已有的功能器件，重点考虑功能器件如何满足任务要求以及器件之间的连接关系。本节将逐一介绍常用的组合逻辑功能器件，时序逻辑功能器件将在第 7 章学习。

6.4.2　编码器

第 2 章已经讲述了编码的概念，即对每一个有效的输入信号，用唯一的一组 0、1 代码加以表示。第 4 章利用基本逻辑门实现了 4-2 编码电路，但这种电路存在着明显的不足，如通用性差、功能不够完善、集成度低等。在数字电路设计时，集成编码器是首选。

编码器是一种能够实现编码功能的多输入多输出器件，常用的编码器有二-十进制编码器和二进制编码器两种。

1. 二-十进制编码器

将 0~9 10 个个体转换为 4 位二进制代码的功能电路，称为二-十进制编码器，典型代表器件是集成电路芯片 74LS147（第 3 章已对集成电路的命名作过介绍，74 系列的芯片，只要名称尾部的阿拉伯数字相同，则功能、引脚排列、器件尺寸等均相同，因此此内容同样适用于 74147、74S147 等）。该器件是优先编码器，每个输入信号的优先级不同，当同时存在两个以上有效输入信号时，电路只对优先级高的输入信号编码，对其他输入信号则不予考虑。74LS147 的引脚图、逻辑符号及 DIP 实物如图 6-22 所示。

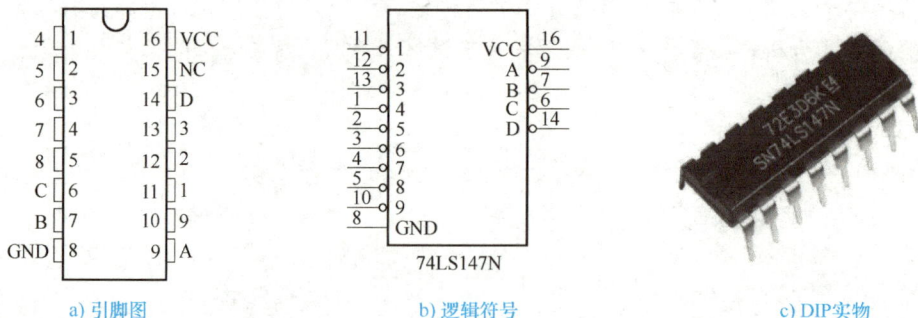

| a) 引脚图 | b) 逻辑符号 | c) DIP实物 |

图 6-22　74LS147 的引脚图、逻辑符号及 DIP 实物

从图 6-22a 中可知，该器件共有 16 个引脚，用阿拉伯数字 1~16 表示。其中，8 引脚需要接 GND，16 引脚需要接 VCC（工作电源，同 U_{CC}），15 引脚的名称为 NC，表明这是一个空引脚，也就是内部没有任何电路。通常情况下，引脚图中的引脚号在矩形框内侧，外侧是引脚名称，逻辑符号中的引脚号在矩形框外的横线上，框内是引脚名称。

器件的逻辑符号有一些约定俗成的规定，了解这些规则有助于快速认识器件。例如，如果输入信号的引脚端标识有"○"，表示该输入信号是低电平有效，如果输出信号的引脚端标识有"○"，通常表示该输出信号是反码；如果引脚名称是阿拉伯数字，则数字越大表示优先级越高或者权重越高，如果是英文字母，那么其在字母表中的位置越靠后权重越高。引脚名称至今没有统一的标准，不同的参考书或教材标识方法各异，大家可以通过查阅资料获取相关知识。

引脚图和逻辑符号的主要区别是：前者按照引脚号的顺序排列，因此输入输出信号的排列显得杂乱无章；后者通常将输入信号放在一侧，将输出信号放在另一侧，而且按规律排列，这样做的好处是输入输出关系非常直观清晰，便于分析，但带来的结果是引脚号乱序。无论是引脚图还是逻辑符号，都不足以完整地显示器件的逻辑功能，必须和器件的功能表配合使用，才能准确地知道每一个引脚的功能以及如何发挥作用。74LS147 的功能表见表 6-6。

从表 6-6 中可得到如下信息：①74LS147 有 9 个输入 1~9，都是低电平有效，也就是说当某个输入是低电平时，表示该输入有编码的需求；②所有输入中，9 的优先级最高，8 次之，依此类推；③4 个输出 D、C、B、A 以反码形式表示，例如输入信号 5，输出的原码是 0101，反码则是 1010；④当 1~9 都是高电平时，表示 9 个输入信号都无编码需求，此时输出是 1111，其对应的原码是 0000，相当于对 0 进行编码。

表 6-6 **74LS147** 的功能表

输　入									输　出			
1	2	3	4	5	6	7	8	9	*D*	*C*	*B*	*A*
1	1	1	1	1	1	1	1	1	1	1	1	1
×	×	×	×	×	×	×	×	0	0	1	1	0
×	×	×	×	×	×	×	0	1	0	1	1	1
×	×	×	×	×	×	0	1	1	1	0	0	0
×	×	×	×	×	0	1	1	1	1	0	0	1
×	×	×	×	0	1	1	1	1	1	0	1	0
×	×	×	0	1	1	1	1	1	1	0	1	1
×	×	0	1	1	1	1	1	1	1	1	0	0
×	0	1	1	1	1	1	1	1	1	1	0	1
0	1	1	1	1	1	1	1	1	1	1	1	0

注：×表示任意状态（以下同）。

图 6-23 所示为 74LS147 的 Multisim 仿真电路。图 6-23a 显示，9 个输入都是低电平，因此都有编码需求，但器件的输出是 0110，表明只给优先级最高的"9"进行了编码。图 6-23b 显示，此时"9"是高电平，"8~1"都是低电平，电路的输出是 0111，表明在优先级最高的"9"没有编码需求的时候，优先级次之的"8"的编码需求得到了满足。

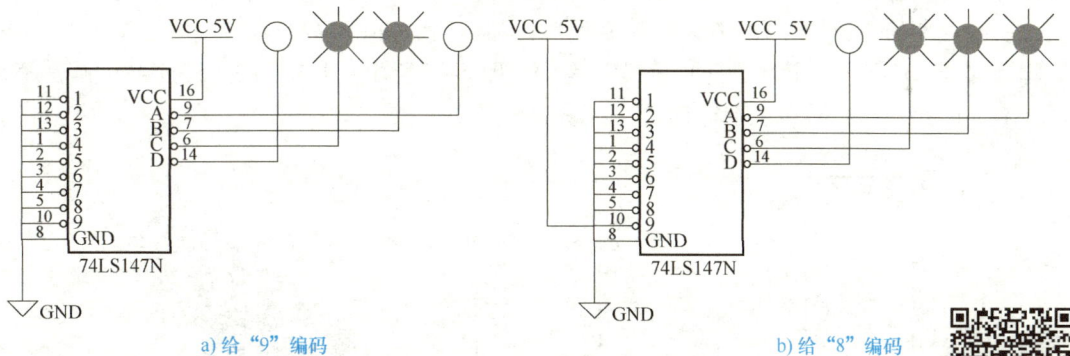

a) 给"9"编码　　　　　　　　　　　b) 给"8"编码

图 6-23 **74LS147** 的 **Multisim** 仿真电路

Verilog 程序如下：

```
module Example_74ls147(IN,OUT);
input[8:0]IN;
output[3:0]OUT;
reg[3:0]OUT;
always @ (IN)
    begin
        if( ~IN[8]) OUT = 4'b0110;
        else if( ~IN[7]) OUT = 4'b0111;
```

```
        else if( ~IN[ 6 ] ) OUT = 4 ' b1000;
        else if( ~IN[ 5 ] ) OUT = 4 ' b1001;
        else if( ~IN[ 4 ] ) OUT = 4 ' b1010;
        else if( ~IN[ 3 ] ) OUT = 4 ' b1011;
        else if( ~IN[ 2 ] ) OUT = 4 ' b1100;
        else if( ~IN[ 1 ] ) OUT = 4 ' b1101;
        else if( ~IN[ 0 ] ) OUT = 4 ' b0111;
        else OUT = 4 ' b1111;
    end
endmodule
```

74LS147 的 Quartus 仿真结果如图 6-24 所示。

	Msgs				
/Example_74ls147_tb/IN	-No Data-			011111111	101111111
/Example_74ls147_tb/OUT	-No Data-			0110	0111

图 6-24　74LS147 的 Quartus 仿真结果

2. 二进制编码器

用 n 位二进制代码对 $m = 2^n$ 个输入信号进行编码的功能电路称为二进制编码器，典型代表器件是集成电路芯片 74LS148。该器件的引脚图、逻辑符号（注意，Multisim 软件器件库中，有些器件的逻辑符号有 VCC 和 GND 引脚，如前面的 74LS147，有些隐藏了 VCC 和 GND 引脚，如 74LS148，不影响仿真）及 DIP 实物如图 6-25 所示。其功能表见表 6-7（为表述方便，$A_0 \sim A_2$、$D_0 \sim D_7$ 采用了下标形式，后续章节同此）。

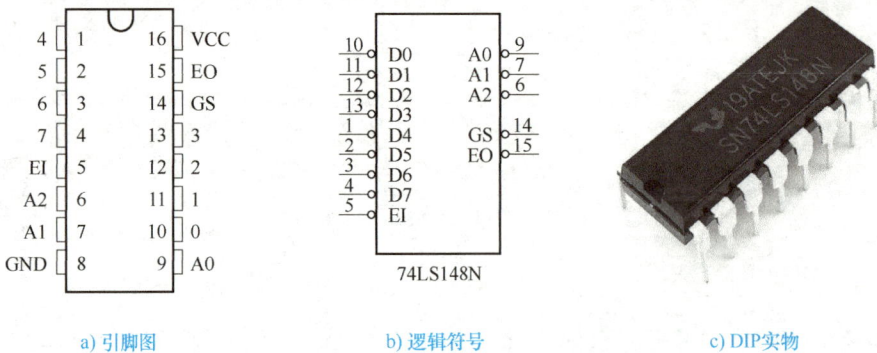

a) 引脚图　　　　b) 逻辑符号　　　　c) DIP实物

图 6-25　74LS148 的引脚图、逻辑符号及 DIP 实物

通过逻辑符号，再结合功能表可知：①74LS148 有 8 个基本输入端 $D_0 \sim D_7$，都是低电平有效，D_7 优先级最高，D_0 优先级最低；②有一个控制输入端 EI，也是低电平有效，当 $EI = 1$ 时，无论 $D_0 \sim D_7$ 有没有编码需求，输出均为高电平 1，当 $EI = 0$ 时，$D_0 \sim D_7$ 若有编码需求，给优先级最高的编码；③有 3 个基本输出端 $A_2 \sim A_0$，为反码形式；④有两个扩展输出端 EO 和 GS，当 $EI = 0$ 时，只有 $D_0 \sim D_7$ 均为高电平 1，即在所有输入信号都没有编码需求的情

表 6-7　74LS148 的功能表

输　入									输　出				
EI	D_0	D_1	D_2	D_3	D_4	D_5	D_6	D_7	A_2	A_1	A_0	GS	EO
1	×	×	×	×	×	×	×	×	1	1	1	1	1
0	1	1	1	1	1	1	1	1	1	1	1	1	0
0	×	×	×	×	×	×	×	0	0	0	0	0	1
0	×	×	×	×	×	×	0	1	0	0	1	0	1
0	×	×	×	×	×	0	1	1	0	1	0	0	1
0	×	×	×	×	0	1	1	1	0	1	1	0	1
0	×	×	×	0	1	1	1	1	1	0	0	0	1
0	×	×	0	1	1	1	1	1	1	0	1	0	1
0	×	0	1	1	1	1	1	1	1	1	0	0	1
0	0	1	1	1	1	1	1	1	1	1	1	0	1

况下，GS 为 1，EO 为 0，只要有任何一个输入信号有效，即在存在编码需求的情况下，GS 为 0，EO 就为 1。

图 6-26 所示是 74LS148 的 Multisim 仿真电路，分别代表了 4 种典型情况，下面逐一说明。

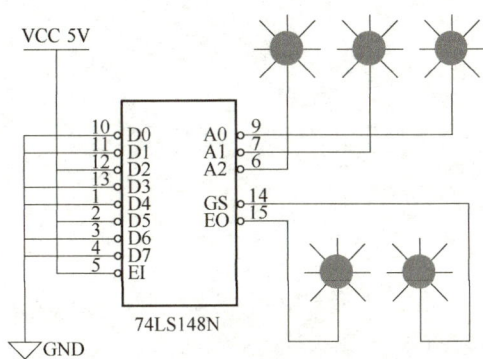

a) EI无效

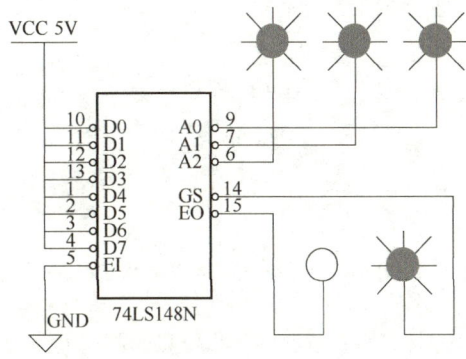

b) EI有效，但没有编码需求

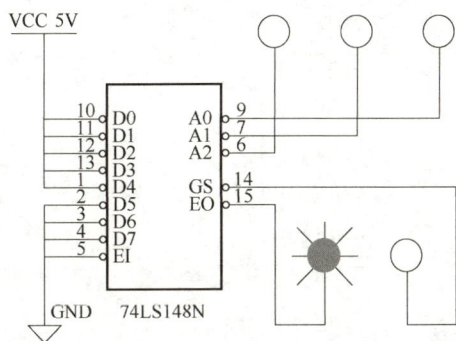

c) EI有效，给"D_7"编码

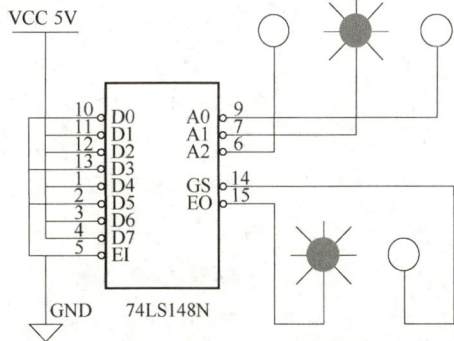

d) EI有效，给"D_5"编码

图 6-26　74LS148 的 Multisim 仿真电路

图 6-26a 表示，当控制输入信号 EI 接高电平时，处于无效状态，因此不论其他基本输入信号有没有编码需求，5 个输出均为高电平。

图 6-26b 表示，当控制输入信号 EI 接低电平时，处于有效状态，但 $D_0 \sim D_7$ 均为高电平，没有任何一个输入信号有编码需求，输出 A_2、A_1、A_0、GS 为高电平，EO 为低电平。

图 6-26c 表示，当 EI 接地处于有效状态时，优先级高且有效的基本输入信号将被编码。本图中 D_7、D_6、D_5 都是低电平，表示它们有编码需求，但电路只给优先级最高的 D_7 编码，A_2、A_1、A_0 输出反码 000，同时 EO 为高电平，GS 为低电平。

图 6-26d 表示，当 EI 接地处于有效状态时，D_7 和 D_6 两个优先级高的输入信号都是高电平，没有编码需求。此时剩下的输入信号中，有编码需求且优先级高的输入信号是 D_5，因此 A_2、A_1、A_0 输出反码 010，同时 EO 为高电平，GS 为低电平。

Verilog 程序如下：

```verilog
module Example_74ls148(
    input EI,
    input[7:0] I,
    output reg GS,
    output reg[2:0] Q,
    output reg EO
);
    always@(*)
    begin
        Q=3'b111;
        EO=1;
        GS=1;
        if(~EI)
        begin
            case(I)
            8'b11111111:begin EO=1;GS=0;end
            8'b0???????:begin EO=0;GS=1;Q=3'b000;end
            8'b10??????:begin EO=0;GS=1;Q=3'b001;end
            8'b110?????:begin EO=0;GS=1;Q=3'b010;end
            8'b1110????:begin EO=0;GS=1;Q=3'b011;end
            8'b11110???:begin EO=0;GS=1;Q=3'b100;end
            8'b111110??:begin EO=0;GS=1;Q=3'b101;end
            8'b1111110?:begin EO=0;GS=1;Q=3'b110;end
            8'b11111110:begin EO=0;GS=1;Q=3'b111;end
            endcase
        end
    end
endmodule
```

74LS148 的 Quartus 仿真结果如图 6-27 所示。

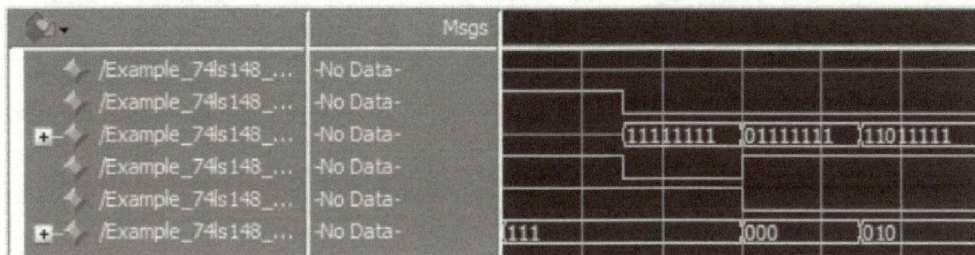

图 6-27　74LS148 的 Quartus 仿真结果

6.4.3　译码器

译码是编码的逆过程，能将输入的 0、1 代码"翻译"成代表某种特定含义的输出信号。用一个生活中的例子来说明：田径比赛前，给参赛的每一位运动员赋予一个独一无二的号码，这个过程是编码；检录时，念到一个号码，和这个号码对应的运动员前往比赛场地报到，这个过程就是译码。具有译码功能的电路称为译码器，常用的译码器有变量译码器和显示译码器两种。

1. 变量译码器

对于每一组输入代码，都会有一个且仅有一个输出端为有效电平，其余输出端均为无效电平，这类译码器称为变量译码器。假设每组代码的长度是 n 位，如果对应的输出信号为 $m = 2^n$ 个，就称为全译码器，如 2 线-4 线译码器、3 线-8 线译码器、4 线-16 线译码器等；如果 $m < 2^n$，则称为部分译码器，如 4 线-10 线译码器等。

（1）3 线-8 线译码器 74LS138　74LS138 是一种常用的 3 线-8 线全译码器，其引脚图、逻辑符号及 DIP 实物如图 6-28 所示，功能表见表 6-8。

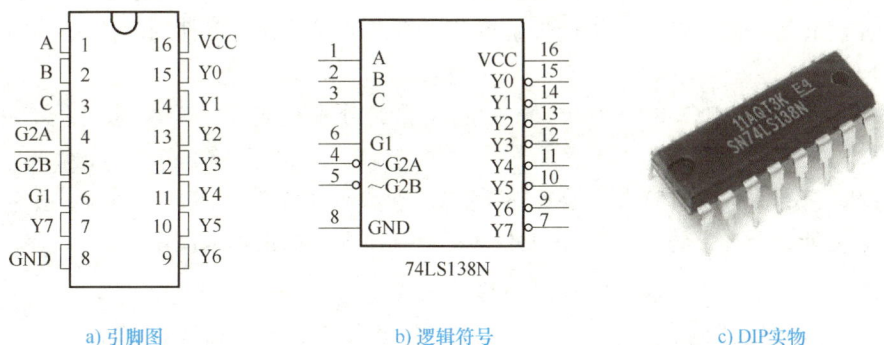

a) 引脚图　　　　　　　　b) 逻辑符号　　　　　　　　c) DIP实物

图 6-28　74LS138 的引脚图、逻辑符号及 DIP 实物

通过功能表可知：

① 74LS138 有 3 个基本输入端 C、B、A，取值组合为 000~111 共 8 种，表示 8 组代码。

② 有 3 个控制输入端 G_1、$\overline{G_{2A}}$、$\overline{G_{2B}}$，G_1 是高电平有效，$\overline{G_{2A}}$ 和 $\overline{G_{2B}}$ 都是低电平有效，只有当 $G_1 = 1$ 且 $\overline{G_{2A}} = \overline{G_{2B}} = 0$ 时，译码器才能正常工作。

表 6-8　74LS138 的功能表

输　　入						输　　出							
G_1	$\overline{G_{2A}}$	$\overline{G_{2B}}$	C	B	A	Y_0	Y_1	Y_2	Y_3	Y_4	Y_5	Y_6	Y_7
×	1	×	×	×	×	1	1	1	1	1	1	1	1
×	×	1	×	×	×	1	1	1	1	1	1	1	1
0	×	×	×	×	×	1	1	1	1	1	1	1	1
1	0	0	0	0	0	0	1	1	1	1	1	1	1
1	0	0	0	0	1	1	0	1	1	1	1	1	1
1	0	0	0	1	0	1	1	0	1	1	1	1	1
1	0	0	0	1	1	1	1	1	0	1	1	1	1
1	0	0	1	0	0	1	1	1	1	0	1	1	1
1	0	0	1	0	1	1	1	1	1	1	0	1	1
1	0	0	1	1	0	1	1	1	1	1	1	0	1
1	0	0	1	1	1	1	1	1	1	1	1	1	0

③ 有 7 个输出端 $Y_0 \sim Y_7$，均为低电平有效，当译码器正常工作时，C、B、A 每输入一组代码，总有一个对应的输出端被"译出"，其状态为低电平 0，其余的输出端均为高电平 1。

器件的 4 引脚和 5 引脚分别是 $\overline{G_{2A}}$ 和 $\overline{G_{2B}}$，通过在名称中增加一个非号，能够更加清楚地表明该输入端口是低电平时才起作用。显然，这种命名比图 6-25 所示 74LS148 的 5 引脚 EI（也是低电平有效）的命名在反映何种电平有效上更清晰。很多时候，"好的"命名更有助于对器件的理解。不同厂家的芯片手册，或者不同作者编写的教材，对于同一型号的集成芯片，引脚命名各有不同。

但需要强调的是，无论引脚的标识如何定义，都不能改变引脚的作用。仍以 74LS138 为例，观察它的实物（见图 6-28c），可知其所有的引脚就是一根根金属片，它们的上面并没有任何的名字。以 4 引脚为例，可以命名为 $\overline{G_{2A}}$，也可以命名为 G_{2A}，还可以命名为 EN、EI……，并没有统一的规定。要准确理解器件引脚的作用，查看器件的功能表是唯一正确的途径。

图 6-29 所示是 74LS138 的 Multisim 仿真电路，分别代表了 4 种典型情况，下面逐一说明。

图 6-29a 表示，当控制输入信号 G_1 接低电平时，处于无效状态，译码器不行使译码功能，因此不论 C、B、A 的代码是什么，8 个输出均为高电平。

图 6-29b 表示，当控制输入信号 $\overline{G_{2A}}$ 接高电平时，处于无效状态，译码器不行使译码功能，因此不论 C、B、A 的代码是什么，8 个输出均为高电平。

图 6-29c 表示，当控制输入信号 $\overline{G_{2B}}$ 接高电平时，处于无效状态，译码器不行使译码功能，因此不论 C、B、A 的代码是什么，8 个输出均为高电平。

图 6-29d 表示，当 G_1 接高电平，$\overline{G_{2A}}$ 和 $\overline{G_{2B}}$ 接低电平时，3 个控制信号都处于有效状态，译码器正常行使译码功能。此时，C、B、A 的代码是 111，因此对应的输出 Y_7 被"译出"为低电平，其余输出均为高电平。

a) G_1无效

b) $\overline{G_{2A}}$ 无效

c) $\overline{G_{2B}}$ 无效

d) 使能端均有效，给"Y_7"译码

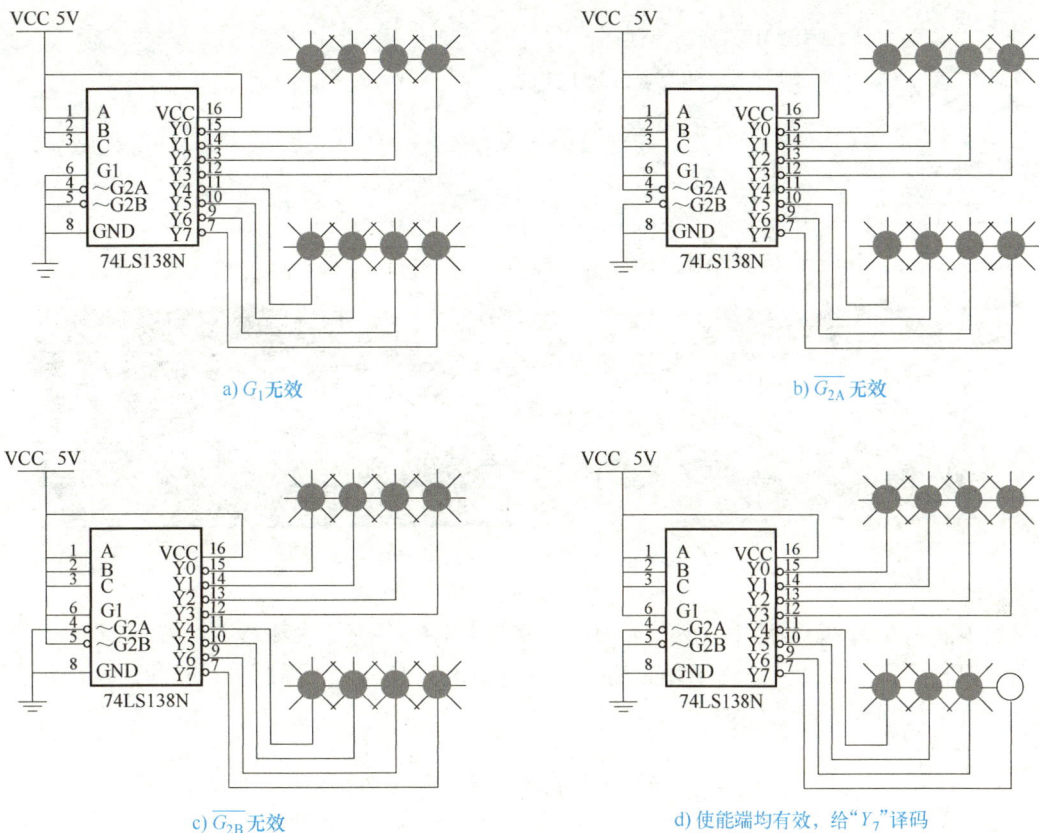

图 6-29 74LS138 的 Multisim 仿真电路

Verilog 程序如下:

```
module Example_74ls138(CBA,G1,G2A,G2B,Y);
input[2:0]CBA;
input G1,G2A,G2B;
output reg[7:0]Y;
always @ (CBA or G1 or G2A or G2B)
begin
    if (G1==1'b0 || G2A==1'b1 || G2B==1'b1)
        Y=8'b1111_1111;
    else
        case (CBA)
            3'b000:Y=8'b1111_1110;
            3'b001:Y=8'b1111_1101;
            3'b010:Y=8'b1111_1011;
            3'b011:Y=8'b1111_0111;
            3'b100:Y=8'b1110_1111;
            3'b101:Y=8'b1101_1111;
```

```
            3'b110:Y=8'b1011_1111;
            3'b111:Y=8'b0111_1111;
        endcase
    end
endmodule
```

74LS138 的 Quartus 仿真结果如图 6-30 所示。

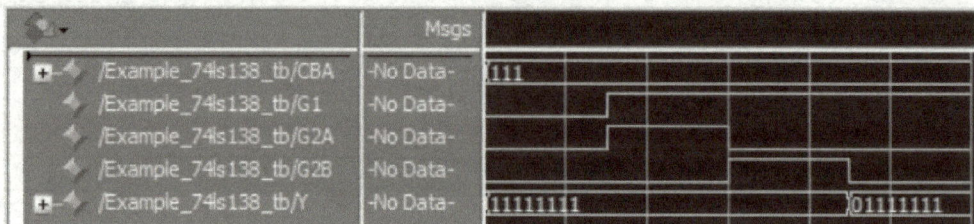

图 6-30　74LS138 的 Quartus 仿真结果

当 G_1、$\overline{G_{2A}}$、$\overline{G_{2B}}$ 都处于有效状态时，8 个输出 $Y_0 \sim Y_7$ 与 3 个输入 C、B、A 之间的逻辑关系可以写成逻辑表达式。由于每个输出是 0 的情况只有一次，因此可以先写出反函数，再对反函数求反得到原函数，如

$$\overline{Y_0} = \overline{C}\ \overline{B}\ \overline{A},\overline{Y_0} = Y_0 = \overline{\overline{C}\ \overline{B}\ \overline{A}} = \overline{m_0}$$

依此类推，可得

$$Y_1 = \overline{\overline{C}\ \overline{B}\ A} = \overline{m_1},\quad Y_2 = \overline{\overline{C}B\overline{A}} = \overline{m_2},\quad Y_3 = \overline{\overline{C}BA} = \overline{m_3}$$

$$Y_4 = \overline{C\overline{B}\ \overline{A}} = \overline{m_4},\quad Y_5 = \overline{C\overline{B}A} = \overline{m_5},\quad Y_6 = \overline{CB\overline{A}} = \overline{m_6},\quad Y_7 = \overline{CBA} = \overline{m_7}$$

观察上面的逻辑表达式可知，每个输出都与 3 个基本输入信号存在对应的逻辑关系，而且均表现为最小项的形式。这给我们提供了一种实现 3 输入变量逻辑函数的新思路。

【例 6-9】　利用译码器 74LS138 和基本逻辑门实现逻辑函数 $Y = A\overline{B} + BC$。

解：首先，将逻辑函数用最小项的形式表示，即

$$Y = A\overline{B}(C + \overline{C}) + (A + \overline{A})BC = \overline{A}BC + A\overline{B}\ \overline{C} + A\overline{B}C + ABC$$

$$= m_3 + m_4 + m_5 + m_7$$

再转换成与非-与非式，得

$$Y = \overline{\overline{m_3}\ \overline{m_4}\ \overline{m_5}\ \overline{m_7}}$$

对照 74LS138 的功能表，将此逻辑函数的 A、B、C 分别对应译码器的 C、B、A，将此逻辑函数表达式中的 $\overline{m_3}$、$\overline{m_4}$、$\overline{m_5}$、$\overline{m_7}$ 分别用译码器中的 Y_3、Y_4、Y_5、Y_7 替代，再通过一个与非门即可实现逻辑函数，如图 6-31 所示。

图 6-31a 表示，当 $CBA = 011$ 时，逻辑函数结果发生，输出是高电平，灯亮；图 6-31b 表示，当 $CBA = 110$ 时，逻辑函数结果不发生，输出是低电平，灯灭。C、B、A 的其他 6 种状态组合也可以通过电路进行验证。此例说明，通过组合逻辑功能器件实现逻辑函数是可行的，而且比使用基本逻辑门实现起来更简单，尤其是对于多输出逻辑函数。

a) *CBA*=011   b) *CBA*=111

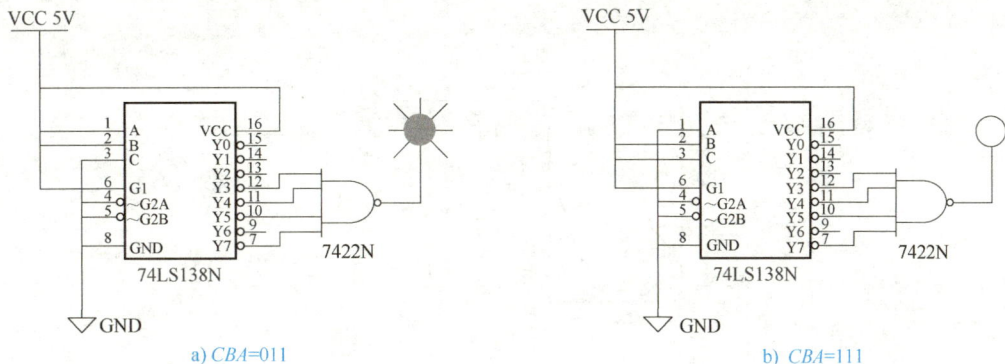

图 6-31 例 6-9 的 Multisim 仿真电路

Verilog 程序如下:

```
module Example_74ls138_1(CBA,Y);
input[2:0] CBA;
output Y;
wire[7:0] decoded;
Example_74ls138 decoder(.CBA(CBA),.G1(1'b1),.G2A(1'b0),.G2B(1'b0),.Y
(decoded));
assign Y= ~(decoded[7]&decoded[5]&decoded[4]&decoded[3]);
endmodule
```

例 6-9 的 Quartus 仿真结果如图 6-32 所示。

图 6-32 例 6-9 的 Quartus 仿真结果

【例 6-10】 利用译码器 74LS138 和基本逻辑门实现下面的全加器逻辑函数:

$$S=ABC_I+A\bar{B}\,\bar{C_I}+\bar{A}B\bar{C_I}+\bar{A}\,\bar{B}C_I$$

$$C_O=AB+BC_I+AC_I$$

解: 首先,将逻辑函数用最小项的形式表示,并转换成与非-与非式,即

$$S=\overline{\overline{m_1}\,\overline{m_2}\,\overline{m_4}\,\overline{m_7}}$$

$$C_O=ABC_I+AB\bar{C_I}+\bar{A}BC_I+A\bar{B}C_I=\overline{\overline{m_3}\,\overline{m_5}\,\overline{m_6}\,\overline{m_7}}$$

将逻辑函数的 A、B、C_I 分别对应译码器的 C、B、A,找到最小项对应的译码器的输出,再通过两个与非门即可实现逻辑函数,其 Multisim 仿真电路如图 6-33 所示(注:仿真电路中的名称没有下标格式,也没有斜体格式,图中的 CI 和 CO 即逻辑函数中的 C_I 和 C_O)。

图 6-33 中,左上使用了 3 个交互式数字量输入,分别命名为 A、B、CI,可以通过鼠标和相应按键方便快捷地更改这些输入信号的高低电平值。A、B、CI 分别是 1、1、1,即被

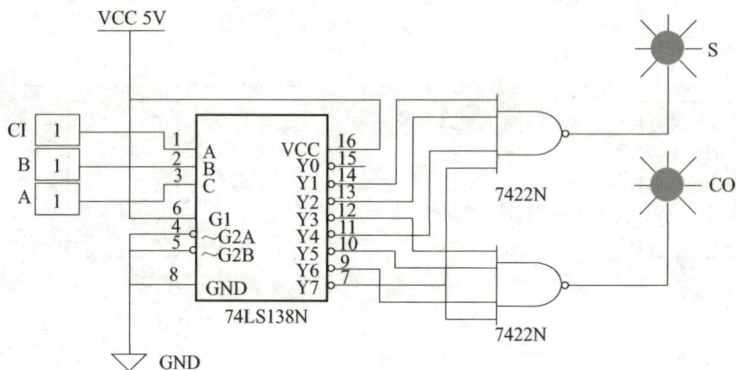

图 6-33　例 6-10 的 Multisim 仿真电路

加数、加数、低位来的进位都是 1，因此全加的结果 S 为 1，向高位的进位输出 CO 也为 1。用一片 74LS138 和两个 4 输入与非门即实现了两个逻辑表达式，显然实现起来更简单。

Verilog 程序如下：

```
module Example_74ls138_2(CBA,S,CO);
input[2:0] CBA;
output S,CO;
wire[7:0] decoded;
Example_74ls138 decoder(.CBA(CBA),.G1(1'b1),.G2A(1'b0),.G2B(1'b0),.Y(decoded));
assign S= ~(decoded[7]&decoded[4]&decoded[2]&decoded[1]);
assign CO= ~(decoded[7]&decoded[6]&decoded[5]&decoded[3]);
endmodule
```

例 6-10 的 Quartus 仿真结果如图 6-34 所示。

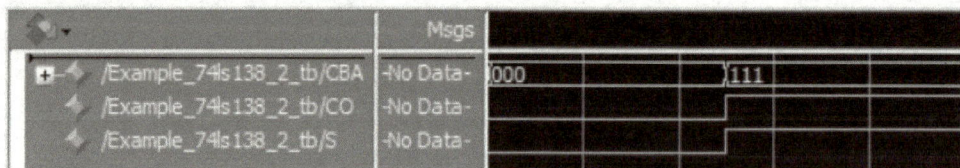

图 6-34　例 6-10 的 Quartus 仿真结果

【应用实例 1】　一个微控制器往往连接多个外部设备，在某一时段只能与其中一个外部设备建立联系并进行数据交互，它是如何做到的呢？微控制器 8051 通过 74LS138 实现的全译码电路如图 6-35 所示。

图 6-35 中，74LS138 的 8 个输出 Y0~Y7 分别接 8 个外设的片选控制端 CS0~CS7，G1 和 $\overline{\text{G2B}}$ 两个控制端处于有效状态，$\overline{\text{G2A}}$ 受与非门 74S133 的输出控制，代码输入端 C、B、A 分别与 8051 的 A2（P0B2AD2 的简写，下同）、A1、A0 相连，8051 的 A15~A3 分别与 74S133 的 12 个输入端相连。分析可知，只有当 8051 的 A15~A3 全为 1 时，74S133 的输出才为 0，进而使得 74LS138 的 $\overline{\text{G2A}}$ 控制端有效。

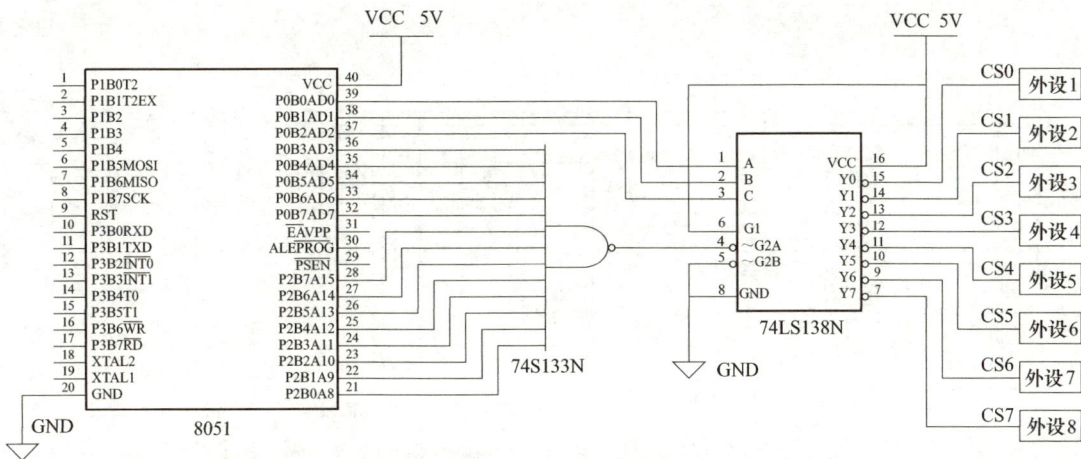

图 6-35 微控制器 8051 通过 74LS138 实现的全译码电路

为方便分析，假设 CS0~CS7 都是低电平有效。若在某一时段 T_1，控制器 8051 要和外设 1 进行数据交互，则 CS0 应是低电平，CS1~CS7 都应是高电平，因此 74LS138 的 Y0 需要被译出。A15~A0 的状态如下：

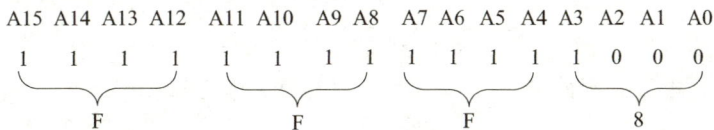

A15 A14 A13 A12　A11 A10 A9 A8　A7 A6 A5 A4　A3 A2 A1 A0

1 1 1 1　1 1 1 1　1 1 1 1　1 0 0 0

F　　　　F　　　　F　　　　8

即 8051 的 A15~A0 只要是（1111 1111 1111 1000）$_2$，就一定能保证此时段控制器只和外设 1 建立联系并进行数据交互，因此 A15~A0 也称为地址信号；如果用十六进制表示，该地址是（FFF8）$_{16}$。若在某一时段 T_2，8051 需要和外设 2 进行数据交互，则 A15~A0 提供的地址必须是（FFF9）$_{16}$。依此类推，外设 3 的地址是（FFFA）$_{16}$，……，外设 8 的地址是（FFFF）$_{16}$。

【应用实例 2】 图 6-35 所示的电路中，一个 74LS138 最多能实现 8 个外部设备的片选控制，假如外设数量超过 8 个，可以通过二次译码来完成片选控制。微控制器 8051 通过 3 个 74LS138 实现的二次译码电路如图 6-36 所示。

图 6-36 中共有 3 个 74LS138，一个完成一次译码功能，另外两个完成二次译码功能。8051 的 A15~A6 分别与 74S133 的 10 个输入端相连，A5、A4、A3 分别接一次译码的 74LS138 的 C、B、A，A2、A1、A0 分别接二次译码的两个 74LS138 的 C、B、A，74S133 的剩余 3 个输入端接 VCC。二次译码一共有 16 个输出，其中 8 个（上方的 Y0~Y7）分别接外设 1~外设 8 的片选控制端 CS00~CS07，另外 8 个（下方的 Y0~Y7）分别接外设 9~外设 16 的片选控制端 CS10~CS17。

74S133 的输出控制一次译码的 $\overline{G2A}$ 端，一次译码的输出 Y0 和 Y1 分别控制两个二次译码的 $\overline{G2A}$ 端。

分析可知，当 8051 的 A15~A6 全为 1 时，74S133 的输出才为 0，进而使得一次译码的 74LS138 的 $\overline{G2A}$ 有效。当 A5、A4、A3 为 000 时，一次译码的 Y0 为 0、Y1 为 1，二次译码

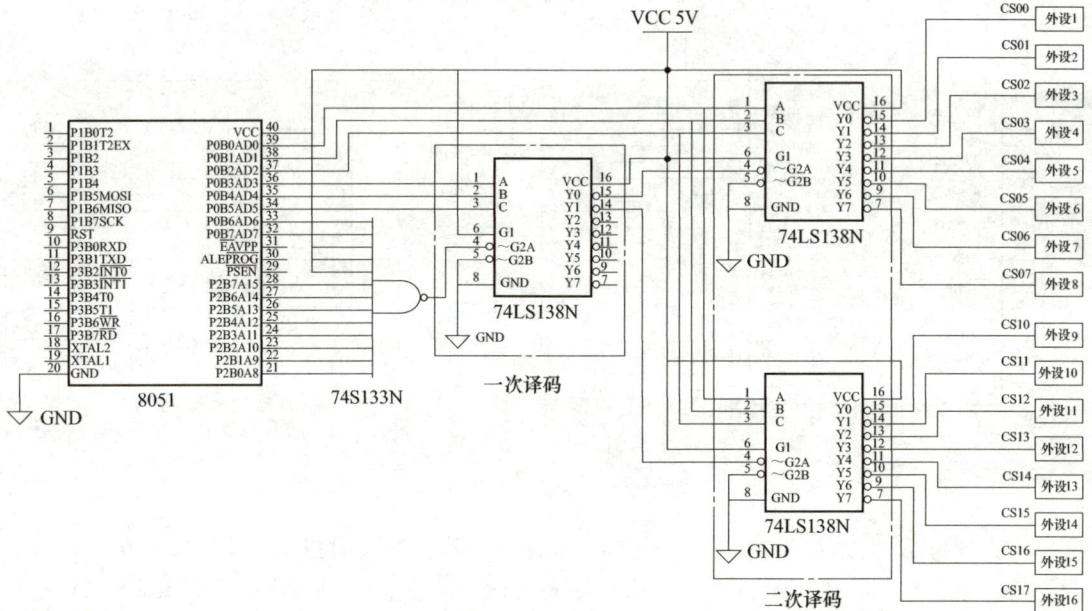

图 6-36 微控制器 8051 通过 3 个 74LS138 实现的二次译码电路

的上方 74LS138 的 $\overline{G2A}$ 有效，下方 74LS138 的 $\overline{G2A}$ 无效；若在某一时段中 A2、A1、A0 为 000，则 CS00 是低电平，因此外设 1 被选中。A15～A0 的状态如下：

```
A15 A14 A13 A12   A11 A10 A9 A8   A7 A6   A5 A4   A3   A2 A1 A0
 1   1   1   1     1   1   1  1    1  1    0  0    0    0  0  0
└──────┬──────┘   └─────┬─────┘   └──┬──┘         └────┬────┘
       F                 F            C                 0
```

即 8051 的 A15～A0 只要是 $(1111\ 1111\ 1100\ 0000)_2$，就一定能保证此时段控制器只和外设 1 建立联系并进行数据交互；如果用十六进制表示，该地址是 $(FFC0)_{16}$。依此类推，外设 2 的地址是 $(FFC1)_{16}$，外设 3 的地址是 $(FFC2)_{16}$，……，外设 8 的地址是 $(FFC7)_{16}$。

当 A5、A4、A3 为 001 时，一次译码的 Y1 为 0、Y0 为 1，二次译码的下方 74LS138 的 $\overline{G2A}$ 有效，上方 74LS138 的 $\overline{G2A}$ 无效；当 A2、A1、A0 为 000 时，CS10 是低电平，外设 9 被选中。A15～A0 的状态如下：

```
A15 A14 A13 A12   A11 A10 A9 A8   A7 A6   A5 A4   A3   A2 A1 A0
 1   1   1   1     1   1   1  1    1  1    0  0    1    0  0  0
└──────┬──────┘   └─────┬─────┘   └──┬──┘         └────┬────┘
       F                 F            C                 8
```

即 8051 的 A15～A0 只要是 $(1111\ 1111\ 1100\ 1000)_2$，就一定能保证此时段控制器只和外设 9 建立联系并进行数据交互；如果用十六进制表示，该地址是 $(FFC8)_{16}$。依此类推，外设 10 的地址是 $(FFC9)_{16}$，外设 11 的地址是 $(FFCA)_{16}$，……，外设 16 的地址是 $(FFCF)_{16}$。

经推算不难得出，若一次译码的 8 个输出都接二次译码，理论上该控制器最多可以和 64 个外设建立联系并进行数据交互。

（2）4 线-10 线译码器 74LS42   74LS42 的功能是将输入的 4 位 8421BCD 码"翻译"成 10 个输出信号中的其中一个。74LS42 的引脚图、逻辑符号及 DIP 实物如图 6-37 所示，其功能表见表 6-9。

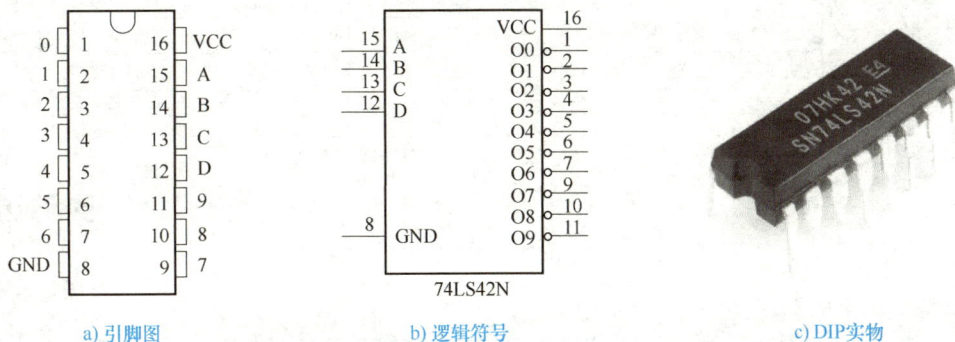

| a) 引脚图 | b) 逻辑符号 | c) DIP 实物 |

图 6-37   74LS42 的引脚图、逻辑符号及 DIP 实物

表 6-9   74LS42 的功能表

输	入			输				出					
D	C	B	A	0	1	2	3	4	5	6	7	8	9
0	0	0	0	0	1	1	1	1	1	1	1	1	1
0	0	0	1	1	0	1	1	1	1	1	1	1	1
0	0	1	0	1	1	0	1	1	1	1	1	1	1
0	0	1	1	1	1	1	0	1	1	1	1	1	1
0	1	0	0	1	1	1	1	0	1	1	1	1	1
0	1	0	1	1	1	1	1	1	0	1	1	1	1
0	1	1	0	1	1	1	1	1	1	0	1	1	1
0	1	1	1	1	1	1	1	1	1	1	0	1	1
1	0	0	0	1	1	1	1	1	1	1	1	0	1
1	0	0	1	1	1	1	1	1	1	1	1	1	0
1	0	1	0	1	1	1	1	1	1	1	1	1	1
1	0	1	1	1	1	1	1	1	1	1	1	1	1
1	1	0	0	1	1	1	1	1	1	1	1	1	1
1	1	0	1	1	1	1	1	1	1	1	1	1	1
1	1	1	0	1	1	1	1	1	1	1	1	1	1
1	1	1	1	1	1	1	1	1	1	1	1	1	1

注：表中的 0~9 即逻辑符号中的 O0~O9。

通过功能表可知：①74LS42 有 4 个输入端，输入的是 8421BCD 码；②有 10 个输出，均为低电平有效；③当输入是 1010~1111 这 6 个代码时，因不属于 8421BCD 码，故称为伪码，此时输出均为高电平 1，没有任何输出信号被"译出"，所以这种电路具有拒绝伪码输入的能力。

74LS42 的 Multisim 仿真电路如图 6-38 所示。图 6-38a 中，$DCBA = 0011$，因此"3"被译出，输出低电平；图 6-38b 中，$DCBA = 1011$，不属于 8421BCD 码，是伪码，因此输出均为高电平。

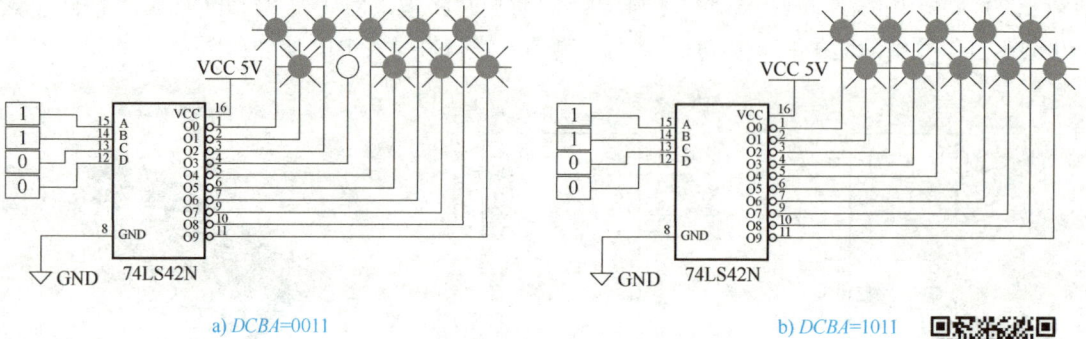

a) *DCBA*=0011

b) *DCBA*=1011

图 6-38　74LS42 的 Multisim 仿真电路

Verilog 程序如下：

```
module Example_74ls42(bcd,out);
input[3:0] bcd;
output reg[9:0] out;
always @ ( * ) begin
case (bcd)
        4'b0000:out = 10'b1111111110;
        4'b0001:out = 10'b1111111101;
        4'b0010:out = 10'b1111111011;
        4'b0011:out = 10'b1111110111;
        4'b0100:out = 10'b1111101111;
        4'b0101:out = 10'b1111011111;
        4'b0110:out = 10'b1110111111;
        4'b0111:out = 10'b1101111111;
        4'b1000:out = 10'b1011111111;
        4'b1001:out = 10'b0111111111;
        4'b1010,4'b1011,4'b1100,4'b1101,4'b1110,4'b1111:
            out = 10'b1111111111;
        default:out = 10'b1111111111;
    endcase
end
endmodule
```

74LS42 的 Quartus 仿真结果如图 6-39 所示。

图 6-39　74LS42 的 Quartus 仿真结果

2. 数码管与显示译码器

（1）数码管 数字系统经常含有人机交互模块，通常使用键盘、手写板、触摸屏等将数据或信息送入系统，通过数码管、液晶屏、蜂鸣器等输出系统的数据或信息。数码管是应用很广泛的数字显示器，能够显示数字、字母或符号，有单联、双联、四联等多种规格，如图 6-40 所示。接下来以单联数码管为例介绍其构成及使用方法。

a) 单联数码管   b) 双联数码管   c) 四联数码管

图 6-40 不同规格的数码管

数码管内部一般由 8 个发光二极管组成，包含 7 个段和 1 个小数点，按位置排成"日."形，有共阴极接法和共阳极接法两种。其中，共阴极数码管的公共端 COM 将 8 个发光二极管的阴极连在一起，使用时需要接低电平或接地；共阳极数码管的公共端 COM 将 8 个发光二极管的阳极连在一起，使用时需要接高电平或 V_{CC}，如图 6-41 所示。

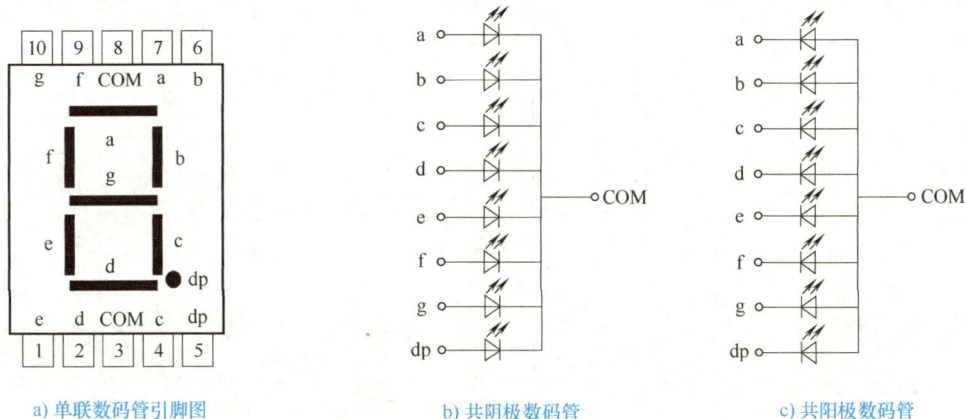

a) 单联数码管引脚图   b) 共阴极数码管   c) 共阳极数码管

图 6-41 数码管的引脚排列及两种类型

无论是共阴极数码管还是共阳极数码管，需要显示什么样的数字或字符，必须使其对应的发光二极管正向导通后发光。一般而言，发光二极管的导通压降为 1.5~2.0V，工作电流为 10~20mA，电流过大会损坏器件，使用时需根据型号查阅参数手册并选择合适的限流电阻。

（2）显示译码器 与变量译码器每组输入代码只有一个输出端为有效电平不同，显示译码器的每组输入代码都对应一组输出代码，这组代码点亮相应的发光二极管，从而显示输入代码所表示的数字或字符。因此，显示译码器也可以说是一种代码转换器。

74LS48 是一种常用的显示译码器，与共阴极数码管配合使用，它的作用是将输入的 4 位二进制代码转换成数码管所需的七段码。74LS48 的引脚图、逻辑符号及 DIP 实物如图

6-42 所示。其功能表见表 6-10。如果是七段显示译码器 74LS47，它与共阳极数码管配合使用，其输出状态与 74LS48 正好相反。

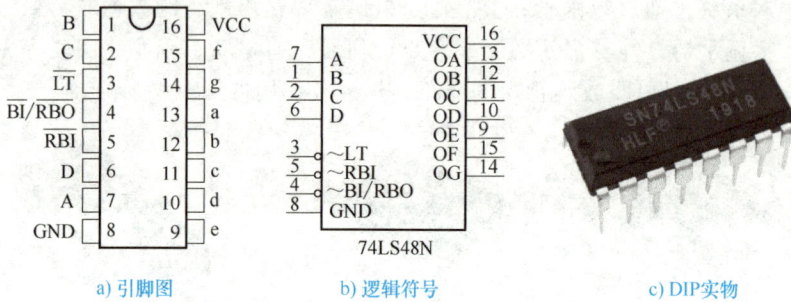

a) 引脚图　　　　　　b) 逻辑符号　　　　　　c) DIP实物

图 6-42　74LS48 的引脚图、逻辑符号及 DIP 实物

表 6-10　74LS48 的功能表

功能和十进制数	输入						输入/输出	输出							显示
	$\overline{LT}$	$\overline{RBI}$	D	C	B	A	$\overline{BI}/\overline{RBO}$	a	b	c	d	e	f	g	
试灯	0	×	×	×	×	×	1(输入)	1	1	1	1	1	1	1	
灭零	1	0	0	0	0	0	0(输出)	0	0	0	0	0	0	0	
灭灯	×	×	×	×	×	×	0(输入)	0	0	0	0	0	0	0	
0	1	1	0	0	0	0	1(输入)	1	1	1	1	1	1	0	
1	1	×	0	0	0	1	1(输入)	0	1	1	0	0	0	0	
2	1	×	0	0	1	0	1(输入)	1	1	0	1	1	0	1	
3	1	×	0	0	1	1	1(输入)	1	1	1	1	0	0	1	
4	1	×	0	1	0	0	1(输入)	0	1	1	0	0	1	1	
5	1	×	0	1	0	1	1(输入)	1	0	1	1	0	1	1	
6	1	×	0	1	1	0	1(输入)	1	0	1	1	1	1	1	
7	1	×	0	1	1	1	1(输入)	1	1	1	0	0	0	0	
8	1	×	1	0	0	0	1(输入)	1	1	1	1	1	1	1	
9	1	×	1	0	0	1	1(输入)	1	1	1	1	0	1	1	
10	1	×	1	0	1	0	1(输入)	0	0	0	1	1	0	1	
11	1	×	1	0	1	1	1(输入)	0	0	1	1	0	0	1	
12	1	×	1	1	0	0	1(输入)	0	1	0	0	0	1	1	
13	1	×	1	1	0	1	1(输入)	1	0	0	1	0	1	1	
14	1	×	1	1	1	0	1(输入)	0	0	0	1	1	1	1	
15	1	×	1	1	1	1	1(输入)	0	0	0	0	0	0	0	

D、C、B、A 为 4 位的输入信号，$a \sim g$ 为 7 位的输出信号。此外，它还有 3 个控制信号，分别是试灯输入信号 $\overline{LT}$、灭零输入信号 $\overline{RBI}$ 和既可以做输入又可以做输出的特殊控制信号 $\overline{BI}/\overline{RBO}$。74LS48 的使用方法如下：

① 试灯。当 $\overline{LT}=0$ 时，并且特殊控制信号 $\overline{BI}/\overline{RBO}$ 作输入使用且 $\overline{BI}/\overline{RBO}=1$，这时无论

其他输入信号是什么状态，$a \sim g$ 输出全为 1，使共阴极数码管的 7 个段全亮，显示字符 8。如果数码管有损坏，通过此方式可以检测出来。

② 灭零。当 $\overline{LT} = 1$、$\overline{RBI} = 0$ 时，若 $DCBA = 0000$，则 $a \sim g$ 输出全为 0，使共阴极数码管全灭，此时 $\overline{BI/RBO}$ 作输出使用且 $\overline{BI/RBO} = 0$。

③ 灭灯。$\overline{BI/RBO}$ 作输入使用，当 $\overline{BI/RBO} = 0$ 时，无论其他输入信号是什么状态，$a \sim g$ 输出全为 0，使共阴极数码管全灭。

④ 正常译码显示。当 $\overline{LT} = 1$、$\overline{BI/RBO} = 1$ 时，对输入的 4 位代码进行译码，产生对应的七段码。当输入 0000～1001，输出显示 0～9；当输入 1010～1111，输出显示某些特殊符号。

74LS48 的 Multisim 仿真电路如图 6-43 所示，4 个电路图中右上方的是共阴极数码管，用 CK 表示，公共端需要接地，与数码管相连的是 7 个阻值为 200Ω 的排阻。

图 6-43a 反映的是试灯操作，注意图中的 $\overline{LT} = 0$ 且 $\overline{BI/RBO} = 1$，其他输入信号的状态随意，数码管显示数字 8。

图 6-43b 反映的是灭零操作，注意图中的 $\overline{LT} = 1$ 且 $\overline{RBI} = 0$，$\overline{BI/RBO}$ 作输出接了一个发光管，此种情况下数码管不亮，发光管也不亮。

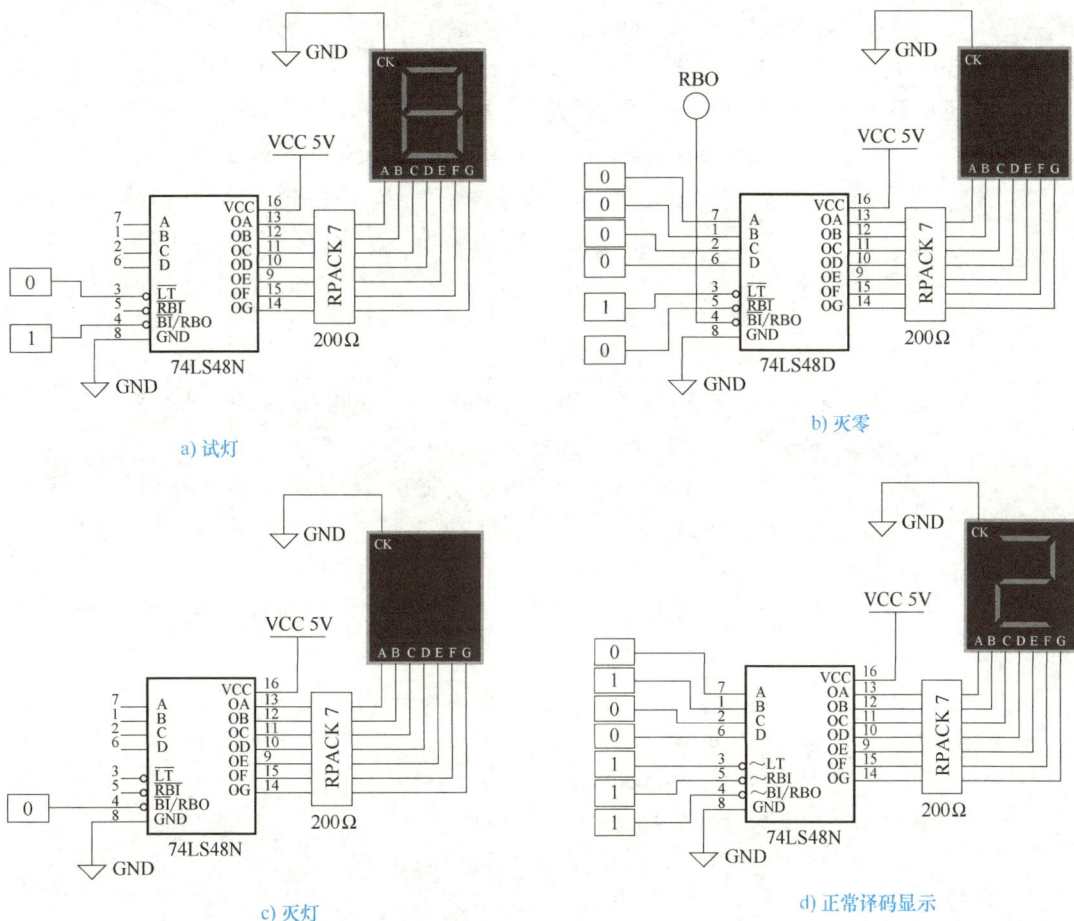

a) 试灯

b) 灭零

c) 灭灯

d) 正常译码显示

图 6-43 74LS48 的几种工作状态

图 6-43c 反映的是灭灯操作,注意图中的 $\overline{BI}/\overline{RBO}$ 作输入且为 0,其他输入信号的状态随意,数码管不亮。

图 6-43d 反映的是正常译码显示,注意图中的 $\overline{LT}=1$、$\overline{BI}/\overline{RBO}$ 作输入且为 1,此时的 $DCBA=0010$,因此数码管显示数字 2。

灭灯和灭零的区别:当处于灭灯功能时,无论 $DCBA$ 输入何值,译码器的输出均为 0,数码管不亮;但处于灭零功能时,只有当 $DCBA=0000$ 时,译码器才输出全 0,数码管不亮,如果 $DCBA$ 输入其他值时,译码器正常工作。灭零功能可以用于隐去"无效 0"。我们知道,显示多位十进制数码时,整数前的 0 和小数后的 0 是没有大小意义的,应该隐去,通过 $\overline{BI}/\overline{RBO}$ 和 RBI 配合使用,可以实现多位数显示时的"无效 0"的隐藏。

Verilog 程序如下:

```
module Example_74ls48(
        input[3:0] DCBA,              //输入信号,4 位二进制代码
        input LT,                      //试灯输入信号
        input RBI,                     //灭零输入信号
        inout BI,                      //特殊控制信号,输入/输出
        output reg[6:0] abcdefg);      //输出信号,7 位七段码
reg RBO;                               //输出寄存器
assign BI=RBI? 1'bz:RBO;               //当 RBI 为 1 时,BI 作为输入使用,此时 BI 为
                                         高阻态
                                       //当 RBI 为 0 时,BI 作为输出使用,此时将
                                         RBO 的值赋给 BI
    always @ ( * )begin
        if (! LT && BI ) begin         //试灯,BI 作为输入
            abcdefg<=7'b111_1111;
        end else if (LT && ! RBI && DCBA ==4'b0000) begin    //灭零
            abcdefg<=7'b000_0000;
            RBO<=1'b0;                  //BI 作为输出,将 RBO 的值赋给 BI
        end else if (! BI) begin        //灭灯
            abcdefg<=7'b000_0000;
        end else if (LT && RBI && DCBA ==4'b0000) begin      //0
            abcdefg<=7'b111_1110;
        end else begin                  //正常译码显示
            case (DCBA)
                4'b0001:abcdefg<=7'b011_0000;       //1
                4'b0010:abcdefg<=7'b110_1101;       //2
                4'b0011:abcdefg<=7'b111_1001;       //3
                4'b0100:abcdefg<=7'b011_0011;       //4
                4'b0101:abcdefg<=7'b101_1011;       //5
```

```
                        4'b0110:abcdefg<=7'b101_1111;                    //6
                        4'b0111:abcdefg<=7'b111_0000;                    //7
                        4'b1000:abcdefg<=7'b111_1111;                    //8
                        4'b1001:abcdefg<=7'b111_0011;                    //9
                        4'b1010:abcdefg<=7'b000_1101;                    //10
                        4'b1011:abcdefg<=7'b001_1001;                    //11
                        4'b1100:abcdefg<=7'b010_0011;                    //12
                        4'b1101:abcdefg<=7'b100_1011;                    //13
                        4'b1110:abcdefg<=7'b000_1111;                    //14
                        default:abcdefg<=7'b000_0000;                    //15
                    endcase
                end
            end
        endmodule
```

74LS48 的 Quartus 仿真结果如图 6-44 所示。

图 6-44　74LS48 的 Quartus 仿真结果

6.4.4　比较器

能够实现两组二进制数大小比较的电路称为比较器。请注意，这里两组所谓的二进制数只是一种习惯称谓，并不是真正意义上的数。也就是说，它们本质上仍然是两组代码，用以完成"大小"比较的电路仍然是逻辑电路。比较器功能器件的典型代表是 74LS85。

74LS85 是 4 位二进制数比较器，顾名思义，它可以用来对两组 4 位的二进制数进行大小比较，其引脚图、逻辑符号及 DIP 实物如图 6-45 所示，其功能表见表 6-11。

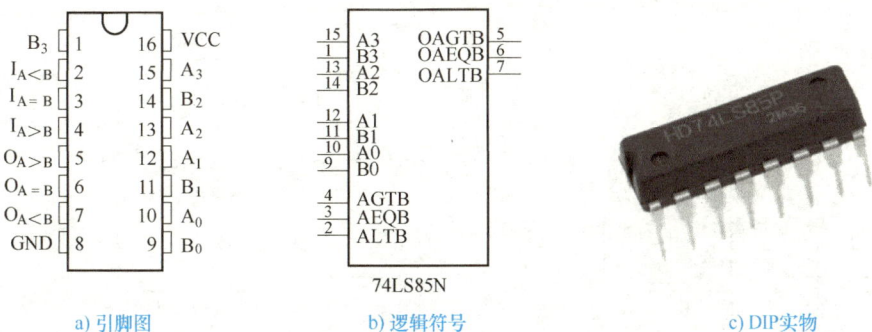

a) 引脚图　　　　　　b) 逻辑符号　　　　　　c) DIP实物

图 6-45　74LS85 的引脚图、逻辑符号及 DIP 实物

表 6-11　74LS85 的功能表

比较数据输入				级联输入			输　出		
$A_3\ B_3$	$A_2\ B_2$	$A_1\ B_1$	$A_0\ B_0$	$I_{A>B}$	$I_{A<B}$	$I_{A=B}$	$O_{A>B}$	$O_{A<B}$	$O_{A=B}$
$A_3>B_3$	×	×	×	×	×	×	1	0	0
$A_3<B_3$	×	×	×	×	×	×	0	1	0
$A_3=B_3$	$A_2>B_2$	×	×	×	×	×	1	0	0
$A_3=B_3$	$A_2<B_2$	×	×	×	×	×	0	1	0
$A_3=B_3$	$A_2=B_2$	$A_1>B_1$	×	×	×	×	1	0	0
$A_3=B_3$	$A_2=B_2$	$A_1<B_1$	×	×	×	×	0	1	0
$A_3=B_3$	$A_2=B_2$	$A_1=B_1$	$A_0>B_0$	×	×	×	1	0	0
$A_3=B_3$	$A_2=B_2$	$A_1=B_1$	$A_0<B_0$	×	×	×	0	1	0
$A_3=B_3$	$A_2=B_2$	$A_1=B_1$	$A_0=B_0$	1	0	0	1	0	0
$A_3=B_3$	$A_2=B_2$	$A_1=B_1$	$A_0=B_0$	0	1	0	0	1	0
$A_3=B_3$	$A_2=B_2$	$A_1=B_1$	$A_0=B_0$	0	×	1	0	0	1

从功能表可以得到以下信息：①两组数是从高位开始比较的，即 A_3 和 B_3 相比，如果比较出大小则输出的结果就确定了；②当二者相等时再比较 A_2 和 B_2 的大小，依此类推；③如果 $A_3A_2A_1A_0 = B_3B_2B_1B_0$，则需要根据级联输入的情况决定输出的结果；④如果只是两组 4 位数比较，此时只需级联输入端 $I_{A=B}$ 接高电平即可；⑤如果参与比较的两组数多于 4 位，此时需要将低位片 74LS85 的输出信号 $O_{A>B}$、$O_{A<B}$、$O_{A=B}$ 分别接高位片 74LS85 的级联输入端 $I_{A>B}$、$I_{A<B}$、$I_{A=B}$；⑥当参与比较的二进制数少于 4 位时，高位多余的输入端可同时接 0 或 1。

两组 4 位数进行比较，只需 1 片 74LS85 即可实现，其 Multisim 仿真电路如图 6-46 所示。级联输入 $AEQB$ 接至高电平，数 $A = 1010$，数 $B = 0111$，A 大于 B，所以 $OAGTB$ 输出高电平。

两组 8 位数进行比较，需要两片 74LS85 进行级联，低位片的 3 个输出分别接至高位片

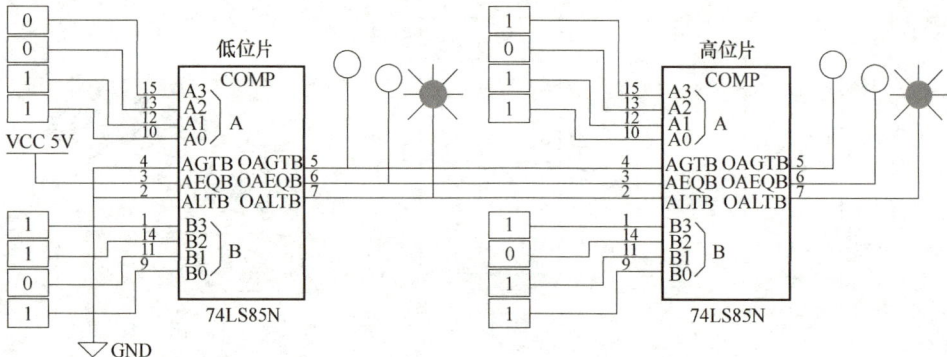

图 6-46　通过 74LS85 比较两组 4 位数的大小

的 3 个级联输入，其 Multisim 仿真电路如图 6-47 所示。高位片的数 $A = 1011$，数 $B = 1011$，由于二者相等，需要参考低位片的比较结果。因为低位片的数 $A = 0011$，数 $B = 1101$，低位片的 A 小于 B，所以低位片的 $OALTB$ 输出高电平，送至高位片的级联输入 $ALTB$ 也为高电平，因此总的比较结果是 A 小于 B。

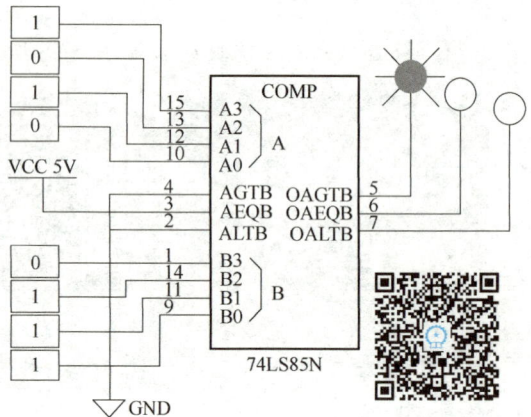

图 6-47　通过 74LS85 比较两组 8 位数的大小

Verilog 程序如下:

```verilog
//定义 74LS85 模块
module Example_74ls85 (
    input[3:0] A,// 4 位二进制输入 A
    input[3:0] B,// 4 位二进制输入 B
    input IA_eq_B,//级联输入,表示上一个比较结果为 A 等于 B
    input IA_gt_B,//级联输入,表示上一个比较结果为 A 大于 B
    input IA_lt_B,//级联输入,表示上一个比较结果为 A 小于 B
    output reg OA_gt_B,//输出 A 大于 B 的结果
    output reg OA_eq_B,//输出 A 等于 B 的结果
    output reg OA_lt_B   //输出 A 小于 B 的结果
);
    integer i;//定义循环变量
    reg unequal_found;//定义一个标志位来记录是否已经找到了不相等的位
    //从高位开始比较
    always @ ( * )begin
        OA_gt_B = 0;
        OA_eq_B = 0;
        OA_lt_B = 0;
        unequal_found = 0;
        for (i = 3;i >= 0 && unequal_found = = 0;i = i - 1) begin
            if (A[i] > B[i]) begin
                OA_gt_B = 1;
                OA_eq_B = 0;
                OA_lt_B = 0;
                unequal_found = 1;
            end
            else if (A[i] < B[i]) begin
                OA_gt_B = 0;
                OA_eq_B = 0;
                OA_lt_B = 1;
                unequal_found = 1;
            end
            else if (i = = 0 && A[i] = = B[i]) begin
                OA_gt_B = IA_gt_B;
                OA_eq_B = IA_eq_B;
                OA_lt_B = IA_lt_B;
```

```
            end
        end
    end
endmodule
```

74LS85 的 Quartus 仿真结果如图 6-48 所示。

	Msgs		
/Example_74ls85_tb/A	1001	1010	1001
/Example_74ls85_tb/B	1010	1001	1010
/Example_74ls85_tb/IA_eq_B	0		
/Example_74ls85_tb/IA_gt_B	0		
/Example_74ls85_tb/IA_lt_B	1		
/Example_74ls85_tb/OA_eq_B	St0		
/Example_74ls85_tb/OA_gt_B	St0		
/Example_74ls85_tb/OA_lt_B	St1		

图 6-48　74LS85 的 Quartus 仿真结果

6.4.5　加法器

前面已经学习过用基本逻辑门实现的半加器和全加器，接下来以 74LS283 为例介绍集成全加器。74LS283 可以完成两组 4 位数的相加，其引脚图、逻辑符号及 DIP 实物如图 6-49 所示。为了便于级联以完成更多位数的两组数相加，74LS283 还有一个进位输入引脚 C_0（7 引脚）以及进位输出引脚 C_4（9 引脚）。由于输入信号有 9 个，因此状态的组合就有 $2^9 = 512$ 种。显然，该器件的功能表比较庞大，但该器件没有控制信号，因此使用起来非常简便，功能表不再罗列。

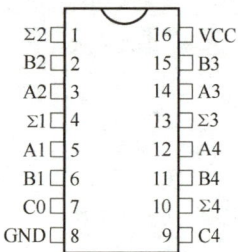

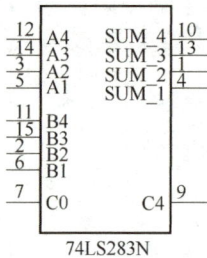

a) 引脚图　　　　　　　　b) 逻辑符号　　　　　　　　c) DIP实物

图 6-49　74LS283 的引脚图、逻辑符号及 DIP 实物

通过 74LS283 进行两组 8 位数相加的 Multisim 仿真电路如图 6-50 所示，其中低位片 74LS283 的进位输入 C_0 接地，进位输出 C_4 接至高位片 74LS283 的进位输入 C_0。当前数 A 是 1100 1011，数 B 是 0111 1000，二者相加的结果是 1 0100 0011。观察电路图各灯的状态可知，电路运行结果正确。

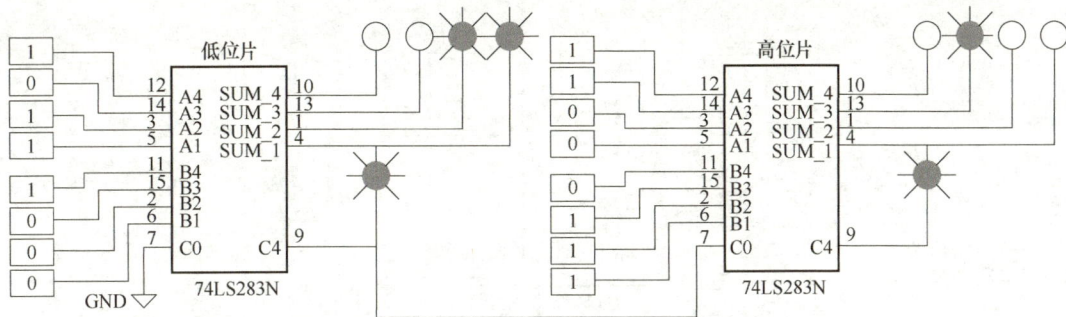

图 6-50 通过 74LS283 进行两组 8 位数相加的 Multisim 仿真电路

用竖式表示上述两数相加的过程如下:

中间虚线框中的"1"是低位片 74LS283 进位输出 C_4 的值,左侧虚线框中的"1"是高位片 74LS283 进位输出 C_4 的值。

Verilog 程序如下:

```
module Example_adder_8bit(input[7:0] A,input[7:0] B,output[7:0] S,output CO);
wire C;
ls283_4bit ls283_1(A[3:0],B[3:0],S[3:0],1'b0,C);
ls283_4bit ls283_2(A[7:4],B[7:4],S[7:4],C,CO);
endmodule
module ls283_4bit(input[3:0] A,input[3:0] B,output[3:0] S,input C0,output C4);
    assign {C4,S} = A+B+C0;
endmodule
```

74LS283 的 Quartus 仿真结果如图 6-51 所示。

图 6-51 74LS283 的 Quartus 仿真结果

【例 6-11】 设计一个电路,实现 8421BCD 码到余 3 码的转换。

解: 对于同一个十进制数码,余 3 码比 8421BCD 码多 3。因此从 8421BCD 码到余 3 码的转换,只需将 74LS283 的一组数设为 0011,另一组数作为 8421BCD 码输入即可实现,其 Multisim 仿真电路如图 6-52 所示。当前 8421BCD 码是 0100,余 3 码是 0111,结果正确。

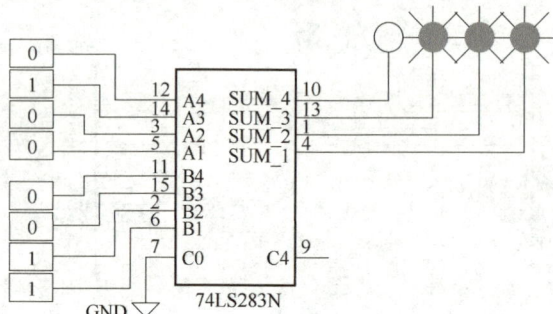

图 6-52　例 6-11 的 Multisim 仿真电路

Verilog 程序如下：

```
module Example_8421to3(input[3:0] A,output[3:0] S,output CO);
ls283_4bit ls283_1(A[3:0],4'b0011,S[3:0],1'b0,CO);
endmodule
module ls283_4bit(input[3:0] A,input[3:0] B,output[3:0] S,input C0,output C4);
    assign {C4,S} = A + B + C0;
endmodule
```

例 6-11 的 Quartus 仿真结果如图 6-53 所示。

图 6-53　例 6-11 的 Quartus 仿真结果

【例 6-12】　设计一个电路，实现余 3 码到 8421BCD 码的转换。

解：对于同一个十进制数码，将余 3 码减 3 就能得到对应的 8421BCD 码，第 2 章学习过补码运算，通过补码将减法运算转换为加法运算即可实现此任务。0011 的补码是 1101，因此，只需将 74LS283 的一组数设为 1101，另一组数作为余 3 码输入，其 Multisim 仿真电路如图 6-54 所示。当前余 3 码是 1100，8421BCD 码是 1001，结果正确。

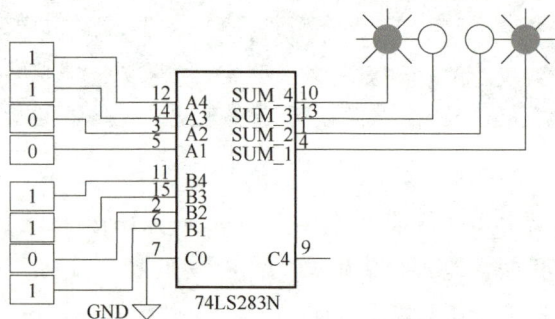

图 6-54　例 6-12 的 Multisim 仿真电路

6.4.6 数据选择器

数据选择器是根据给定的地址代码，从一组输入信号中选出和地址代码对应的一个信号送至输出端的电路，有时也把它叫作多路开关或多路选择器。其典型器件代表有74LS153、74LS151、74LS150等多种，接下来分别介绍。

1. 双 4 选 1 数据选择器 74LS153

74LS153 的引脚图、逻辑符号及 DIP 实物如图 6-55 所示，其功能表见表 6-12。

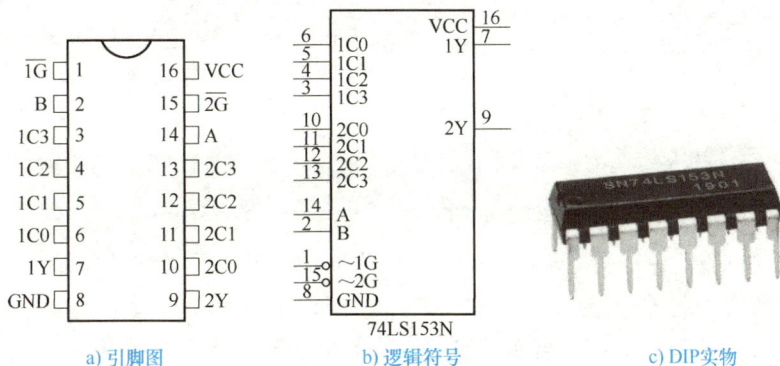

a) 引脚图　　　　　　b) 逻辑符号　　　　　　c) DIP实物

图 6-55　74LS153 的引脚图、逻辑符号及 DIP 实物

表 6-12　74LS153 的功能表

输入							输出
使能输入	选择输入		4 路数据				
$\overline{G}$	B	A	C_3	C_2	C_1	C_0	Y
1	×	×	×	×	×	×	0
0	0	0	×	×	×	0	0
			×	×	×	1	1
	0	1	×	×	0	×	0
			×	×	1	×	1
	1	0	×	0	×	×	0
			×	1	×	×	1
	1	1	0	×	×	×	0
			1	×	×	×	1

结合逻辑符号和功能表可知：①74LS153 包含了两个完全相同的 4 选 1 数据选择器；②两个使能输入信号 $\overline{G_1}$（1引脚）和 $\overline{G_2}$（15引脚）分别控制自己那个 4 选 1 数据选择器，低电平有效，当 $\overline{G}=1$ 时，数据选择器不工作，输出恒为 0；③选择输入信号 B 和 A 为两个 4 选 1 数据选择器共用，它们的 4 种状态组合作为 4 个选择条件，每个条件对应一个输入数据，例如 $BA=00$，数据 C_0 将被选中并送至输出 Y。

74LS153 的 Multisim 仿真电路如图 6-56 所示。图 6-56a 表示，两个使能端都接到高电平，因此处于无效状态，数据选择器不工作，不论选择输入信号 B、A 为何值，也不论两组 4 位数据为何值，输出 1Y 和 2Y 均为低电平。图 6-56b 表示，

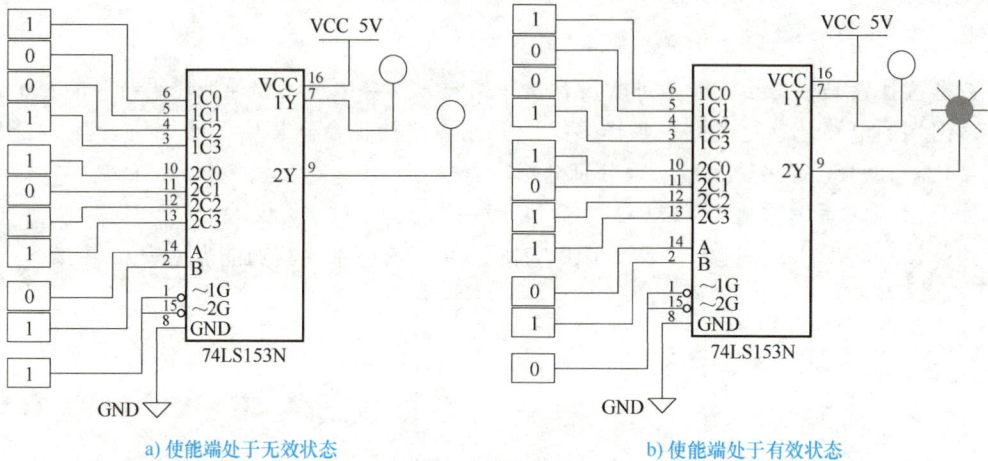

a) 使能端处于无效状态   b) 使能端处于有效状态

图 6-56   74LS153 的 Multisim 仿真电路

两个使能端都接到低电平，处于有效状态，数据选择器工作，当前选择输入信号 $BA = 10$，因此两组 4 位数据中的 C_2 被选中，其中 $1C_2 = 0$，所以输出 $1Y = 0$，$2C_2 = 1$，所以 $2Y = 1$。

根据功能表，可分析得到，当使能输入 G 有效时，输出 Y 与选择输入 B、A 以及 4 位数据 $C_0 \sim C_3$ 之间的逻辑表达式是

$$Y = \overline{B}\,\overline{A}C_0 + \overline{B}AC_1 + B\overline{A}C_2 + BAC_3$$

回忆一下前面章节利用 3 线-8 线译码器 74LS138 实现三变量逻辑函数的方法，显然，同样可以利用双 4 选 1 数据选择器 74LS153 实现三变量逻辑函数。

【例 6-13】 利用 74LS153 实现三变量判一致逻辑函数。

解：设 3 个变量为 C、B、A，判别结果为 Y，根据题意，当 CBA 为 000 或 111 时，结果发生，由此可写出逻辑表达式为

$$Y = \overline{C}\,\overline{B}\,\overline{A} + CBA$$

对照 74LS153 的逻辑表达式，若逻辑函数的 B、A 分别接至数据选择器的 B、A，则逻辑函数的 $\overline{C}$ 就对应数据选择器的 C_0，C 对应 C_3，其 Multisim 仿真电路如图 6-57 所示。

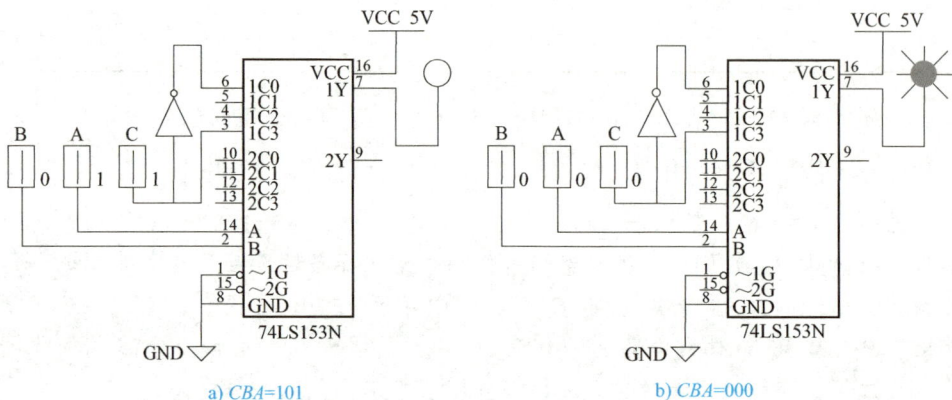

a) $CBA = 101$ b) $CBA = 000$

图 6-57   例 6-13 的 Multisim 仿真电路

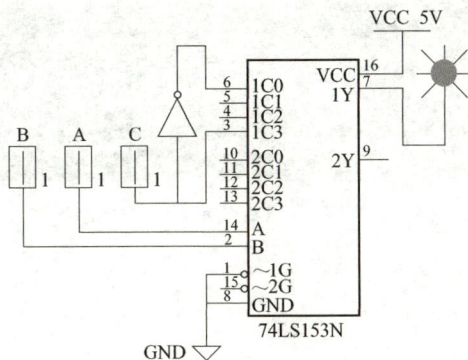

c) $CBA=111$

图 6-57 例 6-13 的 Multisim 仿真电路（续）

从上面 3 个电路图可知，使能信号 $\overline{G_1}$ 都处于有效状态，因此第一部分数据选择器正常工作。图 6-57a 中的输入信号 $CBA=101$，状态不一致，所以输出 $Y=0$，灯灭；图 6-57b 和图 6-57c 中的输入信号 CBA 分别是 000 和 111，状态一致，所以输出 $Y=1$，灯亮。

Verilog 程序如下：

```
module Example_74ls153_panbie(A,B,C,Y);
input A,B,C;
output Y;
mux4 panbie({C,2'b00,~C},{B,A},1'b0,Y);
endmodule
module mux4(input[3:0] data_in,input[1:0] sel,input enable,output reg out);
always @ (enable,sel,data_in)
begin
   if(enable==1'b1) //如果使能端为低电平,则输出0
     out=1'b0;
   else
     case(sel)
       2'b00:out=data_in[0];      //当 sel=00 时,选择 data_in[0]
       2'b01:out=data_in[1];      //当 sel=01 时,选择 data_in[1]
       2'b10:out=data_in[2];      //当 sel=10 时,选择 data_in[2]
       2'b11:out=data_in[3];      //当 sel=11 时,选择 data_in[3]
       default:out=1'b0;          //如果 sel 不是 2 位二进制数,则输出 0
     endcase
   end
endmodule
```

例 6-13 的 Quartus 仿真结果如图 6-58 所示。

2. 8 选 1 数据选择器 74LS151

74LS151 的引脚图、逻辑符号及 DIP 实物如图 6-59 所示，其功能表见表 6-13。

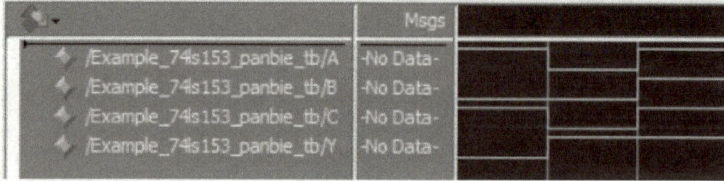

图 6-58 例 6-13 的 Quartus 仿真结果

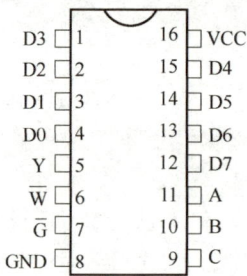 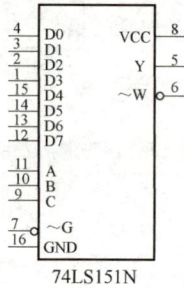 

74LS151N

a) 引脚图   b) 逻辑符号   c) DIP实物

图 6-59 74LS151 的引脚图、逻辑符号及 DIP 实物

表 6-13 74LS151 的功能表

输　入												输　出	
$\overline{G}$	C	B	A	D_7	D_6	D_5	D_4	D_3	D_2	D_1	D_0	Y	W
1	×	×	×	×	×	×	×	×	×	×	×	0	1
0	0	0	0	×	×	×	×	×	×	×	0	0	1
0	0	0	0	×	×	×	×	×	×	×	1	1	0
0	0	0	1	×	×	×	×	×	×	0	×	0	1
0	0	0	1	×	×	×	×	×	×	1	×	1	0
0	0	1	0	×	×	×	×	×	0	×	×	0	1
0	0	1	0	×	×	×	×	×	1	×	×	1	0
0	0	1	1	×	×	×	×	0	×	×	×	0	1
0	0	1	1	×	×	×	×	1	×	×	×	1	0
0	1	0	0	×	×	×	0	×	×	×	×	0	1
0	1	0	0	×	×	×	1	×	×	×	×	1	0
0	1	0	1	×	×	0	×	×	×	×	×	0	1
0	1	0	1	×	×	1	×	×	×	×	×	1	0
0	1	1	0	×	0	×	×	×	×	×	×	0	1
0	1	1	0	×	1	×	×	×	×	×	×	1	0
0	1	1	1	0	×	×	×	×	×	×	×	0	1
0	1	1	1	1	×	×	×	×	×	×	×	1	0

结合逻辑符号和功能表可知：

① 74LS151 有一个使能输入信号 $\overline{G}$，低电平有效，当 $\overline{G}=1$ 时，数据选择器不工作，输出 Y 恒为 0。

② 两个输出 Y 和 W 是互反的。

③ 当 $\overline{G}=0$ 时，数据选择器工作，选择输入信号 C、B、A 的 8 种状态组合作为 8 个选择条件，每个条件对应一个输入数据，例如 $CBA=100$，则数据 D_4 将被选中并送至输出 Y。

仿照 74LS153，在使能有效的情况下，可以写出 74LS151 的逻辑表达式为

$$Y=\overline{C}\,\overline{B}\,\overline{A}D_0+\overline{C}\,\overline{B}AD_1+\overline{C}B\overline{A}D_2+\overline{C}BAD_3+C\overline{B}\,\overline{A}D_4+C\overline{B}AD_5+CB\overline{A}D_6+CBAD_7$$

观察上面的逻辑表达式，显然，对于有 4 个输入信号的逻辑函数，可以用 74LS151 实现，方法和利用 74LS153 实现三变量逻辑函数类似。下面，通过例题讲述如何用 74LS151 实现三变量逻辑函数。

【例 6-14】 利用 74LS151 实现三变量"少数服从多数"逻辑函数。

解： 设 3 个变量为 A、B、C，同意为 1，不同意为 0；表决结果为 Y，通过为 1，不通过为 0。根据题意，当 A、B、C 中有两个以上为 1 时表决通过，否则不通过，由此可写出逻辑表达式为

$$Y=\overline{A}BC+A\overline{B}C+AB\overline{C}+ABC$$

将逻辑函数的 3 个输入变量分别接至数据选择器的选择输入端，若 $A=C$、$B=B$、$C=A$，根据逻辑表达式，显然 $D_3=D_5=D_6=D_7=1$，对于逻辑表达式中没有出现的最小项，对应的数据输入 $D_0=D_1=D_2=D_4=0$，其 Multisim 仿真电路如图 6-60 所示。

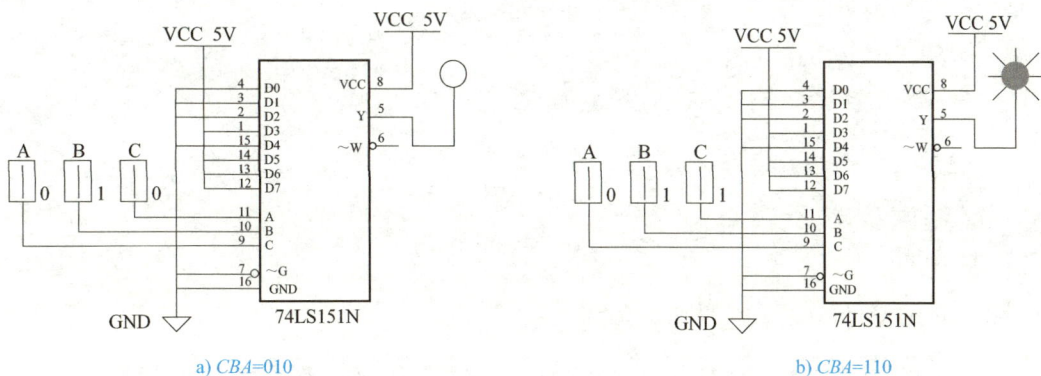

a) $CBA=010$ b) $CBA=110$

图 6-60 例 6-14 的 Multisim 仿真电路

从图 6-60 中的两个电路可知，使能信号都处于有效状态，数据选择器正常工作。图 6-60a 中的输入信号 $CAB=010$，1 的个数处于少数，所以输出 $Y=0$；图 6-60b 中的输入信号 $CAB=110$，1 的个数处于多数，所以输出 $Y=1$，灯亮。

Verilog 程序如下：

```
module Example_74ls151_biaojue（C,B,A,Y）;
 input C,B,A;
```

```
    output Y;
    Example_74ls151biaojue({A,B,C},8'b11101000,1'b0,Y );
    endmodule
    module Example_74ls151(
        input[2:0] sel,
        input[7:0] in,
        input en,
        output reg y,
        output reg w
    );
    always @ (sel or in or en)begin
        if(!en)begin
            case(sel)
                3'b000:begin y=in[0]; w=~y; end
                3'b001:begin y=in[1]; w=~y; end
                3'b010:begin y=in[2]; w=~y; end
                3'b011:begin y=in[3]; w=~y; end
                3'b100:begin y=in[4]; w=~y; end
                3'b101:begin y=in[5]; w=~y; end
                3'b110:begin y=in[6]; w=~y; end
                3'b111:begin y=in[7]; w=~y; end
            endcase
        end else begin
            y=1'b0; w=1'b0;
        end
    end
    endmodule
```

例 6-61 的 Quartus 仿真结果如图 6-61 所示。

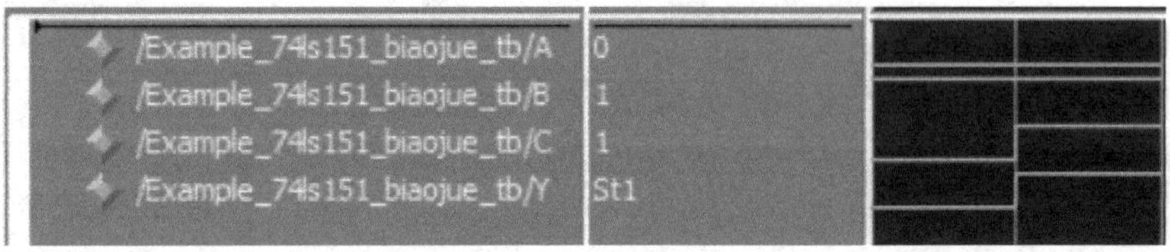

/Example_74ls151_biaojue_tb/A	0
/Example_74ls151_biaojue_tb/B	1
/Example_74ls151_biaojue_tb/C	1
/Example_74ls151_biaojue_tb/Y	St1

图 6-61　例 6-14 的 Quartus 仿真结果

3. 16 选 1 数据选择器 74LS150

74LS150 是一个 24 引脚的集成功能芯片，可以实现 16 选 1。它的引脚图、逻辑符号及 DIP 实物如图 6-62 所示，其功能表见表 6-14。

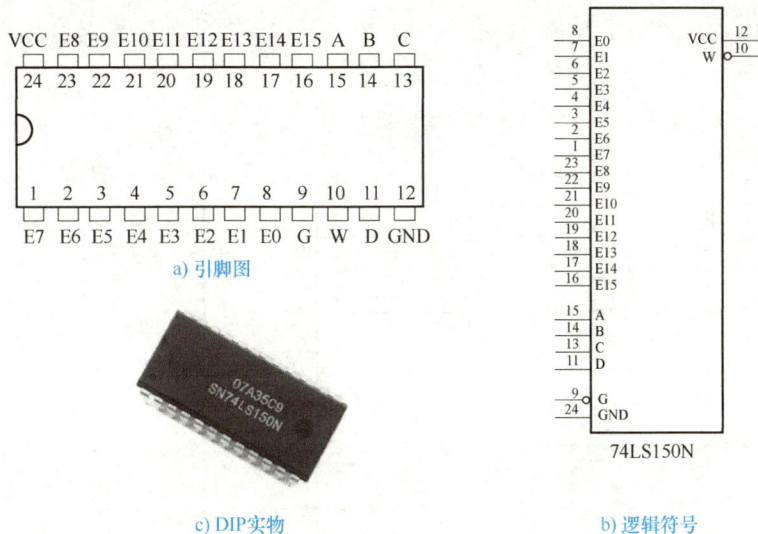

a) 引脚图

c) DIP实物

b) 逻辑符号

74LS150N

图 6-62　74LS150 的引脚图、逻辑符号及 DIP 实物

表 6-14　74LS150 的功能表

输　入					输出	输　入					输出
G	D	C	B	A	W	G	D	C	B	A	W
1	×	×	×	×	0	1	×	×	×	×	0
0	0	0	0	0	$\overline{E_0}$	0	1	0	0	0	$\overline{E_8}$
0	0	0	0	1	$\overline{E_1}$	0	1	0	0	1	$\overline{E_9}$
0	0	0	1	0	$\overline{E_2}$	0	1	0	1	0	$\overline{E_{10}}$
0	0	0	1	1	$\overline{E_3}$	0	1	0	1	1	$\overline{E_{11}}$
0	0	1	0	0	$\overline{E_4}$	0	1	1	0	0	$\overline{E_{12}}$
0	0	1	0	1	$\overline{E_5}$	0	1	1	0	1	$\overline{E_{13}}$
0	0	1	1	0	$\overline{E_6}$	0	1	1	1	0	$\overline{E_{14}}$
0	0	1	1	1	$\overline{E_7}$	0	1	1	1	1	$\overline{E_{15}}$

结合逻辑符号和功能表可知：

① 74LS150 有一个使能输入信号 G，低电平有效，当 $G=1$ 时，数据选择器不工作，输出 Y 恒为 0。

② 当 $G=0$ 时，数据选择器工作，选择输入信号 D、C、B、A 的 16 种状态组合作为 16 个选择条件，每个条件对应一个输入数据，例如 $DCBA=1011$，则数据 E_{11} 将被选中并取反后送至输出 W。

74LS150 的 Multisim 仿真电路如图 6-63 所示，由于使能信号当前处于有效状态，所以数据选择器正常工作。因为 $DCBA=1001$，所以 E_9 被选中，当前 $E_9=0$，取反后送给输出 W，所以 $W=1$，灯亮。

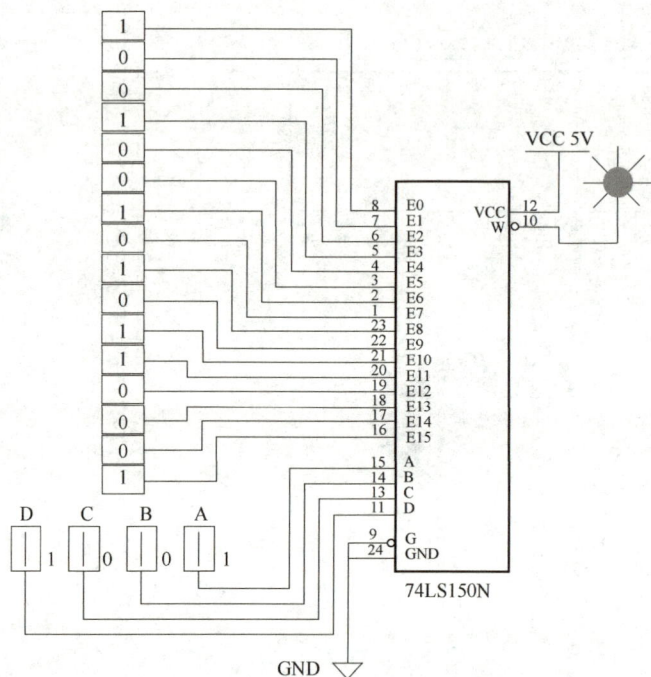

图 6-63　74LS150 的 Multisim 仿真电路

Verilog 程序如下：

```
module Example_74ls150_anli(D,C,B,A,Y);
input D,C,B,A;
output Y;
Example_74ls150anli({D,C,B,A},16'b0110_0001_1101_0011,1'b0,Y);
endmodule
module Example_74ls150(
    input[3:0] sel,
    input[15:0] in,
    input en,
    output reg w
);
always @ ( * )begin
    if(!en)begin
        case(sel)
            4'b0000:w = ~in[0];
            4'b0001:w = ~in[1];
            4'b0010:w = ~in[2];
            4'b0011:w = ~in[3];
            4'b0100:w = ~in[4];
```

```
        4'b0101:w = ~in[5];
        4'b0110:w = ~in[6];
        4'b0111:w = ~in[7];
        4'b1000:w = ~in[8];
        4'b1001:w = ~in[9];
        4'b1010:w = ~in[10];
        4'b1011:w = ~in[11];
        4'b1100:w = ~in[12];
        4'b1101:w = ~in[13];
        4'b1110:w = ~in[14];
        4'b1111:w = ~in[15];
      endcase
    end else begin
      w = 1'b0;
    end
  end
endmodule
```

74LS150 的 Quartus 仿真结果如图 6-64 所示。

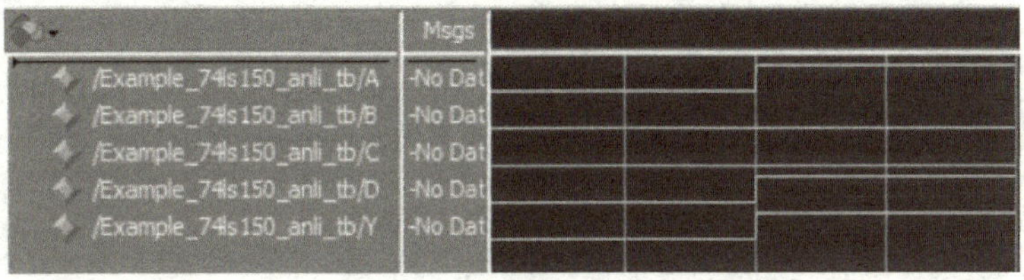

图 6-64　74LS150 的 Quartus 仿真结果

本 章 小 结

组合逻辑函数的输出状态仅仅取决于当前时刻输入的状态，与电路原来的状态无关。由基本逻辑门构成的组合逻辑电路的分析和设计是初学者用数字电子技术解决实际问题的基础性训练，方法和步骤有章可循。

组合逻辑电路中的竞争冒险有时候可能会带来逻辑错误，本章针对竞争冒险产生的原因、判断依据和消除方法进行了详细的阐述。

从知识的系统性、应用性和可实现性出发，通过"片剂装瓶计数显示系统"项目，将编码器、译码器、数据选择器、比较器、加法器、显示译码器及数码管这些常用的组合逻辑功能器件融合在一起。每种功能器件均给出了引脚图、逻辑符号和实物图，结合功能表对器件进行了介绍，并通过 Multisim 进行了电路仿真。对于部分电路，还使用 Verilog 硬件描述语言编写了程序，并通过 Quartus 软件进行了仿真验证。

复习思考题

1. 分析判断下列逻辑函数是否存在竞争冒险,并说明缘由。

(1) $F = \overline{A}\,\overline{B} + AC$

(2) $F = BD + AC\overline{D}$

(3) $F = \overline{A}\,\overline{B} + AB$

(4) $F = (A + \overline{BC})(B + \overline{C})$

2. 分析图 6-65 所示电路,要求:①写出 Y 的逻辑表达式;②列出真值表;③说明电路实现什么逻辑功能。

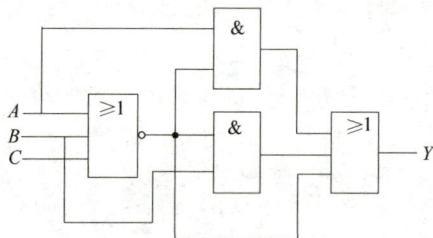

图 6-65　题 2 的电路图

3. 分析图 6-66 所示电路,要求:①写出 Y_3、Y_2、Y_1、Y_0 的逻辑表达式;②列出真值表;③说明电路实现什么逻辑功能。

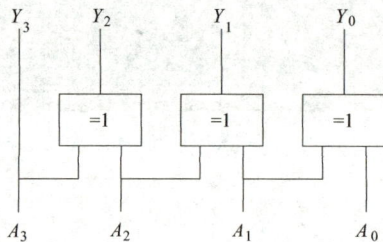

图 6-66　题 3 的电路图

4. 某虚拟仿真实验项目共设置了 4 个操作任务:若学生出现任何一个操作错误时,屏幕界面上的黄灯亮;若出现任何两个操作错误时,屏幕界面上的红灯亮;若出现任何 3 个操作错误时,黄灯和红灯均亮;若 4 个操作都错误时,黄灯和红灯均亮,同时计算机发出提示报警声。完成该逻辑电路的设计,要求用基本逻辑门实现。首先对输入输出变量进行命名并完成 0、1 赋值定义,再列出真值表,写出逻辑表达式(若能化简须化为最简与或式),最后画出逻辑电路图。

5. 某生产企业的燃油蒸汽锅炉安装有 3 种类型的传感器 A、B、C,其中 A 用来监视燃油喷嘴的工作状态,B 和 C 分别用来监测锅炉中的水位和压力是否超过设定值。设计一个报警电路,当燃油喷嘴处于打开状态,且水位或压力超过设定值时,电路发出报警信号。完成该逻辑电路的设计,要求用与非门实现。首先对输入输出变量进行 0、1 赋值定义,再列出真值表，写出逻辑表达式（若能化简须化为最简与或式），最后画出逻辑电路图。

6. 设计一个"四舍五入"电路，当输入的4位8421BCD码 $B_3B_2B_1B_0 < 5$ 时，输出 Y 为0，否则为1。要求用基本逻辑门完成该逻辑电路设计，列出真值表（约束项也需要列出），写出逻辑表达式（可以利用约束项化简），画出逻辑电路图。

7. 某会议室四周墙壁上有 A、B、C、D、E 5个开关，每个开关有0和1两个状态，F 为会议室的照明灯，亮时为1，灭时为0。当按下的开关数为奇数时，灯亮，其他情况则不亮。要求用基本逻辑门完成该逻辑电路的设计，列出真值表，写出逻辑表达式并化简，画出逻辑电路图。

8. 某农科所装备了一套储水系统用于试验田灌溉，该系统由一个水箱和大小两台水泵以及控制电路构成，如图6-67所示。水箱中设置了3个水位检测传感器，分别装于A、B、C点。当水位超过C点时，两台水泵都停止工作；水位低于C点但高于B点时，小水泵N单独工作；水位低于B点但高于A点时，大水泵M单独工作；水位低于A点时，两台水泵同时工作。要求用基本逻辑门完成该控制电路的设计，列出真值表（约束项也需要列出），写出逻辑表达式，画出逻辑电路图。

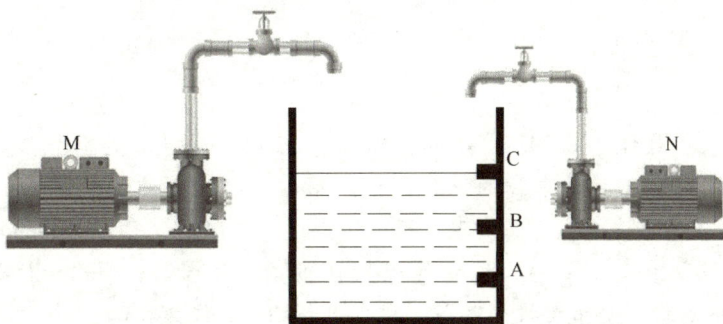

图6-67 题8的电路图

9. 用基本逻辑门设计一个判别电路，其功能是判断输入的4位二进制数码 $DCBA$ 是否能被4整除，若能被4整除，则输出 Y 为1，否则为0。要求：列出真值表，写出逻辑表达式（化为最简与或式），画出逻辑电路图。

10. 数码管外观如图6-68所示，若数码管为共阴极型，需显示数字"3"，则 g、f、e、d、c、b、a 的电平值应是什么？写出分析过程。

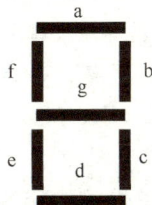

图6-68 题10的电路图

11. 用4选1数据选择器74LS153和8选1数据选择器74LS151分别实现逻辑函数 $F(A, B, C) = \sum m(1, 2, 5, 6)$。要求列出真值表，写出逻辑表达式，说明实现过程，画出逻辑电路图，并用 Multisim 仿真验证。

12. 用 8 选 1 数据选择器 74LS151 设计一个组合逻辑电路。该电路有 3 个输入逻辑变量 A、B、C 和 1 个控制变量 M。当 $M=0$ 时，电路实现"判一致"功能；当 $M=1$ 时，电路实现"多数表决"功能。要求列出真值表，写出逻辑表达式，说明实现过程，画出逻辑电路图，并用 Multisim 仿真验证。

13. 人类的血型主要是 A、B、AB、O 4 种。对于输血者和受血者的血型匹配，有着严格的要求，如图 6-69 所示。用 16 选 1 数据选择器 74LS150 设计一个逻辑电路，用来判断输血者与受血者是否符合图 6-69 所示的规定。要求列出真值表，写出逻辑表达式，说明实现过程，画出逻辑电路图，并用 Multisim 仿真验证。

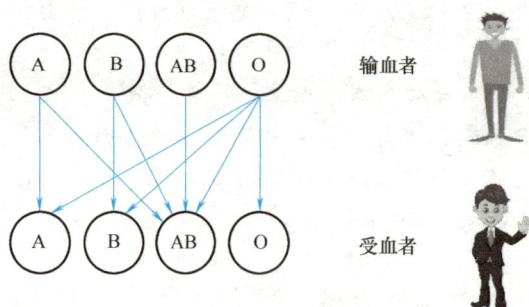

图 6-69 题 13 的图

14. 利用 3 线-8 线译码器 74LS138 和基本逻辑门设计一个 1 位的全加器电路。设 A 为被加数，B 为加数，C 为低位向本位的进位，S 是本位和，CO 是本位向高位的进位。要求列出真值表，写出逻辑表达式，说明实现过程，画出逻辑电路图，并用 Multisim 仿真验证。

15. 利用 4 位数值比较器 74LS85 设计一个 10 位数值比较器，写出设计思路，并完成各片 74LS85 之间的连线，画出逻辑电路图，然后用 Multisim 仿真验证。

16. 用 4 位全加器 74LS283 和基本逻辑门设计一个 2 位二进制乘法器。被乘数为 A_1A_0，乘数为 B_1B_0，积为 $Y_3Y_2Y_1Y_0$。写出设计思路，画出逻辑电路图，并用 Multisim 仿真验证。

17. 用 4 位全加器 74LS283 和基本逻辑门设计一个代码转换电路，其功能是将输入的余 3 码转换为 8421BCD 码。写出设计思路，画出逻辑电路图，并用 Multisim 仿真验证。

18. 用 4 位数据比较器 74LS85 和基本逻辑门设计一个数据范围指示电路，其功能是将输入的 4 位二进制数码 $DCBA$ 按照下列两种情况进行区分：①输入的数 $\leqslant 9$，②输入的数 $\geqslant 10$。写出设计思路，画出逻辑电路图，并用 Multisim 仿真验证。

19. 在 17 题的基础上，再用显示译码电路 74LS48 和共阴极数码管将输入的 4 位二进制数所表示的十进制数显示出来。写出设计思路，画出逻辑电路图，并用 Multisim 仿真验证。

20. 某知识竞赛场地共有 8 套抢答器，数字 7～0 分别对应着 8 位选手。用 8-3 编码器 74LS148、显示译码电路 74LS48、共阴极数码管以及基本逻辑门设计一个抢答显示电路，它可实现以下功能：当某位选手首先按下按键时，抢答系统被锁定，其他选手即使再按下也无效；同时，首先按下按键的选手对应的数字显示在数码管上。

21. 用 Verilog 硬件描述语言编写 4～19 题的程序，并通过 Quartus 软件仿真验证。对于 11～20 题，程序只需满足任务功能即可，不必拘泥于具体的功能器件型号。

第 7 章

时序逻辑电路

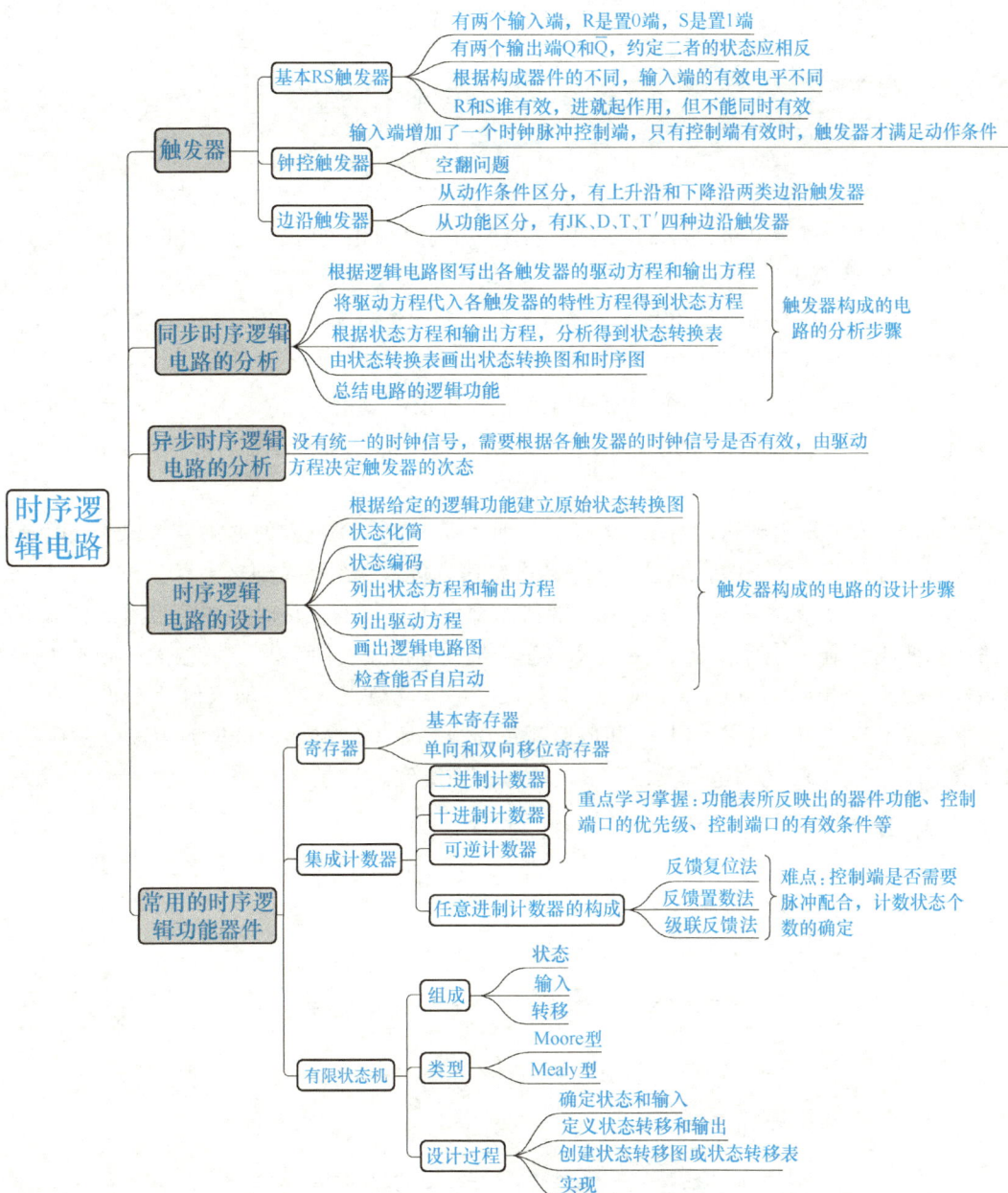

- 时序逻
辑电路
  - 触发器
    - 基本RS触发器
      - 有两个输入端，R是置0端，S是置1端
      - 有两个输出端Q和Q̄，约定二者的状态应相反
      - 根据构成器件的不同，输入端的有效电平不同
      - R和S谁有效，谁就起作用，但不能同时有效
    - 钟控触发器
      - 输入端增加了一个时钟脉冲控制端，只有控制端有效时，触发器才满足动作条件
      - 空翻问题
    - 边沿触发器
      - 从动作条件区分，有上升沿和下降沿两类边沿触发器
      - 从功能区分，有JK、D、T、T′四种边沿触发器
  - 同步时序逻辑
电路的分析
    - 根据逻辑电路图写出各触发器的驱动方程和输出方程
    - 将驱动方程代入各触发器的特性方程得到状态方程
    - 根据状态方程和输出方程，分析得到状态转换表 — 触发器构成的电路的分析步骤
    - 由状态转换表画出状态转换图和时序图
    - 总结电路的逻辑功能
  - 异步时序逻辑
电路的分析
    - 没有统一的时钟信号，需要根据各触发器的时钟信号是否有效，由驱动方程决定触发器的次态
  - 时序逻辑
电路的设计
    - 根据给定的逻辑功能建立原始状态转换图
    - 状态化简
    - 状态编码
    - 列出状态方程和输出方程 — 触发器构成的电路的设计步骤
    - 列出驱动方程
    - 画出逻辑电路图
    - 检查能否自启动
  - 常用的时序逻
辑功能器件
    - 寄存器
      - 基本寄存器
      - 单向和双向移位寄存器
    - 集成计数器
      - 二进制计数器
      - 十进制计数器 — 重点学习掌握：功能表所反映出的器件功能、控制端口的优先级、控制端口的有效条件等
      - 可逆计数器
      - 任意进制计数器的构成
        - 反馈复位法
        - 反馈置数法 — 难点：控制端是否需要脉冲配合，计数状态个数的确定
        - 级联反馈法
    - 有限状态机
      - 组成
        - 状态
        - 输入
        - 转移
      - 类型
        - Moore型
        - Mealy型
      - 设计过程
        - 确定状态和输入
        - 定义状态转移和输出
        - 创建状态转移图或状态转移表
        - 实现

与组合逻辑电路不同的是，时序逻辑电路输出的状态不仅取决于当前时刻输入的状态，还与电路原来的状态有关。也就是说，时序逻辑电路一定含有反馈回路，具有记忆功能。为了更好地理解两者的区别，我们来分析图 7-1 所示的两个以或逻辑为主体的电路。

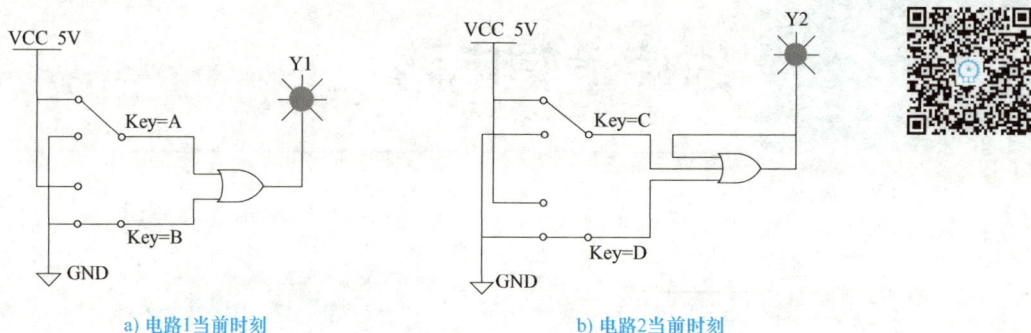

a) 电路1当前时刻   b) 电路2当前时刻

图 7-1 两个以或逻辑为主体的电路（一）

先看图 7-1a，电路 1 的输出与两个输入之间是或逻辑关系，逻辑表达式为 $Y_1 = A + B$。这是一个典型的组合逻辑电路，Y_1 的状态只取决于当前时刻 A、B 的状态，此时图中的 A 为高电平，因此 Y_1 为高电平。

再看图 7-1b，电路 2 的输出与 3 个输入之间也是或逻辑关系，但其中的一个输入是输出 Y_2 反馈至或门的输入端形成的，因此 Y_2 的状态不仅与当前时刻 C、D 的状态有关，还与前一时刻的 Y_2 有关。为了区分两个不同时刻的 Y_2，将前一刻的 Y_2 命名为 Y_2^n，将当前时刻的 Y_2 命名为 Y_2^{n+1}，逻辑表达式可以写成 $Y_2^{n+1} = C + D + Y_2^n$。此时图中 C 为高电平，因此 Y_2 为高电平。

由于存在着从输出到输入的反馈环节，因此，分析这一类电路时必须要考虑前一时刻的输出对当前时刻输出的影响，通过接下来的电路仿真可以深刻体会到这一点。

观察图 7-2，电路 1 和电路 2 的输入端状态都发生了改变。从时序的角度看，图 7-1 的电路状态变成了前一时刻，图 7-2 的电路状态则成为新时刻。图 7-2a 中的输入信号 A 从原来的高电平变成了当前的低电平，因此 Y_1 变为低电平。反观图 7-2b，输入信号 C 也从原来的高电平变成了当前的低电平，但 Y_2 却依旧保持高电平不变。显然，这是因为该电路存在反馈环节，前一时刻 Y_2 的高电平反馈至或门的输入端所致。

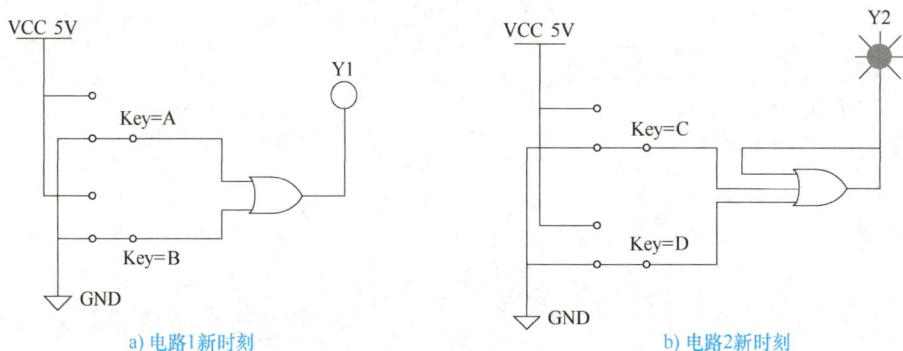

a) 电路1新时刻   b) 电路2新时刻

图 7-2 两个以或逻辑为主体的电路（二）

由于要考虑反馈和时序的问题，时序逻辑电路的分析与设计通常都要比组合逻辑电路复杂。本章首先介绍时序逻辑电路的基本单元电路——触发器（Flip Flop，FF），再介绍由触发器构成的时序逻辑电路的分析和设计，最后介绍常用的时序逻辑功能器件。

7.1 触发器

触发器是在基本逻辑门的基础上加上适当的反馈电路构成的。触发器有各种类型，按照逻辑功能的不同，可分为 RS 触发器、JK 触发器、D 触发器、T 触发器等；按照触发方式的不同，可分为直接触发、电平触发、边沿触发等。这些触发器虽各有不同，但都具有以下共同特点：

① 有两个互补的输出端 Q 和 $\overline{Q}$，一个触发器可以存储（记忆）1 位二值信号。

② 在不同的有效输入信号作用下，触发器可以被置成 1 状态或 0 状态。

③ 当有效输入信号撤走（消失）后，所置成的状态能够保持不变。

触发器输出和输入之间的关系称为触发器的逻辑功能。描述触发器逻辑功能的方法如下：

① 特性方程（特征方程）——以逻辑表达式的形式描述触发器的逻辑功能。

② 特性表（功能表）——以表格的形式描述触发器的逻辑功能。

③ 状态转换图（状态图）——以图形的形式描述触发器的逻辑功能。

④ 时序图（波形图）——以时序波形的形式描述触发器的逻辑功能。

这些方法与组合逻辑电路的逻辑功能描述方法是相似的，只是根据时序逻辑电路的特点在叫法上有所不同。例如，在组合逻辑电路中用逻辑表达式描述输入输出之间的逻辑关系，而在时序逻辑电路中则称为特性方程或特征方程。

7.1.1 基本 RS 触发器

严格来说，基本 RS 触发器应该称为基本 RS 锁存器。通常认为，触发器对脉冲边沿（上升沿或者下降沿）敏感，即脉冲信号的边沿作为触发器改变状态（动作）的条件，而锁存器对脉冲电平（高电平或者低电平）敏感，即脉冲信号的电平作为锁存器改变状态的条件。鉴于许多参考书和教材对于两者的称谓没有严格区分，本书也按照习惯称之为基本 RS 触发器。

1. 电路构成

由两个与非门 G_1 和 G_2 构成的基本 RS 触发器的电路结构如图 7-3a 所示，每一个与非门

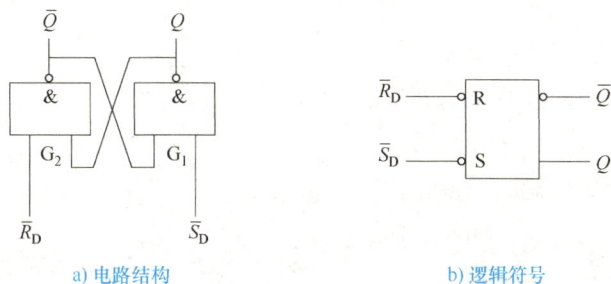

a) 电路结构   b) 逻辑符号

图 7-3 与非门构成的基本 RS 触发器

的输出都通过反馈线成为另一个与非门的输入，也就是说，电路存在着反馈环节。Q 和 $\overline{Q}$ 是触发器的两个输出端，规定二者的逻辑状态在正常情况下应互补（相反）。通常将 Q 端的状态定义为触发器的状态，$Q=0$，$\overline{Q}=1$，称触发器处于 0 状态；$Q=1$，$\overline{Q}=0$，则称触发器处于 1 状态。$\overline{S}_D$ 和 $\overline{R}_D$ 是触发器的两个输入端。

2. 输出与输入逻辑关系分析

由于输出通过反馈线引回到输入端，那么新时刻输出的状态必然由前一时刻输出的状态和新时刻输入的状态共同决定，分析输出与输入之间的逻辑关系，就必须建立清晰的"时序"概念。为了更好地描述前后时刻对应的输出状态，将前一时刻的输出状态称作现态，记为 Q^n，将新时刻的输出状态称为次态，记为 Q^{n+1}。两个输入端 $\overline{S}_D$ 和 $\overline{R}_D$ 共有 4 种取值组合。下面逐一分析输出与输入之间的逻辑关系，这里 $\overline{S}_D$ 和 $\overline{R}_D$ 的取值都是指新时刻的状态。

（1）$\overline{S}_D=1$，$\overline{R}_D=0$ 电路如图 7-4 所示。假设触发器的现态为 1，即 $Q=1$，$\overline{Q}=0$。由于 $\overline{R}_D=0$，则 G_2 的输出端 $\overline{Q}$ 变为 1，并通过反馈线引至 G_1 的输入端，此时 G_1 的两个输入端全为 1，则其输出端 Q 变为 0。如果设触发器的现态为 0，通过分析不难得知 Q 的次态仍为 0。因此，当 $\overline{S}_D=1$，$\overline{R}_D=0$ 时，不论 Q 的现态是 1 还是 0，次态都为 0，这种情况称为将触发器置 0 或复位。$\overline{R}_D$ 端称为触发器的置 0 端、清零端或复位端（Reset）。

（2）$\overline{S}_D=0$，$\overline{R}_D=1$ 电路如图 7-5 所示。假设触发器的现态为 0，即 $Q=0$，$\overline{Q}=1$。由于 $\overline{S}_D=0$，则 G_1 的输出端 Q 变为 1，并通过反馈线引至 G_2 的输入端，由于 G_2 的两个输入端全为 1，其输出端 $\overline{Q}$ 变为 0。如果设触发器的现态为 1，通过分析可知触发器的次态仍为 1。因此，当 $\overline{S}_D=0$，$\overline{R}_D=1$ 时，不论触发器的现态是 1 还是 0，次态都为 1，这种情况称将触发器置 1 或置位。$\overline{S}_D$ 端称为触发器的置 1 端或置位端（Set）。

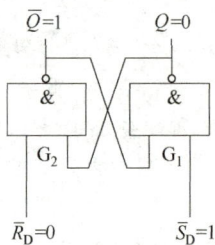

图 7-4 $\overline{S}_D=1, \overline{R}_D=0$

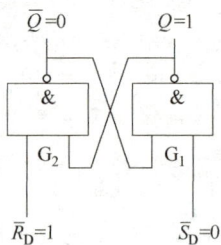

图 7-5 $\overline{S}_D=0, \overline{R}_D=1$

（3）$\overline{S}_D=1$，$\overline{R}_D=1$ 电路如图 7-6 所示。假设触发器的现态为 1，分析可知 G_1 的输出端 Q 仍为 1，G_2 的输出端 $\overline{Q}$ 仍为 0；假设触发器的现态为 0，分析可知 G_1 的输出端 Q 仍为 0，G_2 的输出端 $\overline{Q}$ 仍为 1。因此，当 $\overline{S}_D=1$，$\overline{R}_D=1$ 时，触发器的次态与现态保持一致，这就是它所

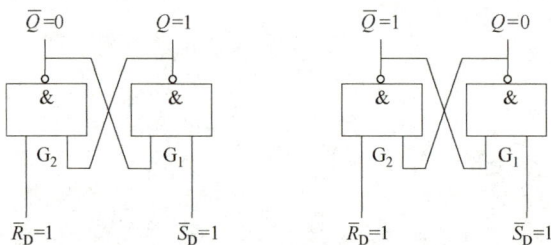

a) $Q=1$ 时   b) $Q=0$ 时

图 7-6 $\overline{S}_D=1, \overline{R}_D=1$

具有的存储或记忆功能。

从以上 3 种情况的分析可知，对于由与非门构成的基本 RS 触发器而言，输入信号为低电平时有效。有效的含义是起作用，至于起什么作用，需要看是哪一个输入信号有效。当 $\overline{S}_D = 1$，$\overline{R}_D = 0$ 时，是 $\overline{R}_D$ 有效；当 $\overline{S}_D = 0$，$\overline{R}_D = 1$ 时，是 $\overline{S}_D$ 有效；当 $\overline{S}_D = \overline{R}_D = 1$ 时，两个输入信号都无效，电路就处于保持功能。前面提到过触发器有 3 个特点，其中第 3 个特点中所谓的"有效输入信号撤走（消失）"即指输入信号从有效变为无效，反映在与非门构成的基本 RS 触发器上，就是 $\overline{S}_D$ 或 $\overline{R}_D$ 由 0 变为 1。

（4） $\overline{S}_D = 0$，$\overline{R}_D = 0$ 电路如图 7-7 所示。当 $\overline{S}_D = \overline{R}_D = 0$ 时，两个输出端 Q 和 $\overline{Q}$ 都为 1。对于这种输入情况应避免出现，主要有两个原因：首先，这违背了触发器输出端互补的规定；其次，当 $\overline{S}_D$ 和 $\overline{R}_D$ 的信号同时从有效变为无效时（即 $\overline{S}_D$ 和 $\overline{R}_D$ 同时由 0 变为 1），由于 G_1、G_2 门的传输延迟时间的不确定（这是由门电路状态转换时间不一致引起的），所以触发器的新状态也无法确定。假设 G_1 门的传输延迟时间快于 G_2 门，则 $Q = 0$，$\overline{Q} = 1$；反之，假设 G_2 门的传输延迟时间快于 G_1 门，则 $Q = 1$，$\overline{Q} = 0$。

3. 逻辑符号

图 7-3b 是与非门构成的基本 RS 触发器的逻辑符号。其中，方框内的 R、S 分别表示复位和置位输入，方框外与 R、S 对应的端口命名为 $\overline{R}_D$ 和 $\overline{S}_D$，"非"号以及框沿上的"。"表示输入端是低电平有效，下标"D"表示直接起作用。这些都体现了数字电路中"望名生义"的命名原

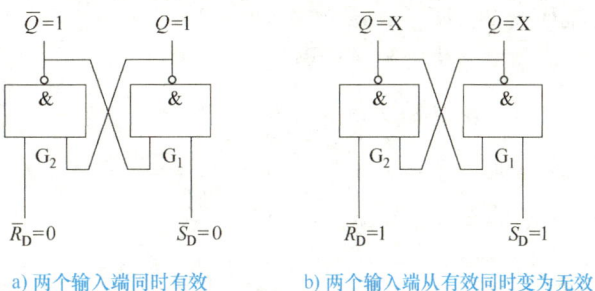

a) 两个输入端同时有效　　　　　b) 两个输入端从有效同时变为无效

图 7-7 $\overline{S}_D = 0, \overline{R}_D = 0$

则。后续的触发器内容将逐渐淡化内部电路结构，主要围绕逻辑功能描述和逻辑符号展开。

4. 逻辑功能描述

（1）特性表 与非门构成的基本 RS 触发器的特性表见表 7-1。

表 7-1 与非门构成的基本 RS 触发器的特性表

$\overline{R}_D$	$\overline{S}_D$	Q^n	Q^{n+1}	功能说明
0	0	0	×	不允许
0	0	1	×	
0	1	0	0	置 0（复位、清零）
0	1	1	0	
1	0	0	1	置 1（置位）
1	0	1	1	
1	1	0	0	保持
1	1	1	1	

注：×表示当 $\overline{R}_D$ 和 $\overline{S}_D$ 由 0 同时变 1 后，Q 端状态不确定。

（2）特性方程　由特性表可知，$\overline{R}_D$、$\overline{S}_D$ 和 Q^n 作为逻辑条件，Q^{n+1} 作为逻辑结果，化简时须考虑无关项，可得特性方程为

$$\begin{cases} Q^{n+1} = \overline{\overline{S}_D} + \overline{R}_D Q^n \\ \overline{R}_D + \overline{S}_D = 1 \,(约束条件) \end{cases} \tag{7-1}$$

约束条件表明，$\overline{S}_D$ 和 $\overline{R}_D$ 至少有一个为高电平，换句话说，不允许 $\overline{S}_D$ 和 $\overline{R}_D$ 同时为低电平。

（3）状态转换图　图 7-8 是由与非门构成的基本 RS 触发器的状态转换图，0 和 1 是触发器的两个状态，箭头方向代表从现态到次态，弧线旁是状态转换的条件，×表示任意状态。

（4）时序图　触发器的功能也可以用输入输出波形图直观地表示出来，下面通过例 7-1 进行介绍。

【例 7-1】　与非门构成的基本 RS 触发器如图 7-3 所示，已知输入 $\overline{R}_D$ 和 $\overline{S}_D$ 的波形如图 7-9 所示，试画出输出 Q 和 $\overline{Q}$ 的波形。设 Q 的初始状态为 0。

图 7-8　状态转换图

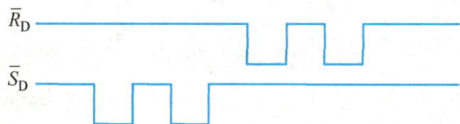

解：根据 $\overline{R}_D$ 和 $\overline{S}_D$ 的状态，首先观察哪一个输入端有效，再确定输出的状态，由此可得 Q、$\overline{Q}$ 的波形，如图 7-10 所示。

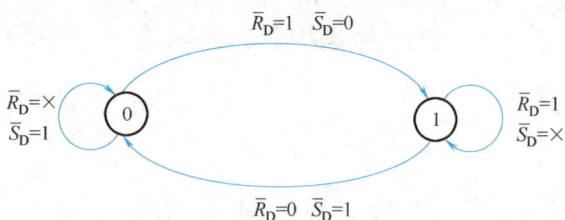

图 7-9　输入信号的波形

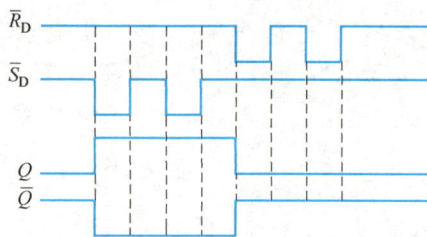

图 7-10　Q 或 $\overline{Q}$ 的波形

图 7-11a 所示是由两个或非门构成的基本 RS 触发器的电路结构，图 7-11b 所示是它的逻辑符号。分析可知，两个输入信号 R_D 和 S_D 都是高电平有效，只有当输入信号为高电平时，才能对触发器直接置 1 或置 0。或非门构成的基本 RS 触发器的约束条件是 $R_D S_D = 0$。也就是说，两个输入信号不能同时为高电平。

$$\begin{cases} Q^{n+1} = S_D + \overline{R}_D Q^n \\ R_D S_D = 0 \,(约束条件) \end{cases} \tag{7-2}$$

基本 RS 触发器采用直接触发方式，在整个工作时期内，触发器的

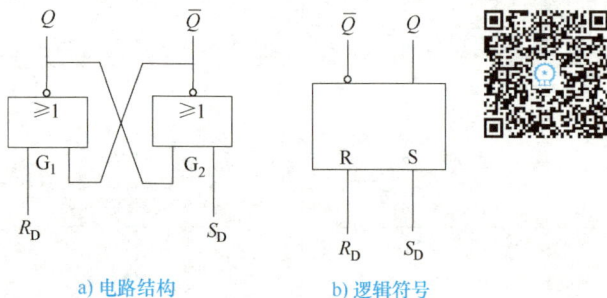

a) 电路结构　　　　b) 逻辑符号

图 7-11　或非门构成的基本 RS 触发器

状态随时受输入端 R 和 S 的直接控制。在实际使用中，往往要求触发器在某些时间段才能被触发，接下来介绍的钟控触发器可以满足这个要求。

7.1.2 钟控触发器

钟控触发器是在基本 RS 触发器的基础上增加了一个时钟脉冲（Clock Pulse，CP）控制端，故又称为同步触发器、时钟触发器。

1. 钟控 RS 触发器（钟控 RS 锁存器）

钟控 RS 触发器是一种由时钟脉冲 CP 控制的 RS 触发器，只有 CP 出现有效信号时，触发器才动作。图 7-12 所示为由与非门构成的钟控 RS 触发器的电路结构和逻辑符号。

分析可知，G_1 和 G_2 门构成基本 RS 触发器，G_3 和 G_4 门构成控制电路，同时，G_3 和 G_4 的输出作为 G_1 和 G_2 的输入，CP 是控制脉冲。

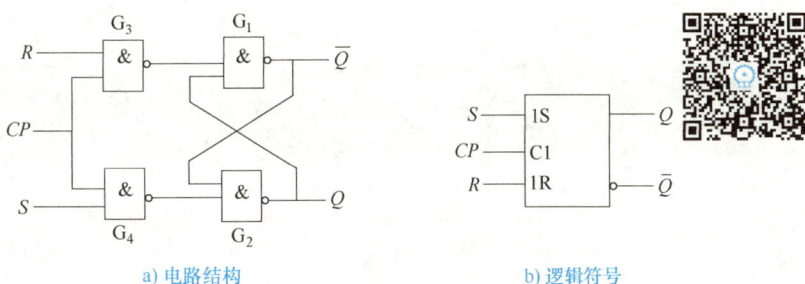

a) 电路结构　　　　　　　　b) 逻辑符号

图 7-12　钟控 RS 触发器

当 $CP = 0$ 时，无论 R 和 S 的状态如何变化，G_3 和 G_4 的输出恒为 1，因此，基本 RS 触发器处于保持功能，$Q^{n+1} = Q^n$；当 $CP = 1$ 时，G_3 的输出是 $\overline{R}$，G_4 的输出是 $\overline{S}$，两者的状态再按照基本 RS 触发器的逻辑关系进一步决定最终 Q 和 $\overline{Q}$ 的状态。因为输出的状态变化只可能发生在 CP 为高电平时段，所以该电路是电平触发，将之称为钟控 RS 锁存器更准确。

为了表示时钟脉冲信号对输入 R 和 S 的这种控制作用，逻辑符号方框内的脉冲信号标注为 C（表示时钟脉冲），后接阿拉伯数字 1；同时，置位信号 S 和复位信号 R 前也加数字 1，分别写成 1S 和 1R，表示它们受 C 控制。对方框外的命名没有硬性规定，如果能体现端口的含义及产生作用的条件更好。本逻辑符号方框外的名称分别是 R、S、CP，一方面表明这三个输入是复位端、置位端和脉冲端，另一方面表明输入信号都是高电平有效。

表 7-2 为钟控 RS 触发器的特性表。需要强调的是，该表是在默认时钟信号 CP 发挥作用的前提条件下建立的。后续内容中，凡涉及时钟控制的触发器均同此，不再赘述。

表 7-2　钟控 RS 触发器的特性表

R	S	Q^n	Q^{n+1}	功能说明
0	0	0	0	保持
0	0	1	1	
0	1	0	1	置1(置位)
0	1	1	1	
1	0	0	0	置0(复位、清零)
1	0	1	0	
1	1	0	×	不允许
1	1	1	×	

注：×表示当 R 和 S 同时由 1 变 0 后，Q 端状态不确定。

对表 7-2 进行化简，可得钟控 RS 触发器的特性方程为

$$\begin{cases} Q^{n+1} = S + \overline{R}Q^n \\ SR = 0(约束条件) \end{cases} \tag{7-3}$$

2. 钟控 D 触发器（D 锁存器）

无论是基本 RS 触发器，还是钟控 RS 触发器，都存在输入信号取值受约束的情况。在很多应用场合中，会要求输入信号的取值不受限制，基于这种考虑，出现了 D 触发器。

图 7-13 所示是钟控 D 触发器的电路结构和逻辑符号。对比图 7-12 可知，钟控 RS 触发器的 S 端经由一个非门接至 R 端就构成了钟控 D 触发器。

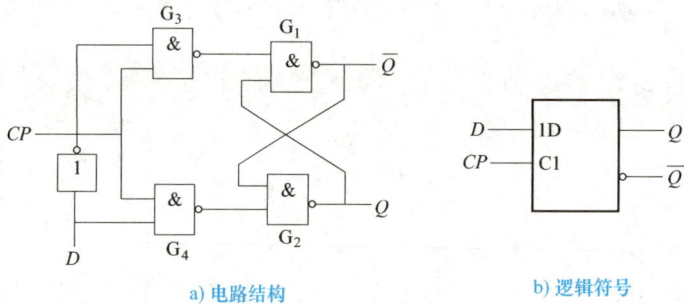

a) 电路结构　　　　　　b) 逻辑符号

图 7-13　钟控 D 触发器

将 $S = D$、$R = \overline{D}$ 代入钟控 RS 触发器的特性方程，可得 D 触发器的特性方程为

$$Q^{n+1} = S + \overline{R}Q^n = D + \overline{\overline{D}}Q^n = D \tag{7-4}$$

表 7-3 为 D 触发器的特性表。图 7-14 为 D 触发器的状态转换图。

表 7-3　D 触发器的特性表

D	Q^n	Q^{n+1}	功能说明
0	0	0	置0
0	1	0	
1	0	1	置1
1	1	1	

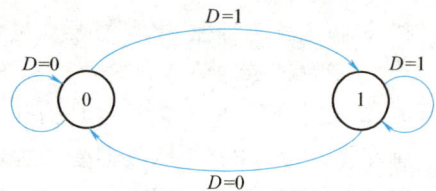

图 7-14　D 触发器的状态转换图

集成芯片 74LS75 是典型的 D 触发器，其引脚图和 DIP 实物如图 7-15 所示。其功能表见表 7-4。分析可知，74LS75 包含两组（每组两个）共 4 个 D 触发器，分别由 1LE 和 2LE 控制，两个控制信号是高电平有效。另外，该器件的 5 引脚接 VCC，12 引脚接地，这与多数 74 系列的器件有所不同。

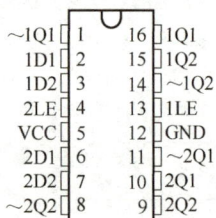

a) 引脚图　　　　　b) DIP实物

图 7-15　74LS75 的引脚图和 DIP 实物

表 7-4　74LS75 的功能表（1/2 部分）

输　入			输　出	
LE	D_1	D_2	Q_1^{n+1}	Q_2^{n+1}
0	×	×	Q_1^n	Q_2^n
1	0	0	0	0
1	0	1	0	1
1	1	0	1	0
1	1	1	1	1

注：LE 统指 $1LE$ 和 $2LE$。

图 7-16 所示是 74LS75 的 Multisim 仿真电路。图 7-16a 中的 1LE 接地，所以处于无效状态，1D1 和 1D2 都是高电平，但输出 1Q1 和 1Q2 还是保持电路启动时的初始状态，即低电平；2LE 接 VCC，所以处于有效状态，2D1 和 2D2 也都是高电平，输出 2Q1 和 2Q2 就随之是高电平。图 7-16b 中 1LE 和 2LE 均处于有效状态，因此每个输出的状态都和各自的输入状态相同。

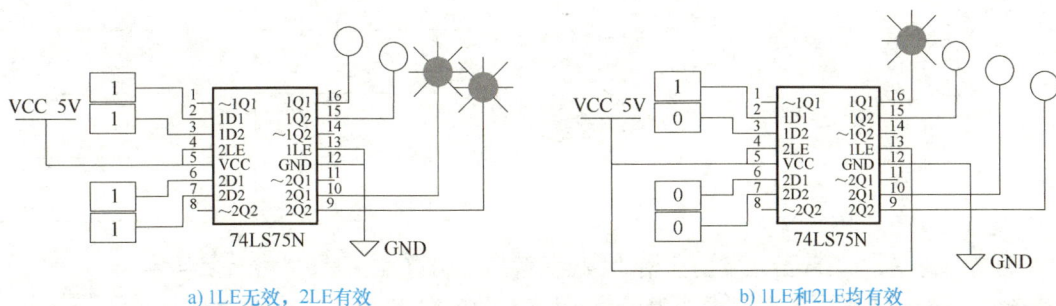

a) 1LE无效，2LE有效　　　　　　　　　　　　b) 1LE和2LE均有效

图 7-16　74LS75 的 Multisim 仿真电路

3. 钟控触发器的空翻

钟控触发器在时钟脉冲信号有效期间都能接收输入信号并影响触发器的状态，这种电平触发方式相对于直接触发方式而言，在一定程度上增强了触发器的可控性。但在实际应用中，经常要求在时钟脉冲信号有效期间，触发器只允许动作一次，显然，电平触发方式满足不了这个要求。

以图 7-17 所示钟控 RS 触发器为例，在 $CP = 1$ 期间，由于 R 和 S 的状态发生了多次变化，Q 的状态随之多次变化。这种在时钟脉冲信号有效期间，由于输入信号发生多次变化而导致触发器的状态发生多次翻转的现象叫作空翻。

空翻有可能造成电路系统的误动作。造成空翻的原因源于钟控触发器自身的结构，下面即将讨论的边沿触发器从结构上采取了一些措施，解决了空翻问题。本着弱化电路内部结构、强化应用能力的原则，边沿触发器的电路构成不再给出，希望深入了解的读者可以自行查阅相关资料。

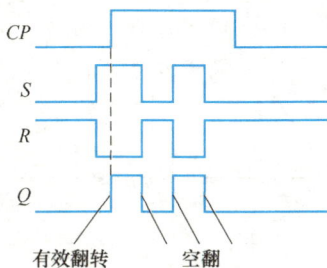

图 7-17　钟控 RS 触发器的空翻

7.1.3　边沿触发器

边沿触发器只在时钟脉冲 CP 的上升沿（或下降沿）时刻接收输入信号并动作，其他时刻输入信号的变化对触发器状态没有影响。从触发方式的角度看，基本 RS 触发器在整个工作期间都可以触发，钟控触发器在某些时间段（CP 处于有效电平期间）才可以触发，而边沿触发器只在某些时间点（CP 的边沿时刻）才可以触发。触发方式的改变带来的是触发器的可控性和可靠性的增强。

1. 边沿 JK 触发器

前面已经提到，RS 触发器存在输入信号取值受限的情况，JK 触发器在 RS 触发器的基础上对电路作了改进，从而解决了这个问题。表 7-5 为 JK 触发器的特性表。

根据表 7-5 进行化简，可得 JK 触发器的特性方程为

$$Q^{n+1} = J\overline{Q^n} + \overline{K}Q^n \tag{7-5}$$

JK 触发器的状态转换图如图 7-18 所示。

表 7-5 JK 触发器的特性表

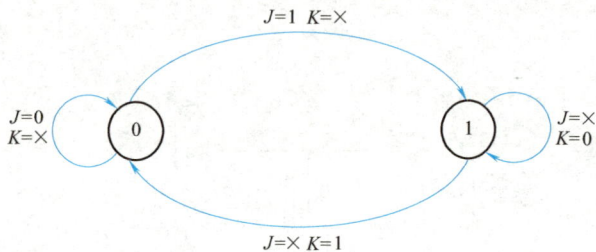

图 7-18 JK 触发器的状态转换图

J	K	Q^n	Q^{n+1}	功能说明
0	0	0	0	保持
0	0	1	1	
0	1	0	0	置 0
0	1	1	0	
1	0	0	1	置 1
1	0	1	1	
1	1	0	1	翻转
1	1	1	0	

图 7-19 所示为下降沿触发的边沿 JK 触发器的逻辑符号。从逻辑符号可知，J 端和 K 端受时钟脉冲 CP 控制，CP 端的 "$>$" 表示边沿触发，结合 "。" 则表示下降沿触发。

常见的 JK 触发器见表 7-6，其双列直插封装的器件引脚图如图 7-20 所示。

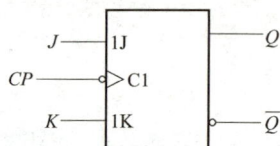

图 7-19 边沿 JK 触发器的逻辑符号

下面以 74LS112 为例，简要介绍器件的引脚图反映了哪些内容。

① 该器件有 16 个引脚，使用时第 8 引脚接地，第 16 引脚接 VCC。

② 该器件包含两个完全相同的边沿 JK 触发器，分别用端口名称前的阿拉伯数字 1 和 2 进行区分。

表 7-6 常见的 JK 触发器

型　号	功能名称
74LS107	双 JK 触发器, 下降沿触发, 仅有复位端
74LS109	双 JK 触发器, 上升沿触发, 带置位端和复位端
74LS112	双 JK 触发器, 下降沿触发, 带置位端和复位端
74LS113	双 JK 触发器, 下降沿触发, 仅有置位端

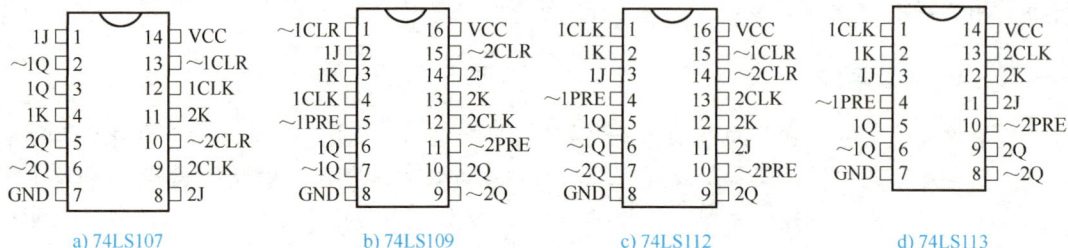

a) 74LS107　　　　b) 74LS109　　　　c) 74LS112　　　　d) 74LS113

图 7-20 表 7-6 所列 JK 触发器的引脚图

③ 该器件有两个 $\overline{CLR}$（分别是 15 引脚和 14 引脚）和两个 $\overline{PRE}$（分别是 4 引脚和 10 引脚），都是低电平有效。但 $\overline{CLR}$ 和 $\overline{PRE}$ 具体起什么作用，在什么条件下起作用，从引脚图上无法看出，需要结合器件的功能表进行了解。该器件的功能表见表 7-7。

表 7-7　74LS112 的功能表

$\overline{CLR}$	$\overline{PRE}$	CLK	J	K	Q^n	Q^{n+1}	功能说明
0	1	×	×	×	×	0	异步置 0
1	0	×	×	×	×	1	异步置 1
0	0	×	×	×	×	×	不允许
1	1	↓	0	0	0	0	保持
1	1	↓	0	0	1	1	
1	1	↓	0	1	0	0	置 0
1	1	↓	0	1	1	0	
1	1	↓	1	0	0	1	置 1
1	1	↓	1	0	1	1	
1	1	↓	1	1	0	1	翻转
1	1	↓	1	1	1	0	

　　从功能表可知，该器件是下降沿触发，$\overline{CLR}$ 和 $\overline{PRE}$ 对触发器的控制优先级高于其他输入信号，$\overline{CLR}$ 起置 0 作用，$\overline{PRE}$ 起置 1 作用，都是低电平有效，它们不受 CLK 的控制，具有直接置 0 和直接置 1 的功能，称为异步复位和异步置位。只有当 $\overline{CLR}$ 和 $\overline{PRE}$ 都是高电平（不起作用）时，CLK、J、K 才行使各自的作用，完成 JK 触发器的保持、置 0、置 1、翻转功能。为了更好地描述这些器件端口的特点，可以将端口的优先级加进去，从而使逻辑符号更具可读性。74LS112 的逻辑符号和 DIP 实物如图 7-21 所示。

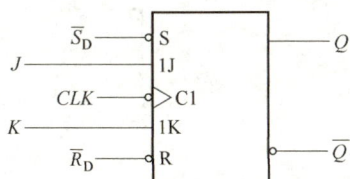

a) 逻辑符号　　　　　　　　　　　　b) DIP实物

图 7-21　74LS112 的逻辑符号和 DIP 实物

　　图 7-21a 中，方框外的 $\overline{S}_D$ 就是功能表中的 $\overline{PRE}$（PRE 是"预置"的英文 Preset 的缩写），$\overline{R}_D$ 就是功能表中的 $\overline{CLR}$（CLR 是"清零"的英文 Clear 的缩写），下标 D 表示该端口不受其他端口的控制，只要是低电平，就可以直接起作用。方框内对应的 S 和 R 前没有数字 1，同样表明该端口不受 CLK 控制。显然，这样的逻辑符号展示了更多的信息，每个引脚起何作用，在什么条件下起作用，都一清二楚。

2. 边沿 D 触发器

　　边沿 D 触发器和钟控 D 触发器在逻辑功能上是相同的，两者之间的区别只是在于电路结构不同所带来的触发方式的不同。图 7-22 所示是某种边沿 D 触发器的逻辑符号。

　　由逻辑符号可知，D 端受时钟脉冲 CLK 控制，CLK 端的

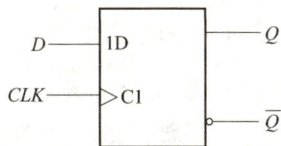

图 7-22　边沿 D 触发器
的逻辑符号

"＞"结合"。"表示上升沿触发。常见的 D 触发器见表 7-8。

表 7-8　常见的 D 触发器

型　号	功　能　名　称
74LS74	双 D 触发器,上升沿触发,带复位端和置位端
74LS175	四 D 触发器,上升沿触发,带复位端
74LS273	八 D 触发器,上升沿触发,带复位端

图 7-23 所示是 74LS74 的引脚图、逻辑符号和 DIP 实物。该器件为上升沿触发,并具有异步置位和异步复位功能。

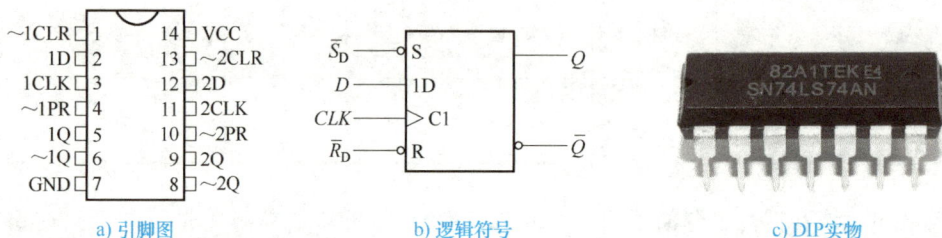

a) 引脚图　　　　　　b) 逻辑符号　　　　　　c) DIP实物

图 7-23　74LS74 的引脚图、逻辑符号和 DIP 实物

需要说明的是,每种类型的触发器都有不同型号的集成芯片产品,功能和触发方式有一些差异,使用时需要通过查阅器件手册进行了解。

【例 7-2】　根据图 7-24 中给定的触发器端口条件及输入波形,分别画出输出 Q 的波形。设初始状态为 0。

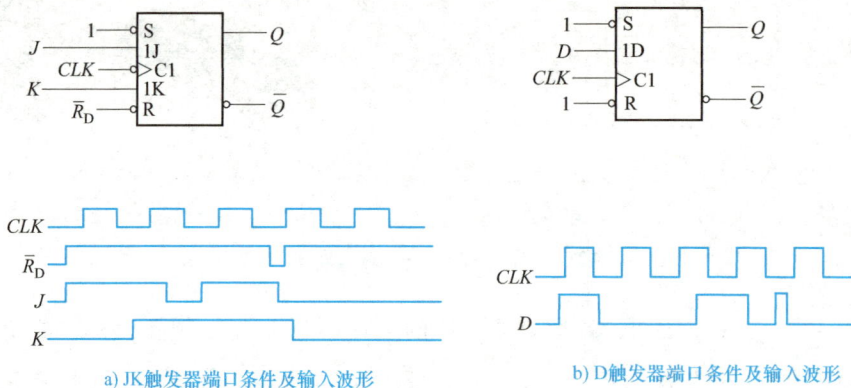

a) JK触发器端口条件及输入波形　　　　　b) D触发器端口条件及输入波形

图 7-24　例 7-2 的逻辑符号及输入波形

解：解题时应注意以下三点：

1）先判断异步端 $\bar{S}_D$ 和 $\bar{R}_D$ 是否有效,若有效,直接置 1 或置 0。

2）当 $\bar{S}_D$ 端和 $\bar{R}_D$ 端无效时,再根据逻辑符号判断是何种触发沿有效。

3）将触发沿到来那一时刻输入端的状态带入触发器的特性方程,求出触发器的新状态。

图 7-24a 中,异步端 $\bar{S}_D$ 由于接高电平"1"而无效,画波形时注意考虑 $\bar{R}_D$ 端的置 0 作

用；图 7-24b 中，$\overline{S}_D$ 端和 $\overline{R}_D$ 端均接至高电平而无效。两个电路中输出 Q 的波形分别如图 7-25a、b 所示。

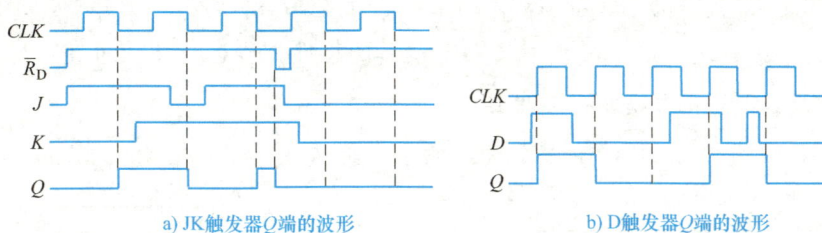

a) JK 触发器 Q 端的波形　　　　b) D 触发器 Q 端的波形

图 7-25　例 7-2 的 Q 端的波形

3. 边沿 T 触发器

将 JK 触发器的 J 端和 K 端连接在一起，就构成了 T 触发器。当 $J=K=0$ 时，$Q^{n+1}=Q^n$；当 $J=K=1$ 时，$Q^{n+1}=\overline{Q}_n$。也就是说，T 触发器只保留了 JK 触发器原有 4 种功能中的两种，即保持功能和翻转功能。T 触发器的特性方程为

$$Q^{n+1}=T\overline{Q}^n+\overline{T}Q^n=T\oplus Q^n$$

带异步复位和异步置位且下降沿触发的 T 触发器的逻辑符号如图 7-26a 所示，其状态转换图如图 7-26b 所示，其特性表见表 7-9。

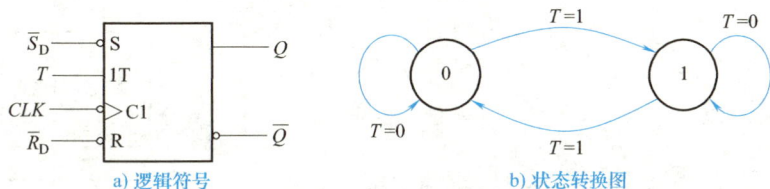

a) 逻辑符号　　　　　　　　b) 状态转换图

图 7-26　T 触发器的逻辑符号和状态转换图

将 T 触发器的 T 端接高电平时，$Q^{n+1}=1\cdot\overline{Q}^n+\overline{1}\cdot Q^n=\overline{Q}^n$，此时构成 T′触发器，其特性表见表 7-10。T′触发器只保留了 JK 触发器原有 4 种功能中的一种，即翻转功能。

表 7-9　T 触发器的特性表

T	Q^{n+1}
0	Q^n
1	$\overline{Q}^n$

表 7-10　T′触发器的特性表

T'	Q^{n+1}
1	$\overline{Q}^n$

7.1.4　触发器之间的相互转换

逻辑功能不同的触发器经过适当的变换，可以从一种触发器转换为另一种触发器。变换的方法如下：比较两种触发器的特性方程，寻找逻辑表达式之间的等价关系，得到转换电路即可实现。例如，若要将 D 触发器转换为 JK 触发器，D 触发器的特性方程为 $Q^{n+1}=D$，JK 触发器的特性方程为 $Q^{n+1}=J\overline{Q}^n+\overline{K}Q^n$，因此，可得转换电路的方程为

$$Q^{n+1}=D=J\overline{Q}^n+\overline{K}Q^n$$

用 D 触发器和转换电路构成的 JK 触发器如图 7-27 所示。

若将 JK 触发器转换为 D 触发器，可以采用相似的方法。转换电路的方程为

$$Q^{n+1} = J\overline{Q}^n + \overline{K}Q^n = D = D(Q^n + \overline{Q}^n) = DQ^n + D\overline{Q}^n$$

将 JK 触发器的特性方程和 D 触发器变换后的特性方程进行比较可知，只需令 $J = D$、$K = \overline{D}$ 即可实现，其逻辑电路如图 7-28 所示。

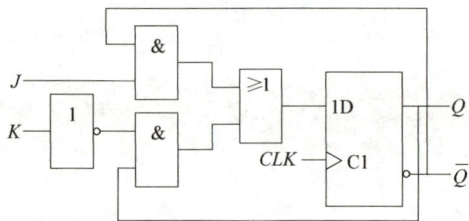

图 7-27　D 触发器转换为 JK 触发器

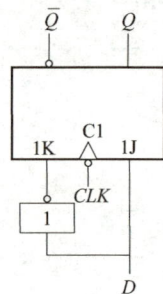

图 7-28　JK 触发器转换为 D 触发器

7.2　时序逻辑电路的分析

时序逻辑电路一般可用图 7-29 所示的框图来描述。其中，X 为组合逻辑电路的输入变量集合，$X = \{X_1, X_2, \cdots, X_i\}$；$Z$ 为组合逻辑电路的输出变量集合，$Z = \{Z_1, Z_2, \cdots, Z_j\}$；$I$ 为存储电路的输入集合，$I = \{I_1, I_2, \cdots, I_r\}$；$Q$ 为存储电路的输出集合，$Q = \{Q_1, Q_2, \cdots, Q_S\}$。

时序逻辑电路中不一定会有组合逻辑电路，但存储电路是必需的，最简单的时序逻辑电路只含有一个触发器。对于由多个触发器构成的时序逻辑电路，如果所有触发器具有相同的时钟信号，则称为

图 7-29　时序逻辑电路的结构框图

同步时序逻辑电路，反之，称为异步时序逻辑电路。按照输出变量依从关系的不同，时序逻辑电路又可分为 Moore 型和 Mealy 型。输出与输入变量无直接关系的时序逻辑电路称为 Moore 型，输出与输入变量直接相关的时序逻辑电路称为 Mealy 型。

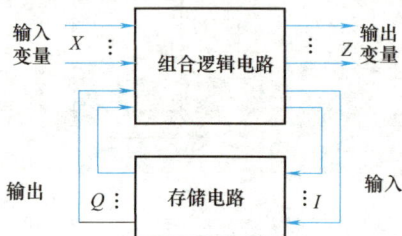

7.2.1　同步时序逻辑电路的分析

同步时序逻辑电路的分析是指根据给定的逻辑电路图，分析在时钟信号和输入变量的作用下，电路状态的转换规律以及输出变量的变化规律，总结归纳电路的逻辑功能。为了与组合逻辑电路的输入输出有所区别，将存储电路的输入表达式称为驱动方程，将存储电路的输出表达式称为状态方程。

同步时序逻辑电路的一般分析步骤如图 7-30 所示。

① 根据逻辑电路图写出各触发器的驱动方程（激励方程）和输出方程。

② 将驱动方程代入各触发器的特性方程得到触发器的次态方程（即状态方程）。

③ 根据状态方程和输出方程，分析得到时序逻辑电路的状态转换表。

④ 由状态转换表画出状态转换图和时序图。

⑤ 分析得到电路的逻辑功能。

需要指出的是，在具体的分析过程中，应根据实际情况灵活掌握、有所取舍。例如，有的时序逻辑电路没有输出变量，分析时当然也就不用写输出方程。

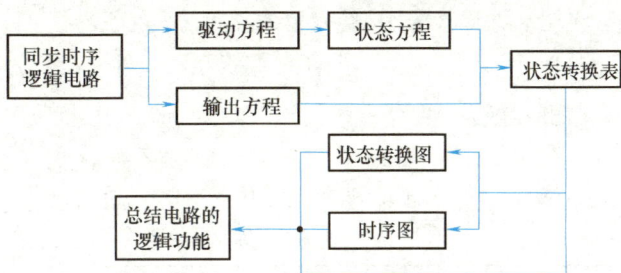

图 7-30 同步时序逻辑电路的一般分析步骤

【例 7-3】 电路如图 7-31 所示，列出状态转换表，画出状态转换图，分析逻辑功能。

解： 电路只含有一个下降沿触发的边沿 JK 触发器，没有组合逻辑电路的输入和输出信号，是最简单的时序逻辑电路。

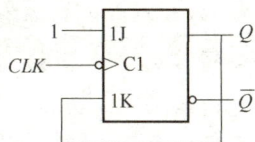

图 7-31 例 7-3 的逻辑电路图

1）写出各个方程。

驱动方程为

$$J = 1, \quad K = Q^n$$

将驱动方程代入 JK 触发器的特性方程 $Q^{n+1} = J\overline{Q}^n + \overline{K}Q^n$，得到状态方程为

$$Q^{n+1} = \overline{Q}^n$$

2）根据状态方程得到状态转换表（见表 7-11），并画出状态转换图（见图 7-32）。

3）逻辑功能分析。每收到一个 CLK 脉冲下降沿，触发器的输出状态就改变一次，电路具有翻转功能。

表 7-11 例 7-3 的状态转换表

Q^n	Q^{n+1}	功能说明
0	1	翻转
1	0	

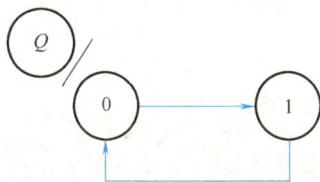

图 7-32 例 7-3 的状态转换图

【例 7-4】 分析图 7-33 所示时序逻辑电路，列出状态转换表，画出状态转换图和 Q_1、Q_0 的波形。设触发器的初始状态均为 0。

解： 电路含有两个下降沿触发的边沿 JK 触发器，由同一个 CLK 提供时钟信号，属于同步时序逻辑电路。Z 是组合逻辑电路的输出信号。

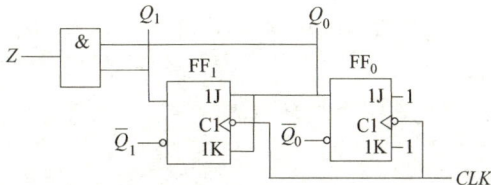

1）写出各个方程。

驱动方程为

$$J_0 = K_0 = 1, \quad J_1 = K_1 = Q_0^n$$

图 7-33 例 7-4 的逻辑电路图和时钟信号波形

将驱动方程代入 JK 触发器的特性方程 $Q^{n+1}=J\overline{Q}^n+\overline{K}Q^n$，得到状态方程为

$$Q_0^{n+1}=\overline{Q}_0^n,\ Q_1^{n+1}=Q_0^n\overline{Q}_1^n+\overline{Q}_0^nQ_1^n=Q_0^n\oplus Q_1^n$$

输出方程为

$$Z=Q_1^nQ_0^n$$

2）将 Q_1Q_0 的 4 种状态代入状态方程，可得状态转换表，见表 7-12。

表 7-12　例 7-4 的状态转换表

Q_1^n	Q_0^n	Q_1^{n+1}	Q_0^{n+1}	Z
0	0	0	1	0
0	1	1	0	0
1	0	1	1	0
1	1	0	0	1

3）根据状态转换表画出状态转换图。电路有两个触发器，顺序为 Q_1Q_0，共有 4 种状态，将这 4 种状态用 4 个圆圈表示，并在圈中标上状态。带箭头的连线表示状态之间的转换，箭头尾部是初态，箭头指向次态，在连线旁标出输入信号及输出，通常将输入信号取值写在斜线上方，输出信号的值写在斜线下方。由于本电路只有输出，记为 /Z。

例如，若现态是 00，输出 $Z=0$，经过一个时钟脉冲作用，现态变化为 01。带箭头的连线从 00 指向 01，在连线旁边标 /0。用同样的方法，可画出电路的其他状态转换，如图 7-34a 所示。

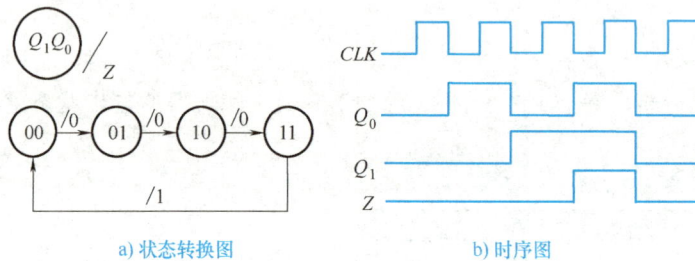

a) 状态转换图　　　b) 时序图

图 7-34　例 7-4 的状态转换图及时序图

4）画出时序图。有时为了更好地描述电路的工作过程，常给出时序图（或称波形图），即电路在时钟脉冲和输入信号的作用下，每个触发器状态以及输出信号变化的波形。

设该电路的初始状态 Q_1Q_0 为 00，在时钟脉冲下降沿的作用下，触发器的状态变化是 00→01→10→11→00，如图 7-34b 所示。

5）逻辑功能分析。通过分析状态转换表和状态转换图，可以清楚地看出，每经过 4 个时钟脉冲的作用，Q_1Q_0 的状态从 00 顺序递增并回到 00，完成一次循环，在 Q_1Q_0 为 11 时，输出 Z 产生一个高电平 1。因此，该电路是一个同步四进制（模 4）加法计数器。所谓计数器，是指电路能统计完成一个循环所需时钟脉冲 CP 的个数，输出端 Z 是标志位，也可以作为进位输出。

计数器除了可以用来计数外，还常用于数字系统的定时、分频等。

【例 7-5】　试分析图 7-35 所示时序逻辑电路，列出状态转换表，画出状态转换图和时序图。

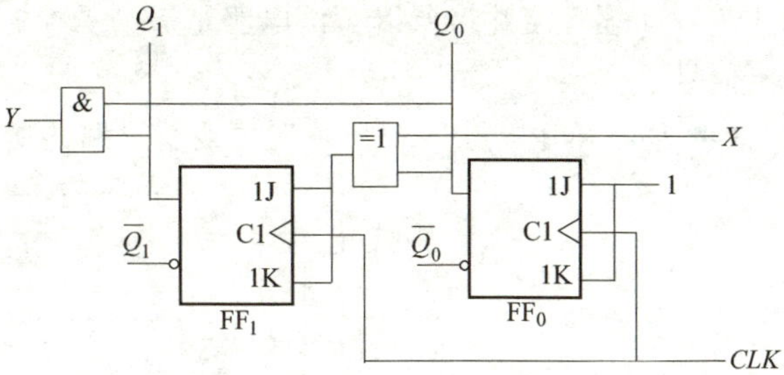

解: 该电路为同步时序逻辑电路，X、Y 分别是电路的输入和输出信号。分析过程如下:

1) 写出各个方程。

驱动方程为

$$J_0 = K_0 = 1, \quad J_1 = K_1 = X \oplus Q_0^n$$

将驱动方程代入 JK 触发器的特性方程 $Q^{n+1} = J \overline{Q^n} + \overline{K} Q^n$，得到状态方程为

图 7-35 例 7-5 的逻辑电路图

$$Q_0^{n+1} = \overline{Q_0^n}, Q_1^{n+1} = (X \oplus Q_0^n) \overline{Q_1^n} + \overline{(X \oplus Q_0^n)} Q_1^n = (X \oplus Q_0^n) \oplus Q_1^n$$

输出方程为

$$Y = Q_1^n Q_0^n$$

2) 列出状态转换表，见表 7-13。

表 7-13 例 7-5 的状态转换表

X	Q_1^n	Q_0^n	Q_1^{n+1}	Q_0^{n+1}	Y
	0	0	0	1	0
0	0	1	1	0	0
	1	0	1	1	0
	1	1	0	0	1
	0	0	1	1	0
1	0	1	0	0	0
	1	0	0	1	0
	1	1	1	0	1

3) 画出状态转换图及时序图，如图 7-36 所示。

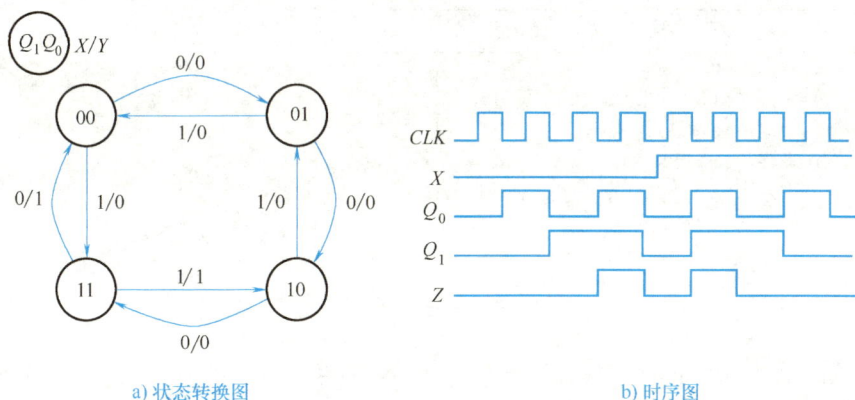

a) 状态转换图

b) 时序图

图 7-36 例 7-5 的状态转换图及时序图

4) 逻辑功能分析。由状态转换图可以很清楚地看出电路状态转换的规律及相应输入、输出的关系:当 $X = 0$ 时，输出状态 $Q_1 Q_0$ 按照加 1 规律从 $00 \rightarrow 01 \rightarrow 10 \rightarrow 11 \rightarrow 00$ 循环变化;当 $Q_1^n Q_0^n$ 为 11 状态时，输出 $Z = 1$;当 $X = 1$ 时，输出状态 $Q_1 Q_0$ 按照减 1 规律从 $11 \rightarrow 10 \rightarrow$

01→00→11 循环变化。所以，该电路是一个受控的同步四进制加/减计数器，Z 是进位/借位输出信号。

【例 7-6】 分析图 7-37 所示时序逻辑电路的逻辑功能。

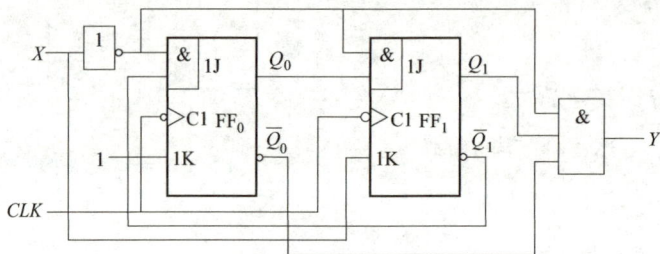

图 7-37 例 7-6 的逻辑电路图

解：电路属于同步时序逻辑电路，FF1 和 FF0 都是下降沿触发的边沿 JK 触发器，X、Y 分别是电路的输入和输出信号。分析过程如下：

1）写出各个方程。

驱动方程为

$$J_0 = \overline{X}\ \overline{Q_1^n}, K_0 = 1; J_1 = \overline{X}Q_0^n, K_1 = X$$

输出方程为

$$Y = \overline{X}Q_1^n\overline{Q_0^n}$$

2）写出状态方程。将驱动方程代入 JK 触发器的特性方程，得到状态方程为

$$Q_0^{n+1} = J_0\overline{Q_0^n} + \overline{K_0}Q_0^n = \overline{X}\ \overline{Q_1^n}\ \overline{Q_0^n}$$

$$Q_1^{n+1} = J_1\overline{Q_1^n} + \overline{K_1}Q_1^n = \overline{X}Q_0^n\overline{Q_1^n} + \overline{X}Q_1^n = \overline{X}(Q_0^n + Q_1^n)$$

3）列出状态转换表（见表 7-14），画出状态转换图（见图 7-38）。

表 7-14 例 7-6 的状态转换表

X	Q_1^n	Q_0^n	Q_1^{n+1}	Q_0^{n+1}	Y
0	0	0	0	1	0
0	0	1	1	0	0
0	1	0	1	0	1
0	1	1	1	0	0
1	0	0	0	0	0
1	0	1	0	0	0
1	1	0	0	0	0
1	1	1	0	0	0

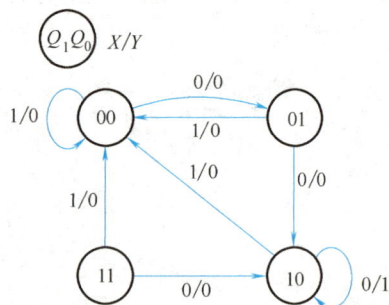

图 7-38 例 7-6 的状态转换图

4）逻辑功能分析。由状态转换表和状态转换图分析可知，当 $X = 0$ 时，不论 Q_1Q_0 的初始状态是什么，经过若干个时钟脉冲的下降沿，最终都将到达 10 这个状态。具体而言，初始状态是 00 时，需要经过 2 个下降沿；初始状态是 01 和 11 时，需要经过一个下降沿。当 $X = 1$ 时，不论 Q_1Q_0 处于何种状态，经过一个下降沿后都将变为 00 状态。

注意：因为 $Y = \overline{X}Q_1^n\ \overline{Q_0^n}$，所以当 $XQ_1^nQ_0^n = 010$ 时，Y 就会输出高电平 1，这里 Y 的作用相当于标志位。举例来说，若电路的初始状态为 00，当 X 的值为 0 且经历 2 个时钟脉冲下降

沿后，Y 必会输出 1。因此，该电路是一个序列检测器，能够从输入 X 的信号中检测出是否存在 3 个或 3 个以上连续 0 的情况。

5）画出时序图。假设输入 X 的值依次是 1001000011，两个触发器的初始状态为 00，则电路的时序图如图 7-39 所示。

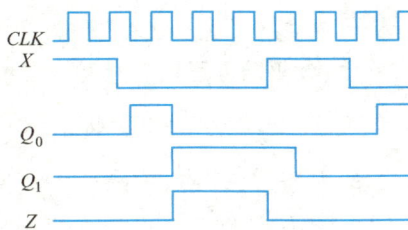

图 7-39　例 7-6 的时序图

7.2.2　异步时序逻辑电路的分析

同步时序逻辑电路有统一的时钟信号，当时钟信号有效时，各触发器的次态由驱动方程决定。异步时序逻辑电路没有统一的时钟信号，分析电路时，首先要看每个触发器的时钟信号是否有效，再由驱动方程决定触发器的次态。异步时序逻辑电路的一般分析步骤如图 7-40 所示。

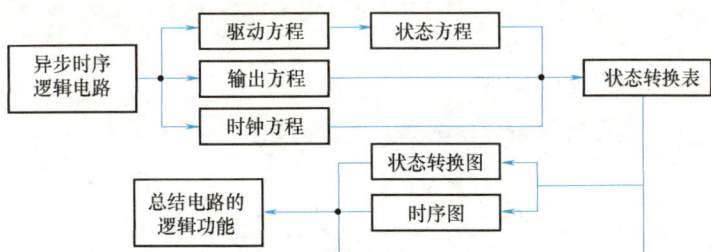

图 7-40　异步时序逻辑电路的一般分析步骤

本节通过讨论典型异步时序逻辑电路的分析方法，进一步加深对异步时序逻辑电路的理解。

【例 7-7】　分析图 7-41 所示时序逻辑电路，列出状态转换表，画出状态转换图和 Q_1、Q_0 的波形。设触发器的初始状态均为 0。

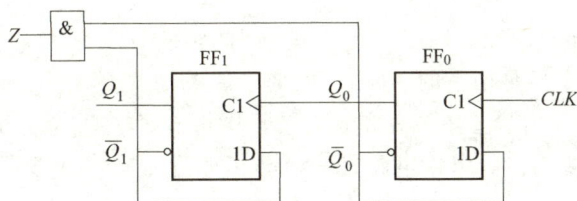

图 7-41　例 7-7 的逻辑电路图

解： 电路含有两个上升沿触发的边沿 D 触发器，Z 是组合逻辑电路的输出信号。因为两个触发器不是共用同一个时钟，因此属于异步时序逻辑电路。分析该电路的状态转换时，需要注意每个触发器的触发条件是否满足，只有上升沿到来时，该触发器才动作，否则将保持原状态不变。

1）写出各个方程。

① 时钟方程为

$$CP_0 = CLK, \quad CP_1 = Q_0^n \text{（当 } Q_0^n \text{ 由 } 0 \rightarrow 1 \text{ 时，} CP_1 \text{ 得到上升沿）}$$

② 输出方程为

$$Z = \overline{Q_1^n}\ \overline{Q_0^n}$$

③ 驱动方程为

$$D_0 = \overline{Q_0^n}, D_1 = \overline{Q_1^n}$$

④ 将各驱动方程代入 D 触发器的特性方程，得到各触发器的状态方程为

$$Q_0^{n+1} = D_0 = \overline{Q_0^n}\quad [CP_0(即\ CLK)由\ 0{\to}1\ 时, 此方程式有效]$$

$$Q_1^{n+1} = D_1 = \overline{Q_1^n}\quad [CP_1\ 即(Q_0^n)由\ 0{\to}1\ 时, 此方程式有效]$$

2）将 $Q_1^n Q_0^n$ 的 4 种状态代入上面的状态方程，可得状态转换表，见表 7-15。

表 7-15　例 7-7 的状态转换表

CP_1	CP_0	Q_1^n	Q_0^n	Q_1^{n+1}	Q_0^{n+1}	Z
↑	↑	0	0	1	1	1
↓	↑	0	1	0	0	0
↑	↑	1	0	0	1	0
↓	↑	1	1	1	0	0

注：表中每一行的 CP_0 和 CP_1 并非同时出现，CP_0 先于 CP_1。

3）根据状态转换表可得状态转换图和时序图，如图 7-42 所示。

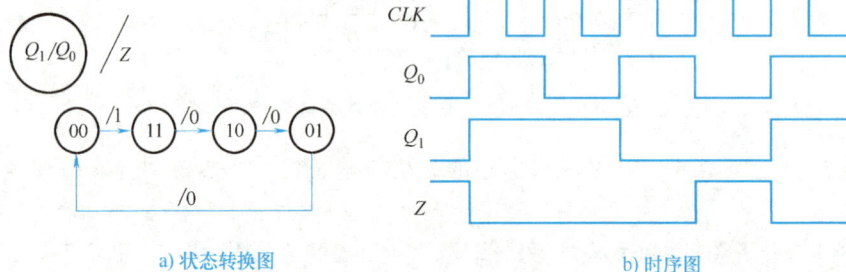

a) 状态转换图　　　　　b) 时序图

图 7-42　例 7-7 的状态转换图和时序图

注意：绘制状态转换图和时序图时，状态之间的转换条件考虑的仍然是原始的时钟脉冲 CP，状态转换表中的 CP_1 是衍生的，由 Q_0 的变化带来。

4）逻辑功能分析。由状态转换表和状态转换图可知，$Q_1 Q_0$ 按照递减 1 的规律从 00→11→10→01→00 循环变化，所以该电路是一个异步四进制减法计数器，Z 是借位标志输出信号。

【例 7-8】　分析图 7-43 所示时序逻辑电路，列出状态转换表，画出状态转换图和 Q_2、Q_1、Q_0 的波形。设触发器的初始状态均为 0。

解：电路含有 3 个下降沿触发的边沿 JK 触发器，其中 FF_0 和 FF_2 共用一个时钟 CLK，但 FF_1 的时钟是由 FF_0 的 Q_0 提供的，因此属于异步时序逻辑电路。分析该电路的状态转换时，需要注意每个触发器的触发条件是否满足，只有下降沿到

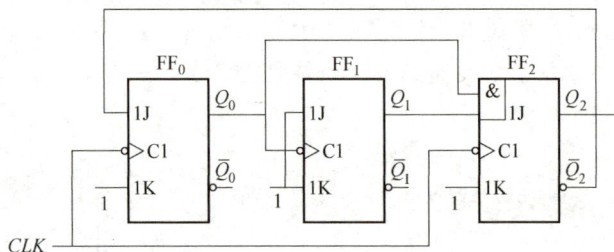

图 7-43　例 7-8 的逻辑电路图

来时，该触发器才动作，否则将保持原状态不变。

1）写出各个方程。

① 时钟方程为

$$CP_0 = CP_2 = CLK, \quad CP_1 = Q_0^n$$

② 驱动方程为

$$J_0 = \overline{Q_2^n}, K_0 = 1; J_1 = K_1 = 1; J_2 = Q_1^n Q_0^n, K_2 = 1$$

③ 将各驱动方程代入 JK 触发器的特性方程，得到各触发器的状态方程为

$$Q_0^{n+1} = J_0 \overline{Q_0^n} + \overline{K_0} Q_0^n = \overline{Q_2^n} \, \overline{Q_0^n} （CP_0 \text{ 由 } 1 \to 0 \text{ 时，此方程式有效}）$$

$$Q_1^{n+1} = J_1 \overline{Q_1^n} + \overline{K_1} Q_1^n = \overline{Q_1^n} （CP_1 \text{ 由 } 1 \to 0 \text{ 时，此方程式有效}）$$

$$Q_2^{n+1} = J_2 \overline{Q_2^n} + \overline{K_2} Q_2^n = Q_1^n Q_0^n \, \overline{Q_2^n} （CP_2 \text{ 由 } 1 \to 0 \text{ 时，此方程式有效}）$$

2）将 $Q_2^n Q_1^n Q_0^n$ 的 8 种状态代入上面的状态方程，可得状态转换表，见表 7-16。

表 7-16 例 7-8 的状态转换表

CP_2	CP_1	CP_0	Q_2^n	Q_1^n	Q_0^n	Q_2^{n+1}	Q_1^{n+1}	Q_0^{n+1}
↓	↑	↓	0	0	0	0	0	1
↓	↓	↓	0	0	1	0	1	0
↓	↑	↓	0	1	0	0	1	1
↓	↓	↓	0	1	1	1	0	0
↓	0	↓	1	0	0	0	0	0
↓	↓	↓	1	0	1	0	1	0
↓	0	↓	1	1	0	0	1	0
↓	↓	↓	1	1	1	0	0	0

注：表中的 CP_0 和 CP_2 同时出现，先于 CP_1。

从状态转换表可知，该电路含 3 个触发器，共有 8 种状态组合，其中 5 种状态构成了循环，即 000→001→010→011→100→000，101 和 111 的次态都是 010，111 的次态是 000。

3）根据状态转换表可得状态转换图和时序图，如图 7-44 所示。

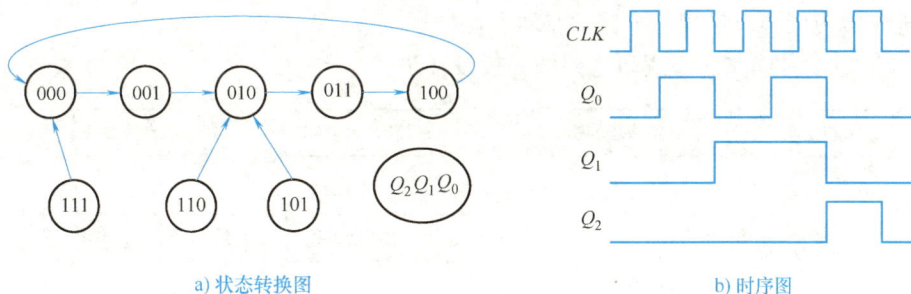

a) 状态转换图　　　　　　　　　　b) 时序图

图 7-44 例 7-8 的状态转换图及时序图

我们将构成循环的 5 个状态称为有效状态，将其余 3 个状态称为无效状态。从表 7-16 和图 7-44a 可看出，3 个无效状态在时钟脉冲的作用下都可进入有效循环，对于这种情况，称作电路具备自启动功能。反之，若电路的无效状态始终无法通过时钟脉冲的作用回到有效循环，则称电路不具备自启动功能。

观察图 7-45 所示某七进制加法计数器的状态转换图，除了主循环的 7 个有效状态之外，还有 9 个无效状态。其中，1000 经过 2 个时钟脉冲可以进入主循环，0000、1001、1010、

1111 这 4 个无效状态只需经过 1 个时钟脉冲即可进入主循环，但 1011、1100、1101、1110 这 4 个无效状态构成了另一个循环。显然，一旦电路在运行过程中因为故障或干扰等偶发情况落入这个无效循环，靠自身是无法再回到主循环的。也就是说，这种电路缺失"自校正能力"。

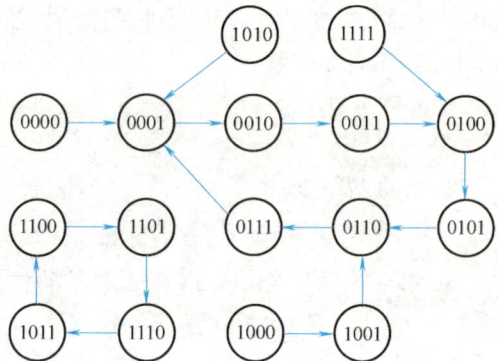

图 7-45　某七进制加法计数器的状态转换图

如果电路不能自启动，可以采取某些措施加以解决：一种方法是在电路中增加预置功能，一旦落入无效循环，通过人工预置方式将电路重新设置为主循环中的某一个有效状态；另一种方法是修改电路，使其具备自启动功能。

4）逻辑功能分析。由状态转换表和状态转换图可知，该电路是一个异步五进制加法计数器。

异步时序逻辑电路与同步时序逻辑电路从时序图上区别不开，但通过分析前面的例题可知，异步电路的各个触发器动作时间不一致，而同步电路各个触发器动作时间一致。所以，很多时候要善于"透过现象看本质"，才能更加深入地理解知识点并加以应用。

7.3　时序逻辑电路的设计

时序逻辑电路设计是根据给定的逻辑功能，通过一系列的设计过程，最终得到电路的实现方案，即逻辑电路图。设计是分析的逆过程。时序逻辑电路设计也分为两种，即同步时序电路设计和异步时序电路设计。一般来说，完成相同的逻辑功能，异步时序逻辑电路的整体结构要比同步时序逻辑电路简单一些，但是其设计过程也明显较后者复杂。本节介绍用触发器和门电路实现同步时序逻辑电路的基本方法。

图 7-46 所示是同步时序逻辑电路的一般设计步骤。

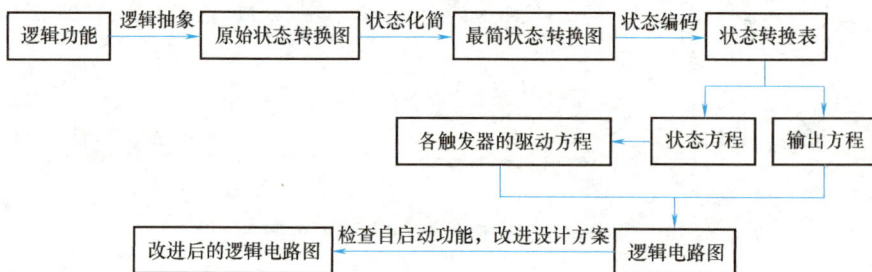

图 7-46　同步时序逻辑电路的一般设计步骤

1）根据给定的逻辑功能建立原始状态转换图。这一步非常关键，通过分析逻辑问题，进行逻辑抽象，明确电路各状态量的含义，并确定输入变量、输出变量和电路的状态数。对所设计电路的工作情况进行全面分析，明确电路的输入和输出之间的关系以及状态之间的转换关系，从而构成原始状态转换图或原始状态转换表。

状态转换图或状态转换表最能反映时序逻辑电路的时序关系，是设计时序逻辑电路的依据，其他各设计步骤都是在状态转换图和状态转换表的基础上进行的。因此，画出正确的状态转换图和状态转换表是时序逻辑电路设计关键的一步。

2）状态化简。原始状态转换图往往不是最简，状态的数量越多，设计出来的电路相对而言就越复杂。因此，如果原始状态转换图中存在多余的状态，可以先进行状态化简，通过状态合并得到简化后的状态转换图或状态转换表。

冗余状态的判别方法如下：在原始状态转换图中，若两个状态在相同的输入条件下，得到相同的次态结果和输出结果（即状态迁移关系相同），就称这两个状态是等价的，也就是存在冗余状态。等价状态可以合并为一个状态。

3）状态编码。根据最简状态转换图中状态的数量，确定需要使用的触发器的数量，并用二进制代码表示各个状态，这个过程称为对状态进行编码。

设最简状态转换图中状态的个数为 M，需要使用的触发器个数为 n，则两者在数量关系上满足 $2^{n-1} < M \leqslant 2^n$。状态编码的方案不同，所得到的电路结构及其复杂程度也不同。如果编码方案得当，可以在很大程度上简化电路结构；反之，如果编码方案选择不当，设计出来的电路就会比较复杂。

编码方案确定后即可得到用二进制代码表示的状态转换表。

4）列出状态方程和输出方程（如果有）。根据状态转换表列出每个触发器的状态方程及输出方程。通常可以采用卡诺图的方式进行化简。

5）列出驱动方程。采用不同类型的触发器，设计出的电路一定不一样。因此，首先需要确定触发器的类型，再根据上一步骤中得到的状态方程，对照选定触发器的特性方程，反推得到每个触发器的驱动方程（激励方程）。

6）画出逻辑电路图。有了输出方程和每个触发器的驱动方程，就可以很方便地画出同步时序逻辑电路。

7）检查能否自启动。将无效状态代入状态方程，检查这些无效状态经过若干个时钟脉冲后能否进入有效状态。如果可以，则电路具有自启动功能；否则，需要修改设计，使之能实现自启动。

注意：以上各步骤只是一个大致参考，在进行同步时序逻辑电路设计时，需要根据设计任务的实际情况，灵活地进行取舍及调整先后顺序。接下来通过几个例子，对同步时序逻辑电路设计作进一步的介绍。

【例 7-9】 使用 D 触发器设计一个带进位输出标志位 Y 的同步 8421BCD 码加法计数器。

解：

1）画出状态转换图，列出状态转换表。8421BCD 码共有 10 个状态，每个状态的 4 位二进制码是确定的，因此，设计步骤中的状态化简和状态编码等步骤可以跳过。4 个触发器从 0000～1001 的状态转换关系满足加法计数规律，其状态转换图如图 7-47 所示。

根据状态转换图可以列出状态转换

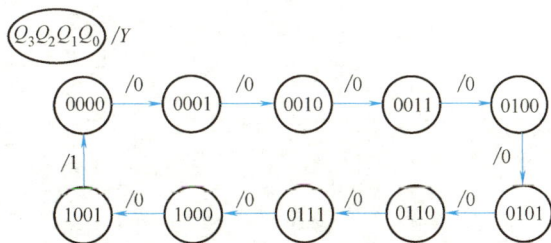

图 7-47 例 7-9 的状态转换图

表，见表 7-17。其中，1010~1111 这 6 种状态不属于 8421BCD 码，是无效状态（即无关项）。

表 7-17　例 7-9 的状态转换表

Q_3^n	Q_2^n	Q_1^n	Q_0^n	Q_3^{n+1}	Q_2^{n+1}	Q_1^{n+1}	Q_0^{n+1}	Y
0	0	0	0	0	0	0	1	0
0	0	0	1	0	0	1	0	0
0	0	1	0	0	0	1	1	0
0	0	1	1	0	1	0	0	0
0	1	0	0	0	1	0	1	0
0	1	0	1	0	1	1	0	0
0	1	1	0	0	1	1	1	0
0	1	1	1	1	0	0	0	0
1	0	0	0	1	0	0	1	0
1	0	0	1	0	0	0	0	1
1	0	1	0	×	×	×	×	×
1	0	1	1	×	×	×	×	×
1	1	0	0	×	×	×	×	×
1	1	0	1	×	×	×	×	×
1	1	1	0	×	×	×	×	×
1	1	1	1	×	×	×	×	×

2）对无关项进行处理，得到改进后的全状态转换图和全状态转换表。

根据状态转换表分别画出 Q_3^{n+1}、Q_2^{n+1}、Q_1^{n+1}、Q_0^{n+1}、Y 的卡诺图，如图 7-48 所示。

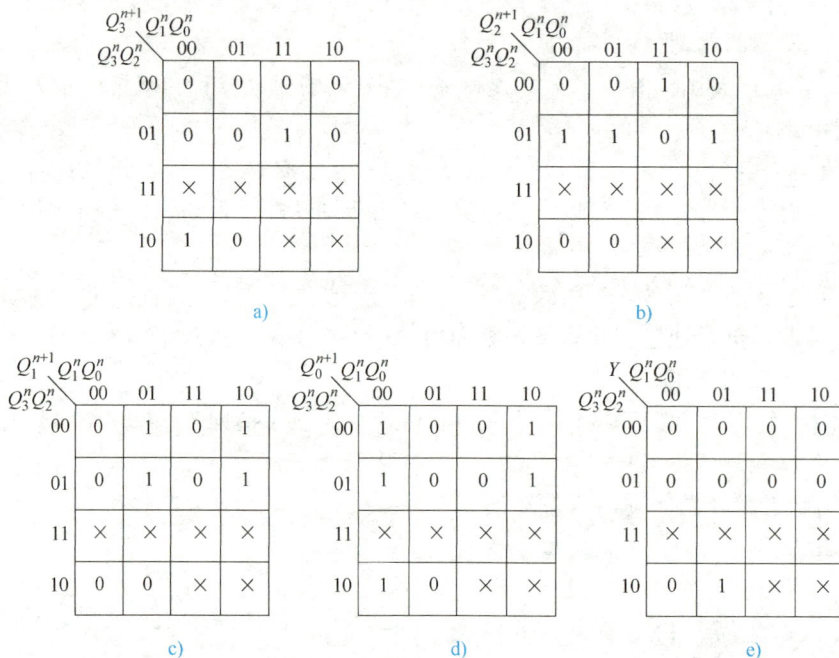

图 7-48　例 7-9 的各触发器次态和输出的卡诺图

前面提到，设计步骤的先后顺序可以根据实际情况灵活调整。此处，我们可以将实现电路的自启动功能提前进行考虑。也就是说，设法使 6 种无效状态在时钟脉冲的作用下进入到有效循环内。因此,图 7-48a~d 中的无关项到底是当作 "1" 还是 "0",不仅要考虑如何使逻辑函数尽可能简化,同时还要兼顾考虑电路能否自启动。按照这个原则,对无关项进行处理后的各触发器次态的卡诺图如图 7-49 所示,对应的全状态转换表见表 7-18,全状态转换图如图 7-50 所示。

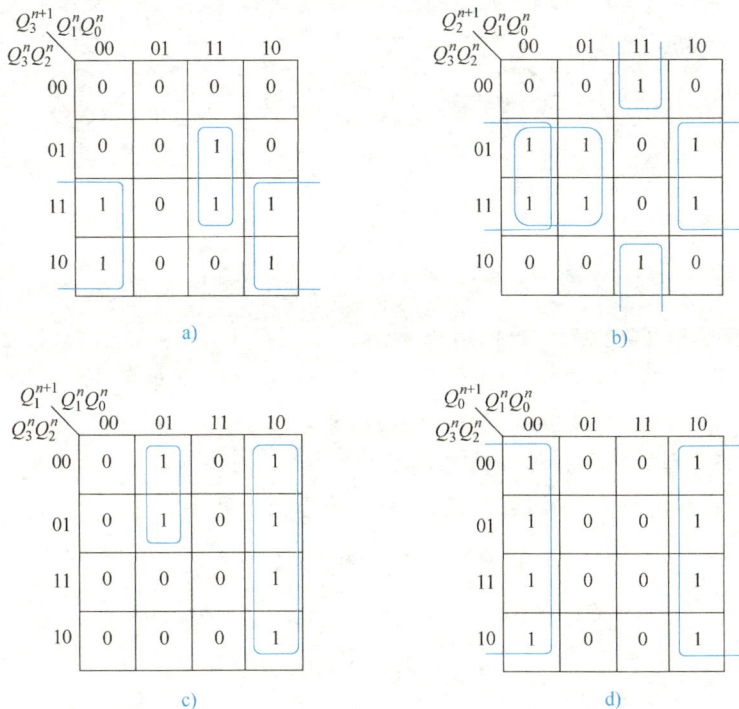

图 7-49 对无关项处理后的各触发器次态的卡诺图

表 7-18 对无关项进行处理后的全状态转换表

Q_3^n	Q_2^n	Q_1^n	Q_0^n	Q_3^{n+1}	Q_2^{n+1}	Q_1^{n+1}	Q_0^{n+1}	Y
0	0	0	0	0	0	0	1	0
0	0	0	1	0	0	1	0	0
0	0	1	0	0	0	1	1	0
0	0	1	1	0	1	0	0	0
0	1	0	0	0	1	0	1	0
0	1	0	1	0	1	1	0	0
0	1	1	0	0	1	1	1	0
0	1	1	1	1	0	0	0	0
1	0	0	0	1	0	0	1	0
1	0	0	1	0	0	0	0	1
1	0	1	0	1	0	1	1	0
1	0	1	1	0	1	0	0	0
1	1	0	0	1	1	0	1	0
1	1	0	1	0	1	0	0	0
1	1	1	0	1	1	1	1	0
1	1	1	1	1	0	0	0	0

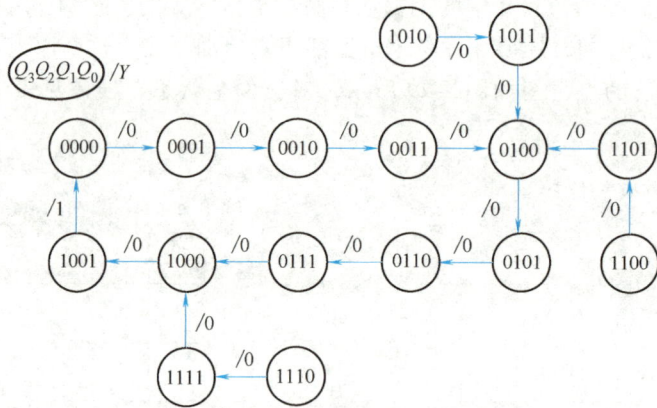

图 7-50 对无关项处理后的全状态转换图

由全状态转换表和全状态转换图可以看出，1011、1101、1111 这 3 个无效状态只需经过一个时钟脉冲即进入有效循环，1010、1100、1110 这 3 个无效状态经过两个时钟脉冲也可进入有效循环，因此，电路可以实现自启动功能。

3）写出状态方程、驱动方程和输出方程。

根据图 7-49，写出每个触发器的次态方程（即状态方程）：

$$Q_3^{n+1} = Q_3^n \overline{Q}_0^n + Q_2^n Q_1^n Q_0^n$$

$$Q_2^{n+1} = Q_2^n \overline{Q}_1^n + Q_2^n \overline{Q}_0^n + \overline{Q}_2^n Q_1^n Q_0^n = Q_2^n \oplus Q_1^n Q_0^n$$

$$Q_1^{n+1} = Q_1^n \overline{Q}_0^n + \overline{Q}_3^n \overline{Q}_1^n Q_0^n$$

$$Q_0^{n+1} = \overline{Q}_0^n$$

输出方程为

$$Y = Q_3^n \overline{Q}_2^n \overline{Q}_1^n Q_0^n$$

D 触发器的特性方程为

$$Q^{n+1} = D$$

因此，每个 D 触发器的驱动方程如下：

$$D_3 = Q_3^{n+1} = Q_3^n \overline{Q}_0^n + Q_2^n Q_1^n Q_0^n$$

$$D_2 = Q_2^{n+1} = Q_2^n \oplus Q_1^n Q_0^n$$

$$D_1 = Q_1^{n+1} = Q_1^n \overline{Q}_0^n + \overline{Q}_3^n \overline{Q}_1^n Q_0^n$$

$$D_0 = Q_0^{n+1} = \overline{Q}_0^n$$

4）完成电路图。根据触发器的驱动方程以及输出方程，完成 Multisim 仿真电路，如图 7-51 所示。当前 $Q_3^n Q_2^n Q_1^n Q_0^n = 1001$，进位标志 Y 输出 1，指示灯亮。

为了使电路图看起来更加简洁，图 7-51 中所有器件的名称都没有显示，具体型号是：D 触发器 74LS74，2 输入端或门 74LS32，2 输入端与门 74LS08，3 输入端与门 74LS11，4 输入端与门 74LS21，异或门 74LS86，FF0 和 FF1 是一片 74LS74，FF2 和 FF3 是另一片 74LS74。所有的异步复位端 CLR 和异步置位端 PR 都连接至 5V，使其不起作用。

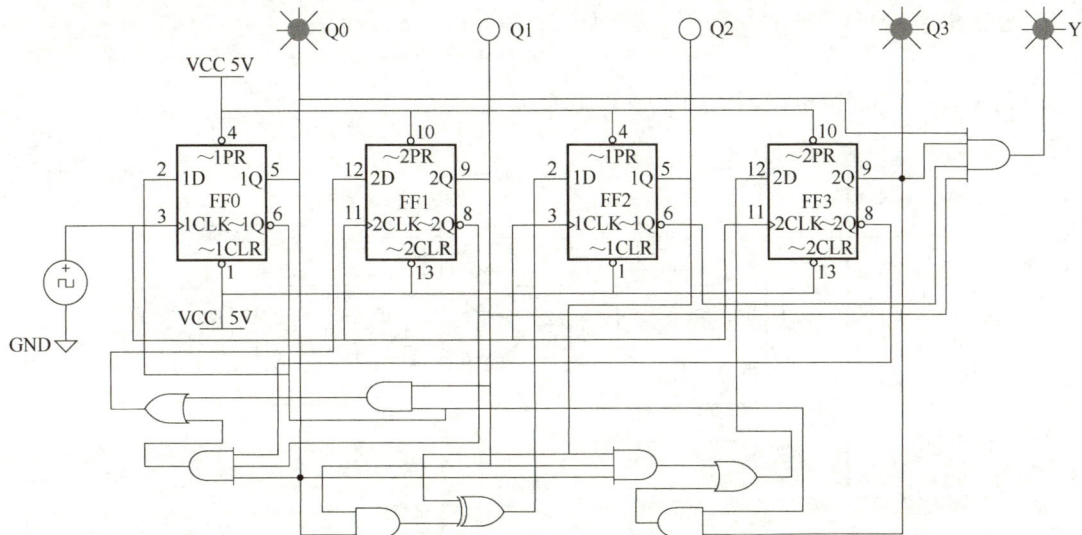

图 7-51 例 7-9 的 Multisim 仿真电路

【例 7-10】 使用 JK 触发器设计一个带进位输出标志位 Y 的同步 8421BCD 码加法计数器。

解：JK 触发器和 D 触发器种类不同，因此驱动方程也有所不同。例 7-9 中已经得到每个触发器的状态方程，即

$$Q_3^{n+1} = Q_3^n \overline{Q_0^n} + Q_2^n Q_1^n Q_0^n$$

$$Q_2^{n+1} = Q_2^n \overline{Q_1^n} + Q_2^n \overline{Q_0^n} + \overline{Q_2^n} Q_1^n Q_0^n$$

$$Q_1^{n+1} = Q_1^n \overline{Q_0^n} + \overline{Q_3^n} \overline{Q_1^n} Q_0^n$$

$$Q_0^{n+1} = \overline{Q_0^n}$$

在此基础上，我们继续后面的设计工作。

根据 JK 触发器的特性方程 $Q^{n+1} = J\overline{Q^n} + \overline{K}Q^n$ 可知，如果需要写驱动方程 J 和 K，必须得到该触发器的 $\overline{Q^n}$ 和 Q^n。如果状态方程不满足，就需要修改方程，直到满足条件。

首先来写触发器 FF3 的驱动方程。由于该触发器状态方程中的 $Q_2^n Q_1^n Q_0^n$ 缺少 Q_3^n，因此需要对状态方程作下面一些变换：

$$Q_3^{n+1} = Q_3^n \overline{Q_0^n} + Q_2^n Q_1^n Q_0^n = Q_3^n \overline{Q_0^n} + (Q_3^n + \overline{Q_3^n}) Q_2^n Q_1^n Q_0^n$$

$$= Q_3^n \overline{Q_0^n} + Q_3^n Q_2^n Q_1^n Q_0^n + \overline{Q_3^n} Q_2^n Q_1^n Q_0^n = Q_3^n (\overline{Q_0^n} + Q_2^n Q_1^n Q_0^n) + \overline{Q_3^n} Q_2^n Q_1^n Q_0^n$$

$$= Q_3^n (\overline{Q_0^n} + Q_2^n Q_1^n) + \overline{Q_3^n} Q_2^n Q_1^n Q_0^n = Q_3^n \overline{\overline{Q_2^n Q_1^n} Q_0^n} + \overline{Q_3^n} Q_2^n Q_1^n Q_0^n$$

比照 JK 触发器的特性方程，可得

$$J_3 = Q_2^n Q_1^n Q_0^n, K_3 = \overline{\overline{Q_2^n Q_1^n} Q_0^n}$$

FF2、FF1、FF0 的状态方程中，每个与项都含有与其触发器对应所需的 Q_n 或 $\overline{Q_n}$，因此不需要对状态方程进行修改，可以直接写出每个触发器的驱动方程。

$$J_2 = Q_1^n Q_0^n, K_2 = Q_1^n Q_0^n$$

$$J_1 = \overline{Q}_3^n Q_0^n, K_1 = Q_0^n$$

$$J_0 = 1, K_0 = 1$$

根据驱动方程可得电路图，如图 7-52 所示。

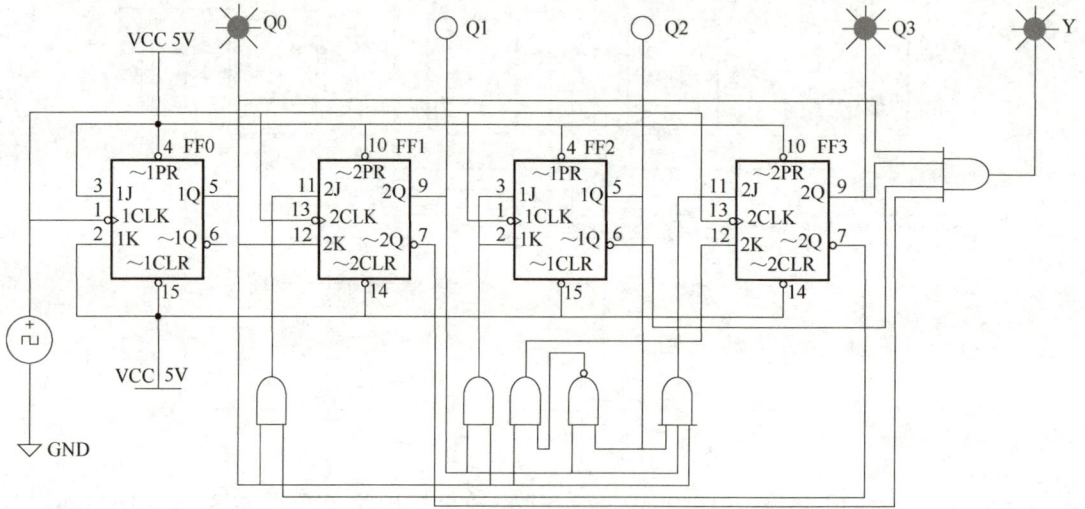

图 7-52 例 7-10 的 Multisim 仿真电路

图 7-52 中用到的器件的具体型号如下：JK 触发器 74LS112，2 输入端与门 74LS08，3 输入端与门 74LS11，4 输入端与门 74LS21，2 输入端与非门 74LS00。

例 7-9 中各触发器的状态方程是对卡诺图进行处理后得到的。这给了我们启发，如果从"源头"就将驱动方程的"要求"考虑进去，设计过程应该还可以进一步简化。

仍以触发器 FF3 为例。图 7-53a 所示是例 7-9 对无关项的处理。由于 D 触发器的驱动方程就是它的次态方程 $D = Q^{n+1}$，所以在保证电路自启动的前提下，电路越简单越好。图 7-53b 所示是本例对无关项的处理。前面已经提到，JK 触发器的驱动方程对次态方程有相应要求，因此就不能一味地追求电路的"简单"，而要"统筹"考虑。

a) 例7-9的处理方法   b) 例7-10的处理方法

图 7-53 触发器 FF3 的两种不同处理方法

因为对无关项的取值作了更改，所以状态转换表和状态转换图随之也发生了变化。表 7-19 为更新后的全状态转换表，图 7-54 所示为更新后的全状态转换图。从表 7-19 和图 7-54 可知，电路能够实现自启动。

表 7-19 例 7-10 对无关项进行处理后的全状态转换表

现 态				次 态				输出
Q_3^n	Q_2^n	Q_1^n	Q_0^n	Q_3^{n+1}	Q_2^{n+1}	Q_1^{n+1}	Q_0^{n+1}	Y
0	0	0	0	0	0	0	1	0
0	0	0	1	0	0	1	0	0
0	0	1	0	0	0	1	1	0
0	0	1	1	0	1	0	0	0
0	1	0	0	0	1	0	1	0
0	1	0	1	0	1	1	0	0
0	1	1	0	0	1	1	1	0
0	1	1	1	1	0	0	0	0
1	0	0	0	1	0	0	1	0
1	0	0	1	0	0	0	0	1
1	0	1	0	1	0	1	1	0
1	0	1	1	0	1	0	0	0
1	1	0	0	0	1	0	1	0
1	1	0	1	0	1	0	0	0
1	1	1	0	1	1	1	1	0
1	1	1	1	0	0	0	0	0

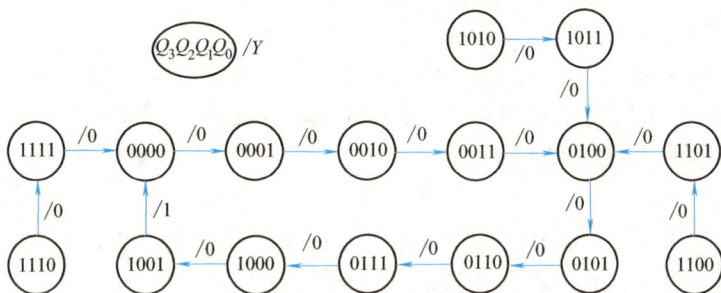

图 7-54 例 7-10 对无关项进行处理后的全状态转换图

对图 7-53b 所示的卡诺图进行化简，可得

$$Q_3^{n+1} = Q_2^n Q_1^n Q_0^n \overline{Q_3^n} + \overline{Q_0^n} Q_3^n$$

显然，该次态方程中的两个与项都含有 FF3 触发器的 Q_3^n 或 $\overline{Q_3^n}$，符合要求，进一步可以写出

$$J_3 = Q_2^n Q_1^n Q_0^n, K_3 = Q_0^n$$

根据新的驱动方程，重新绘制的电路图如图 7-55 所示。

从例 7-10 的两种解法可知，同步时序逻辑电路的设计步骤及状态化简方法应根据实际情况灵活运用，不必拘泥于某种固定模式。

【例 7-11】 设计一个序列检测器，当输入的代码中含有 011 序列时，电路能够识别出来并输出 1，否则输出 0。

解：

1）画出原始状态转换图和原始状态转换表。对设计任务分析可知，电路必然有一个输入变量 X，通过 X 串行输入一组 0、1 随机信号；电路还应有一个输出变量 Y，当输入的串行信号中出现 011 序列时，输出 Y 为 1，否则 Y 为 0。

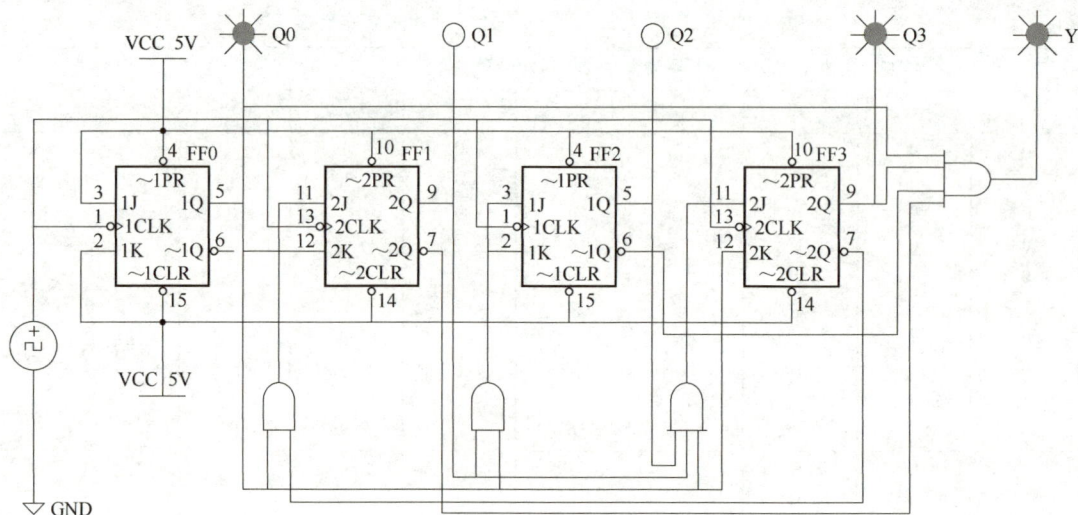

图 7-55　例 7-10 新的 Multisim 仿真电路

设电路的初始状态为 S_0，若输入 X 为 0，根据题意，则意味着出现了需要识别序列 011 的第 1 位代码 0，电路将从状态 S_0 进入状态 S_1，输出 Y 为 0；若输入 X 为 1，则不需要识别，电路停留在状态 S_0，输出 Y 为 0。

需要注意，接下来 X 的值将决定电路状态朝着哪个方向迁移。若 X 为 0，则此时的 0 将接替前一个 0 作为需要识别序列 011 的第 1 位代码，因此状态仍将停留在 S_1，Y 为 0；若 X 为 1，则意味着出现了需要识别序列 011 的第 2 位代码，因此电路将从状态 S_1 进入状态 S_2，Y 仍然为 0。

依此类推，若接下来 X 为 0，电路将从状态 S_2 进入状态 S_1，Y 为 0；若 X 为 1，则意味着出现了需要识别序列 011 的第 3 位代码，电路将从状态 S_2 进入状态 S_3，同时 Y 为 1。

当电路处于状态 S_3 时，若接下来 X 为 0，表示新的 011 序列识别的第 1 位代码 0 出现，因此状态将从 S_3 迁移到 S_1，Y 为 0；若 X 为 1，电路回到初始状态 S_0，同时 Y 为 0。

根据上述分析，得到原始状态转换图（见图 7-56）和原始状态转换表（见表 7-20）。

表 7-20　例 7-11 的原始状态转换表

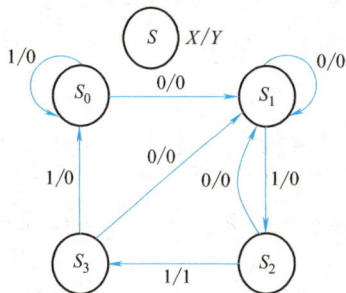

图 7-56　例 7-11 的原始状态转换图

X	0		1	
S^n	S^{n+1}	Y	S^{n+1}	Y
S_0	S_1	0	S_0	0
S_1	S_1	0	S_2	0
S_2	S_1	0	S_3	1
S_3	S_1	0	S_0	0

2）状态化简。从原始状态转换图和原始状态转换表可知，状态 S_0 和 S_1 在 $X=0$ 时转换的次态相同，但在 $X=1$ 时转换的次态不同，因此这两个状态不等价，不能合并。同理，状态 S_0 和 S_2、S_1 和 S_2、S_1 和 S_3、S_2 和 S_3 都不是等价状态，不能合并。

再来分析状态 S_0 和 S_3，在 $X=0$ 时，转换的次态都是 S_1，Y 都是 0；在 $X=1$ 时，转换

的次态都是 S_0，Y 都是 0。也就是说，在输入相同时，它们的次态和输出都是相同的。因此，S_0 和 S_3 是等价状态，可以合并，合并后只保留 S_0，得到简化的状态转换图（见图 7-57）和状态转换表（见表 7-21）。

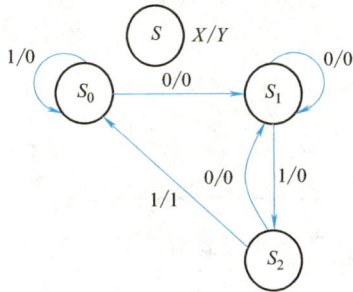

图 7-57 例 7-11 的化简后的状态转换图

表 7-21 例 7-11 的化简后的状态转换表

X	0		1	
S^n	S^{n+1}	Y	S^{n+1}	Y
S_0	S_1	0	S_0	0
S_1	S_1	0	S_2	0
S_2	S_1	0	S_0	1

3）状态编码。化简后电路共有 3 个状态，需要两个触发器。用 FF1 和 FF0 表示这两个触发器，它们共有 4 种代码组合，从其中任意拿 3 种分配给 3 个状态，完成状态编码。代码的分配没有统一定式，通常可以按照二进制代码的顺序进行，例如用 00 表示状态 S_0，用 01 表示状态 S_1，用 10 表示状态 S_2。完成状态编码后的状态转换表见表 7-22。其中 Q_1、Q_0 代表两个触发器的状态；为了便于和输入变量 X 区分，无关项用 d 表示。

表 7-22 例 7-11 的完成状态编码后的状态转换表

Q_1^n	Q_0^n	X	Q_1^{n+1}	Q_0^{n+1}	Y
0	0	0	0	1	0
0	0	1	0	0	0
0	1	0	0	1	0
0	1	1	1	0	0
1	0	0	0	1	0
1	0	1	0	0	1
1	1	0	d	d	d
1	1	1	d	d	d

根据表 7-22 得到编码后的卡诺图，如图 7-58 所示。

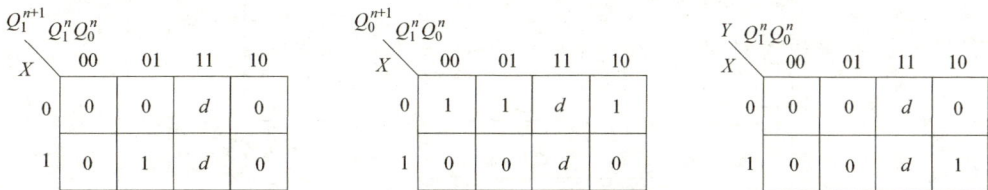

图 7-58 编码后的各触发器及输出的卡诺图

4）写出状态方程和输出方程。需要注意，电路的功能是序列检测器，因此，对无关项的处理必须符合电路的要求。当 $Q_1Q_0 = 11$ 时，如果输入 X 为 0，根据题意，则状态应该转换为 01；如果输入 X 为 1，则状态应该转换为 00。编码后的全状态转换图如图 7-59 所示，全状态转换表见表 7-23。

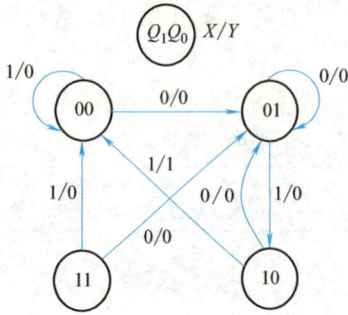

图 7-59　例 7-11 的编码后的全状态转换图

表 7-23　例 7-11 的编码后的全状态转换表

Q_1^n	Q_0^n	X	Q_1^{n+1}	Q_0^{n+1}	Y
0	0	0	0	1	0
0	0	1	0	0	0
0	1	0	0	1	0
0	1	1	1	0	0
1	0	0	0	1	0
1	0	1	0	0	1
1	1	0	0	1	0
1	1	1	0	0	0

根据表 7-23 画出卡诺图，如图 7-60 所示，并写出状态方程和输出方程，即

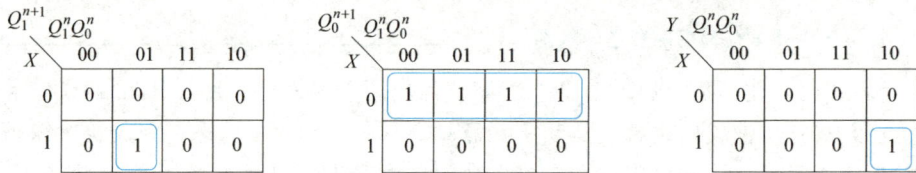

图 7-60　编码后的卡诺图

$$Q_1^{n+1} = \overline{Q}_1^n Q_0^n X, \ Q_0^{n+1} = \overline{X}, \ Y = Q_1^n \overline{Q}_0^n X$$

5）写出驱动方程，完成电路图。如果使用 D 触发器实现，则驱动方程为

$$D_1 = Q_0^n X, D_0 = \overline{X}$$

Multisim 仿真电路如图 7-61 所示。串行代码通过 X 给出，当时钟脉冲 CLK 的上升沿到来时，触发器的状态发生转换。

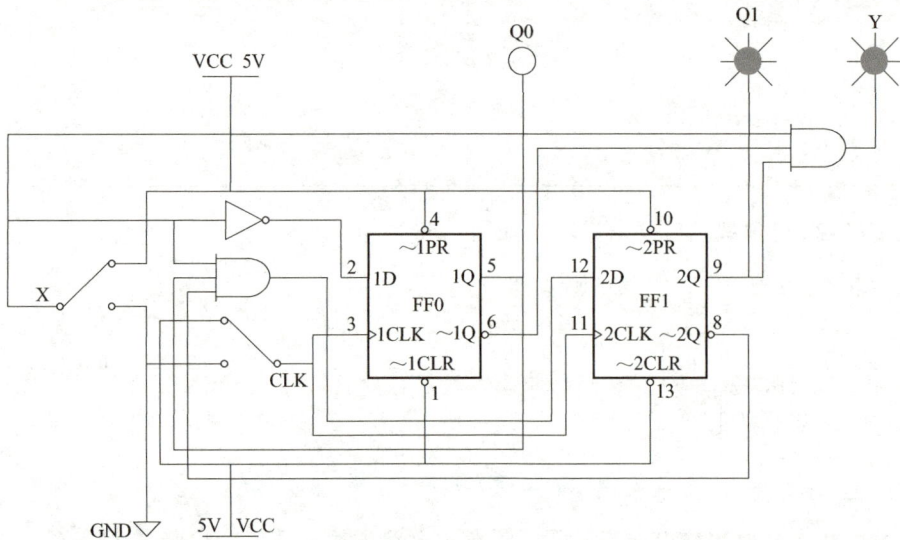

图 7-61　例 7-11 的 Multisim 仿真电路（一）

图 7-61 表示输入的代码中出现了 011 序列，此时触发器 $Q_1 Q_0$ 的状态是 10，输出 Y 为 1，灯亮。

如果使用 JK 触发器实现，根据状态方程得到每个触发器的驱动方程，即

$$Q_1^{n+1} = \overline{Q_1^n} Q_0^n X \rightarrow J_1 = Q_0^n X, K_1 = 1$$

$$Q_0^{n+1} = \overline{X} = (Q_0^n + \overline{Q_0^n}) \overline{X} = \overline{Q_0^n} \overline{X} + Q_0^n \overline{X} \rightarrow J_0 = \overline{X}, K_0 = X$$

电路图如图 7-62 所示。

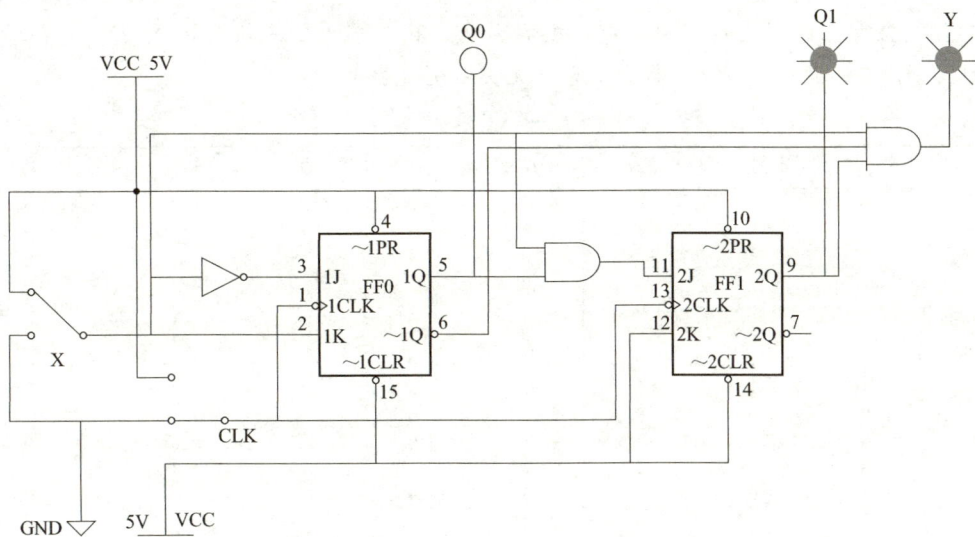

图 7-62 例 7-11 的 Multisim 仿真电路（二）

【**例 7-12**】 设计一个模可控且带进位输出的同步加法计数器，要求当控制信号 $X = 0$ 时，电路的功能是五进制计数器；当 $X = 1$ 时，是七进制计数器。

解：

1）画出原始状态转换图。设电路的输出端为 Y_1、Y_0，Y_1 是七进制计数器的进位输出端，Y_0 是五进制计数器的进位输出端。

依据题意，若 $X = 0$，电路为模 5 计数器，因此一定有 5 个状态；若 $X = 1$，电路为模 7 计数器，因此一定有 7 个状态。由此可得电路的原始状态转换图，如图 7-63 所示。由状态转换图得到状态转换表，见表 7-24。

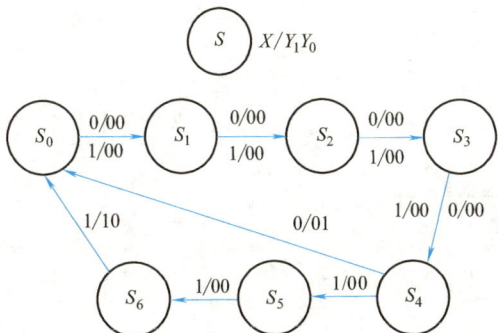

图 7-63 例 7-12 的原始状态转换图

表 7-24 例 7-12 的原始状态转换表

S^n	X	S^{n+1}	Y_1	Y_0
S_0	0	S_1	0	0
S_0	1	S_1	0	0
S_1	0	S_2	0	0
S_1	1	S_2	0	0
S_2	0	S_3	0	0
S_2	1	S_3	0	0
S_3	0	S_4	0	0
S_3	1	S_4	0	0
S_4	0	S_0	0	1
S_4	1	S_5	0	0
S_5	1	S_6	0	0
S_6	1	S_0	1	0

我们再来回忆一下状态"等价"的含义：对于任何两个状态，如果在输入相同时，它们的次态和输出都是相同的，那么这两个状态认为是等价的，可以合并。观察表 7-24，不存在这样的等价状态，因此不可合并。

2）状态编码。电路共有 7 个状态，至少需要 3 个触发器。用 FF2、FF1 和 FF0 分别表示这 3 个触发器，它们共有 8 种代码组合，从中任意拿 7 种分配给 7 个状态，完成状态编码。这里，按照二进制代码的顺序进行编码，完成状态编码后的状态转换表见表 7-25。其中，Q_2、Q_1、Q_0 代表 3 个触发器的状态，无关项用 d 表示。

表 7-25　例 7-12 的编码后的状态转换表

Q_2^n	Q_1^n	Q_0^n	X	Q_2^{n+1}	Q_1^{n+1}	Q_0^{n+1}	Y_1	Y_0
0	0	0	0	0	0	1	0	0
0	0	0	1	0	0	1	0	0
0	0	1	0	0	1	0	0	0
0	0	1	1	0	1	0	0	0
0	1	0	0	0	1	1	0	0
0	1	0	1	0	1	1	0	0
0	1	1	0	1	0	0	0	0
0	1	1	1	1	0	0	0	0
1	0	0	0	0	0	0	0	1
1	0	0	1	0	1	0	0	0
1	1	0	0	1	1	0	0	0
1	1	0	1	0	0	0	1	0
1	0	1	0	d	d	d	d	d
1	1	1	0	d	d	d	d	d
1	1	1	0	d	d	d	d	d
1	1	1	1	d	d	d	d	d

3）写出状态方程和输出方程。根据状态转换表画出次态和输出卡诺图，如图 7-64 所示。

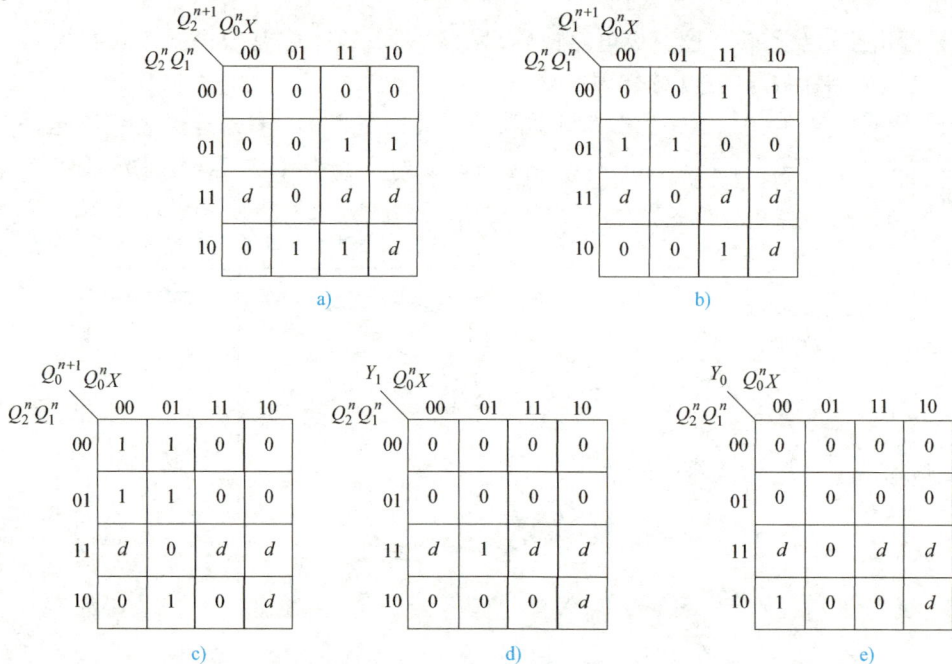

图 7-64　例 7-12 的编码后各触发器和输出的卡诺图

对无关项进行处理，如图 7-65 所示，处理后的全状态转换表见表 7-26，全状态转换图如图 7-66 所示。

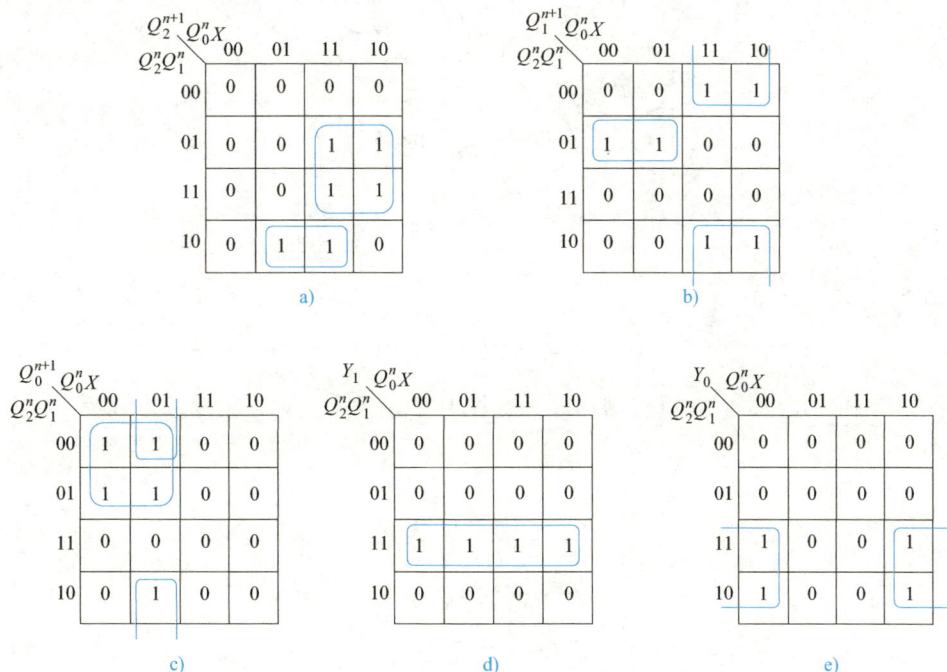

图 7-65 对无关项的处理

表 7-26 例 7-12 的处理后的全状态转换表

Q_2^n	Q_1^n	Q_0^n	X	Q_2^{n+1}	Q_1^{n+1}	Q_0^{n+1}	Y_1	Y_0
0	0	0	0	0	0	1	0	0
0	0	0	1	0	0	1	0	0
0	0	1	0	0	1	0	0	0
0	0	1	1	0	1	0	0	0
0	1	0	0	0	1	1	0	0
0	1	0	1	0	1	1	0	0
0	1	1	0	1	0	0	0	0
0	1	1	1	0	0	0	0	0
1	0	0	0	0	0	0	0	1
1	0	0	1	0	0	0	0	0
1	0	1	1	1	1	0	0	0
1	1	0	1	0	0	0	0	0
1	0	1	0	0	1	0	0	1
1	1	0	0	0	0	0	1	1
1	1	1	0	1	0	0	1	0
1	1	1	1	1	0	0	1	0

从表 7-26 和图 7-66 可知，电路能够自启动。

通过卡诺图，写出 3 个触发器的状态方程：

$$Q_2^{n+1} = Q_1^n Q_0^n + Q_2^n \overline{Q_1^n} X$$

$$Q_1^{n+1} = \overline{Q_1^n} Q_0^n + \overline{Q_2^n} Q_1^n \overline{Q_0^n}$$

$$Q_0^{n+1} = \overline{Q_2^n} \overline{Q_0^n} + \overline{Q_1^n} \overline{Q_0^n} X$$

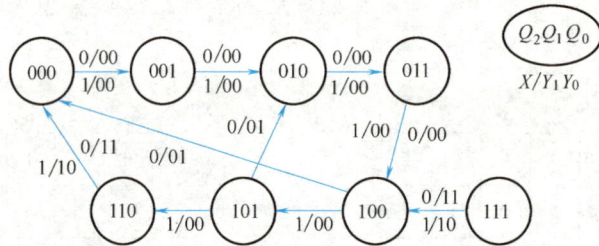

图 7-66 编码且对无关项处理后的全状态转换图

写出两个输出方程：

$$Y_1 = Q_2^n Q_1^n , Y_0 = Q_2^n \overline{X}$$

4）写出驱动方程，完成电路图。如果选择 D 触发器来实现，则驱动方程为

$$D_2 = Q_1^n Q_0^n + Q_2^n \overline{Q}_1^n X$$

$$D_1 = \overline{Q}_1^n Q_0^n + \overline{Q}_2^n Q_1^n \overline{Q}_0^n$$

$$D_0 = \overline{Q}_2^n \overline{Q}_0^n + \overline{Q}_1^n Q_0^n X$$

根据驱动方程即可得到电路图。图 7-67 所示是当 $X = 0$，计数器计到 100 时，进位标志 Y_0 输出高电平 1。图 7-68 所示是当 $X = 1$，计数器计到 110 时，进位标志 Y_1 输出高电平 1。

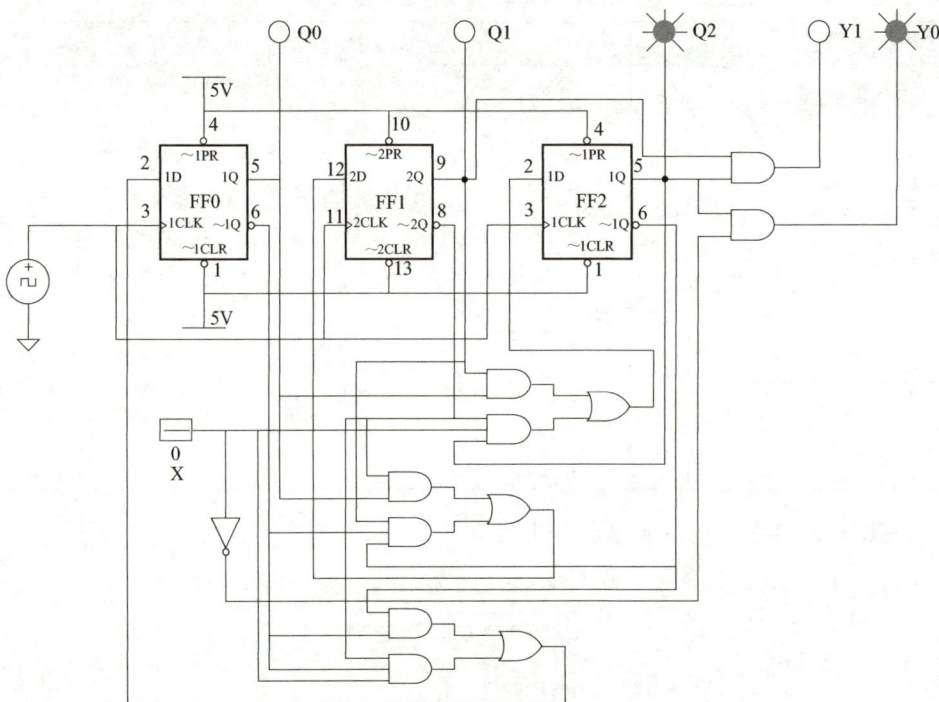

图 7-67 例 7-12 的 Multisim 仿真电路（$X = 0$）

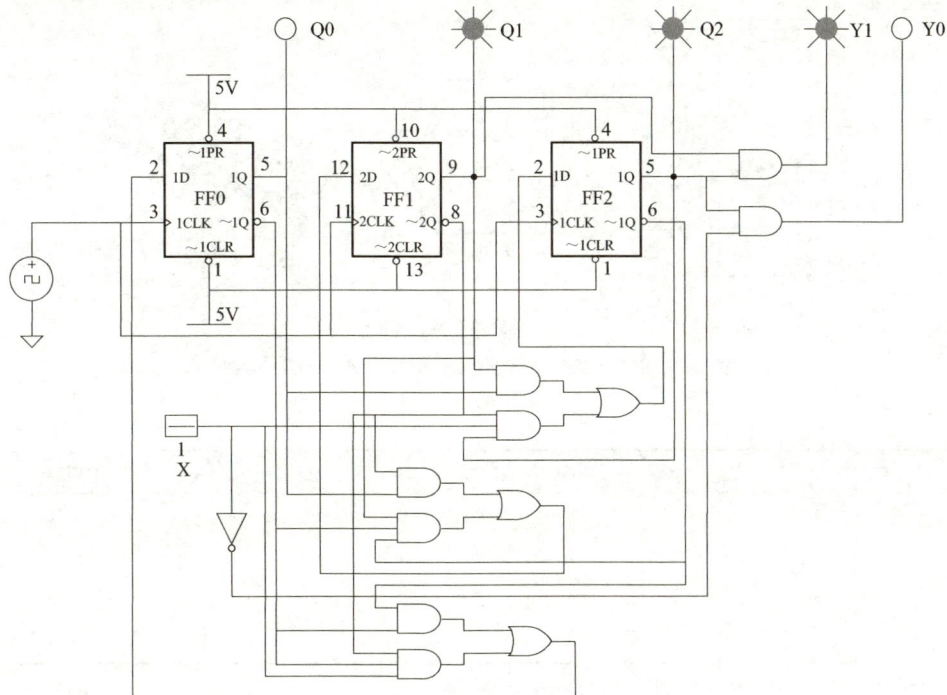

图 7-68 例 7-12 的 Multisim 仿真电路（$X=1$）

7.4 常用的时序逻辑功能器件

和常用的组合逻辑功能器件一样，许多时序逻辑功能电路也有现成的集成器件。本节将介绍基本寄存器、移位寄存器、计数器等器件，重点分析这些器件的逻辑功能、实现原理及应用方法。

7.4.1 基本寄存器

具有接收和寄存二进制数码的电路称为寄存器（Register）。前面介绍的各种触发器，就是可以存储 1 位二进制数码的寄存器，n 个触发器可以存储 n 位二进制数码。

按照功能的不同，可将寄存器分为基本寄存器和移位寄存器两大类。基本寄存器只能并行送入数据，需要时也只能并行输出。移位寄存器除具有数码寄存的功能外，还可以在脉冲作用下依次逐位右移或左移，用途很广。

4 位集成寄存器 74LS175 的引脚图、逻辑符号及 DIP 实物图如图 7-69 所示，其功能表见表 7-27。

从图 7-69 和表 7-27 可知：①74LS175 含有 4 个 D 触发器，共用 1 个时钟信号，是同步时序逻辑器件。②$\overline{CLR}$ 是异步清零控制端，不需要脉冲的配合即可起清零作用。③当 $\overline{CLR}=0$ 时，电路完成异步清零，$4Q\,3Q\,2Q\,1Q=0000$；当 $\overline{CLR}=1$ 时，如果时钟脉冲 CLK 上升沿到来，无论寄存器中原来的内容是什么，加在并行数据输入端 $4D\,3D\,2D\,1D$ 的数据 $4d\,3d\,2d\,1d$ 就立即被送入进寄存器中，即 $4Q3Q2Q1Q=4d3d2d1d$；其他情况下，寄存器内容将保持不变。

74LS175 的 Multisim 仿真电路如图 7-70 所示。

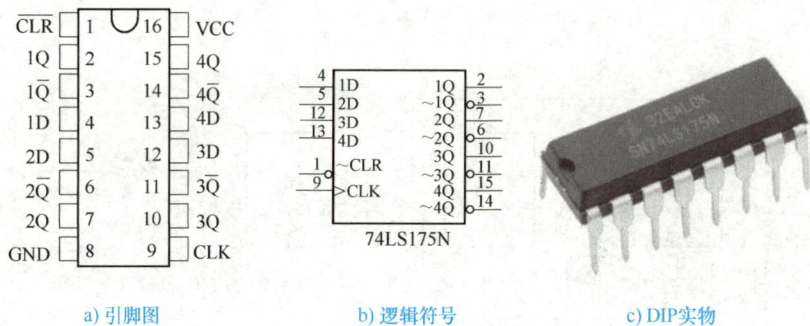

a) 引脚图   b) 逻辑符号   c) DIP实物

图 7-69　74LS175 的引脚图、逻辑符号及 DIP 实物

表 7-27　74LS175 的功能表

$\overline{CLR}$	CLK	$1D$	$2D$	$3D$	$4D$	$1Q$	$2Q$	$3Q$	$4Q$	工作模式
0	×	×	×	×	×	0	0	0	0	异步复位
1	↑	$1d$	$2d$	$3d$	$4d$	$1d$	$2d$	$3d$	$4d$	寄存
1	1	×	×	×	×	$1Q^n$	$2Q^n$	$3Q^n$	$4Q^n$	保持
1	0	×	×	×	×	$1Q^n$	$2Q^n$	$3Q^n$	$4Q^n$	保持

注：$4d \sim 1d$ 是数据端 $4D \sim 1D$ 的值，$4Q^n \sim 1Q^n$ 是输出端的现态。

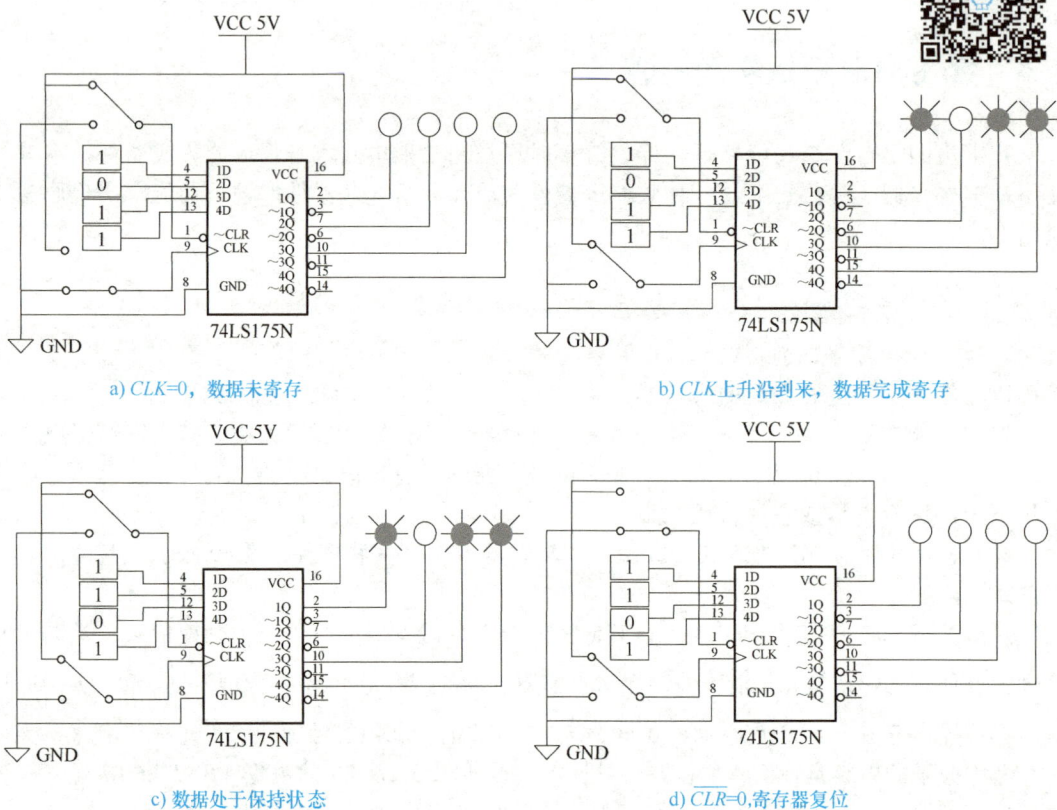

a) CLK=0，数据未寄存   b) CLK 上升沿到来，数据完成寄存

c) 数据处于保持状态   d) $\overline{CLR}$=0,寄存器复位

图 7-70　74LS175 的 Multisim 仿真电路

图 7-70a 表示启动仿真后，$\overline{CLR}=1$，处于无效状态，此时 CLK 为低电平 0，因此 $4D\sim1D$ 数据 1101 不能寄存。图 7-70b 表示 $4D\sim1D$ 的数据 1101 已经寄存至输出 $4Q\sim1Q$。根据器件功能表的描述，数据寄存一定需要在 CLK 上升沿到来的那一时刻才能进行，只是因为图片无法展示 CLK 从低电平到高电平变化的瞬间，所以看到的 CLK 是高电平 1，读者可以自行通过电路仿真进行验证观察。图 7-70c 表示在 CLK 下一个上升沿到来之前，即使改变了 $4D\sim1D$ 的数据，寄存器输出端仍然是之前保存的数据。图 7-70d 表示当 $\overline{CLR}=0$ 时，不管其他输入信号是什么状态，输出立即被复位。

Verilog 程序如下：

```
module ls175(input CLK,input CLR,input[3:0] D,output reg[3:0] Q);
always @ ( posedge CLK or negedge CLR)begin
    if(！CLR)//异步清零
        Q <= 4'b0000;
    else //同步数据输入
        Q <= D;
end
endmodule
```

74LS175 的 Quartus 仿真结果如图 7-71 所示。

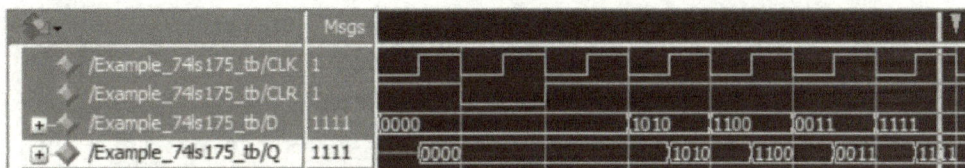

图 7-71 74LS175 的 Quartus 仿真结果

7.4.2 移位寄存器

移位寄存器不但可以寄存数码，而且在移位脉冲作用下，寄存器中的数码可根据需要从高位向低位或从低位向高位移动。它是数字系统中应用很广泛的基本逻辑部件。移位寄存器分为单向移位寄存器和双向移位寄存器。

1. 单向移位寄存器

74LS195 是典型的单向移位寄存器，其引脚图、逻辑符号及 DIP 实物如图 7-72 所示，其功能表见表 7-28。

表 7-28 74LS195 的功能表

$\overline{CLR}$	$SH/\overline{LD}$	CLK	A	B	C	D	J	$\overline{K}$	Q_A	Q_B	Q_C	Q_D	工作模式
0	×	×	×	×	×	×	×	×	0	0	0	0	异步复位
1	0	↑	a	b	c	d	×	×	a	b	c	d	同步并行置数
1	1	↑	×	×	×	×	0	0	0	Q_A^n	Q_B^n	Q_C^n	移位，Q_A 补 0
1	1	↑	×	×	×	×	0	1	Q_A^n	Q_A^n	Q_B^n	Q_C^n	移位，Q_A 保持
1	1	↑	×	×	×	×	1	0	$\overline{Q_A^n}$	Q_A^n	Q_B^n	Q_C^n	移位，Q_A 求反
1	1	↑	×	×	×	×	1	1	1	Q_A^n	Q_B^n	Q_C^n	移位，Q_A 补 1

注：$a\sim d$ 是数据端 $A\sim D$ 的值，$Q_A^n\sim Q_C^n$ 是输出端前一时刻的状态。

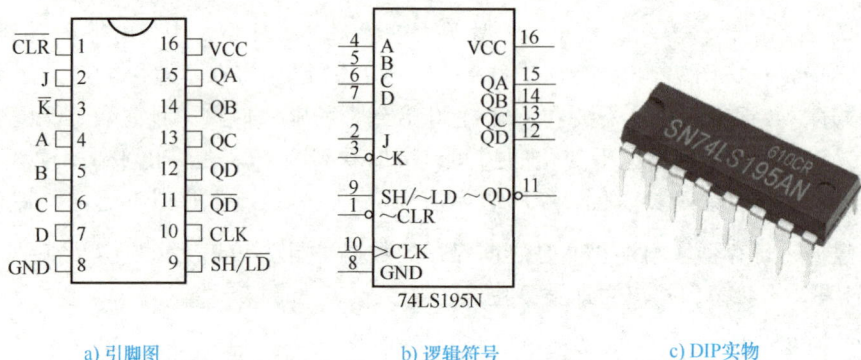

a) 引脚图   b) 逻辑符号   c) DIP实物

图 7-72 74LS195 的引脚图、逻辑符号及 DIP 实物

结合图、表可知：①74LS195 的 $\overline{CLR}$ 控制优先级最高，低电平有效；②当 $\overline{CLR}=0$ 时，不论其他输入信号是否有效，$Q_A \sim Q_D$ 都将清零，器件处于复位工作模式；③当 $\overline{CLR}=1$，$SH/\overline{LD}=0$ 时，在 CLK 上升沿到来的那一刻，电路实现并行置数，也就是寄存，$ABCD$ 的 4 位数据 $abcd$ 被并行送至输出；④当 $\overline{CLR}=1$，$SH/\overline{LD}=1$ 时，电路实现移位操作，且只能从 Q_A 向 Q_D 单向移动，当 Q_A 移走后，原来的位置可以通过 J 和 $\overline{K}$ 的 4 种不同状态组合分别补 0、补 1、保持以及求反。

74LS195 的 Multisim 仿真电路如图 7-73 所示。

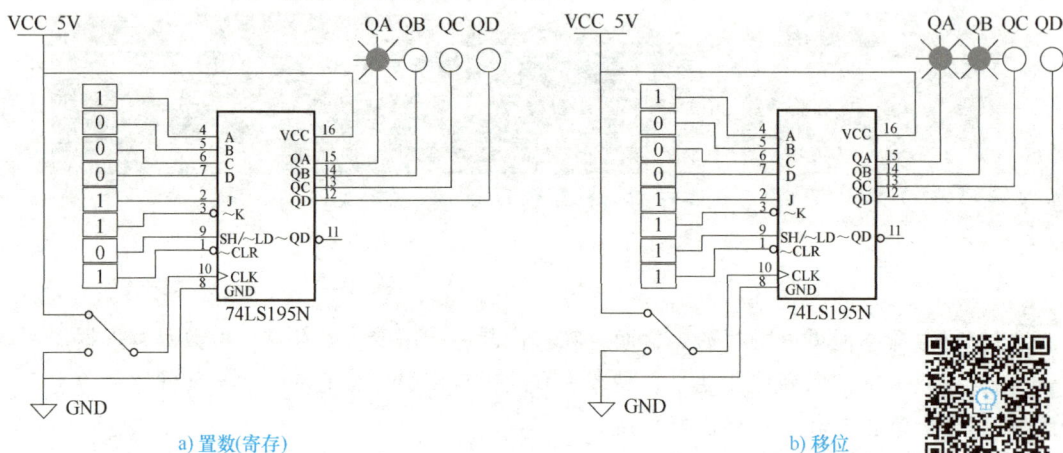

a) 置数(寄存)   b) 移位

图 7-73 74LS195 的 Multisim 仿真电路

图 7-73a 中，$\overline{CLR}=1$，$SH/\overline{LD}=0$，$ABCD$ 的值是 1000，通过给 CLK 提供一个上升沿，完成置数的操作。图 7-73b 中，将输入端的 $SH/\overline{LD}$ 更改为高电平 1，其他输入端口的状态不变，此时再给 CLK 提供一个上升沿，电路实现了移位功能。因为 $J=\overline{K}=1$，所以 Q_A 原来的数据移走后，重新补 1。观察输出灯的状态，仔细理解移位的含义。

Verilog 程序如下：

```
module ls195(
    input wire clk,        // 时钟输入
    input wire clr_n,      //异步清零端,低电平有效
```

```
        input wire sh_ld_n,              //移位/并行置数控制端,低电平有效
        input wire[3:0] abcd,            //并行输入
        input wire j,                    //j控制输入
        input wire k_n,                  //k_n控制输入
        output reg[3:0] q                //寄存器输出
    );
    always @ (posedge clk or negedge clr_n)begin
        if(!clr_n)begin //当 clr_n 为低电平时,复位寄存器
            q <= 4'b0000;
        end else if(!sh_ld_n)begin //当 sh_ld_n 为低电平时,实现并行置数
            q <= abcd;
        end else begin //当 sh_ld_n 为高电平时,实现移位操作
            q[3] <= q[2];
            q[2] <= q[1];
            q[1] <= q[0];
            //根据 j 和 k_n 的组合实现不同的移位填充
            case({j,k_n})
                2'b00:q[0] <= 1'b0;
                2'b01:q[0] <= q[0];
                2'b10:q[0] <= ~q[0];
                2'b11:q[0] <= 1'b1;
            endcase
        end
    end
    endmodule
```

74LS195 的 Quartus 仿真结果如图 7-74 所示。

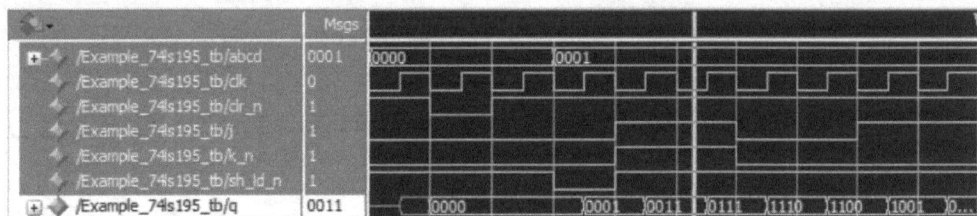

图 7-74 74LS195 的 Quartus 仿真结果

2. 双向移位寄存器

74LS194 是典型的双向移位寄存器,图 7-75 所示是其引脚图、逻辑符号及 DIP 实物。

CLR 为低电平有效的复位端,S_1 和 S_0 是工作模式控制信号,SR 为右移串行数据输入端,SL 为左移串行数据输入端,D、C、B、A 为并行数据输入端,Q_D、Q_C、Q_B、Q_A 为并行数据输出端。其功能表见表 7-29。

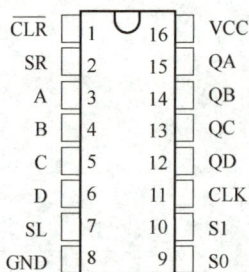
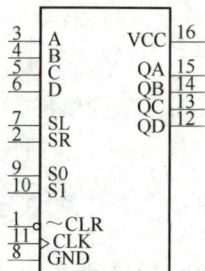

74LS194N

| a) 引脚图 | b) 逻辑符号 | c) DIP实物 |

图 7-75　74LS194 的引脚图、逻辑符号及 DIP 实物

表 7-29　74LS194 的功能表

输 入										输 出				工作模式
$\overline{CLR}$	S_1	S_0	SL	SR	CLK	A	B	C	D	Q_A	Q_B	Q_C	Q_D	
0	×	×	×	×	×	×	×	×	×	0	0	0	0	异步复位
1	0	0	×	×	×	×	×	×	×	Q_A^n	Q_B^n	Q_C^n	Q_D^n	保持
1	0	1	×	1	↑	×	×	×	×	1	Q_A^n	Q_B^n	Q_C^n	右移，Q_A 补 1
1	0	1	×	0	↑	×	×	×	×	0	Q_A^n	Q_B^n	Q_C^n	右移，Q_A 补 0
1	1	0	1	×	↑	×	×	×	×	Q_B^n	Q_C^n	Q_D^n	1	左移，Q_D 补 1
1	1	0	0	×	↑	×	×	×	×	Q_B^n	Q_C^n	Q_D^n	0	左移，Q_D 补 0
1	1	1	×	×	↑	a	b	c	d	a	b	c	d	同步并行置数

注：$a \sim d$ 是数据端 $A \sim D$ 的值，$Q_A^n \sim Q_D^n$ 是输出端前一时刻的状态。

通过功能表可知：

1）当 $\overline{CLR} = 0$ 时，异步复位，与其他输入端状态及 CLK 无关。

2）当 $\overline{CLR} = 1$ 时，74LS194 有 4 种工作模式：

① 当 $S_1 S_0 = 00$ 时，不论有无 CLK 到来，各个输出的状态均保持不变。

② 当 $S_1 S_0 = 01$ 时，在 CLK 上升沿作用下，实现串行右移，流向是 $Q_A \rightarrow Q_B \rightarrow Q_C \rightarrow Q_D$，$Q_A$ 原来的数据移走后，新的数据由 SR 来补充。

③ 当 $S_1 S_0 = 10$ 时，在 CLK 上升沿作用下，实现串行左移，流向是 $Q_D \rightarrow Q_C \rightarrow Q_B \rightarrow Q_A$。$Q_D$ 原来的数据移走后，新的数据由 SL 来补充。

④ 当 $S_1 S_0 = 11$ 时，在 CLK 上升沿作用下，实现并行置数，abcd 送入 $Q_A Q_B Q_C Q_D$。

Verilog 程序如下：

```verilog
module ls194(
    input wire clk,              //时钟输入
    input wire clr_n,            //异步清零端,低电平有效
    input wire s1,               //工作模式控制信号 s1
    input wire s0,               //工作模式控制信号 s0
    input wire sr,               //右移串行数据输入端
    input wire sl,               //左移串行数据输入端
```

```
        input wire[3:0] dcba,            //并行数据输入端
        output reg[3:0] q                //并行数据输出端
);
always @ (posedge clk or negedge clr_n)begin
    if(!clr_n)begin //当 clr_n 为低电平时,异步复位寄存器
        q <= 4'b0000;
    end else begin //当 clr_n 为高电平时,根据 s1 和 s0 的组合选择工作模式
        case({s1,s0})
            2'b00:; //当 s1s0 为 00 时,保持当前状态
            2'b01:begin //当 s1s0 为 01 时,实现串行右移
                q[3] <= q[2];
                q[2] <= q[1];
                q[1] <= q[0];
                q[0] <= sr;
            end
            2'b10:begin //当 s1s0 为 10 时,实现串行左移
                q[0] <= q[1];
                q[1] <= q[2];
                q[2] <= q[3];
                q[3] <= sl;
            end
            2'b11:begin //当 s1s0 为 11 时,实现并行置数
                q<=dcba;
            end
        endcase
    end
end
endmodule
```

74LS194 的 Quartus 仿真结果如图 7-76 所示。

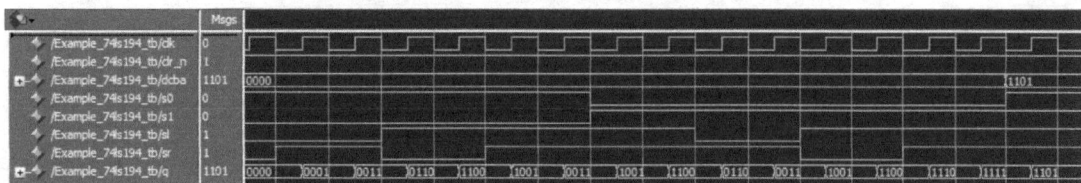

图 7-76　74LS194 的 Quartus 仿真结果

利用移位寄存器的移位功能,再通过特定的反馈电路,将一个反馈信号送到串行输入端,则可实现特定的序列信号。序列信号的长度和状态与移位寄存器的位数及反馈电路的逻辑功能有关。

【例 7-13】 利用 74LS194 实现 4 位环形计数器。

解：4 位环形计数器的状态转换图如图 7-77 所示，状态转换表见表 7-30。该类型计数器含有 4 个触发器，计数长度 $M=4$（模 4），有效状态 4 个，无效状态 12 个。环形计数器可以由移位寄存器加上一定的反馈电路构成。

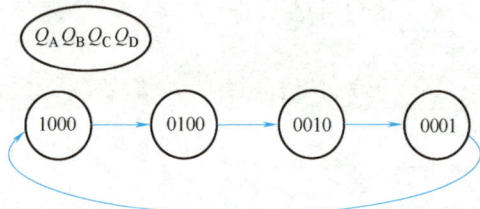

图 7-77　4 位环形计数器的状态转换图

表 7-30　状态转换表（一）

CLK	Q_A	Q_B	Q_C	Q_D
1	1	0	0	0
↑	0	1	0	0
↑	0	0	1	0
↑	0	0	0	1

74LS194 内含 4 个触发器，又具有移位功能，显然可以通过它来实现 4 位环形计数器。图 7-78 所示是具体的电路，输出 Q_D 接到 SR 端构成了反馈电路。

先将 S_1S_0 设置为 $=11$，在 CLK 作用下，实现并行置数操作，$Q_AQ_BQ_CQ_D=1000$，如图 7-78a 所示。然后将 S_1S_0 设置为 $=01$，在 CLK 作用下，$Q_AQ_BQ_CQ_D$ 实现右移操作，按照 $1000 \rightarrow 0100 \rightarrow 0010 \rightarrow 0001 \rightarrow 1000$ 的状态变化，周而复始，如图 7-78b 所示。通过多个移位寄存器的级联，并设计相应的反馈电路，则可实现更复杂的序列信号发生电路。

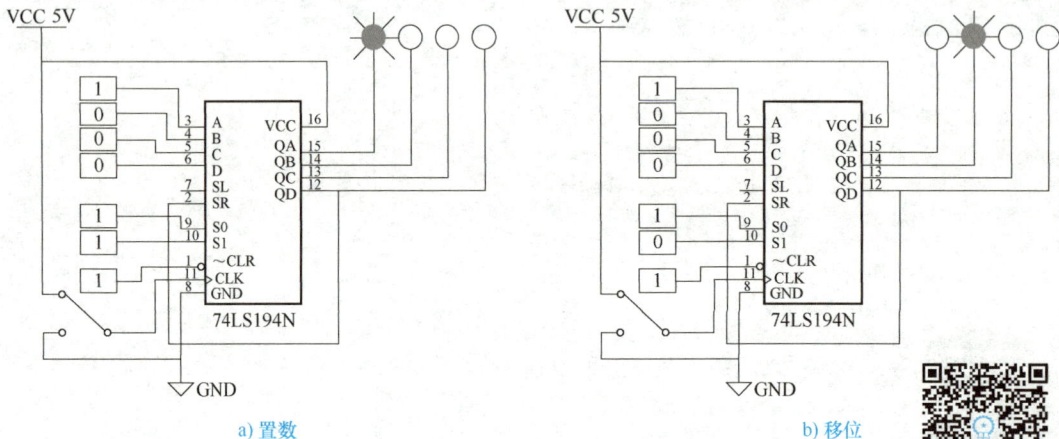

a) 置数　　　　　　　　　　　　　　　　　　b) 移位

图 7-78　例 7-13 的 Multisim 仿真电路

上面的这个电路需要先将 74LS194 设置为并行置数功能，为 $Q_AQ_BQ_CQ_D$ 提供一个初始状态 1000，然后再进行移位操作，不具备自启动功能。接下来讲述的方法可以省去置数这个过程，并使其具备自启动功能。

表 7-31 反映的是输出 $Q_AQ_BQ_CQ_D$ 与右移数据输入端 SR 的逻辑关系，显然，是 $Q_AQ_BQ_CQ_D$ 的状态决定 SR 的状态。电路通电伊始，$Q_AQ_BQ_CQ_D=0000$，决定了 SR 的值应该是 1。当 CLK 的上升沿到来时，$Q_AQ_BQ_CQ_D$ 实现右移，Q_A 原来的 0 移走后，SR 的 1 进行填补，因此新时刻 $Q_AQ_BQ_CQ_D=1000$，SR 的值应该是 0。经过 4 个上升沿后，$Q_AQ_BQ_CQ_D=0001$，下一个上升沿到来时，$Q_AQ_BQ_CQ_D$ 又将回到 1000，因此，这时的 SR 应该是 1。

表 7-31 状态转换表（二）

CLK	Q_A	Q_B	Q_C	Q_D	SR
	0	0	0	0	1
↑	1	0	0	0	0
↑	0	1	0	0	0
↑	0	0	1	0	0
↑	0	0	0	1	1

根据表 7-31，可得到 SR 的逻辑表达式为

$$SR = \overline{Q_A}\,\overline{Q_B}\,\overline{Q_C}\,\overline{Q_D} + \overline{Q_A}\,\overline{Q_B}\,\overline{Q_C}\,Q_D = \overline{Q_A}\,\overline{Q_B}\,\overline{Q_C} = \overline{Q_A + Q_B + Q_C}$$

根据表达式，得到电路图如图 7-79a 所示，时序图如图 7-79b 所示。该电路通电后能自动实现 4 位环形计数器功能。注意：初始状态 0000 只会出现一次，一旦电路进入有效循环后，0000 将不再出现。

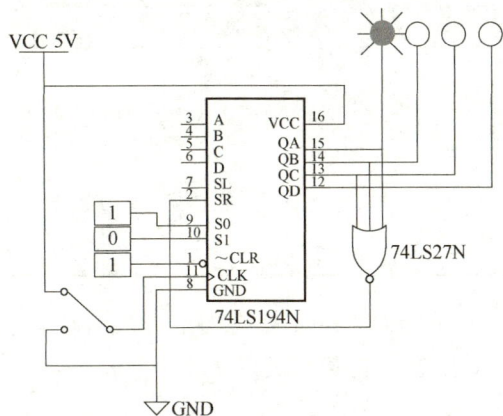

a) 仿真电路

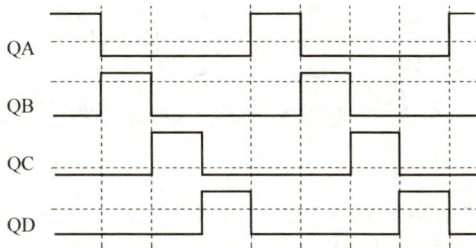

b) 时序图

图 7-79 例 7-13 的仿真电路及时序图

Verilog 程序如下：

```
module mod4_counter(
    input wire clk,          //时钟输入
    input wire rst_n,        //异步复位端,低电平有效
    output reg[1:0] q        //2位输出,用于表示0~3的计数值
);
always @ ( posedge clk or negedge rst_n) begin
    if( ! rst_n) begin //当 rst_n 为低电平时,复位计数器
        q <= 2'b00;
    end else begin //当 rst_n 为高电平时,递增计数器
        q <= ( q == 2'b11)? 2'b00 :q + 2'b01;
    end
end
endmodule
```

4 位环形计数器的 Quartus 仿真结果如图 7-80 所示。

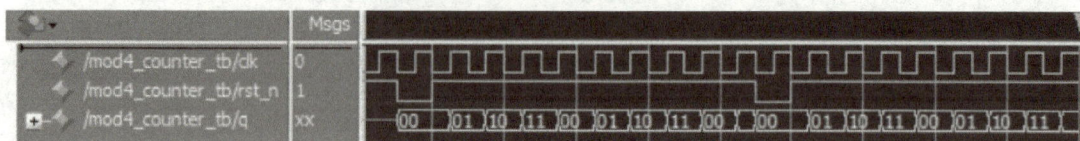

图 7-80　4 位环形计数器的 Quartus 仿真结果

【例 7-14】　利用 74LS194 实现 4 位扭环形计数器。

解：4 位扭环形计数器的状态转换图如图 7-81 所示，状态转换表见表 7-32。4 位扭环形计数器和 4 位环形计数器相比，同样含有 4 个触发器，但计数长度增加 1 倍，$M = 8$（模 8），即有效状态 8 个，无效状态 8 个。扭环形计数器的特点是每次状态发生转换时，只有一位触发器改变状态。

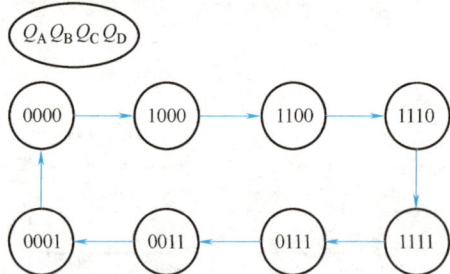

图 7-81　4 位扭环形计数器的状态转换图

表 7-32　状态转换表

CLK	Q_A	Q_B	Q_C	Q_D	SR
	0	0	0	0	1
↑	1	0	0	0	1
↑	1	1	0	0	1
↑	1	1	1	0	1
↑	1	1	1	1	0
↑	0	1	1	1	0
↑	0	0	1	1	0
↑	0	0	0	1	0

利用 74LS194 实现 4 位扭环形计数器，设计思路和前面的例题相同，需要求解出反馈回路的逻辑表达式。表 7-32 反映的是输出 $Q_A Q_B Q_C Q_D$ 与右移数据输入端 SR 的逻辑关系，可得

$$SR = (Q_A + \overline{Q_A})\overline{Q_B}\overline{Q_C}\overline{Q_D} + Q_A Q_B(\overline{Q_C} + Q_C)\overline{Q_D} = \overline{Q_D}(\overline{Q_B}\overline{Q_C} + Q_A Q_B)$$

根据表达式，得到电路图，如图 7-82a 所示，时序图如图 7-82b 所示。该电路通电后能自动实现 4 位扭环形计数器功能。

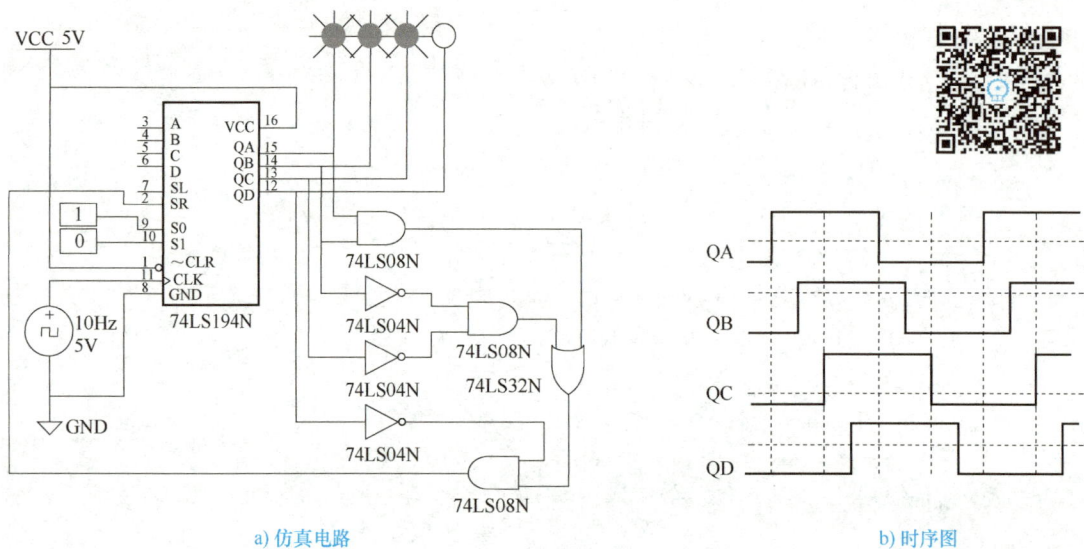

a) 仿真电路

b) 时序图

图 7-82　例 7-14 的仿真电路及时序图

Verilog 程序如下:

```verilog
module mod4_twisted_ring_counter(
    input wire clk,          //时钟输入
    input wire rst_n,        //异步复位端,低电平有效
    output reg[3:0] q        //4 位输出
);
reg[3:0] next_q;
always @ (posedge clk or negedge rst_n)begin
    if(! rst_n)begin         //当 rst_n 为低电平时,复位计数器
        q <= 4'b0001;
    end else begin           //当 rst_n 为高电平时,更新计数器状态
        q <= next_q;
    end
end
always @ ( * )begin
    //根据当前状态计算下一个状态
    case(q)
        4'b0000:next_q=4'b0001;
        4'b0001:next_q=4'b0011;
        4'b0011:next_q=4'b0111;
        4'b0111:next_q=4'b1111;
        4'b1111:next_q=4'b1110;
        4'b1110:next_q=4'b1100;
        4'b1100:next_q=4'b1000;
        4'b1000:next_q=4'b0000;
        default:next_q=4'b0000;
    endcase
end
endmodule
```

4 位扭环形计数器的 Quartus 仿真结果如图 7-83 所示。

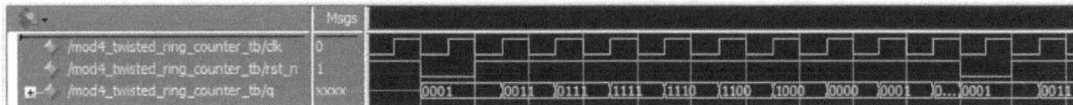

图 7-83　4 位扭环形计数器的 Quartus 仿真结果

7.4.3　集成计数器

前面已经学习过如何用触发器构成所需要的计数器,在实际应用中,更多的是使用已经做成产品的集成计数器。集成计数器的种类很多,按所用器件的不同,可分为 TTL 型和

CMOS 型；按构成计数器的各个触发器是否由同一个时钟脉冲控制，可分为同步计数器和异步计数器；根据计数制的不同，可分为二进制计数器、十进制计数器和 N 进制计数器；根据计数的增减趋势，又可分为加法、减法和可逆计数器。另外，许多计数器除了基本的计数功能，还有置数、复位、保持等功能，不同的计数器，这些功能的实现条件各有不同。目前，无论是 TTL 还是 CMOS 集成电路，都有品种较齐全的中规模集成计数器。使用者只要借助于器件手册提供的功能表、工作波形图及引脚图，就能正确地运用这些器件。

1. 二进制计数器

这里的二进制计数器泛指按照模为 2^n 进行计数的电路，例如四进制计数器、八进制计数器、十六进制计数器、三十二进制计数器等。

74LS161 是常用的 4 位二进制加法计数器，其引脚图、逻辑符号及 DIP 实物如图 7-84 所示，功能表见表 7-33，状态转换图如图 7-85 所示。

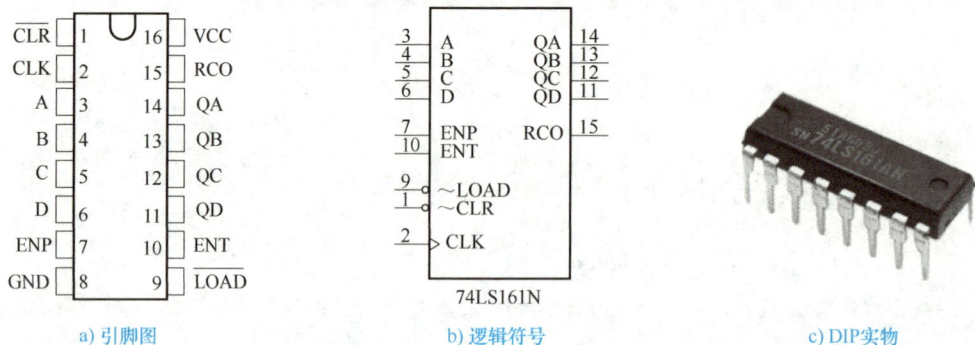

| a) 引脚图 | b) 逻辑符号 | c) DIP实物 |

图 7-84　74LS161 的引脚图、逻辑符号及 DIP 实物

表 7-33　74LS161 的功能表

$\overline{CLR}$	$\overline{LOAD}$	ENT	ENP	CLK	D	C	B	A	Q_D	Q_C	Q_B	Q_A	工作模式
0	×	×	×	×	×	×	×	×	0	0	0	0	异步复位
1	0	×	×	↑	d	c	b	a	d	c	b	a	同步置数
1	1	0	×	×	×	×	×	×	Q_D^n	Q_C^n	Q_B^n	Q_A^n	数据保持
1	1	×	0	×	×	×	×	×	Q_D^n	Q_C^n	Q_B^n	Q_A^n	数据保持
1	1	1	1	↑	×	×	×	×	模 16 加法计数				计数

注：当 $Q_D Q_C Q_B Q_A = 1111$ 时，RCO 输出高电平 1。

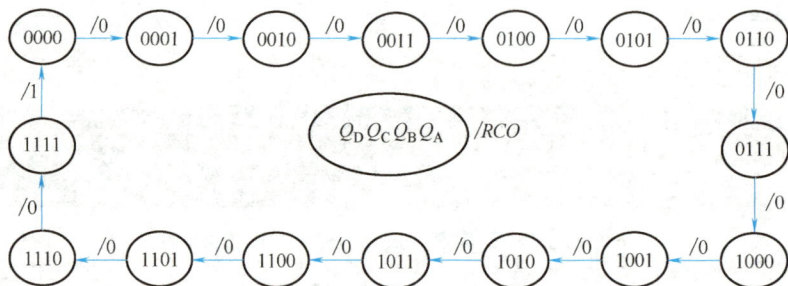

图 7-85　74LS161 的状态转换图

从功能表和状态转换图可知：①74LS161 内含 4 个触发器，共有 16 个状态，且都是有效状态。②当 $\overline{CLR} = 0$ 时，电路实现异步复位（清零）功能，意味着不需要时钟信号 CLK 的

配合。③当 $\overline{CLR}=1$，$\overline{LOAD}=0$ 时，如果 CLK 来一个上升沿，电路实现同步置数功能，输出 $Q_A \sim Q_D$ 等于输入 $abcd$，同步是指需要时钟脉冲 CLK 的配合。④当 $\overline{CLR}=\overline{LOAD}=1$ 时，如果 $ENT=0$ 或 $ENP=0$，则计数器处于数据保持状态；如果 $ENT=ENP=1$，且 CLK 的上升沿到来，则计数器实现模 16 加法计数。

时序图能够更清楚地反映控制端的优先级、控制端口的有效条件、时钟脉冲的边沿特性，以及输出端在不同输入条件下的状态变化。图 7-86 所示为仙童半导体公司发布的 74LS161 芯片手册中的时序图，其中的 CLEAR、LOAD、CLOCK、ENABLE-P、ENABLE-T、$Q_D \sim Q_A$ 分别对应功能表中的 $\overline{CLR}$、$\overline{LOAD}$、CLK、ENP、ENT、$Q_D \sim Q_A$。下面按照图 7-86 中时序的 4 个阶段，对该时序图作简要介绍。

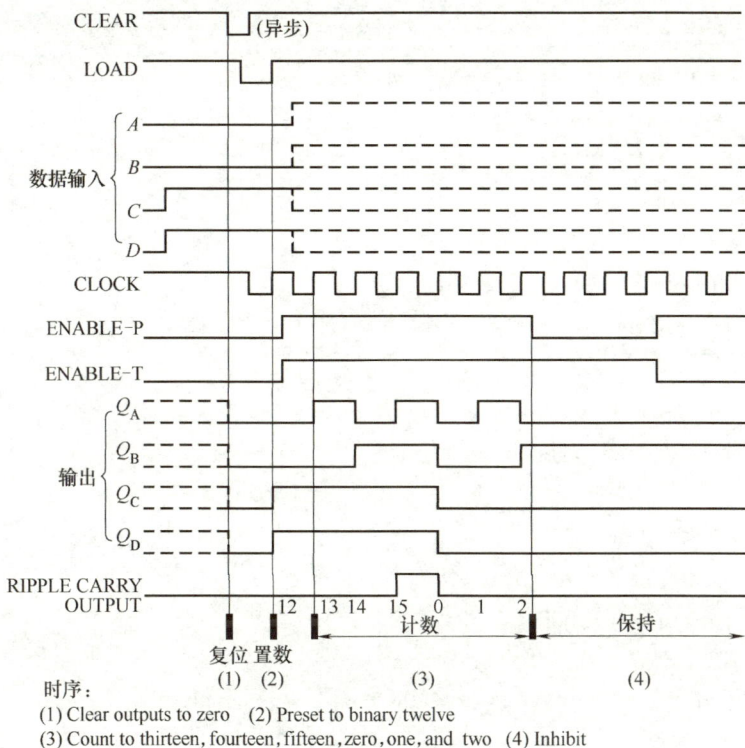

图 7-86　74LS161 芯片手册中的时序图

1）当 CLEAR 为低电平时，不管输入端的 LOAD、DCBA、CLOCK、ENABLE-P、ENABLE-T 是什么状态，也不管输出端 $Q_D \sim Q_A$ 的现态是什么，电路实现异步复位，将 $Q_D \sim Q_A$ 清零（Clear outputs to zero）。

2）当 CLEAR 变为高电平时，如果 LOAD 是低电平，时钟脉冲 CLOCK 的上升沿到来那一刻，电路实现置数，图中 $D \sim A$ 的值是 1100，所以 $Q_D \sim Q_A$ 被置为 1100，即十进制数的 12（Preset to binary twelve）。

3）当 CLEAR、LOAD、ENABLE-P、ENABLE-T 都是高电平时，时钟脉冲 CLOCK 的上升沿到来那一刻，电路实现计数，图中 $Q_D \sim Q_A$ 的状态变化是 1100→1101→1110→1111→

0000→0001→0010 （Count to thirteen, fourteen, fifteen, zero, one and two）。注意：当 Q_D ～ Q_A 是 1111 时，进位输出标志 RIPPLE CARRY OUTPUT （即 RCO）为高电平。

4）CLEAR 和 LOAD 是高电平，ENABLE-P 和 ENABLE-T 有任何一个是低电平，不论其他输入端口是什么状态，电路实现保持（Inhibit），图中 Q_D ～ Q_A 始终维持 0010 的状态。

通过上面的分析，我们对集成计数器 74LS161 有了更深入、更清晰的认识。能够阅读并理解数字器件资料手册，是工程技术人员或科技工作者必不可少的技能。

Verilog 程序如下：

```
module ls161(
    input wire clk,
    input wire clr_n,
    input wire load_n,
    input wire ent,
    input wire enp,
    input wire[3:0] abcd,
    output reg[3:0] q,
    output reg rco
);
always @ (posedge clk or negedge clr_n)begin
    if( ! clr_n)begin
        q <= 4'b0000;
        rco <= 1'b0;
    end else if( ! load_n)begin
        q <= abcd;
        rco <= 1'b0;
    end else if( ent &&enp)begin
        q <= q + 4'b0001;
        rco <=( q == 4'b1111);
    end
end
endmodule
```

74LS161 的 Quartus 仿真结果如图 7-87 所示。

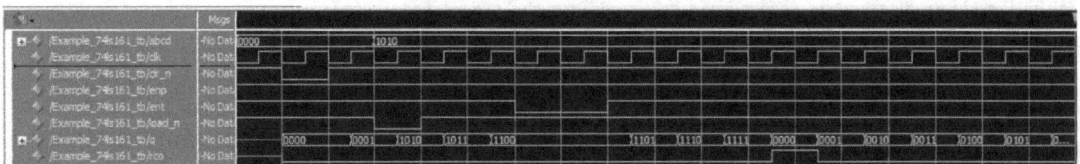

图 7-87　74LS161 的 Quartus 仿真结果

74LS163 也是模 16 加法计数器，其引脚排列与 74LS161 完全相同，功能表见表 7-34。分析可知，两者的区别仅仅是实现复位功能时的条件不同：74LS163 是同步复位，必须有 CLK 的上升沿配合才能实现复位功能；而 74LS161 是异步复位，不需要脉冲的配合即可实现复位功能。

表 7-34 74LS163 的功能表

$\overline{CLR}$	$\overline{LOAD}$	ENT	ENP	CLK	D	C	B	A	Q_D	Q_C	Q_B	Q_A	工作模式
0	×	×	×	↑	×	×	×	×	0	0	0	0	同步复位
1	0	×	×	↑	d	c	b	a	d	c	b	a	同步置数
1	1	0	×	×	×	×	×	×	Q_D^n	Q_C^n	Q_B^n	Q_A^n	数据保持
1	1	×	0	×	×	×	×	×	Q_D^n	Q_C^n	Q_B^n	Q_A^n	数据保持
1	1	1	1	↑	×	×	×	×	模 16 加法计数				计数

注：当 $Q_A Q_B Q_C Q_D = 1111$ 时，RCO 输出高电平 1。

2. 十进制计数器

十进制计数器是指按照 8421BCD 码规律进行计数的电路。74LS160 是常用的集成十进制计数器，它与 74LS161 有着完全相同的引脚分布，两者的区别仅在于 74LS160 是模 10 加法计数。74LS160 的功能表见表 7-35，状态转换图如图 7-88 所示。

表 7-35 74LS160 的功能表

$\overline{CLR}$	$\overline{LOAD}$	ENT	ENP	CLK	D	C	B	A	Q_D	Q_C	Q_B	Q_A	工作模式
0	×	×	×	×	×	×	×	×	0	0	0	0	异步复位
1	0	×	×	↑	d	c	b	a	d	c	b	a	同步置数
1	1	0	×	×	×	×	×	×	Q_D^n	Q_C^n	Q_B^n	Q_A^n	数据保持
1	1	×	0	×	×	×	×	×	Q_D^n	Q_C^n	Q_B^n	Q_A^n	数据保持
1	1	1	1	↑	×	×	×	×	8421BCD 码计数				计数

注：当 $Q_D Q_C Q_B Q_A = 1001$ 时，RCO 输出高电平 1。

与 74LS160 非常类似的是 74LS162，它也是 8421BCD 码十进制集成计数器，两者的区别仅在于 74LS160 是异步复位，而 74LS162 是同步复位。

3. 可逆计数器

可逆计数器是指既可实现加计数又能实现减计数的电路，有单时钟脉冲和双时钟脉冲两大类。前者只有一个时钟脉冲端，还需通过另一个控制端的高低电平决定是加计数还是减计数，典型代表器件有 74LS190（8421BCD 码模 10 计数器）、74LS191（模 16 计数器）等；后者有两个时钟脉冲端，分别作为加计数和减计数的脉冲输入，典型代表器件有 74LS192（8421BCD 码模 10 计数器）、74LS193（模 16 计数器）等。接下来以 74LS192 为例介绍可逆计数器的基本知识及使用方法。74LS192 的引脚图、逻辑符号及 DIP 实物如图 7-89 所示，功能表见表 7-36。

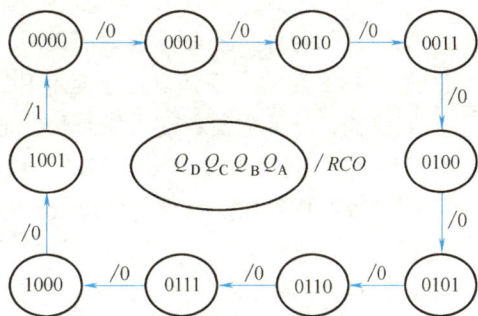

图 7-88 74LS160 的状态转换图

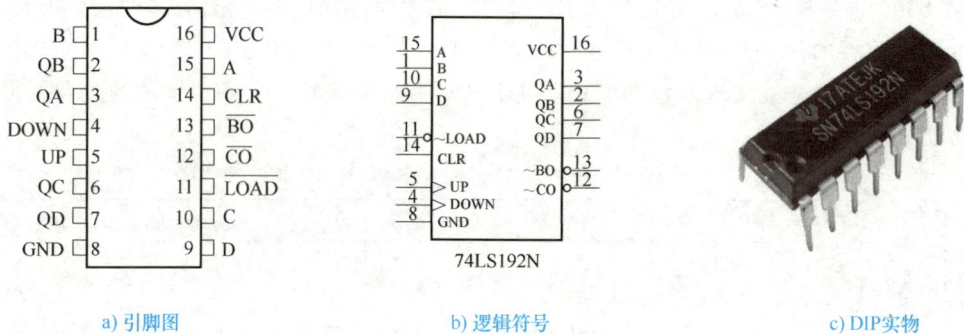

a) 引脚图　　　　　　　　　　b) 逻辑符号　　　　　　　　　c) DIP实物

图 7-89　74LS192 的引脚图、逻辑符号及 DIP 实物

表 7-36　74LS192 的功能表

CLR	$\overline{LOAD}$	UP	DOWN	D	C	B	A	Q_D	Q_C	Q_B	Q_A
1	×	×	×	×	×	×	×	0	0	0	0
0	0	×	×	d	c	b	a	d	c	b	a
0	1	1	1	×	×	×	×	Q_D^n	Q_C^n	Q_B^n	Q_A^n
0	1	↑	1	×	×	×	×	8421BCD 码加计数			
0	1	1	↑	×	×	×	×	8421BCD 码减计数			

注：当加计数 $Q_DQ_CQ_BQ_A = 1111$ 时，$\overline{CO}$ 输出低电平 O；当减计数 $Q_DQ_CQ_BQ_A = 0000$ 时，$\overline{BO}$ 输出低电平 0。

分析功能表可知，74LS192 的异步复位（$CLR = 1$）和异步置数（$CLR = 0$ 且 $\overline{LOAD} = 0$）起作用时无需时钟脉冲配合，CLR 的控制优先级高于 $\overline{LOAD}$。还有一点需注意，当器件要实现加计数时，除了给 UP 提供时钟脉冲上升沿外，$DOWN$ 必须接高电平；实现减计数时，除了给 $DOWN$ 提供时钟脉冲上升沿外，UP 必须接高电平。

4. 任意进制计数器的构成

若要得到任意进制计数器，一般是通过适当的反馈电路作用于已有集成计数器的控制端，使之中断其固有的状态进程，形成新的状态进程而得以实现。通常有反馈复位法、反馈置数法和级联反馈法 3 种方法。使用这些方法时首先要深入理解集成计数器的功能表，尤其是控制端的有效条件。下面分别举例说明。

（1）反馈复位法　反馈复位法是利用反馈电路产生一个控制信号，并将其送至集成计数器的复位端，使计数器各输出端复位，从而达到实现任意进制计数器的目的。

【例 7-15】　利用集成计数器 74LS161，通过器件的复位端实现十二进制计数器的设计。

解：计数器由触发器构成，74LS161 内部的 4 个触发器的状态改变必须在时钟脉冲的作用下完成，十二进制计数器是指触发器的状态历经一个有效循环需要 12 个时钟脉冲，意味着当第 12 个脉冲到来时（准确地说，应该是第 12 个脉冲的上升沿到来时），$Q_DQ_CQ_BQ_A$ 要回到 0000。

因为 74LS161 是异步复位，不需要时钟脉冲信号的配合，所以复位信号应该在 $Q_DQ_CQ_BQ_A = 1100$ 时产生。其状态转换图如图 7-90 所示，状态转换表见表 7-37。

从 1100 转换到 0000 是 $\overline{CLR}$ 起了作用，并非时钟脉冲的作用，因此这次状态转换不计脉冲数。另外，$\overline{CLR}$ 一旦有效，电路立刻复位，所以 1100 这个状态"转瞬即逝"，称这种状态为暂态，在状态转换图和状态转换表中用虚线表示。

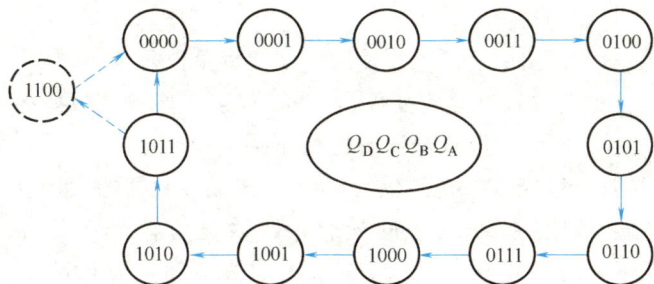

图 7-90 例 7-15 的状态转换图

表 7-37 例 7-15 的状态转换表

CLK	Q_D	Q_C	Q_B	Q_A	$\overline{CLR}$
	0	0	0	0	1
↑	0	0	0	1	1
↑	0	0	1	0	1
↑	0	0	1	1	1
↑	0	1	0	0	1
↑	0	1	0	1	1
↑	0	1	1	0	1
↑	0	1	1	1	1
↑	1	0	0	0	1
↑	1	0	0	1	1
↑	1	0	1	0	1
↑	1	0	1	1	1
↑	1	1	0	0	0

根据状态转换表，可得到反馈信号 $\overline{CLR}$ 与 $Q_D Q_C Q_B Q_A$ 的逻辑关系：

$$\overline{CLR} = \overline{Q_D Q_C \overline{Q_B}\, \overline{Q_A}}$$

根据反馈信号的逻辑表达式，得到电路图，如图 7-91a 所示。图 7-91b

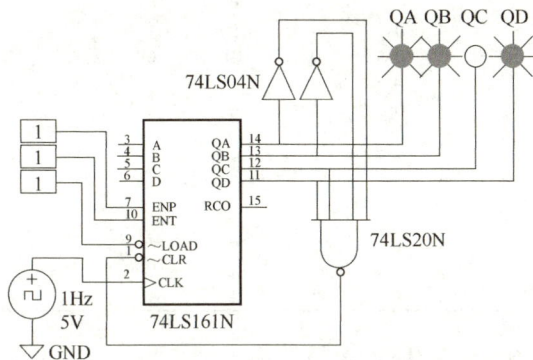

a) 仿真电路

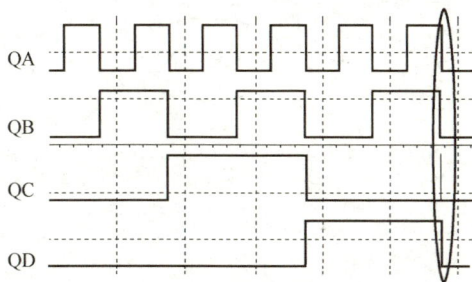

b) 时序图

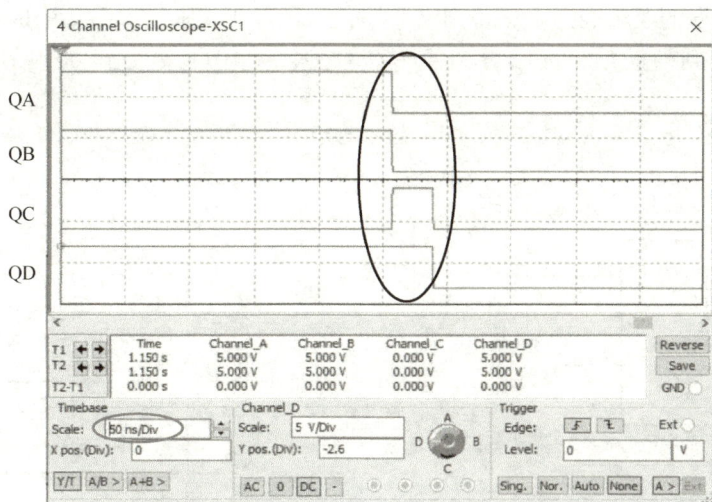

c) 窄脉冲

图 7-91 例 7-15 的电路仿真

是用 4 通道虚拟示波器观察到的波形，$Q_D Q_C Q_B Q_A$ 的状态变化符合前面的分析。注意圈起来的部分中，Q_C 出现了一个窄脉冲，不断减小示波器周期测量的单位，直到这个窄脉冲能清晰地显示，如图 7-91c 所示。

该窄脉冲就是 $\overline{CLR}$ 起作用前的暂态 1100，图中示波器当前的周期测量单位是 50ns/Div，即水平方向一个方格代表的时长是 50ns。通常一幅画面需要停留 40ms 以上才能被人眼捕捉到，显然，时长不到 50ns 的暂态肉眼是看不到的，但这个暂态的确存在。

【例 7-16】 利用集成计数器 74LS163，通过器件的复位端实现十二进制计数器的设计。

解： 因为 74LS163 是同步复位，需要时钟脉冲信号的配合，所以复位信号应该在 $Q_D Q_C Q_B Q_A = 1011$ 时产生。其状态转换图如图 7-92 所示，状态转换表见表 7-38。从 1011 转换到 0000 仍然通过 $\overline{CLR}$ 起作用，但同时伴随着时钟脉冲的上升沿，因此这次状态转换需要 1 个时钟脉冲。

表 7-38　例 7-16 的状态转换表

CLK	Q_D	Q_C	Q_B	Q_A	$\overline{CLR}$
	0	0	0	0	1
↑	0	0	0	1	1
↑	0	0	1	0	1
↑	0	0	1	1	1
↑	0	1	0	0	1
↑	0	1	0	1	1
↑	0	1	1	0	1
↑	0	1	1	1	1
↑	1	0	0	0	1
↑	1	0	0	1	1
↑	1	0	1	0	1
↑	1	0	1	1	0

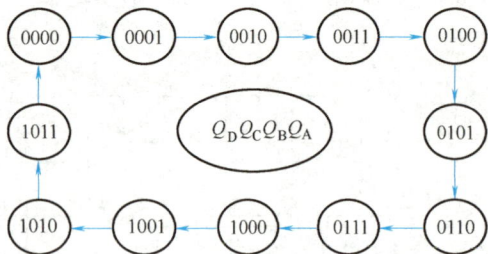

图 7-92　例 7-16 的状态转换图

根据状态转换表，可得到反馈信号 $\overline{CLR}$ 与 $Q_D Q_C Q_B Q_A$ 的逻辑关系：

$$\overline{CLR} = \overline{Q_D \overline{Q_C} Q_B Q_A}$$

根据反馈信号的逻辑表达式，得到电路图，如图 7-93a 所示。图 7-93b 所示是用 4 通道虚拟示波器观察到的波形，可以看到，$Q_D Q_C Q_B Q_A$ 从 1011 转变到 0000 期间没有出现窄脉冲。

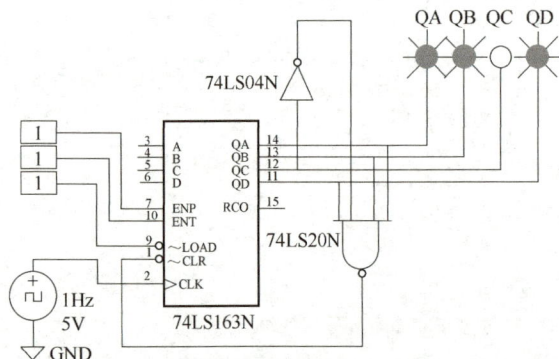

a) 仿真电路

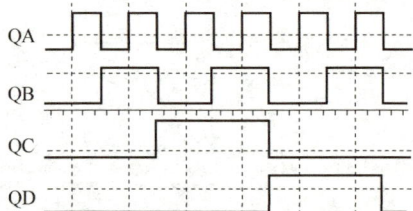

b) 时序图

图 7-93　例 7-16 的仿真电路及时序图

通过例 7-15 和例 7-16 可知，74LS161 和 74LS163 都是同步十六进制加法计数器，都利用复位端 $\overline{CLR}$ 实现十二进制。由于它们一个是异步复位，一个是同步复位，设计思路是有所不同的，得到的反馈电路不一样，状态的变化也略有不同。

（2）反馈置数法　反馈置数法是利用反馈电路产生一个控制信号给集成计数器的置数端，使计数器输出端状态等于输入数据，从而达到实现任意进制计数器的目的。

【例 7-17】　利用集成计数器 74LS161，通过器件的置数端实现十三进制计数器的设计。

解： 74LS161 是同步置数，只有当 $\overline{LOAD}=0$ 和时钟脉冲 CP 的上升沿都具备时才能完成置数。因此，在列状态转换图和状态转换表时，需要将置数环节的时钟脉冲考虑进去。

假设输入数据 $DCBA=0000$，可得状态转换图，如图 7-94 所示，状态转换表见表 7-39。因此，应当在 $Q_DQ_CQ_BQ_A=1100$ 时通过反馈电路给 $\overline{LOAD}$ 端提供一个低电平信号，反馈信号 $\overline{LOAD}$ 与 $Q_DQ_CQ_BQ_A$ 的逻辑关系为

$$\overline{LOAD}=\overline{Q_DQ_C\overline{Q_B}\overline{Q_A}}$$

表 7-39　例 7-17 的状态转换表（一）

CLK	Q_D	Q_C	Q_B	Q_A	$\overline{LOAD}$
	0	0	0	0	1
↑	0	0	0	1	1
↑	0	0	1	0	1
↑	0	0	1	1	1
↑	0	1	0	0	1
↑	0	1	0	1	1
↑	0	1	1	0	1
↑	0	1	1	1	1
↑	1	0	0	0	1
↑	1	0	0	1	1
↑	1	0	1	0	1
↑	1	0	1	1	1
↑	1	1	0	0	0

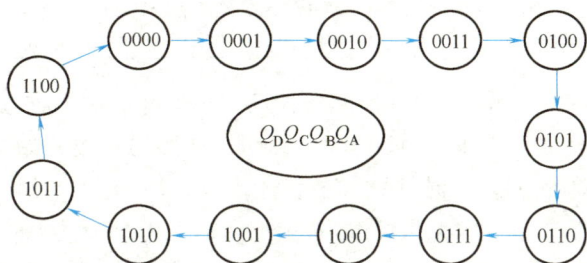

图 7-94　例 7-17 的状态转换图（一）

根据反馈信号的逻辑表达式，得到逻辑电路图，如图 7-95a 所示。图 7-95b 所示是用 4 通道虚拟示波器观察到的波形。

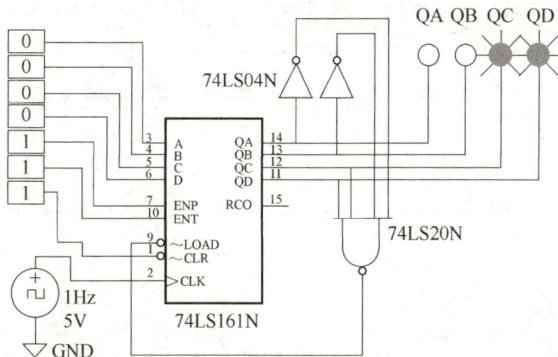

a）仿真电路

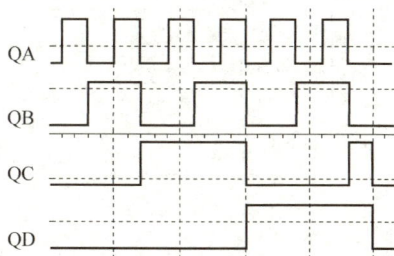

b）时序图

图 7-95　例 7-17 的仿真电路及时序图（一）

因为输入数据可以有多种状态，所以利用反馈置数法也可以有多种实现方案。例如，当输入数据 $DCBA = 0011$ 时，状态转换图如图 7-96 所示，状态转换表见表 7-40。

当 $Q_D Q_C Q_B Q_A = 1100$ 时，通过反馈电路给 $\overline{LOAD}$ 端提供一个低电平信号，反馈信号 $\overline{LOAD}$ 与 $Q_D Q_C Q_B Q_A$ 的逻辑关系为

$$\overline{LOAD} = \overline{Q_D Q_C Q_B Q_A}$$

表 7-40 例 7-17 的状态转换表（二）

CLK	Q_D	Q_C	Q_B	Q_A	$\overline{LOAD}$
	0	0	1	1	1
↑	0	1	0	0	1
↑	0	1	0	1	1
↑	0	1	1	0	1
↑	0	1	1	1	1
↑	1	0	0	0	1
↑	1	0	0	1	1
↑	1	0	1	0	1
↑	1	0	1	1	1
↑	1	1	0	0	1
↑	1	1	0	1	1
↑	1	1	1	0	1
↑	1	1	1	1	0

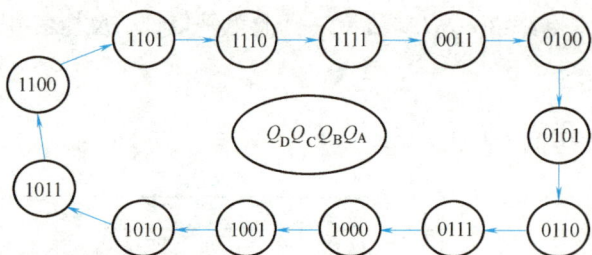

图 7-96 例 7-17 的状态转换图（二）

根据反馈信号的逻辑表达式，得到电路图，如图 7-97a 所示。图 7-97b 所示是用 4 通道虚拟示波器观察到的波形。为了便于描述，波形图上添加了 0、1 标识，从图的左边开始，电路启动通电时，$Q_D Q_C Q_B Q_A$ 的初始状态是 0000；在时钟脉冲的作用下，按照加 1 的规律计数，经过 3 个上升沿，$Q_D Q_C Q_B Q_A$ 的状态变为 0011；再经过 12 个上升沿，$Q_D Q_C Q_B Q_A$ 的状态变为 1111。此时，$\overline{LOAD} = 0$，下一个上升沿到来时，完成置数，$Q_D Q_C Q_B Q_A$ 的状态被置成 0011。请注意，接下来电路将进入如表 7-40 所列的循环，0000、0001、0010 这 3 个状态不会再出现。

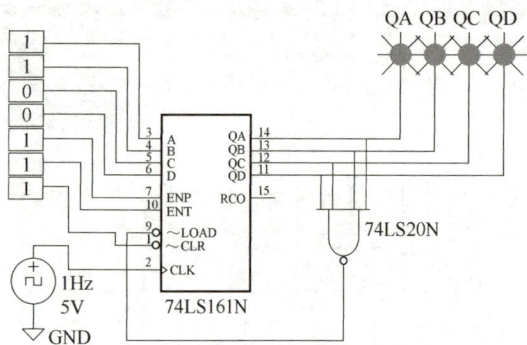

a) 仿真电路

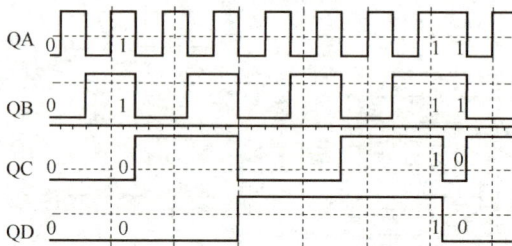

b) 时序图

图 7-97 例 7-17 的仿真电路及时序图（二）

介绍 74LS161 的功能时提到过，当 $Q_D Q_C Q_B Q_A = 1111$ 时，进位标志 RCO 输出高电平 1。这给了我们启发，可以利用 RCO 端实现上述设计任务，此时，反馈信号 $\overline{LOAD}$ 的表达式为

$$\overline{LOAD} = \overline{RCO}$$

根据反馈信号的逻辑表达式，得到电路图，如图 7-98a 所示。为了更直观地反映出时钟脉冲 CLK、输出 $Q_D \sim Q_A$、RCO 的变化过程及对应关系，使用了两个虚拟示波器，XSC1 用来显示 $Q_D \sim Q_A$ 的波形，XSC2 用来显示 CLK 和 RCO 的波形，如图 7-98b 所示。

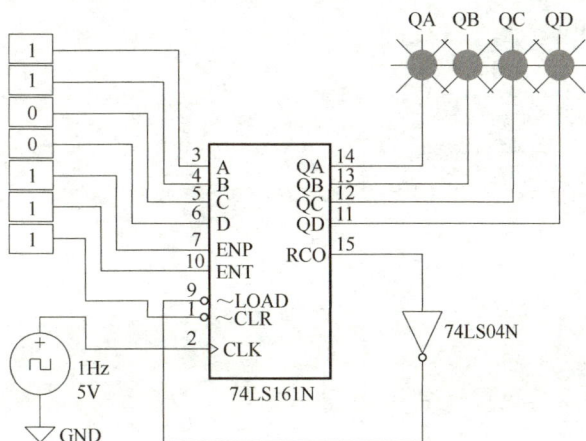

a) 仿真电路

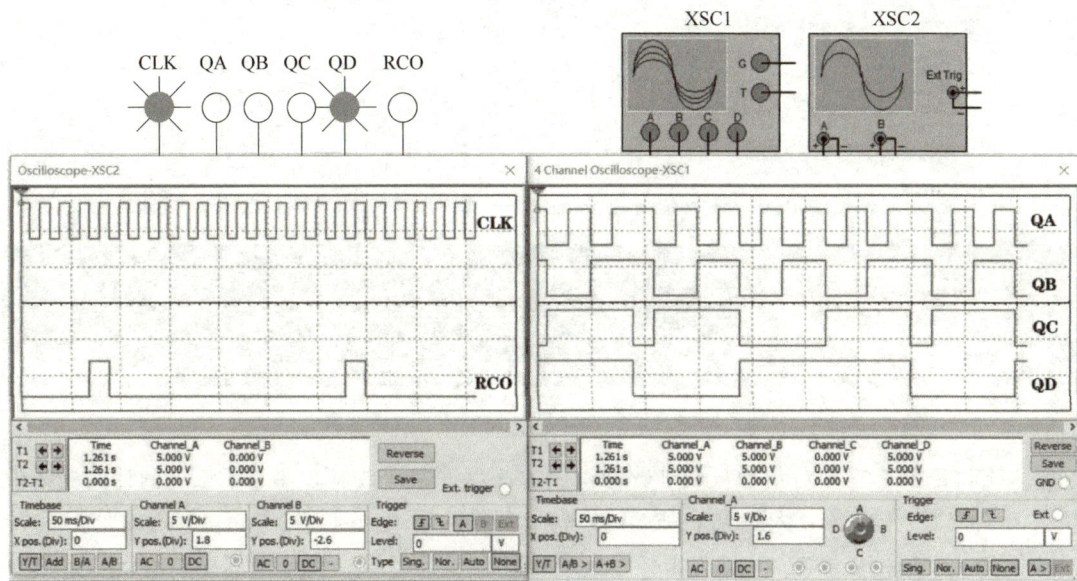

b) 时序图

图 7-98 例 7-17 的仿真电路及时序图（三）

观察两个示波器的界面可看到，$Q_D \sim Q_A$、RCO 这 5 个信号的状态变化严格遵循逻辑关系：$Q_D \sim Q_A$ 为 1111 时 RCO 输出高电平，随着 CLK 的上升沿来临 $Q_D \sim Q_A$ 变化为 0011，经过 12 个时钟脉冲后，再次变为 1111，此时 RCO 也再次变为高电平。

下面是一个带有使能端（EN）、清零端（CLR）和进位端（CO）的十进制计数器的 Verilog 代码。当使能端 EN 为 1 时，计数器将在每个时钟脉冲的上升沿进行计数。当清零端 CLR 为 1 时，计数器将被异步清零。当计数器的值为 1001（即十进制的 9）时，进位端 CO 将输出高电平。图 7-99 所示是十进制计数器的 Quartus 仿真结果。

```
    module decimal_counter_with_ctrl(
    input wire clk,
    input wire en,
    input wire clr,
    output reg[3:0] count,
    output wire co
);
assign co = (count == 4'b1001)? 1 :0;
always @ (posedge clk or posedge clr)begin
    if(clr)begin
        count <= 4'b0000;
    end else if(en)begin
        if(count == 4'b1001)begin
            count <= 4'b0000;
        end else begin
            count <= count + 4'b0001;
        end
    end
end
endmodule
```

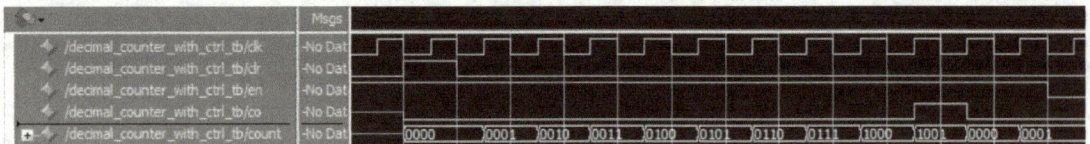

图 7-99   十进制计数器的 Quartus 仿真结果

以上讨论的都是针对单片集成计数器构成的任意进制计数器。如果任意进制计数器的模 M 大于集成计数器的最大计数，则需要多片计数器进行级联。以 74LS160 为例，两片 74LS160 级联后能构成最大容量为 $10×10 = 100$ 的计数器，n 片 74LS160 级联后的最大计数容量为 10^n。

（3）级联反馈法   根据任意进制计数器的模，判断需要几片集成计数器，再利用反馈电路产生控制信号给集成计数器的复位端或置数端，从而达到实现任意进制计数器的目的。

【例 7-18】   利用集成计数器 74LS160，实现一百进制计数器的设计。

解：一百进制计数器意味着完成一次状态循环需要 100 个时钟脉冲，也意味着这个循环含有 100 个状态。74LS160 为模 10 的计数器，所以需要两片才能满足设计要求。根据 74LS160 的功能表，巧妙使用器件的控制端完成电路设计，如图 7-100 所示。

简要叙述一下设计思路：

① 低位片 74LS160 和高位片 74LS160 受同一个时钟脉冲控制，所以该电路是同步时序逻辑。

QA1 QB1 QC1 QD1　　　　　QA2 QB2 QC2 QD2

低位片　　　　　　　高位片

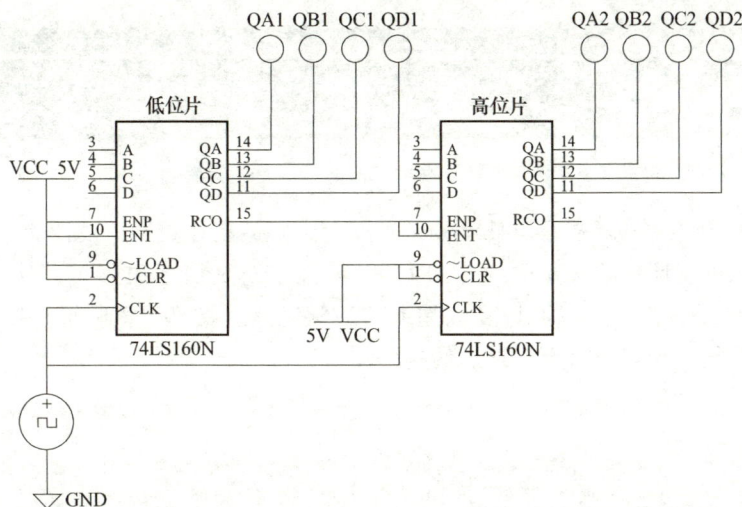

图 7-100　例 7-18 的 Multisim 仿真电路

② 低位片的 $\overline{CLR}$、$\overline{LOAD}$、ENP、ENT 均接至高电平，因此该片计数器始终满足计数条件，只要时钟脉冲的上升沿到来，就完成一次加计数。

③ 从第 1 个上升沿开始一直到第 9 个上升沿到来，低位片的 $Q_{D1} \sim Q_{A1}$ 从 0000 变化至 1001，此时该片的 RCO 输出高电平。

④ 高位片的 $\overline{CLR}$、$\overline{LOAD}$ 接至高电平，但 ENP 和 ENT 受低位片的 RCO 控制，因此，只有当低位片的 RCO 为高电平时，高位片才满足计数条件。

⑤ 第 10 个上升沿到来后，低位片的 $Q_{D1} \sim Q_{A1}$ 从 1001 回到 0000，高位片的 $Q_{D2} \sim Q_{A2}$ 从 0000 变为 0001。

总结得出，低位片计数 10 次，高位片计数 1 次，$Q_{D2} \sim Q_{A2}$、$Q_{D1} \sim Q_{A1}$ 从 00000000 经过一个循环回到 00000000，共计 100 个时钟脉冲上升沿，因此该电路为一百进制的计数器。

下面是复位端控制的一百进制计数器的 Verilog 代码：一百进制计数器的 Quartus 仿真结果如图 7-101 所示。

```verilog
module mod100_counter(
    input wire clk,           //时钟输入
    input wire rst_n,         //异步复位端,低电平有效
    output reg[6:0] q         //7 位输出,用于表示 0~99 的计数值
);
always @ (posedge clk or negedge rst_n)begin
    if( ! rst_n)begin // 当 rst_n 为低电平时,复位计数器
        q <= 7'b0000000;
    end else begin //当 rst_n 为高电平时,递增计数器
        q <=(q == 7'b1100100)? 7'b0000000 :q + 7'b0000001;
    end
end
endmodule
```

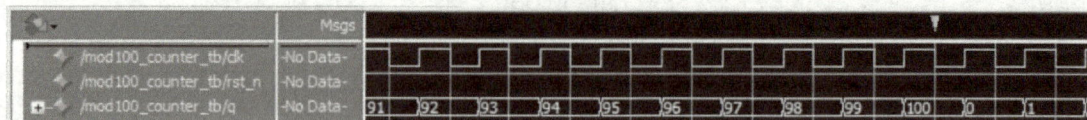

图 7-101　一百进制计数器的 Quartus 仿真结果

【例 7-19】　利用集成计数器 74LS160，实现七十二进制计数器的设计。

解：七十二进制计数器需要两片 74LS160。设计思路是当计到第 72 个脉冲时，电路应该回到 00000000 的状态，可以通过复位端或置数端实现。图 7-102 所示是控制电路作用于两片 74LS160 的复位端实现七十二进制的电路图。

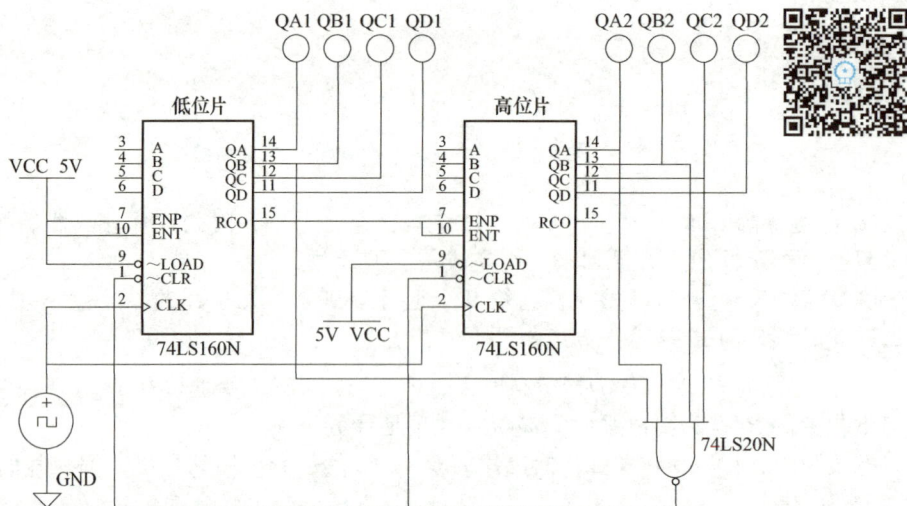

图 7-102　例 7-19 的 Multisim 仿真电路（一）

设计思路一：将两片 74LS160 接成同步一百进制计数器，因为 74LS160 是异步复位，所以当 $Q_{D2} \sim Q_{A2}$、$Q_{D1} \sim Q_{A1}$ 是 01110010 时，表示已经计了 72 个时钟脉冲，此时应当使 $\overline{CLR}$ 为低电平完成复位功能，$Q_{D2} \sim Q_{A2}$、$Q_{D1} \sim Q_{A1}$ 回到 00000000。因此，反馈信号 $\overline{CLR}$ 与 $Q_{D2} \sim Q_{A2}$、$Q_{D1} \sim Q_{A1}$ 的逻辑关系为

$$\overline{CLR} = \overline{Q_{C2} Q_{B2} Q_{A2} Q_{B1}}$$

图 7-103 所示是控制电路作用于两片 74LS160 的置数端实现七十二进制的电路图。

设计思路二：因为 74LS160 是同步置数，所以当 $Q_{D2} \sim Q_{A2}$、$Q_{D1} \sim Q_{A1}$ 是 01110001 时，表示已经计了 71 个时钟脉冲，此时应当使 $\overline{LOAD}$ 为低电平；第 72 个时钟脉冲上升沿到来时，完成置数功能（数据 $DCBA$ 设置为 0000），$Q_{D2} \sim Q_{A2}$、$Q_{D1} \sim Q_{A1}$ 回到 00000000。因此，反馈信号 $\overline{LOAD}$ 与 $Q_{D2} \sim Q_{A2}$、$Q_{D1} \sim Q_{A1}$ 的逻辑关系为

$$\overline{LOAD} = \overline{Q_{C2} Q_{B2} Q_{A2} Q_{A1}}$$

以上两种实现方式都是从两片 74LS160 的整体计数状态考虑反馈信号。除此之外，还有一种设计思路，即将模 M 分解为 $M_1 \times M_2$，用其中一片集成计数器实现模 M_1 进制，用另一片集成计数器实现模 M_2 进制，两片之间是级联关系。按照这个设计思路，得到七十二进制

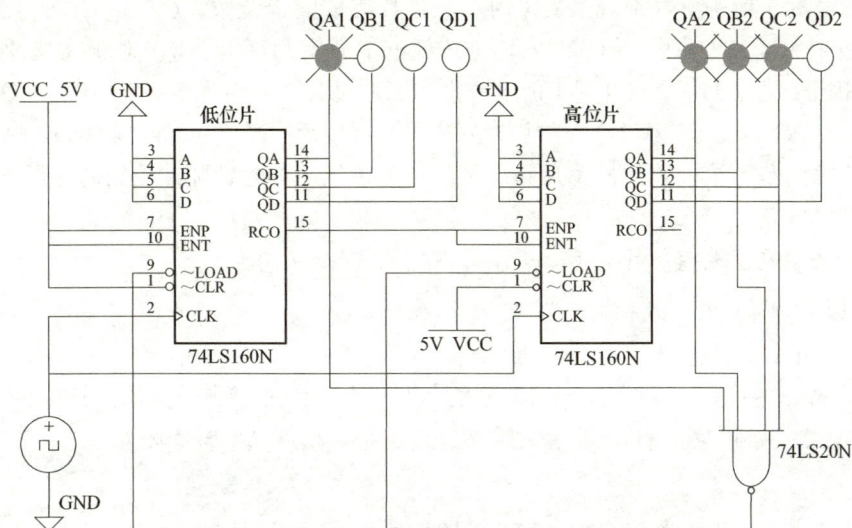

图 7-103 例 7-19 的 Multisim 仿真电路（二）

计数器的电路，如图 7-104 所示。

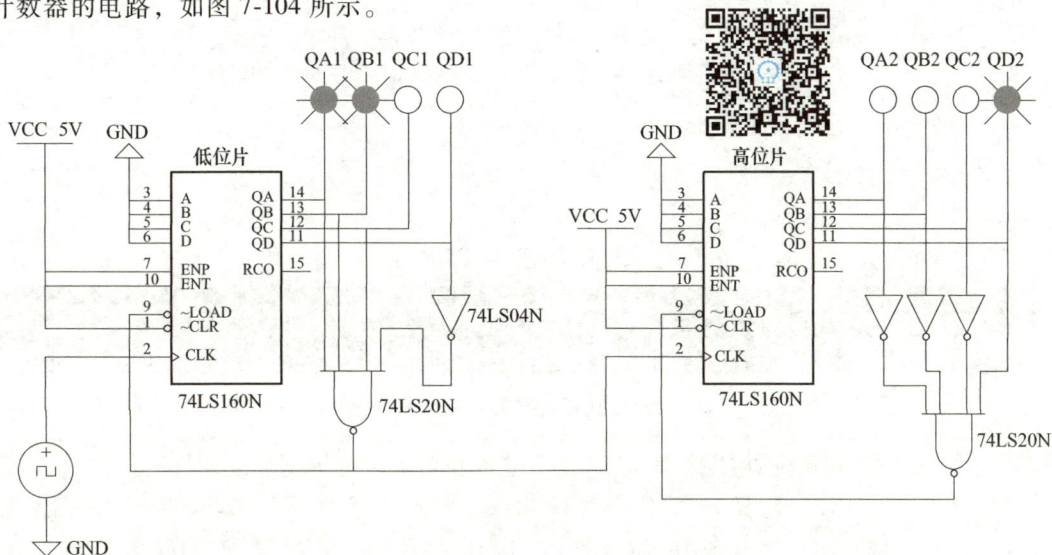

图 7-104 例 7-19 的 Multisim 仿真电路（三）

设计思路三：图 7-104 中，低位片设计成八进制计数器，采用反馈置数法，数据端 $DCBA = 0000$，反馈信号的逻辑表达式为

$$\overline{LOAD_1} = \overline{\overline{Q_{D1}}Q_{C1}Q_{B1}Q_{A1}}$$

图 7-104 中，高位片设计成九进制计数器，也采用反馈置数法，数据端 $DCBA = 0000$，反馈信号的逻辑表达式为

$$\overline{LOAD_2} = \overline{Q_{D2}\overline{Q_{C2}}\overline{Q_{B2}}\overline{Q_{A2}}}$$

低位片的 $Q_{D1}Q_{C1}Q_{B1}Q_{A1}$ 从 0000 开始，经过 7 个时钟脉冲上升沿，变为 0111，此时，低位片的与非门 74LS20 输出低电平 0，这个低电平 0 同时送到低位片的 $\overline{LOAD}$ 端和高位片的

CLK 端。当第 8 个时钟脉冲上升沿到来时，低位片完成同步置数，$Q_{D1}Q_{C1}Q_{B1}Q_{A1}$ 从 0111 回到 0000，此时低位片与非门 74LS20 的输出从低电平 0 变为高电平 1。对于高位片的 CLK 端而言，这相当于提供了一个从 0 到 1 的上升沿，因此高位片计一次数，$Q_{D2}Q_{C2}Q_{B2}Q_{A2}$ 从 0000 变为 0001。如此往复，当第 72 个时钟脉冲到来时，低位片和高位片都回到 0000，循环结束。

需要注意的是，该电路的低位片和高位片不是由统一的时钟脉冲控制的，因此该电路为异步时序逻辑电路。

下面是采用复位端控制的七十二进制计数器的 Verilog 代码：

```
module mod72_counter(
input wire clk,            //时钟输入
input wire rst_n,          //异步复位端,低电平有效
output reg[6:0] q          //7 位输出,用于表示 0~71 的计数值
);
always @ (posedge clk or negedge rst_n) begin
if( ! rst_n) begin // 当 rst_n 为低电平时,复位计数器
    q <= 7'b0000000;
end else begin //当 rst_n 为高电平时,递增计数器
    q <= (q == 7'b1001000)? 7'b0000000 : q + 7'b0000001;
end
end
endmodule
```

七十二进制计数器的 Quartus 仿真结果如图 7-105 所示。

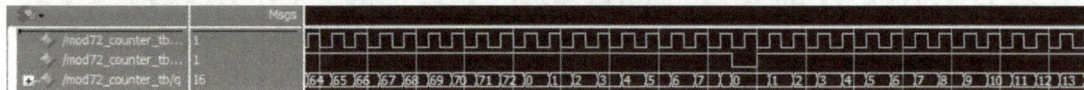

图 7-105　七十二进制计数器的 Quartus 仿真结果

【例 7-20】　试用可逆计数器 74LS192 的异步复位端实现五进制加法计数器。

解：由于 74LS192 是异步复位，意味着 CLR 起作用时不需要脉冲配合，因此，$Q_DQ_CQ_BQ_A$ 从 0000 加计数到 0101 时已经计了 5 个时钟脉冲，从 0101 回到 0000 不计时钟脉冲。其状态转换表见表 7-41。又由于 CLR 是高电平有效，因此反馈电路为

$$CLR = Q_C Q_A$$

表 7-41　例 7-20 的状态转换表

UP	Q_D	Q_C	Q_B	Q_A	CLR
	0	0	0	0	0
↑	0	0	0	1	0
↑	0	0	1	0	0
↑	0	0	1	1	0
↑	0	1	0	0	0
↑	0	1	0	1	1

其逻辑电路图如图 7-106a 所示，$\overline{LOAD}$ 和 $DOWN$ 两个端口都接至高电平，虚拟示波器的

A、B、C 通道分别测量 Q_A、Q_B、Q_C 的波形，D 通道测量时钟脉冲 *UP* 的波形。其时序图如图 7-106b 所示。

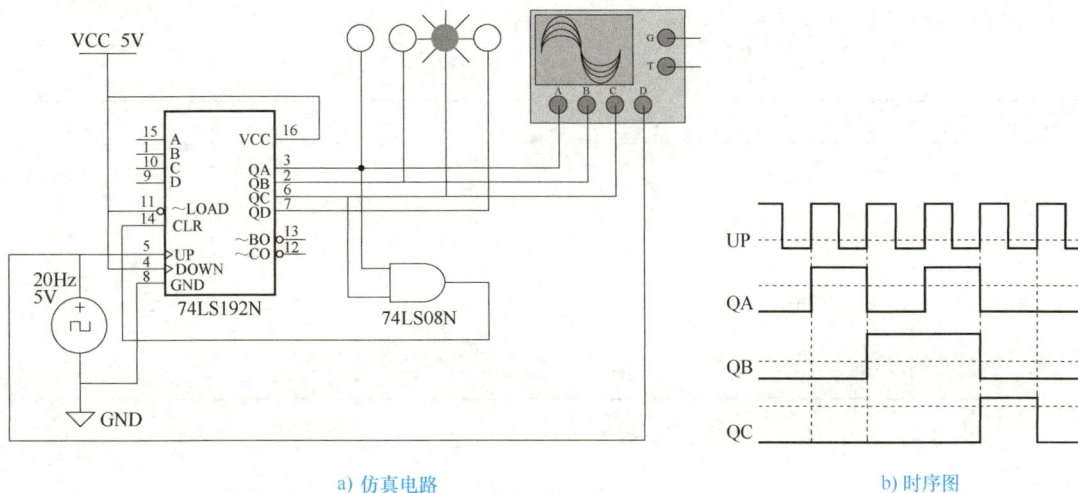

a) 仿真电路　　　　　　　　　　　　　　　　　　　b) 时序图

图 7-106　例 7-20 的仿真电路及时序图

下面是采用异步复位端控制的五进制加法计数器的 Verilog 代码：

```verilog
module mod5_counter(
input wire clk,          //时钟输入
input wire rst_n,        //异步复位端,低电平有效
output reg[2:0] q        //3 位输出,用于表示 0~4 的计数值
);

always @ (posedge clk or negedge rst_n)begin
    if(! rst_n)begin // 当 rst_n 为低电平时,计数器复位
        q <= 3'b000;
    end else begin //当 rst_n 为高电平时,递增计数器
        q <=(q == 3'b100)? 3'b000 :q + 3'b001;
    end
end
endmodule
```

五进制加法计数器的 Quartus 仿真结果如图 7-107 所示。

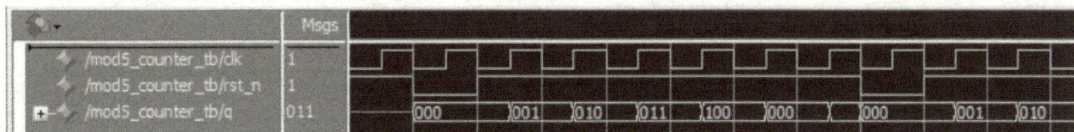

图 7-107　五进制加法计数器的 Quartus 仿真结果

【例 7-21】 试用可逆 74LS192 的异步置数端实现七进制减法计数器。

解： 设置数据 $DCBA$ 为 0000，由于 74LS192 是异步置数，意味着 $\overline{LOAD}$ 起作用时不需要时钟脉冲配合，因此，$Q_D Q_C Q_B Q_A$ 从 0000 减计数到 0011 时已经计了 7 个时钟脉冲，从 0011 回到 0000 不计时钟脉冲。其状态转换表见表 7-42。

表 7-42 例 7-21 的状态转换表

$DOWN$	Q_D	Q_C	Q_B	Q_A	$\overline{LOAD}$
	0	0	0	0 ←	1
↑	1	0	0	1	1
↑	1	0	0	0	1
↑	0	1	1	1	1
↑	0	1	1	0	1
↑	0	1	0	1	1
↑	0	1	0	0	1
↑	0	0	1	1	0

反馈信号与 $Q_D Q_C Q_B Q_A$ 的逻辑关系为

$$\overline{LOAD} = \overline{\overline{Q_D}\,\overline{Q_C}\,Q_B\,Q_A}$$

仿真电路如图 7-108a 所示，CLR 接到了低电平，UP 接到了高电平。由于虚拟示波器只有 4 个通道，因此没有测量时钟脉冲 $DOWN$ 的波形。其时序图如图 7-108b 所示。

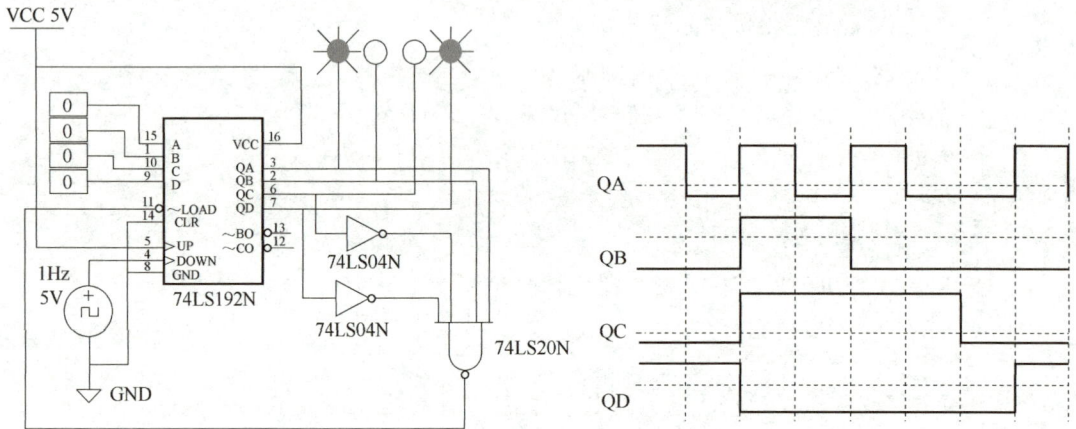

a) 仿真电路   b) 时序图

图 7-108 例 7-21 的 Multisim 仿真电路及时序图

当处于加计数时，进位输出 $\overline{CO}$ 只有在 $Q_A Q_B Q_C Q_D = 1001$ 且 UP 的下降沿来临时才是低电平，其他时候均为高电平。同理，当处于减计数时，借位输出 $\overline{BO}$ 只有在 $Q_A Q_B Q_C Q_D = 0000$ 且 $DOWN$ 的下降沿来临时才是低电平，其他时候均为高电平。

下面是采用异步复位端控制的七进制减法计数器的 Verilog 代码：

```
module mod7_decounter(
    input wire clk,          // 时钟输入
    input wire rst_n,        //异步复位端,低电平有效
    output reg[2:0] q        //3位输出,用于表示0~6的计数值
```

```
);
always @ (posedge clk or negedge rst_n) begin
    if(!rst_n) begin // 当 rst_n 为低电平时,复位计数器
        q <= 3'b110;
    end else begin // 当 rst_n 为高电平时,递减计数器
        q <= (q == 3'b000)? 3'b110 :q - 3'b001;
    end
end
endmodule
```

七进制减法计数器的 Quartus 仿真结果如图 7-109 所示。

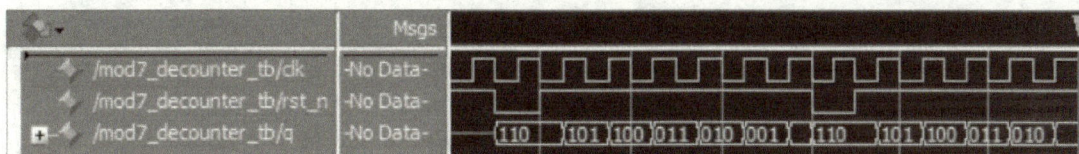

图 7-109 七进制减法计数器的 **Quartus** 仿真结果

7.5 有限状态机

7.5.1 概述

有限状态机（Finite State Machine，FSM）是一种抽象的计算模型，用于设计和实现数字或者计算系统。有限状态机由一组有限的状态、一组输入和一组转移函数组成。转移函数定义了在给定输入和当前状态下，系统将转移到的下一个状态。有限状态机可以被看作一种动态系统，它的行为随着时间的推移和输入的变化而变化，在任何给定的时间点，系统都处于一种特定的状态，并且在接收到输入后，它将根据转移函数转移到另一种状态。

有限状态机是理解和设计许多类型的系统的关键工具，特别是那些需要根据一系列输入事件作出响应的系统，包括硬件系统和软件系统。使用有限状态机的主要优点是它提供了一种清晰、直观的方式来理解和设计系统的动态行为。通过明确定义系统的可能状态和在给定输入下如何从一个状态转移到另一个状态，设计者可以更容易理解系统的行为、检测可能的设计错误并进行改进。

在数字电路设计中，有限状态机常常用于控制逻辑。例如，一个微处理器的指令执行周期可以被看作一个有限状态机，其中的每个状态对应指令周期的一个阶段（如取指令、解码、执行等），输入是指令和数据，转移函数定义了如何从一个阶段移动到下一个阶段。此外，有限状态机也用于其他各种数字电路，如序列检测器、通信协议控制器，以及各种类型的控制器和驱动器。

7.5.2 有限状态机的组成

有限状态机由 3 个主要部分构成：状态、输入和转移。

（1）状态（State）　状态是系统在某一特定时间点的情况或条件描述。例如，一台售货机可能有多种状态，如等待输入、接收钱币、分配商品等。状态是有限的，即有限状态机中状态的数量是固定且预定义的。

（2）输入（Input）　输入是外部环境传递给有限状态机的信息或信号。这些输入通常会影响有限状态机的状态转移。在售货机的例子中，输入可能包括用户插入的硬币、用户选择的商品编号等。

（3）转移（Transition）　转移是有限状态机从一个状态变为另一个状态的过程。每个转移都由一个特定的输入触发，并导致有限状态机进入一个新的状态。在售货机的例子中，如果有限状态机当前处于"等待输入"状态，并接收到用户插入硬币的输入，那么它可能会根据这个输入进行状态转移，进入"接收钱币"状态。

转移通常通过转移函数或转移表来定义。转移函数是一个接收当前状态和当前输入，然后返回新状态的函数。转移表则是一个表格，列出了所有可能的当前状态和输入组合，以及对应的新状态。

这些组成部分共同定义了有限状态机的行为：在任何给定的时间，有限状态机都处于某一状态，并等待输入。一旦接收到输入，有限状态机就使用转移函数或转移表来确定新的状态。这个过程会一直持续下去，直到有限状态机被关闭或重置。

7.5.3　有限状态机的类型

有限状态机主要有两种类型：Moore 型状态机和 Mealy 型状态机。

（1）Moore 型状态机　在 Moore 型状态机中，输出仅取决于当前状态，与当前输入无关。也就是说，只要有限状态机处于某个特定状态，其输出就固定不变，无论输入如何变化。每个状态都有一个固定的输出，因此，系统的输出只会在状态改变的时刻发生变化。

（2）Mealy 型状态机　与 Moore 型状态机不同，Mealy 型状态机的输出取决于当前状态和当前输入。也就是说，对于同一状态，根据输入的不同，输出可能会有所不同。因此，系统的输出可能在一个状态持续期间的任何时刻发生变化。

两者的主要区别在于输出的产生方式。在 Moore 型状态机中，输出只取决于当前的状态；而在 Mealy 型状态机中，输出则取决于当前的状态和输入。由于 Mealy 型状态机的输出可以更快地响应输入的变化，所以它通常能够提供比 Moore 型状态机更快的响应时间。然而，因为其输出可能在一个状态期间的任何时刻发生变化，所以设计和实现 Mealy 型状态机可能会更复杂一些。

Moore 型状态机通常用于需要稳定输出和简单设计的应用场景，例如计数器；而 Mealy 型状态机则通常用于需要快速响应输入变化的应用场景，例如复杂的数据通信协议或实时系统。

7.5.4　有限状态机的设计过程

设计一个有限状态机通常涉及以下几个步骤：

（1）确定状态和输入　首先，需要理解系统应该如何响应不同的输入序列，这通常需要通过分析系统的需求和行为来完成。然后，可以确定系统的所有可能状态，以及可能的输入。

（2）定义状态转移和输出　对于每个可能的状态和输入组合，需要定义一个结果状态和一个输出。如果设计的是一个 Moore 型状态机，那么输出只取决于状态；如果设计的是一个 Mealy 型状态机，那么输出取决于状态和输入。

（3）创建状态转移图或状态转移表　这是一种可视化方法，可以清楚地显示所有的状态、输入、转移和输出。状态转移图是一种图形表示，其中的节点代表状态，边代表状态转移。状态转移表则是一种表格表示，列出了所有可能的当前状态和输入组合，以及对应的新状态和输出。

（4）实现有限状态机　有多种方法可以实现有限状态机，一种常见的方法是使用硬件描述语言（如 Verilog 或 VHDL）进行编程，另一种方法是使用数字逻辑门（如与门、或门、非门等）构建电路。这一步需要确保实现可以正确地处理所有可能的状态和输入组合。

因为在实现过程中可能发现需要添加、删除或修改状态、输入、转移或输出，所以这个过程有可能需要反复进行。设计有限状态机是一种迭代过程，需要不断地测试和修改，以确保有限状态机的行为符合预期。

7.5.5　有限状态机的应用

有限状态机在电子和计算机科学的许多方面都有应用，以下是一些实例：

（1）交通灯控制器　交通灯控制器是有限状态机的一个经典例子，每个灯（红灯、黄灯、绿灯）都可以看作一个状态，转移则由计时器（时间输入）或者行人按键（外部输入）触发。例如，绿灯状态持续一段时间后，会转移到黄灯状态，再持续一段时间后转移到红灯状态，这就形成了一个周期循环。

（2）电梯控制系统　电梯控制系统也可以被视为一个有限状态机，状态可能包括等待、上升、下降、开门和关门等，输入则包括楼层按钮、开/关门按钮、电梯内的传感器等，系统根据这些输入和当前状态来确定下一个状态和动作。

（3）计算机科学中的词法分析器　在计算机科学中，词法分析器（Lexical analyzer，或者叫作 Lexer）是编译器或解释器的一部分，它使用有限状态机来识别程序代码中的符号和词素。每个状态代表了一个可能的词素部分，输入是源代码的字符，转移则定义了如何根据输入字符从一个状态转移到另一个状态。

（4）硬件设计　在硬件设计中，有限状态机用于控制数字电路的行为。例如，一个 CPU 的指令执行周期可以被看作一个有限状态机，其中的每个状态对应指令周期的一个阶段（如取指令、解码、执行等），输入是指令和数据，转移函数定义了如何从一个阶段移动到下一个阶段。

（5）网络协议　许多网络协议，如 TCP/IP，也使用有限状态机来管理和控制数据的传输。状态可能包括连接建立、数据传输、连接终止等，输入是来自网络或应用程序的信号，转移则根据协议规则定义。

通过这些例子，可以看到有限状态机是一种非常强大和灵活的设计和分析工具，被广泛应用在电子和计算机科学的许多领域中。

【**例 7-22**】　设计一个简单的自动售货机。这个自动售货机只接收 1 元的纸币，当累计金额达到 3 元时，自动售货机会释放一个商品。

解:

设计过程如下:

首先,定义有限状态机的输入、输出和状态。

输入:纸币,0 表示无纸币输入,1 表示有 1 元纸币输入。

输出:商品,0 表示没有商品输出,1 表示有商品输出。

状态:累计金额,S0 表示 0 元,S1 表示累计 1 元,S2 表示累计 2 元,S3 表示累计 3 元。

以下是自动售货机的 Verilog 描述:

```verilog
module FSM_vending_machine(
input wire clk,                      //时钟信号
input wire rst_n,                    //复位信号,低电平有效
input wire cash_input,               //纸币输入(0:无,1:1 元)
output reg product_output            //商品输出(0:无,1:有)
);
    //定义状态:累计金额(S0:0 元,S1:1 元,S2:2 元,S3:3 元)
    reg [1:0] state,next_state; //状态寄存器
    //状态转移逻辑
    always @ (state or cash_input)begin
        case(state)
            2'b00:next_state = cash_input ? 2'b01 :2'b00;
            2'b01:next_state = cash_input ? 2'b10 :2'b01;
            2'b10:next_state = cash_input ? 2'b11 :2'b10;
            2'b11:next_state = 2'b00; //商品输出后,状态重置为 0 元
            default:next_state = 2'b00;
    endcase
    end
    //状态更新逻辑
    always @ (posedge clk or negedge rst_n)begin
        if(! rst_n)begin
            state <= 2'b00;
        end else begin
            state <= next_state;
        end
    end

    //输出逻辑
    always @ (state)begin
        product_output =(state == 2'b11);
    end
endmodule
```

自动售货机的 Quartus 仿真结果如图 7-110 所示。

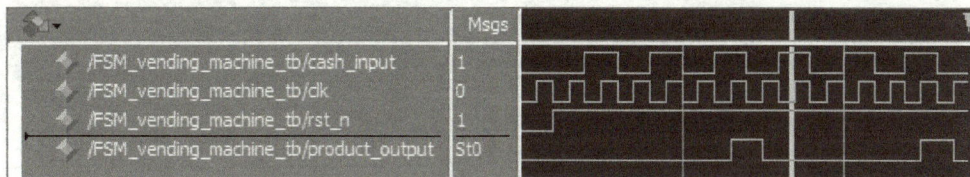

图 7-110 自动售货机的 Quartus 仿真结果

测试自动售货机在接收到 3 元纸币时的行为。测试开始时，会先进行初始化，然后连续 3 次分别输入 1 元，累计达到 3 元。在这个过程中，自动售货机应该在状态变到 S3（3 元）时产生一个商品输出。通过这个测试可以观察到，在每个时钟周期的上升沿，自动售货机的状态如何根据输入信号进行更新，以及当状态达到 S3（3 元）时，商品输出信号是否变为 1。根据上面的分析可知，该有限状态机为 Moore 型状态机。

【例 7-23】 设计一个三段式的按键消抖。使用一个按键作为输入信号，通过有限状态机来消除按键的抖动现象，并在按键被稳定按下时输出一个高电平信号。

解：
设计过程如下：
首先，定义有限状态机的输入、输出和状态：
输入：按键信号，0 表示无按键按下，1 表示有按键按下。
输出：消抖后的按键信号，0 表示无按键按下，1 表示有按键按下。
状态：4 个状态，S0 表示按键未按下的状态，S1 表示按键第一次检测到按下的状态，S2 表示按键稳定按下的状态，S3 表示按键释放的状态。
以下是按键消抖有限状态机的 Verilog 描述：

```verilog
module FSM_debounce(
    input wire clk,              //时钟信号
    input wire rst_n,            //复位信号,低电平有效
    input wire button,           //按键输入信号
    output reg debounced         //消抖后的按键输出信号
);
    reg[2:0] state, next_state;  //状态寄存器
    //状态转移逻辑
    always @ (state or button) begin
        case(state)
            3'b000 : next_state = (button == 1'b1) ? 3'b001 : 3'b000;
            3'b001 : next_state = (button == 1'b1) ? 3'b010 : 3'b000;
            3'b010 : next_state = (button == 1'b1) ? 3'b010 : 3'b011;
            3'b011 : next_state = (button == 1'b1) ? 3'b011 : 3'b000;
            default : next_state = 3'b000;
        endcase
```

```
        end
    //状态更新逻辑
    always @ ( posedge clk or negedge rst_n ) begin
        if( ! rst_n ) begin
            state < = 3'b000 ;
        end else begin
            state < = next_state ;
        end
    end
    //输出逻辑
    always @ ( state ) begin
        debounced = ( state = = 3'b010 ) ;
    end
  endmodule
```

按键消抖有限状态机的 Quartus 仿真结果如图 7-111 所示。

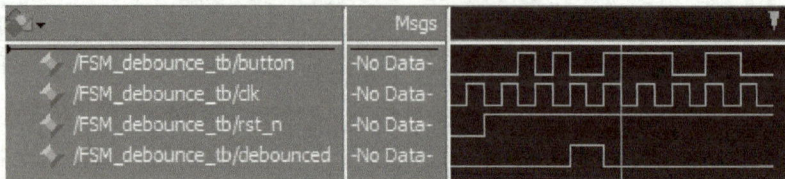

图 7-111　按键消抖有限状态机的 Quartus 仿真结果

只有当按键被稳定按下，且按键这个输入信号持续存在时，此按键按下才会被认为是有效的，进而输出一个高电平信号。根据上面的分析可知，该有限状态机为 Mealy 型状态机。

本 章 小 结

时序逻辑电路输出的状态不仅取决于当前时刻输入的状态，还与电路原来的状态有关。触发器是构成时序逻辑电路的基本单元电路，按照逻辑功能的不同，可分为 RS 触发器、JK 触发器、D 触发器、T 触发器等；按照触发方式的不同，可分为直接触发、电平触发、边沿触发等。

根据各触发器是否由同一时钟脉冲信号控制，分为同步时序逻辑电路和异步时序逻辑电路；按照输出变量依从关系不同，又可分为 Moore 型电路和 Mealy 型电路。由触发器构成的时序逻辑电路的分析和设计，是初学者深入理解和掌握数字电路时序关系及状态转换过程的基础性训练。本章结合实例，介绍了时序逻辑电路分析和设计的一般性方法和步骤。

"片剂装瓶计数显示系统"项目不仅包含常用的组合逻辑功能器件，也含有计数器、寄存器、移位寄存器等常用的时序逻辑功能器件。结合引脚图、逻辑符号图、DIP 实物和功能表，介绍了典型功能器件，并通过 Multisim 进行了电路仿真。部分电路还使用 Verilog 硬件描述语言编写了程序，并通过 Quartus 软件进行了仿真验证。

本章还对时序逻辑电路的一些概念进行了详细的阐述，包括状态的等价与合并、有效状态与无效状态、自启动、控制端的同步和异步、计数器的稳态和暂态等。这些概念非常重要，需要特别重视并熟练掌握。

复习思考题

1. 逻辑电路如图 7-112a 所示，输入信号的波形如图 7-112b 所示，画出输出端 Q 和 $\overline{Q}$ 的波形（设 Q 的初态为 0）。须有必要的分析，波形必须清晰、工整，要求有垂直虚线（下同）。

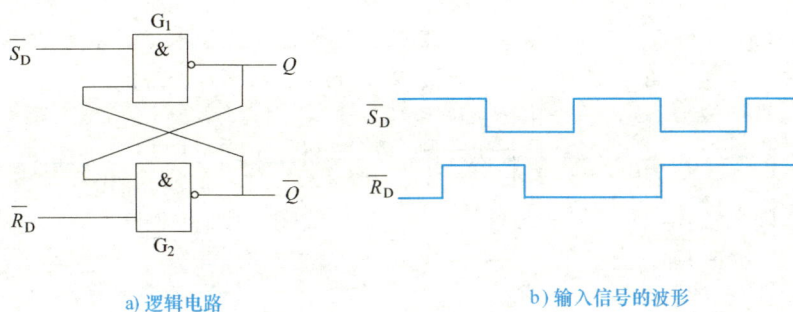

a）逻辑电路   b）输入信号的波形

图 7-112 题 1 的图

2. 逻辑电路如图 7-113a 所示，输入信号的波形如图 7-113b 所示，画出 Q 和 $\overline{Q}$ 的波形（设 Q 的初态为 0）。

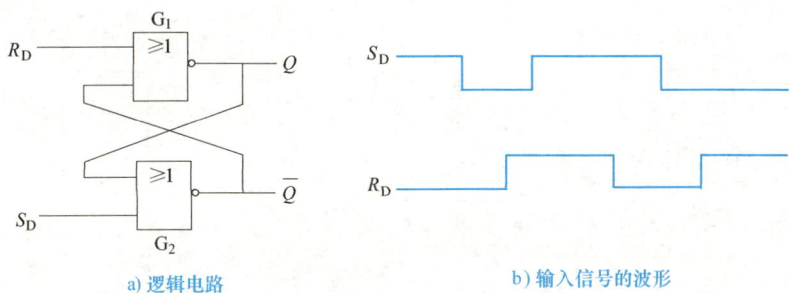

a）逻辑电路   b）输入信号的波形

图 7-113 题 2 的图

3. 钟控 RS 触发器的逻辑符号如图 7-114a 所示，输入信号和时钟信号的波形如图 7-114b 所示，画出 Q 和 $\overline{Q}$ 的波形（设 Q 的初态为 0）。

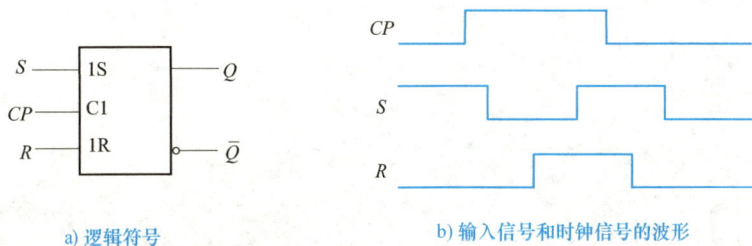

a）逻辑符号   b）输入信号和时钟信号的波形

图 7-114 题 3 的图

4. 图 7-115a、b 所示是两种 D 触发器的逻辑符号，输入信号和时钟信号的波形如图 7-115c 所示，分别画出输出 Q_1 和 Q_2 的波形（设 Q 的初态皆为 0）。

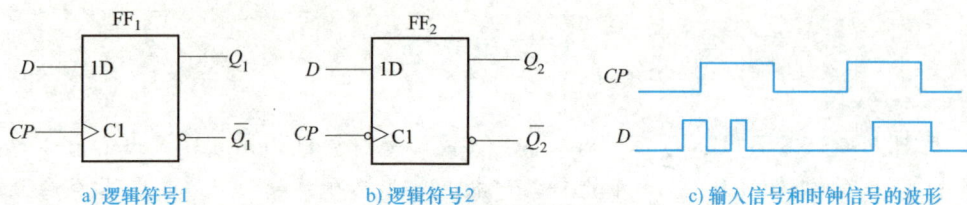

a) 逻辑符号1   b) 逻辑符号2   c) 输入信号和时钟信号的波形

图 7-115　题 4 的图

5. 图 7-116a、b 所示是两种边沿 JK 触发器的逻辑符号，输入信号和时钟信号的波形如图 7-116c 所示，分别画出输出 Q_1 和 Q_2 的波形（设 Q 的初态皆为 0）。

a) 逻辑符号1   b) 逻辑符号2   c) 输入信号和时钟信号的波形

图 7-116　题 5 的图

6. 逻辑电路如图 7-117a~d 所示，分别写出各自的驱动方程和次态方程，并根据给出的 CP 波形，画出 Q 的波形。再分别对比图 7-117b 和图 7-117e、图 7-117d 和图 7-117f，说明它们之间的异同。

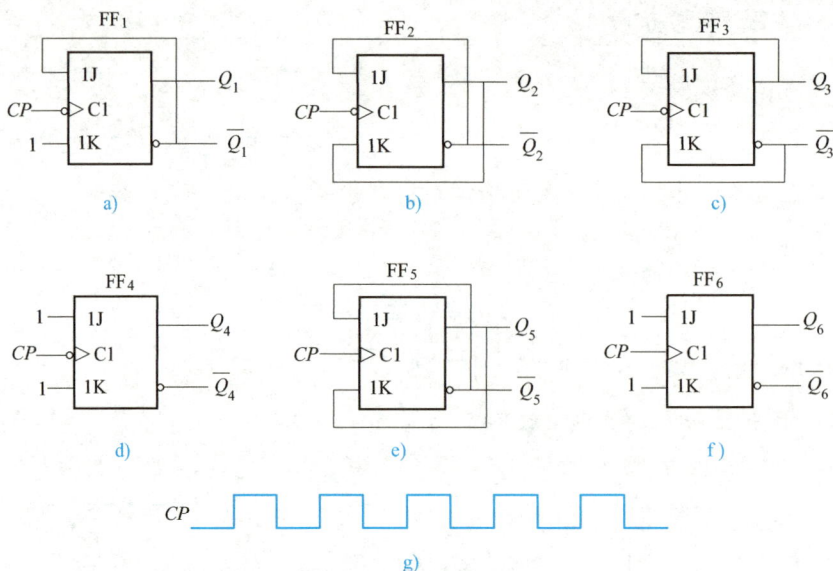

a)   b)   c)

d)   e)   f)

g)

图 7-117　题 6 的图

7. 逻辑电路如图 7-118 所示，列出驱动方程、状态方程，写出状态转换表，画出状态转换图，分析其逻辑功能。根据 CP 的波形，画出 Q_1 和 Q_2 的波形。设触发器的初态均为 0。

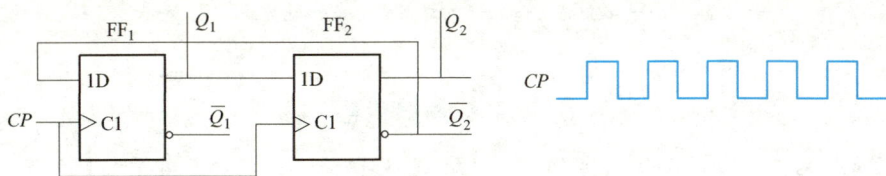

图 7-118 题 7 的图

8. 逻辑电路如图 7-119 所示，列出驱动方程、状态方程，写出状态转换表，画出状态转换图，并分析其逻辑功能。根据 CP 和 A 的波形，画出触发器 Q_0 和 Q_1 的波形。设触发器的初态均为 0。

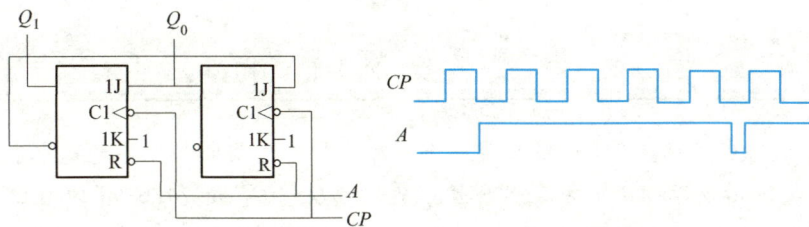

图 7-119 题 8 的图

9. 逻辑电路如图 7-120 所示，列出驱动方程、状态方程，写出状态转换表，画出状态转换图，并分析其逻辑功能。根据 CP 的波形画出 Q_1 和 Q_2 的波形。设触发器的初态均为 0。

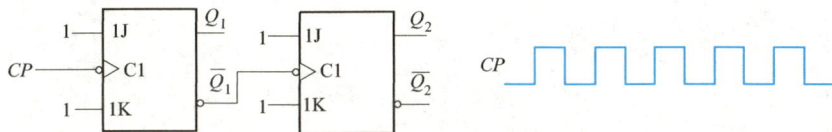

图 7-120 题 9 的图

10. 用 D 触发器 74LS74 设计一个按自然二进制数态序变化的同步五进制加法计数器。写出完整的设计过程，画出电路图，并用 Multisim 仿真验证。

11. 用 JK 触发器 74LS112 设计一个按自然二进制数态序变化的同步十一进制加法计数器。写出完整的设计过程，画出电路图，并用 Multisim 仿真验证。

12. 用 JK 触发器 74LS112 设计一个序列检测器，当输入的代码中含有 010 序列时，电路能够识别出来，输出 Y 为 1，否则输出为 0。写出完整的设计过程，画出电路图，并用 Multisim 仿真验证。

13. 用 D 触发器 74LS74 设计一个序列检测器，当输入的代码中含有 0110 序列时，电路能够识别出来，输出 Y 为 1，否则输出为 0。写出完整的设计过程，画出电路图，并用 Multisim 仿真验证。

14. 设计一个节日彩灯控制电路，按照图 7-121 的顺序显示。要求用 JK 触发器 74LS112 及门电路实现，不出现的状态可按约束项处理。写出完整的设计过程，画出电路图，并用 Multisim 仿真验证。

15. 用单向移位寄存器 74LS195 设计一个节日彩灯控制电路，要求彩灯分别按照表 7-43 和

红灯亮 ——→ 黄灯亮 ——→ 绿灯亮 ——→ 全亮 ——→ 全灭

图 7-121 题 14 的图

表 7-44 所示的两个方案周而复始变化（$L_1 \sim L_4$ 是 4 个彩灯，实心五角星表示灯亮，空心五角星表示灯灭）。写出完整的设计过程，画出电路图，并用 Multisim 仿真验证。

表 7-43 A 方案

L_1	L_2	L_3	L_4
★	★	☆	☆
☆	★	★	☆
☆	☆	★	★
★	☆	☆	★

表 7-44 B 方案

L_1	L_2	L_3	L_4
★	★	★	☆
☆	★	★	★
★	☆	★	★
★	★	☆	★

16. 用双向移位寄存器 74LS194 设计一个脉冲节拍器控制电路，要求脉冲信号分别按照题表 7-45 和表 7-46 所示的两个方案周而复始变化（$Q_A \sim Q_D$ 是 74LS194 的输出，实心五角星表示高电平，空心五角星表示低电平）。写出完整的设计过程，画出电路图，并用 Multisim 仿真验证。

表 7-45 A 方案

Q_A	Q_B	Q_C	Q_D
★	★	☆	☆
☆	★	★	☆
☆	☆	★	★
★	☆	☆	★

表 7-46 B 方案

Q_A	Q_B	Q_C	Q_D
☆	★	★	★
★	★	★	☆
★	★	☆	★
★	☆	★	★

17. 用计数器 74LS160 的复位端 $\overline{CLR}$ 设计一个六进制计数器。写出完整的设计过程，画出电路图，并用 Multisim 仿真验证。

18. 用计数器 74LS162 的复位端 $\overline{CLR}$ 设计一个六进制计数器。写出完整的设计过程，画出电路图，并用 Multisim 仿真验证。

19. 用计数器 74LS161 的置数端 $\overline{LOAD}$ 设计一个十一进制计数器，要求实现方式不少于 3 种。写出完整的设计过程，画出电路图，并用 Multisim 仿真验证。

20. 用计数器 74LS161 设计一个七十二进制计数器，要求实现方式不少于 2 种。写出完整的设计过程，画出电路图，并用 Multisim 仿真验证。

21. 用计数器 74LS192、显示译码器 74LS48、共阴极数码管及基本逻辑门设计一个篮球 24s 倒计时电路，剩余的时间通过数码管实时显示，到 0s 停止。其启动方式可设置为手动。写出完整的设计过程，画出电路图，并用 Multisim 仿真验证。

22. 用 Verilog 硬件描述语言编写 10~20 题的程序，并通过 Quartus 仿真验证。对于 15~20 题，程序只需满足任务功能即可，不必拘泥于具体的功能器件型号。

第 8 章

模数和数模转换

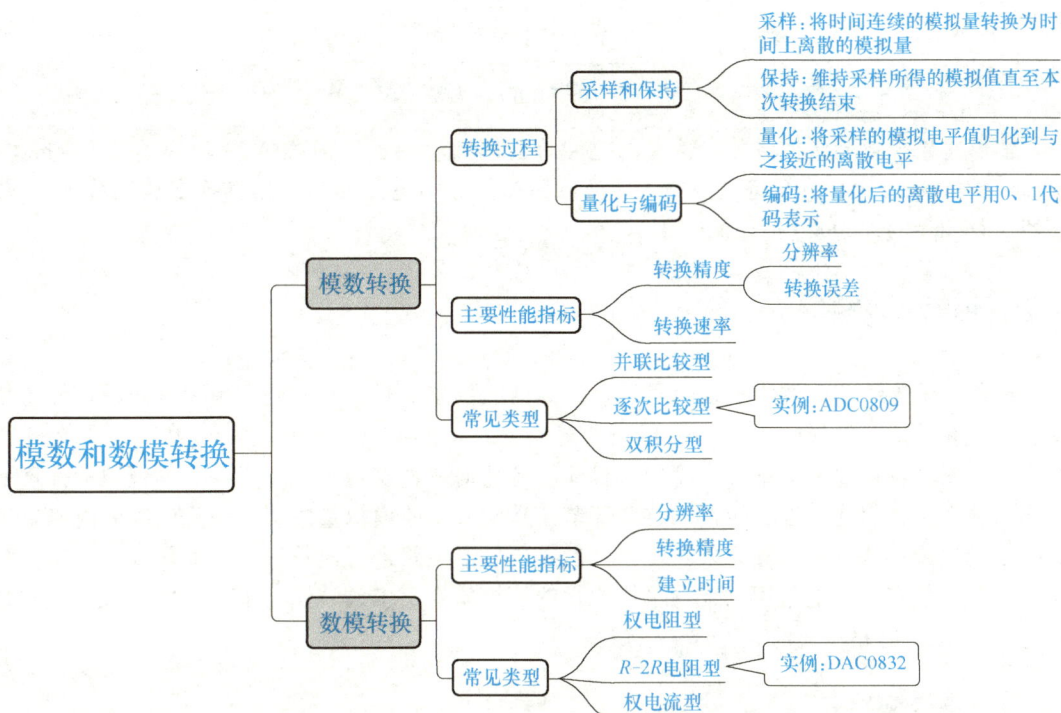

```
模数和数模转换
├── 模数转换
│   ├── 转换过程
│   │   ├── 采样和保持
│   │   │   ├── 采样:将时间连续的模拟量转换为时间上离散的模拟量
│   │   │   └── 保持:维持采样所得的模拟值直至本次转换结束
│   │   └── 量化与编码
│   │       ├── 量化:将采样的模拟电平值归化到与之接近的离散电平
│   │       └── 编码:将量化后的离散电平用0、1代码表示
│   ├── 主要性能指标
│   │   ├── 转换精度
│   │   │   ├── 分辨率
│   │   │   └── 转换误差
│   │   └── 转换速率
│   └── 常见类型
│       ├── 并联比较型
│       ├── 逐次比较型 —— 实例:ADC0809
│       └── 双积分型
└── 数模转换
    ├── 主要性能指标
    │   ├── 分辨率
    │   ├── 转换精度
    │   └── 建立时间
    └── 常见类型
        ├── 权电阻型
        ├── R-2R电阻型 —— 实例:DAC0832
        └── 权电流型
```

目前,人类定义了质量、长度、时间、热力学温度、电流、发光强度、物质的量 7 个基本物理量,除了物质的量,其余 6 个基本物理量都是连续变化的。由连续变化的基本物理量衍生出来的其他物理量一定也是连续变化的,例如生活中经常接触的摄氏温度、湿度、压力、流量、pH、亮度等。正如第 1 章所述,这些没有电属性的物理量若要被数字系统处理,必须转换成为数字信号。这个转换过程通常分为三个环节:第一个环节是利用传感器将非电信号转换为以电压、电流或电阻表示的模拟电信号,这些电信号往往非常微弱;第二个环节是通过信号调理电路对微弱的模拟电信号进行放大、平移或标定,以满足后面电路对信号的要求;第三个环节是通过模数转换电路将满足要求的模拟电信号转换为数字电信号,用于数据采集、数据处理、控制、显示等。至于市场上有些宣称能直接输出数字信号的传感器,其实是集成了传感器、信号调理电路及模数转换电路的综合体。

数字信号通常不能直接驱动执行机构,如电动机、扩音器、温度调节器等,首先需要经过数模转换电路得到模拟电信号,再经过功率放大电路才能实现。图 8-1 所示为某家用饮水机的温度测量控制系统框图。通过温度传感器、信号调理、模数转换，得到数字信号送给微控制器，经过程序分析处理后送给显示器显示测量的温度值。通过键盘可以设置温度送给微控制器，测量值与设定值比较后输出控制用数字量。该数字量再经模数转换得到模拟电信号，经功率放大电路驱动控温部件对水温进行升温或降温。

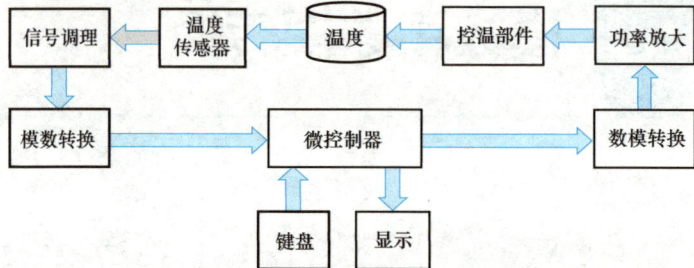

图 8-1　温度测量控制系统框图

能够将模拟信号转换成数字信号的电路称为模数转换器，简称 A/D 转换器 （Analog-to-Digital Converter，ADC）；将数字信号转换成模拟信号的电路称为数模转换器，简称 D/A 转换器 （Digital-to-Analog Converter，DAC）。

8.1　模数转换

要将一个连续变化的模拟电信号转换为离散的数字信号，我们必须考虑这两种信号的特点、区别和联系。转换的本质是实现一种对应关系。模拟电信号在时间和数值上都是连续的，也就意味着可以无限细分。显然，目前没有任何一种电路可以将无限多的模拟量都逐一转换为数字量，因此，模数转换的首要环节是从无限多的模拟量中按照一定的时间间隔采集有限个模拟量，这个过程称为采样。采样值送给后级电路进行模数转换，而转换一定需要时间，因此必须有功能电路用以维持采样所得的模拟值直至本次转换结束。这两个过程通常是通过采样-保持电路完成的。

8.1.1　采样和保持

采样是将时间上连续的模拟量转换为时间上离散的模拟量，并将采样值送给后级电路进行模数转换，如图 8-2 所示。

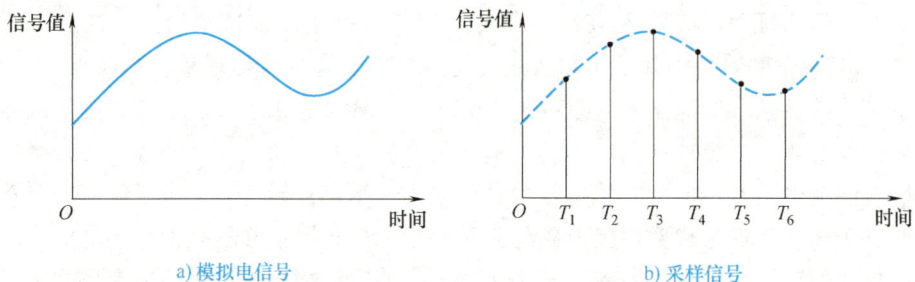

a) 模拟电信号　　　　　　　　b) 采样信号

图 8-2　模拟电信号采样示意

根据采样定理，采样频率 f_S 必须大于或等于被采样模拟电信号中的最高频率 f_{Imax}，这些采样值就可以无损失地表达原模拟信号，即

$$f_S \geq f_{Imax} \tag{8-1}$$

图 8-3 给出了一种采样-保持电路的原理图，场效应晶体管 T 作为采样开关受采样脉冲信号 U_L 控制，当 U_L 为高电平时，T 导通，输入信号 U_I 经电阻 R_i 和 T 向电容 C_h 充电。只要充电时间常数 τ 远小于采样脉冲信号 U_L 高电平的持续时间，则输出信号 U_O 就能跟踪输入信号 U_I 的变化。当 U_L 从高电平变为低电平后，T 截止，充电结束，电容 C_h 上的电压 $U_C = -U_O = (R_f/R_i)U_I$。若取 $R_i = R_f$，则 $U_C = U_I = -U_O$。由于 C_h 无放电回路，因此 U_C 保持不变。

图 8-4 是由双运放构成的采样-保持电路，两个运放都接成了电压跟随器模式，电子开关 T 受采样脉冲信号 U_L 控制。当 U_L 为高电平时，T 闭合，输出 U_O 跟随输入信号 U_I 变化，并向电容 C 充电；当 U_L 为低电平时，T 断开，电容上的电压 U_C 保持不变，所以输出 U_O 也保持 T 断开那一瞬间的值不变。

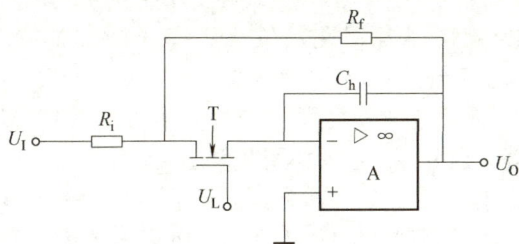

图 8-3　采样-保持电路（一）　　　　　图 8-4　采样-保持电路（二）

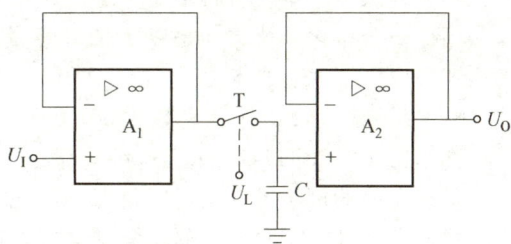

8.1.2　量化和编码

需要注意的是，采样只是将连续的模拟电信号在时间上作了离散，在数值上仍然可以认为是连续的；而数字量不仅在时间上离散，在数值上也是离散的。因此，需要将采样后的模拟电信号在数值上进一步离散，也就是说，用 0、1 构成的数字量来表示。

任何一个数字量的大小，都是以某个最小数量单位的整倍数来表示的。数字量的最低有效位（Least Significant Bit，LSB）为 1，所以 1 是最小数量单位。一个 LSB 能够区别表示的最小模拟量称作量化单位，用 Δ 表示，它也可以作为 A/D 转换器的分辨率指标。

用数字量表示采样的模拟电信号时，也必须把它转化成这个最小数量单位的整倍数，这时的电平值称为离散电平。由于 n 位数字量最多只有 2^n 个数值，因此，用有限的数字量来表示连续变化的模拟量时就必然存在近似问题。将采样的模拟电平值归化到与之接近的离散电平的过程称为量化，两者之间的差值称为量化误差，用 ε 表示。A/D 转换器的位数越多，各离散电平之间的差值就越小，量化误差也就越小。将量化后的离散电平用 0、1 代码表示称为编码。

量化过程常采用只舍不入和四舍五入两种近似量化方式。

只舍不入是指量化时将不足一个量化单位的值舍掉。举例来说，设输入模拟电信号 V_I 的变化范围为 0～5V，若采用 3 位数字量来量化，$\Delta = 5/8V = 0.625V$。采样的模拟电压值在 0～5/8V 之间的都当作 0Δ，用 000 表示；数值在 5/8～10/8V 之间的都当作 1Δ，用 001 表示……；依此类推，数值在 35/8～40/8V 之间的模拟电压都当作 7Δ，用 111 表示。这种量化方式的最大误差为 Δ，如图 8-5a 所示。

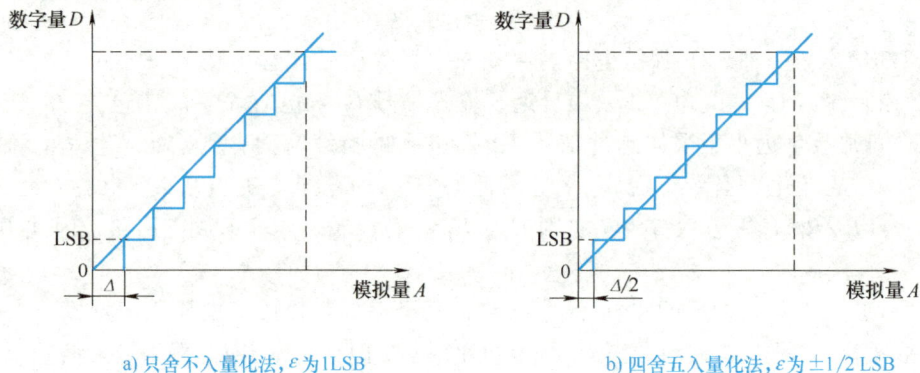

a) 只舍不入量化法，ε为1LSB

b) 四舍五入量化法，ε为±1/2 LSB

图 8-5 两种量化方式

四舍五入是指量化时将不足半个量化单位的部分舍弃掉，把大于或等于半个量化单位的部分当作一个量化单位。还是以 3 位数字量量化举例，半个量化单位 $\Delta/2 = 5/(8\times2)$ V $= 5/16$V $= 0.3125$V，采样的模拟电压值在 $0\sim5/16$V 的都当作 0Δ，用 000 表示；数值在 $5/16\sim15/16$V 的都当作 1Δ，用二进制数 001 表示……；依此类推，数值在 $35/16\sim40/16$V 的模拟电压都当作 7Δ，用 111 表示。这种量化方式的最大误差为 $\Delta/2$，如图 8-5b 所示。

仍以上面的例子进一步说明 A/D 转换器位数对量化误差的影响。假设采用只舍不入量化方式，在 T_1 和 T_2 两个时刻，分别得到采样值 $A_1 = 0.89$V 和 $A_2 = 1.05$V。如果 A/D 转换器是 3 位数字量进行量化，$\Delta = 0.625$V，由于 0.89V 和 1.05V 都落在区间 $[0.625$V，1.25V$]$，因此对应的数字量都是 001，如图 8-6a 所示。但是，如果用 4 位数字量进行量化，$\Delta = 0.3125$V，0.89V 落在区间 $[0.625$V，0.9375V$]$，对应的数字量是 0010，而 1.05V 落在区间 $[0.9375$V，1.25V$]$，对应的数字量是 0011，如图 8-6b 所示。显然，通过增加数字量位数，量化误差得以减小。

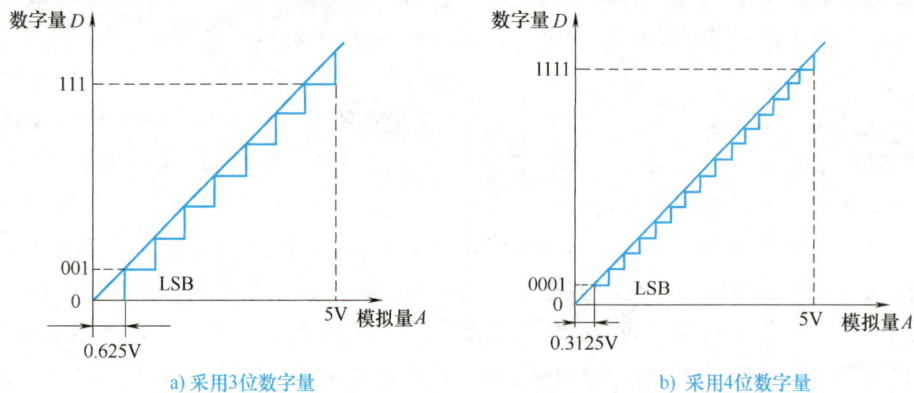

a) 采用3位数字量

b) 采用4位数字量

图 8-6 A/D 转换器位数对量化误差的影响

8.1.3 A/D 转换器的主要性能指标

（1）转换精度

1）分辨率（Resolution）：分辨率 R 表示 A/D 转换器对输入信号的分辨能力，由满量程（Full Scale Range，FSR）和 A/D 转换器输出数字量的位数 n 决定，即

$$R = FSR/2^n \tag{8-2}$$

从式（8-2）可知，分辨率就是最低有效位 LSB 所对应的模拟量，也可记作 R_{LSB}。不同的满量程下，分辨率不同；不同输出数字量位数的 A/D 转换器，分辨率也不同。在满量程值一定时，输出数字量的位数越多，分辨率越高。例如，某型号 A/D 转换器输出为 8 位的数字量，当满量程值为 5V 时，$R = 5/2^8 V \approx 0.01953V$，另一型号的 A/D 转换器的输出为 10 位的数字量，则 $R = 5/2^{10} V \approx 0.00488V$。

2）转换误差：转换误差反映了 A/D 转换器实际输出的数字量和理论输出的数字量之间的差别，通常以相对误差的形式给出，用 LSB 表示。产生转换误差的原因很多，如非线性特性、量化误差、时钟抖动等，本书不作详细介绍

（2）转换速率　通常情况下，转速速率是指 A/D 转换器从转换控制信号到来开始，到输出端得到稳定的数字信号所经过的时间的倒数。A/D 转换器的转换速率与转换电路的类型有关，不同类型的转换器转换速率相差甚远，从几十纳秒到数十毫秒不等。

8.1.4　并联比较型 A/D 转换器

3 位并联比较型 A/D 转换器的电路原理图如图 8-7 所示，由电压比较电路、寄存器组和

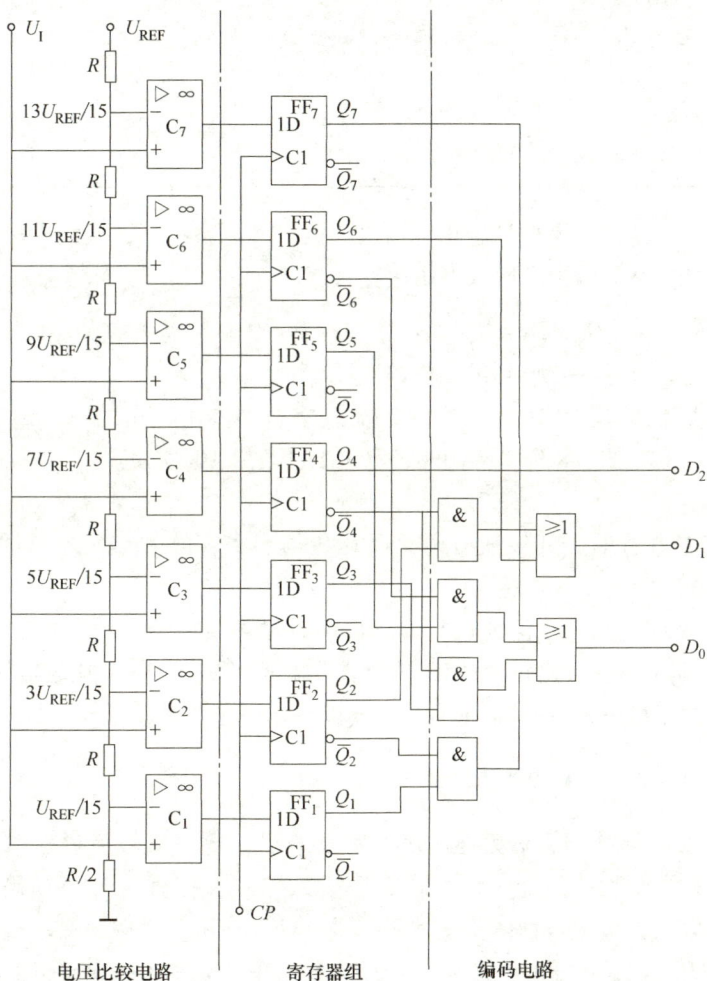

图 8-7　3 位并联比较型 A/D 转换器的电路原理图

编码电路三部分组成。量化采用四舍五入方式，参考电压 U_{REF} 通过电阻分压得到 $U_{REF}/15 \sim 13U_{REF}/15$ 之间的 7 个电压值，这 7 个电压值分别接到 7 个比较器 $C_1 \sim C_7$ 的反相输入端作为比较基准电压。输入的模拟电压 U_1 同时加到每个比较器的同相输入端上，与这 7 个基准电压进行比较。

7 个 D 触发器构成同步寄存器组，比较器的结果送到 D 输入端。当时钟脉冲 CP 的上升沿到来时，寄存器组的输出 $Q_1 \sim Q_7$ 就等于比较器组的输出值。

根据输入模拟电压值与输出数字量的对应关系，可得真值表，见表 8-1。

表 8-1　3 位并联比较型 A/D 转换器的真值表

输入模拟电压值	中间寄存器组输出值							输出数字量		
U_1	Q_1	Q_2	Q_3	Q_4	Q_5	Q_6	Q_7	D_2	D_1	D_0
$0 < u_i < U_{REF}/15$	0	0	0	0	0	0	0	0	0	0
$U_{REF}/15 < u_i \leq 3U_{REF}/15$	1	0	0	0	0	0	0	0	0	1
$3U_{REF}/15 < u_i \leq 5U_{REF}/15$	1	1	0	0	0	0	0	0	1	0
$5U_{REF}/15 < u_i \leq 7U_{REF}/15$	1	1	1	0	0	0	0	0	1	1
$7U_{REF}/15 < u_i \leq 9U_{REF}/15$	1	1	1	1	0	0	0	1	0	0
$9U_{REF}/15 < u_i \leq 11U_{REF}/15$	1	1	1	1	1	0	0	1	0	1
$11U_{REF}/15 < u_i \leq 13U_{REF}/15$	1	1	1	1	1	1	0	1	1	0
$13U_{REF}/15 < u_i \leq U_{REF}$	1	1	1	1	1	1	1	1	1	1

由真值表可知，输入的模拟量越小，输出的数字量也就越小，反之亦然。通过真值表可写出输出数字量与寄存器输出之间的逻辑表达式：

$$D_2 = Q_4, \quad D_1 = \overline{Q_4}Q_2 + Q_6, \quad D_0 = D_7 + \overline{Q_6}Q_5 + \overline{Q_4}Q_3 + \overline{Q_2}Q_1$$

通过逻辑表达式可进一步得到编码电路。

单片集成并联比较型 A/D 转换器的产品较多，如 AD 公司的 AD9012（TTL 工艺，8 位）、AD9002（ECL 工艺，8 位）、AD9020（TTL 工艺，10 位）等。并联比较型 A/D 转换器具有如下特点：

① 由于转换是并行的，其转换时间只受比较器、寄存器和编码电路的延迟时间限制，因此转换速度快。

② 随着分辨率的提高，器件数目要按几何级数增加。一个 n 位转换器，所用的比较器个数为 $2^n - 1$，如 8 位的并联比较型 A/D 转换器就需要 $2^8 - 1 = 255$ 个比较器。由于位数越多，电路越复杂，因此制成分辨率较高的 A/D 转换器是比较困难的。

8.1.5　逐次比较型 A/D 转换器

逐次比较型 A/D 转换器也称为逐次逼近型 A/D 转换器，其转换过程和用天平称重非常相似。当用天平称一个物体的重量时，按照优选法，一定是先取最重的砝码，看天平如何倾斜，以决定该砝码的去留。若物体重于砝码，则该砝码保留，否则移去；再取次重砝码，由物体的重量是否大于砝码的重量决定第二个砝码是留下还是移去；照此方式直到取完最小一个砝码为止。最后将所有留下的砝码重量相加，就得到此物体的重量。仿照这一思路，逐次比较型 A/D 转换器就是将输入模拟电压与不同的参考电压作多次比较，使转换所得的数字量在数值上逐次逼近输入模拟量对应值。图 8-8 所示为 n 位逐次比较型 A/D 转换器的原理框图，主要由采样-保持电路、运放开环构成的比较电路、控制电路、寄存器组及数模转换电路 DAC 组成。DAC 的工作原理留待下一节讲述，此处我们只需知道该功能模块的作用是将数字量转换为模拟电压量即可。

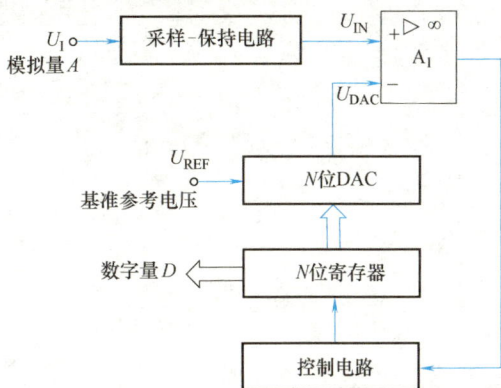

工作原理描述如下：输入的模拟电压 U_I 通过采样-保持电路得到 U_{IN} 送到比较器的同相输入端。N 位寄存器首先设置为最大值的

图 8-8 n 位逐次比较型 A/D 转换器的原理框图

1/2，也就是将最高有效位（Most Significant Bit，MSB）设置为 1，即 $100\cdots00$。寄存器的输出送给 DAC 进行数模转换，当数字量为 $100\cdots00$ 时，DAC 输出的模拟量 U_{DAC} 是基准参考电压 U_{REF} 的 1/2。比较判断 U_{IN} 和 U_{DAC} 的大小，如果 U_{IN} 大于 U_{DAC}，则比较器输出高电平 1，通过控制电路使 N 位寄存器的 MSB 保持为 1；否则，比较器输出低电平 0，通过控制电路使 N 位寄存器的 MSB 清 0。随后，在控制电路作用下，N 位寄存器将次高位设置为 1，进行下一次比较，这个过程一直持续到最低有效位 LSB 为止。所有操作结束后，也就完成了模数转换，此时寄存器组的数据即最终的数字量。

图 8-9 给出了一个 4 位逐次比较型 A/D 转换器示例，纵轴表示 DAC 输出的参考电压 U_{DAC}，横轴表示时间 T，某次采样-保持电路得到的 U_{IN} 如图中所示。第 1 次比较时，设置 MSB，即 bit3 = 1，此时 $U_{DAC} = 2U_{REF}/4$，显然 $U_{IN} > U_{DAC}$，所以 bit3 的 1 保留，用底色为灰色的矩形框表示。然后设置 bit2 = 1，执行第 2 次比较，由于 $U_{IN} < U_{DAC}$，所以 bit2 的 1 不保留，置为 0，用底色为白色的矩形框表示。之后设置 bit1 = 1，执行第 3

图 8-9 4 位逐次比较型 A/D 转换器示例

次比较，由于 $U_{IN} > U_{DAC}$，所以 bit1 的 1 保留。最后设置 bit0 = 1，执行第 4 次比较，由于 $U_{IN} < U_{DAC}$，所以 bit0 的 1 不保留，置为 0。最终的数字量为 1010。

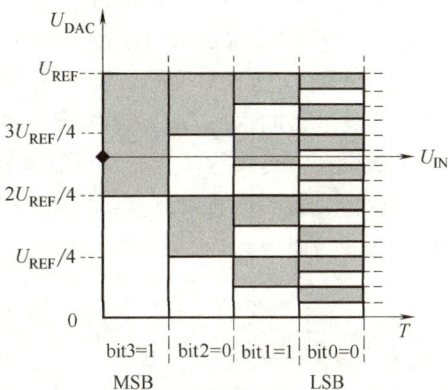

逐次比较型 A/D 转换器转换速度适中，精度较高，成本较低，得到了广泛的应用。常见的逐次比较型 A/D 转换器有 ADC0804（单输入，8 位）、ADC0809（8 输入，8 位）、AD575（10 位）、AD574（12 位）等。

8.1.6 双积分型 A/D 转换器

双积分型 A/D 转换器是一种间接 A/D 转换器，主要由积分电路、过零比较电路、计数器及控制逻辑电路 4 部分组成，其原理框图如图 8-10 所示。

它的基本工作原理如下：

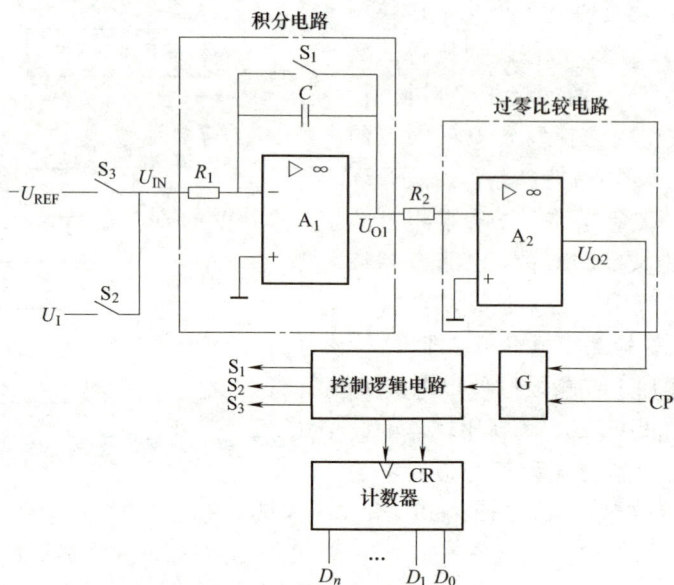

图 8-10　双积分型 A/D 转换器的原理框图

① 准备阶段。由控制逻辑电路提供 CR 信号使计数器清零，同时使开关 S_1 闭合，待积分电容放电完毕后，再使 S_1 断开。

② 第一次积分阶段。由控制逻辑电路提供控制信号使开关 S_2 闭合，模拟输入电压 U_I 作为 U_{IN} 经 R_1 向电容 C 充电。随着充电的继续，U_{O1} 的值将从 0 逐渐降低，由于 $U_{O1} < 0$，所以过零比较电路的输出 U_{O2} 为高电平，时钟控制门 G 被打开，时钟信号 CP 得以通过，并经过控制逻辑电路提供给计数器，计数器从 0 开始进行计数。若设定计数器计到 N_1（N_1 的值需要根据计数器的位数以及控制逻辑关系给定）即停止，则积分时间 $T_1 = N_1 T_{CP}$（T_{CP} 是单个时钟脉冲的周期）。积分器的输出 U_{O1} 为

$$U_{O1} = \frac{1}{C} \int_0^{T_1} \left(-\frac{U_I}{R_1} \right) \mathrm{d}t = -\frac{T_1}{R_1 C} U_I \tag{8-3}$$

从式（8-3）可知，U_{O1} 与 U_I 成正比，U_I 越大，输出 U_{O1} 越大。

③ 第二次积分阶段。由控制逻辑电路提供控制信号使开关 S_3 闭合，同时使 S_2 断开，因为基准参考电压 $-U_{REF}$ 与 U_I 极性相反，因此积分电路开始反向积分。随着积分的继续，第一次积分阶段累积的电荷将会逐渐放掉，因此输出电压 U_{O1} 的值将从上一阶段的最低点逐渐升高。在 U_{O1} 的值大于 0 的那一瞬间，过零比较电路的输出 U_{O2} 将变为低电平，时钟控制门 G 被关闭，时钟信号 CP 无法通过，计数停止。此时，计数器所计的脉冲个数为 N_2，积分时间 $T_2 = N_2 T_{CP}$。积分器的输出 U_{O1} 为

$$U_{O1} = \frac{1}{C} \int_0^{T_2} \frac{U_{REF}}{R_1} \mathrm{d}t - \frac{T_1}{R_1 C} U_I = 0 \tag{8-4}$$

可推导出

$$\frac{T_2}{R_1 C} U_{REF} = \frac{T_1}{R_1 C} U_I$$

故得到

$$T_2 = \frac{T_1}{U_{REF}} U_I$$

将 $T_1 = N_1 T_{CP}$ 和 $T_2 = N_2 T_{CP}$ 代入上式，可得

$$N_2 = \frac{N_1}{U_{REF}} U_I$$

显然，N_2 正比于输入电压 U_I。举例而言，假设规定 $N_1 = 256$，若某次采样 U_I 是参考基准电压 U_{REF} 的一半，则 $N_2 = 128$。如果设定输出的数字量为 8 位，那么 U_I 对应的数字量就是 10000000；若某次采样 U_I 是参考基准电压 U_{REF} 的四分之一，则 $N_2 = 64$，那么 U_I 对应的数字量就是 01000000。该原理电路中各点的波形如图 8-11 所示。

根据上面的分析，双积分型 A/D 转换器需要满足 $U_I < U_{REF}$。由于采用了以输入信号为被积函数进行积分的方式，积分电路响应的是输入信号的平均值，所以它具有较强的抗脉冲干扰的能力。此外，在两次积分过程中，只要 R、C 元件的参数不发生瞬时改变，转换结果就与 R、C 的值无关，因此它对元件的稳定性要求不高。但由于积分导致转换时间相对较长，因此该种类型的 A/D 转换器常用于低速场合。常用的双积分型 A/D 转换器有 MC14433（11 位）、ICL7109（12 位）、AD7550（13 位）等。

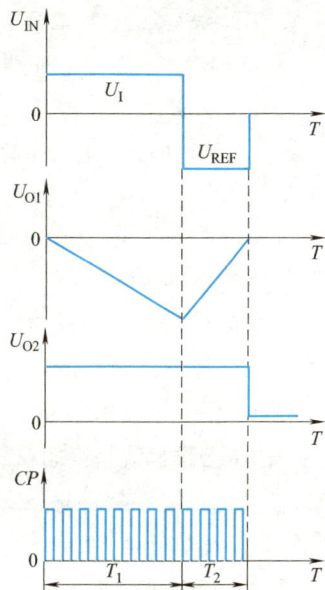

图 8-11 图 8-10 中各点的波形

8.1.7 ADC0809 及其应用

ADC0809 是 CMOS 逐次比较型 A/D 转换器，有多达 8 路模拟电压输入通道，根据地址码选通其中一路模拟输入信号进行 A/D 转换，输出是 8 位的数字量。ADC0809 具有 TTL 三态锁存缓冲器，可直接连到单片机数据总线。ADC0809 适用于对转换精度要求不是特别高的场合。其引脚图及 DIP 实物如图 8-12 所示。

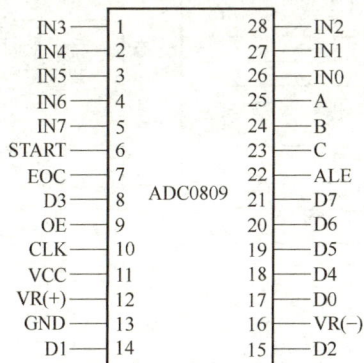

a) 引脚图

b) DIP实物

图 8-12 ADC0809 的引脚图及 DIP 实物

（1）ADC0809 的引脚功能

① IN0~IN7：8 路模拟输入信号，根据地址状态选中其中一路输入，共用一个 A/D 转换器。

② D0~D7：8 位数字量输出。

③ C、B、A：3 位地址端。当 $CBA=000$ 时，IN0 通道被选中；当 $CBA=001$ 时，IN1 通道被选中。依此类推，当 $CBA=111$ 时，IN7 通道被选中。

④ ALE：地址锁存允许信号。当 ALE 是高电平时，C、B、A 的地址被锁存，与该地址对应的模拟信号将进行模数转换。

⑤ START：启动模数转换的控制信号。当该信号为上升沿时，先将 ADC0809 复位；为下降沿时，启动模数转换。

⑥ EOC：模数转换结束的标志信号。若 $EOC=0$，表示转换正在进行；若 $EOC=1$，表示转换完成，数字量已经锁入三态输出锁存器。

⑦ OE：数据输出的允许信号，用于控制三态输出锁存器向外输出转换后的数据。若 $OE=0$，输出数据线呈高阻态；若 $OE=1$，允许输出转换得到的数据。

⑧ CLK：时钟脉冲输入端。ADC0809 所需的时钟信号由外界提供，频率范围是 10 ~ 1280kHz，典型值是 640kHz。

⑨ VR(+) 和 VR(-)：参考电压，用来与输入的模拟信号进行比较，作为逐次比较的基准。VR(+) 通常和 VCC（典型值为 5V）相连，VR(-) 通常接地（典型值为 0V）。

⑩ VCC：工作电源，接 5V。

⑪ GND：地。

（2）ADC0809 的电路结构及工作过程 ADC0809 的结构框图如图 8-13 所示，工作时序如图 8-14 所示。

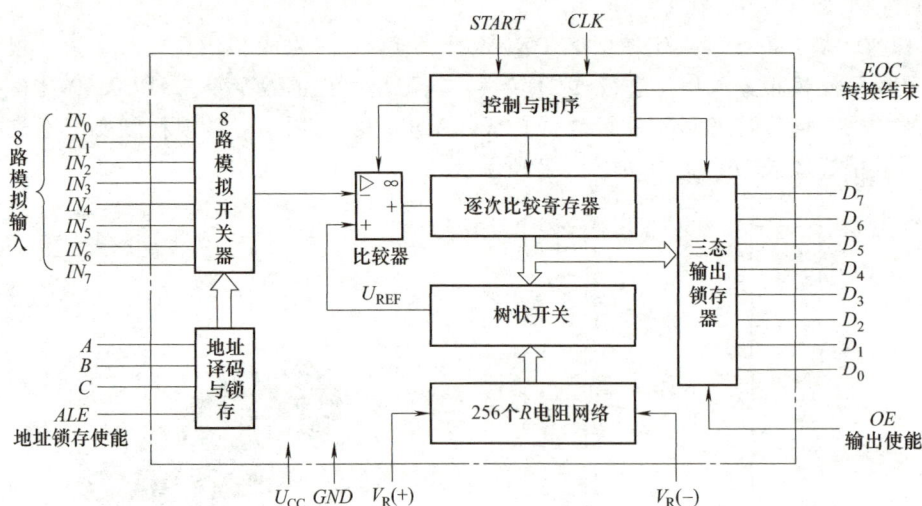

图 8-13 ADC0809 的结构框图

结合图 8-13 和图 8-14，分析可知，ADC0809 的工作过程如下：

①首先，输入 C、B、A 的地址，然后给 ALE 送入一个正脉冲，脉宽 t_{W_ALE} 不小于 50ns。将地址存入地址锁存器中，此地址经译码后选通与之对应的某一路模拟输入开关，该路开关对应的模拟输入信号送到比较器。

② 给 START 信号送入一个正脉冲，脉宽 t_{W_S} 不小于 50ns。脉冲的上升沿先复位

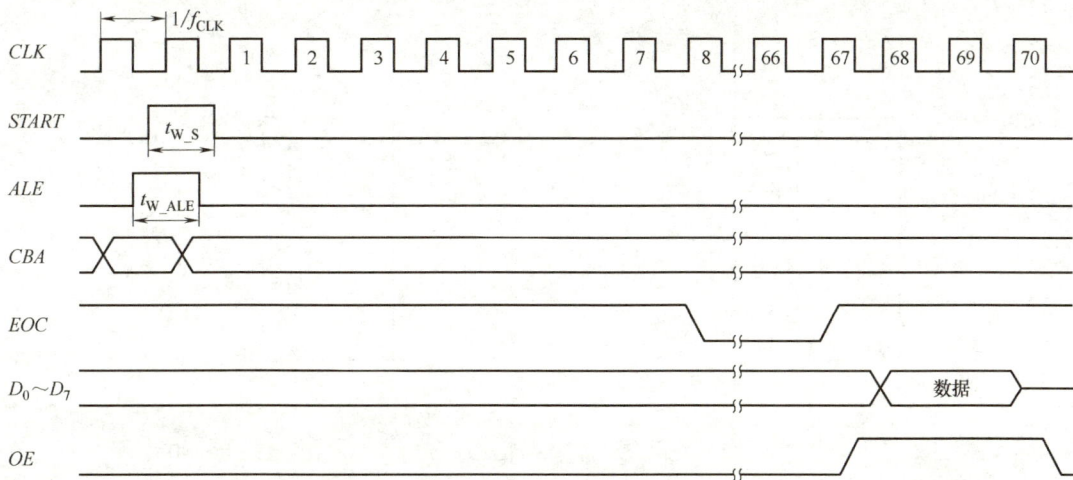

图 8-14 ADC0809 的工作时序

ADC0809，下降沿启动模数转换过程，在第 8 个时钟脉冲 *CLK* 的上升沿时，*EOC* 变为低电平，表示模数转换正式开始进行。

③ 在接下来的 56 个时钟脉冲 *CLK* 周期内，每 7 个 *CLK* 转换 1 位。当 8 位数字量 $D_7 \sim D_0$ 都转换完成后，*EOC* 在第 67 个 *CLK* 的上升沿变为高电平，表示转换结束，$D_7 \sim D_0$ 存入三态输出锁存缓冲器。

④ *OE* 是数据输出允许信号，转换结束后，给 *OE* 送入正脉冲，三态输出锁存缓冲器将转换后的数字量送到数据总线上。

上述这些控制信号都是由微控制器提供的（例如 AT89C51 单片机）。通过时序图可知，如果将 *START* 与 *ALE* 连在一起，则在通道地址选定的同时即开始模数转换。根据 A/D 转换器在系统中的作用，与系统中其他功能模块电路的关系，以及系统要求，再结合转换精度、转换速率、功耗等选择适合的型号。

（3）ADC0809 的主要参数

① 8 路模拟电压输入通道，8 位分辨率。

② 时钟频率为 640kHz 时的转换时间为 100μs，时钟频率为 500kHz 时转换时间为 130μs。

③ 具有转换启停控制端。

④ 单一 5V 直流电源供电。

⑤ 模拟输入电压的范围为 0~5V。

⑥ 工作温度范围为 -40~85℃。

⑦ 功耗为 15mW。

（4）模数转换仿真 模数转换的仿真电路如图 8-15 所示。因为 Multisim 软件库中没有 ADC0809 器件，所以用一个虚拟的器件 ADC 替代。设置基准参考电压 VREF 为 5V，当输入模拟电压 VI 分别为 5V、3.75V、2.5V、1.25V 时，输出数字量 D7~D0 分别是 11111111、11000000、10000000、01000000。观察仿真图中发光二极管的状态，可知转换正确。

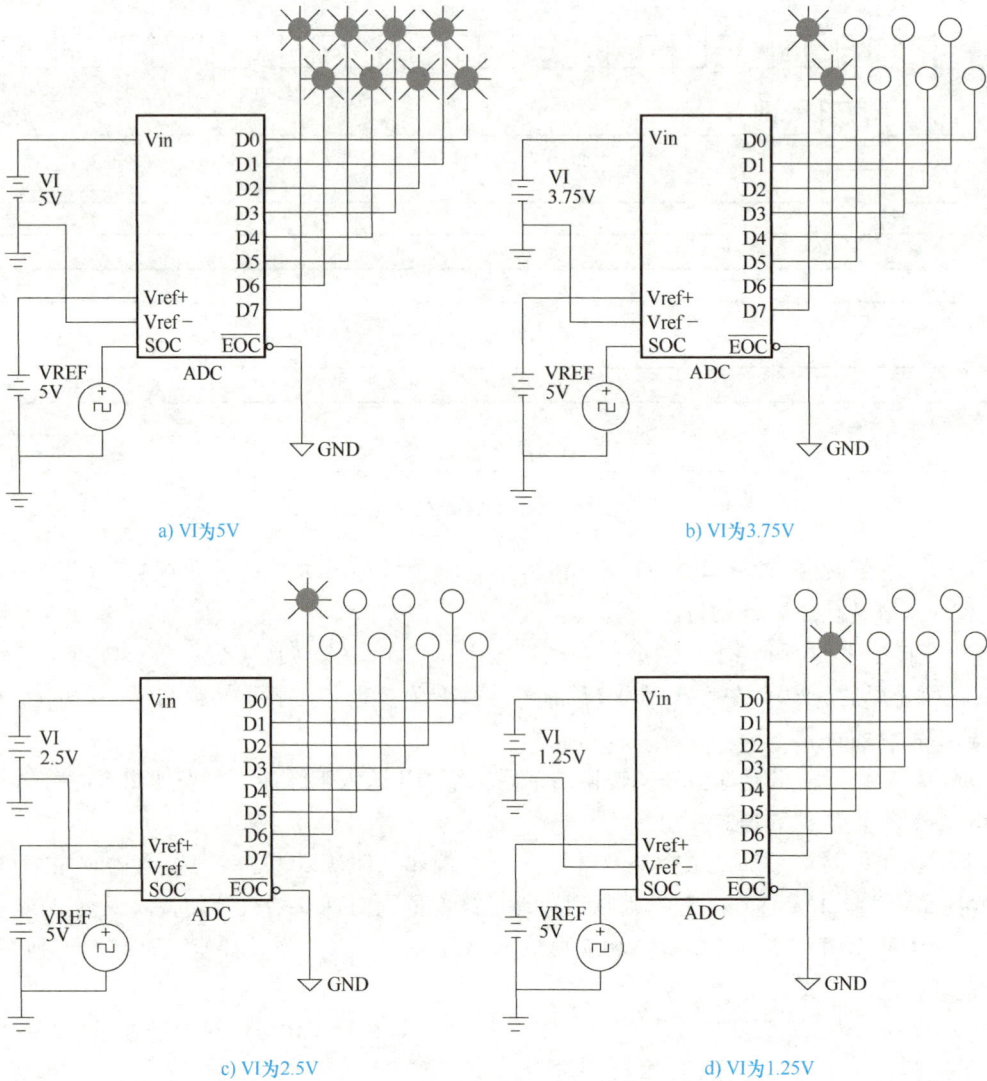

a) VI为5V   b) VI为3.75V

c) VI为2.5V   d) VI为1.25V

图 8-15 A/D 转换器功能验证仿真

8.2 数模转换

D/A 转换器是把数字量转变成模拟量的器件。转换的本质是实现一种对应关系，输入的数字量和输出的模拟量之间应成比例。为了实现这种对应关系，可以将输入数字量的每一位按照其权的大小转换成相应的模拟量，然后将转换得到的所有模拟量相加，即可得到与数字量成正比的总模拟量。D/A 转换器一般由转换网络、模拟电子开关和运算放大器等组成。转换网络通常有权电阻型、R-2R 型和权电流型等几种。

8.2.1 D/A 转换器的分类

按照数字量的位数，有 8 位、10 位、12 位、16 位的 D/A 转换器；按照数字量的数码形式，有二进制码 D/A 转换器和 BCD 码 D/A 转换器；按照输出电信号的类型，有电流输出型 D/A 转换器和电压输出型 D/A 转换器。在实际应用中，对于电流输出型的 D/A 转换器，通常需要后接一个由运算放大器构成的电流转电压电路。

微控制器与 D/A 转换器的连接，早期多采用 8 位数字量并行传输的并行接口，后来带有串行口的 D/A 转换器品种也不断增多，除了通用的异步串行通信口——通用异步接收发送设备（Universal Asynchronous Receiver/Transmitter, UART）外，还有集成电路总线（Inter-Integrated Circuit, IIC）串行口和串行外围设备接口（Serial Peripheral Interface, SPI）等。在选择 D/A 转换器时，要考虑两者的接口形式。

8.2.2 D/A 转换器的主要性能指标

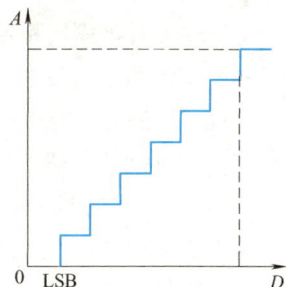

图 8-16 所示是 D/A 转换器的数字量与模拟量对应关系示意，横轴是离散的数字量，纵轴是模拟量（电压或电流），从 LSB 开始，每一个数字量对应一个模拟量。通过前面的学习不难得知，图 8-16 中的模拟量并非严格意义上可以在时间和数值上都连续，只能根据输入量 D 得到某些特定值。

（1）分辨率　和 A/D 转换器一样，D/A 转换器的分辨率也是指当输入数字量的 LSB 发生变化时，所对应的输出模拟量的最小变化值，即

$$R = FSR/2^n$$

式中，FSR 是模拟量的最大值，n 是数字量的位数。对于 5V 的 FSR，当采用 8 位的 D/A 转换器时，分辨率为 $5V/2^8 = 19.5mV$；当采用 12 位的 D/A 转换器时，分辨率则为 $5V/2^{12} = 1.22mV$。

图 8-16　D/A 转换器的数字量与模拟量对应关系示意

显然，位数越多，分辨率就越高，即 D/A 转换器对输入量变化的敏感程度越高。进行电路设计时，应根据系统对 D/A 转换器分辨率的要求来选择 D/A 转换器的位数。

（2）转换精度　转换精度是指 D/A 转换器实际输出的模拟电压值与理论输出模拟电压值之间的最大误差。显然，这个差值越小，电路的转换精度越高。

理想情况下，转换精度与分辨率基本一致，位数越多，转换精度越高。但由于电源电压、基准电压、电阻、制造工艺等各种因素存在着误差，严格来讲，转换精度与分辨率并不完全一致。只要位数相同，分辨率则相同，但相同位数的不同转换器的转换精度会有所不同。例如，某种型号的 8 位 D/A 转换器的转换精度为 ±0.19%，而另一种型号的 8 位 D/A 转换器的转换精度为 ±0.05%。

（3）建立时间　也称转换时间，是用来描述 D/A 转换器转换快慢的一个参数，其值为从输入数字量到输出稳定模拟信号所需要的时间。电流输出型 D/A 转换器的转换时间较短，而电压输出型 D/A 转换器的转换时间要长一些，原因是其内部的 I-V 转换电路增加了时长。根据转换时间的长短，可以将 D/A 转换器分成超高速（<1μs）、高速（1~10μs）、中速（10~100μs）和低速（>100μs）几档。

8.2.3 权电阻型 D/A 转换器

权电阻型 D/A 转换器如图 8-17 所示，由 n 个单刀双掷电子开关、n 个权电阻构成的电

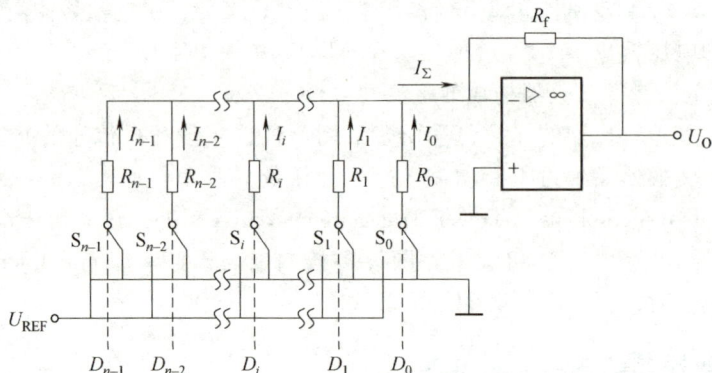

图 8-17　权电阻型 D/A 转换器

阻网络、参考基准电压 U_{REF} 及求和运算放大电路 4 部分构成。

运算放大器接成反相比例加法电路，其输出模拟电压 U_O 正比于总电流 I_Σ，而总电流 I_Σ 是各分支电路的电流之和。模拟电子开关 $S_0 \sim S_{n-1}$ 的方向由对应的数字代码 $D_0 \sim D_{n-1}$ 控制。当数字代码为 1 时，模拟电子开关拨向左边与 U_{REF} 相连，因此其对应的支路 R 上必然流过电流；当数字代码为 0 时，模拟电子开关拨向右边接地，其对应的支路 R 上无电流流过。

输入数字量中权重大的位，其分支电流应该大，对总电流 I_Σ 的贡献也应该大，经过运算放大电路得到的输出电压分量也就大；反之，权重小的位，其分支电流应该小，对总电流的贡献也小，经过运算放大电路得到的输出电压分量也就小。通过将各支路中电阻的阻值设置成一定的比例关系可以实现上述目的，即每一个电子开关 S_i 所接的电阻 R_i 等于 $2^{n-1-i}R$（$i=0 \sim n-1$），R_i 称为权电阻。数字量中的 D_{n-1} 是最高位，D_0 是最低位。分析可得

$$R_0 = 2^{n-1}R, \ R_1 = 2^{n-2}R, \ \cdots, \ R_{n-1} = R$$

$$U_O = -I_\Sigma R_f$$

$$= -\left(\frac{U_{REF}}{2^{n-1}R}D_0 + \frac{U_{REF}}{2^{n-2}R}D_1 + \cdots + \frac{U_{REF}}{2R}D_{n-2} + \frac{U_{REF}}{R}D_{n-1} \right) R_f$$

$$= -\frac{U_{REF}R_f}{2^{n-1}R} \sum_{i=0}^{n-1} 2^i D_i \tag{8-5}$$

式（8-5）表明，输出的模拟电压 U_O 正比于输入的数字量 D，从而实现了从数字量到模拟量的转换。当反馈电阻 $R_f = R/2$ 时，输出电压为

$$U_O = -\frac{U_{REF}}{2^n} \sum_{i=0}^{n-1} 2^i D_i \tag{8-6}$$

权电阻型 D/A 转换器电路实现简单，缺点是当数字量位数较多时，各个权电阻的阻值相差较大，很难保证精度，由此也就带来了转换误差。

8.2.4　*R*-2*R* 电阻型 D/A 转换器

R-2*R* 电阻型 D/A 转换器如图 8-18 所示。和权电阻型 D/A 转换器类似，电路也是由 n

个单刀双掷电子开关、权电阻构成的电阻网络、参考基准电压 U_{REF} 及求和运算放大电路 4 部分构成。不同的是，电阻的阻值只有 R 和 $2R$ 两种，其中电阻网络中串联臂上的电阻为 R，并联臂上的电阻为 $2R$，总共有 $2n$ 个电阻。

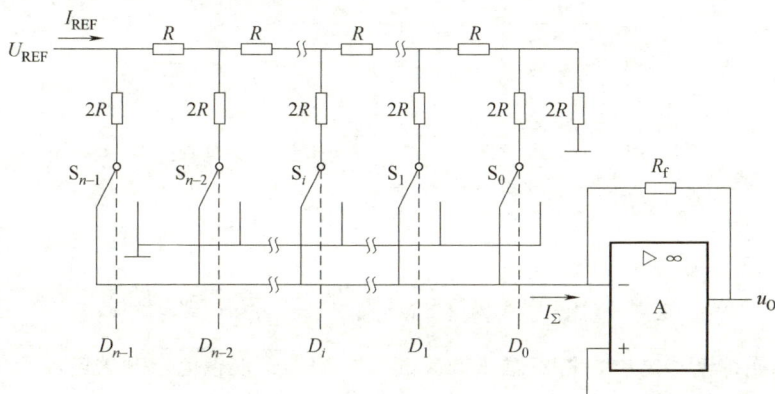

图 8-18 $R\text{-}2R$ 电阻型 D/A 转换器

模拟电子开关 $S_0 \sim S_{n-1}$ 由输入数字量 D_i 控制。当 $D_i = 1$ 时，S_i 拨向左边将该支路接至运算放大器的反相输入端，因此该支路电流 I_i 构成 I_Σ 的一部分；当 $D_i = 0$ 时，S_i 拨向右边接地，该支路电流 I_i 并不会成为 I_Σ 的一部分。

分析可知，从每个节点向右看的二端网络等效电阻均为 R，因此从基准电源 U_{REF} 流出的总电流 I_{REF} 每向右方经过一条支路就被分流一半，这样流过 n 个 $2R$ 电阻的电流分别是 $I_{REF}/2$，$I_{REF}/4$，$\cdots$，$I_{REF}/2^n$，即 $I_i = I_{REF}/2^{n-i}$，与对应数字量的权重成正比。于是可得

$$I_\Sigma = \frac{U_{REF}}{R}\left(\frac{D_0}{2^n} + \frac{D_1}{2^{n-1}} + \cdots + \frac{D_i}{2^{n-i}} + \frac{D_{n-1}}{2^1}\right) = \frac{U_{REF}}{2^n R}\sum_{i=0}^{n-1} 2^i D_i \tag{8-7}$$

$$U_O = -\frac{R_f}{R}\frac{U_{REF}}{2^n}\sum_{i=0}^{n-1} 2^i D_i \tag{8-8}$$

与权电阻型 D/A 转换器相比，$R\text{-}2R$ 电阻型 D/A 转换器只有 R 和 $2R$ 两种阻值，从而克服了权电阻网络阻值多、阻值差别大的缺点。

8.2.5 权电流型 D/A 转换器

$R\text{-}2R$ 电阻型 D/A 转换器只有两个阻值，在一定程度上提高了转换精度。但电路含有的模拟电子开关存在电压降，而且各开关的参数也并不完全一致，这些都会引起转换误差。为进一步提高转换精度，可采用权电流型 D/A 转换器。

以 4 位权电流型 D/A 转换器（见图 8-19）为例介绍其工作原理。它由 4 个单刀双掷电子开关、4 个恒流源、参考基准电压 $-U_{REF}$ 及求和运算放大电路 4 部分构成。恒流源从高位到低位的电流大小依次为 $I/2$、$I/4$、$I/8$、$I/16$；模拟开关 $S_3 \sim S_0$ 由输入数字量 D_i 控制。当输入数字量的某一位代码 $D_i = 1$ 时，开关 S_i 接运算放大器的反相输入端，该支路电流 I_i 构成总电流的一部分；当 $D_i = 0$ 时，开关 S_i 接地。

分析该电路可得出

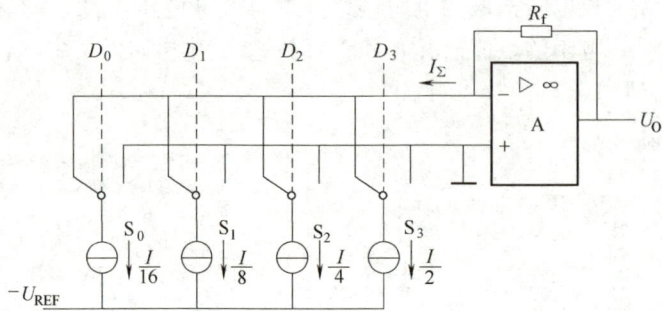

图 8-19   4 位权电流型 D/A 转换器

$$U_O = I_{\Sigma} R_f = R_f \left(\frac{I}{2} D_3 + \frac{I}{4} D_2 + \frac{I}{8} D_1 + \frac{I}{16} D_0 \right) = \frac{I}{2^4} R_f \sum_{i=0}^{3} 2^i D_i \qquad (8\text{-}9)$$

采用了恒流源电路之后，各支路权电流的大小均不受模拟电子开关电压降的影响，这就降低了对开关电路的要求，提高了转换精度。

8.2.6   DAC0832 及其应用

DAC0832 是采用 CMOS 工艺制成的电流输出型 8 位 D/A 转换器，其接口简单、使用方便，在很多场合得到广泛的应用。

DAC0832 的引脚图及 DIP 实物如图 8-20 所示，内部电路结构如图 8-21 所示，由 8 位输入寄存器、8 位 DAC 寄存器、8 位 D/A 转换电路及控制电路构成。

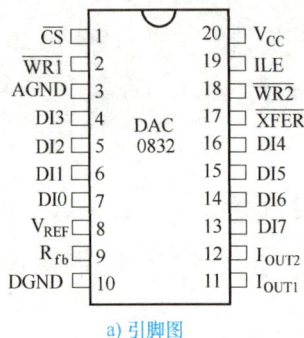

a) 引脚图

b) DIP实物

图 8-20   DAC0832 的引脚图及 DIP 实物

（1）DAC0832 的引脚功能

① DI0～DI7：8 位数字量输入端，DI7 为最高位，DI0 为最低位。

② $\overline{CS}$：片选信号，低电平有效，和 $\overline{WR1}$ 配合使用。

③ ILE：数据输入寄存控制端，高电平有效，和 $\overline{CS}$、$\overline{WR1}$ 配合使用。

④ $\overline{WR1}$：数据锁存器写控制端，低电平有效。

⑤ $\overline{XFER}$：数据传送控制端，低电平有效，和 $\overline{WR2}$ 配合使用。

⑥ $\overline{WR2}$：DAC 寄存器控制端，低电平有效。

⑦ I_{OUT1}：电流输出端 1，其值随 DAC 寄存器的内容线性变化。

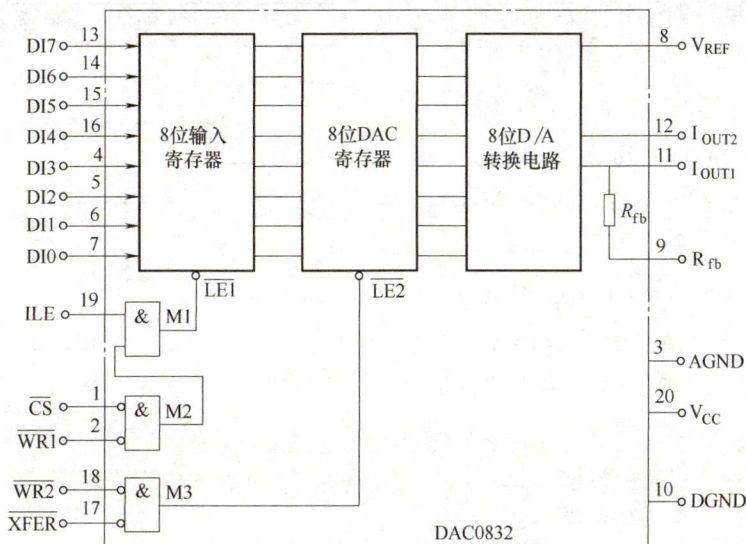

图 8-21 DAC0832 的内部电路结构

⑧ I_{OUT2}：电流输出端 2，其值与 I_{OUT1} 的值之和为一常数。

⑨ R_{fb}：内嵌反馈电阻。

⑩ V_{REF}：基准参考电压，范围为 $-10 \sim 10V$。

⑪ V_{CC}：工作电源，范围为 $5 \sim 15V$。

⑫ AGND：模拟信号地。

⑬ DGND：数字信号地。

（2）DAC0832 的工作模式 分析可知，当 $\overline{CS} = 0$、$\overline{WR1} = 0$ 时，与门 M2 输出高电平。若此时 ILE = 1，则与门 M1 输出高电平，即 $\overline{LE1}$ 为高电平，8 位输入寄存器处于接收数据的直通状态，输出随输入变化；如果上述条件中有任何一个不满足，则 M1 输出低电平，8 位输入寄存器锁存 DI0 ~ DI7 输入的数据。

如果 $\overline{XFER}$ 和 $\overline{WR2}$ 同时为低电平，则 M3 输出高电平，即 $\overline{LE2}$ 为高电平，8 位 DAC 寄存器处于直通状态，输出随输入变化；否则，M3 输出低电平，8 位 DAC 寄存器锁存数据。

正是因为 DAC0832 有两个数据寄存器，所以它具有直通方式、单缓冲方式、双缓冲方式 3 种工作模式。

① 直通方式：$\overline{LE1}$ 和 $\overline{LE2}$ 始终为高电平，数据可以直接进入 D/A 转换电路。

② 单缓冲方式：$\overline{LE1}$ 和 $\overline{LE2}$ 只有一个始终为高电平，对应的寄存器处于直通状态，但另一个寄存器的状态受端口控制。

③ 双缓冲方式：$\overline{LE1}$ 和 $\overline{LE2}$ 都受控制，它们对应的寄存器也就随之受控制。如果控制 $\overline{LE1}$ 从高电平变为低电平，则 DI0 ~ DI7 的数据锁存到 8 位输入寄存器。如果控制 $\overline{LE2}$ 从高电平变为低电平，则 8 位输入寄存器中的数据锁存到 8 位 DAC 寄存器，同时开始数模转换。双缓冲工作方式能做到对某个数据进行数模转换的同时，输入下一个数据到 8 位数据寄存器。

既然 DAC0832 的工作模式有 3 种，相应的工作时序也就有多种。图 8-22 所示是 ILE 固定接高电平，$\overline{\text{XFER}}$ 和 $\overline{\text{WR2}}$ 固定接低电平（通常接地）时 DAC0832 的工作时序。显然，此种情况下 8 位 DAC 寄存器始终处于直通状态，当 DAC0832 的 $\overline{\text{CS}}$ 和 $\overline{\text{WR1}}$ 接收到负脉

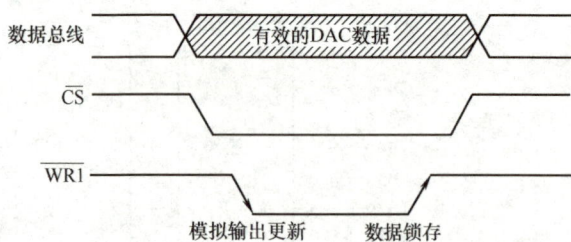

图 8-22　DAC0832 的工作时序

冲时，8 位数字量 DI0～DI7 允许送入；当 $\overline{\text{CS}}$ 和 $\overline{\text{WR1}}$ 由低电平变为高电平后，8 位输入寄存器处于锁存状态，8 位 D/A 转换电路开始转换，并将转换得到的电流输出到后级电路。

（3）DAC0832 的主要参数

① 分辨率为 8 位。

② 模拟信号输出类型是电流。

③ 电流稳定时间约为 $1\mu s$。

④ 有直通、单缓冲、双缓冲 3 种工作方式。

⑤ 单一电源供电（5～15V）。

⑥ 低功耗，约为 20mW。

（4）数模转换仿真　由于 DAC0832 属于电流输出型，而我们在应用中往往需要电压信号，这就需要将它的输出进行电流/电压转换，可在它的 Iout1、Iout2 输出端加接一个运算放大器，运算放大器的反馈电阻可通过 R_{fb} 端引用片内固有电阻（也可外接电阻），即可将电流信号变换成电压信号输出，如图 8-23 所示。其中，运算放大器的型号是 NE5532，也可用 LM324、OP07 等。

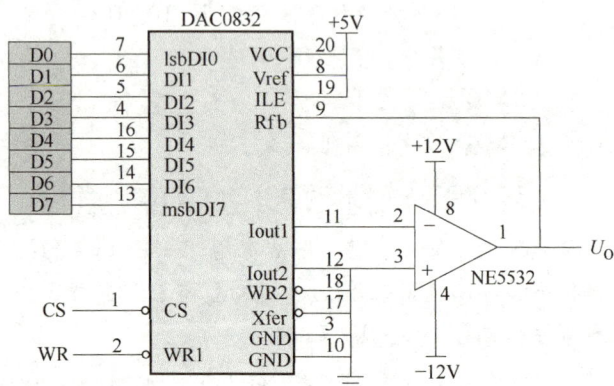

图 8-23　DAC0832 的电流转电压输出电路

数模转换的仿真电路如图 8-24 所示。因为 Multisim 软件库中没有 DAC0832 器件，所以用一个虚拟的器件 DAC 替代，该器件也是电流输出型。参考基准电压 U_{REF} 设为与工作电源 U_{CC} 相同，R_1 和反馈电阻 R_2 阻值相同。因此，当输入 $D_7 \sim D_0$ 为 11111111 时，DAC 输出最大的电流，经运算放大器构成的电流转电压电路后，输出也为最大值。用万用表测量运算放大器 LM324 的输出，观察可知图 8-24a 的输出电压为 -4.981V。改变输入的数字量，使其分别为 11000000、10000000、00000000，测得输出电压分别为 -3.751V、-2.501V、$-554.937\mu\text{V}$，如图 8-24b、c、d 所示。

图 8-25 所示是由十进制计数器 74LS160 和 D/A 转换器构成的阶梯波发生器的仿真电路。74LS160 每接收一个时钟脉冲信号，其输出 $Q_D Q_C Q_B Q_A$ 就递增加计数一次，变化范围从 0000 到 1001，循环往复。输出的 4 位数字信号经 D/A 转换器变换为对应的电流信号，再经过运算放大电路变换为呈阶梯状增加的电压信号，从而构成阶梯波发生器。

a) $D_7 \sim D_0 = 11111111$

b) $D_7 \sim D_0 = 11000000$

c) $D_7 \sim D_0 = 10000000$

d) $D_7 \sim D_0 = 00000000$

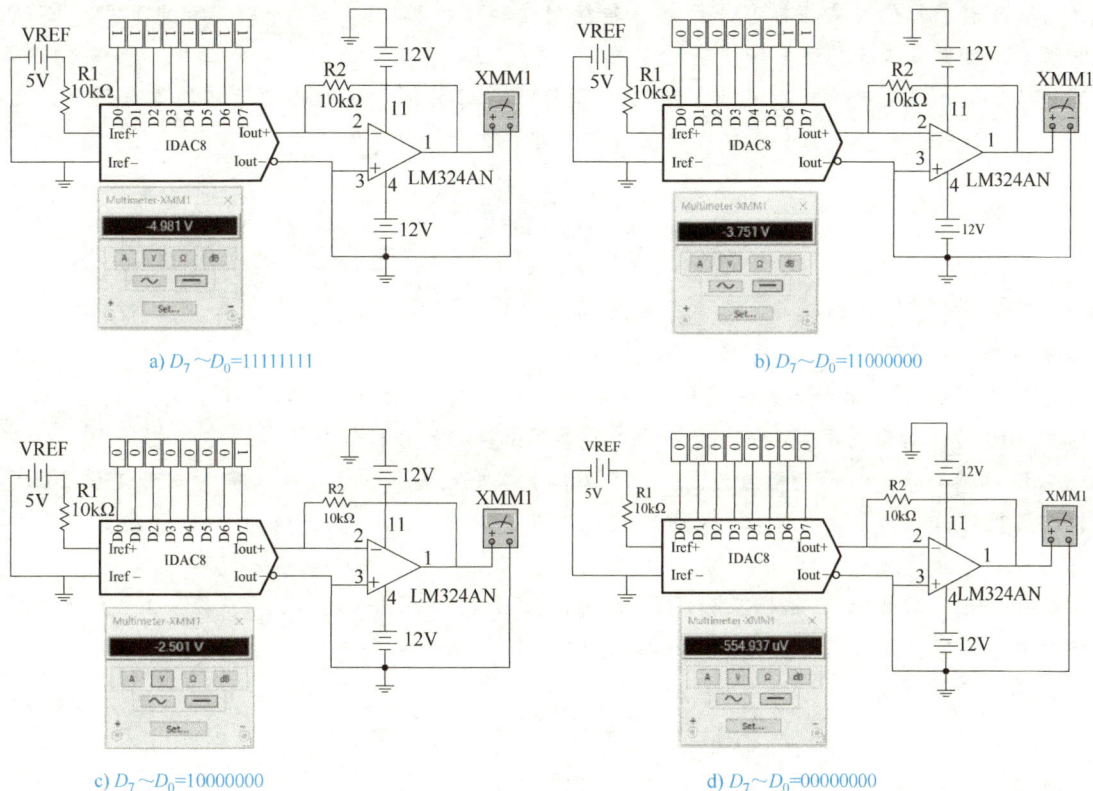

图 8-24 D/A 转换器功能验证仿真

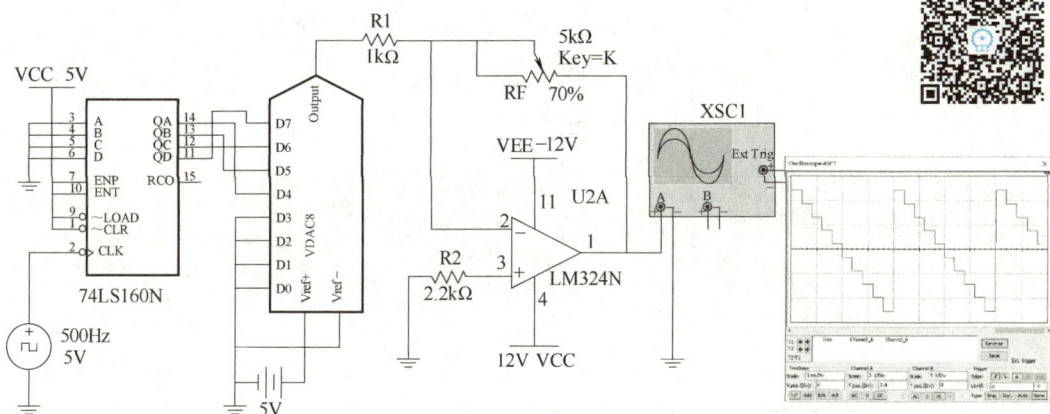

图 8-25 D/A 转换器构成的阶梯波发生器的仿真电路

本 章 小 结

数字系统只能处理数字信号，因此典型的电子系统通常包含模数转换模块和数模转换模块。

模数转换需要4个环节，分别是采样、保持、量化和编码。A/D 转换器的主要指标有转换精度和转换速率。本章介绍了并联比较型、逐次比较型、双积分型3种模数转换实现方式。

D/A 转换器的主要指标有分辨率、转换精度和转换时间。本章介绍了权电阻型、R-$2R$ 电阻型、权电流型 3 种数模转换实现方式。

从应用的角度出发，分别以 ADC0809 和 DAC0832 为例，详细介绍了它们各自的引脚功能、工作过程及时序、主要参数，并进行了电路仿真。

复习思考题

1. 某 10 位 D/A 转换器，已知其满量程输出模拟电压 $U_{om} = 5V$，求最小分辨电压 U_{LSB} 和分辨率。要求写出详细的分析过程。

2. 某 8 位 D/A 转换器，若最小分辨电压为 0.02V，试计算当输入数字量为全 0、全 1 和 11001110 时，输出电压 U_0 分别为多少。要求写出详细的分析过程。

3. 如果要将一个最大幅值为 5V 的模拟信号转换为数字信号，要求模拟信号变化 20mV 就能使数字信号的最低有效位（LSB）发生变化，那么应选用多少位的 A/D 转换器？要求写出详细的分析过程。

4. 并联比较型 A/D 转换器如图 8-26 所示，求 u_I 分别为 9V、6.5V、4V、1.5V 时，电路对应的数字量输出。写出详细的分析过程。

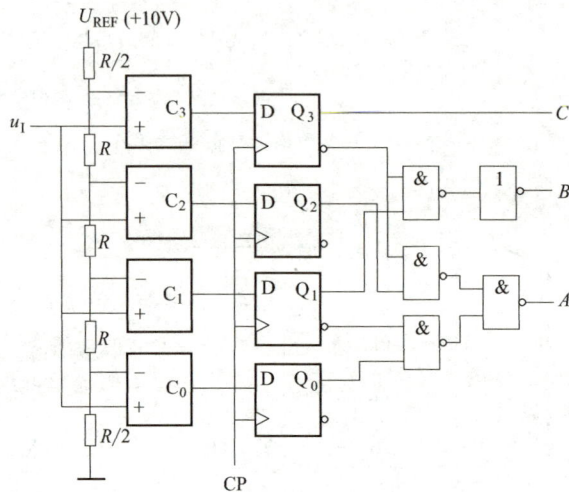

图 8-26　题 4 的图

5. 使用计数器 74LS161、D/A 转换器 DAC0832 和基本逻辑门设计实现一个阶梯波发生器，其原理框图如图 8-27 所示。要求写出详细的分析设计过程，搭接调试电路，用示波器观测并记录输出电压的波形。

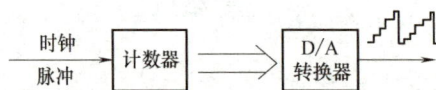

图 8-27　题 5 的图

第 9 章

脉冲信号电路

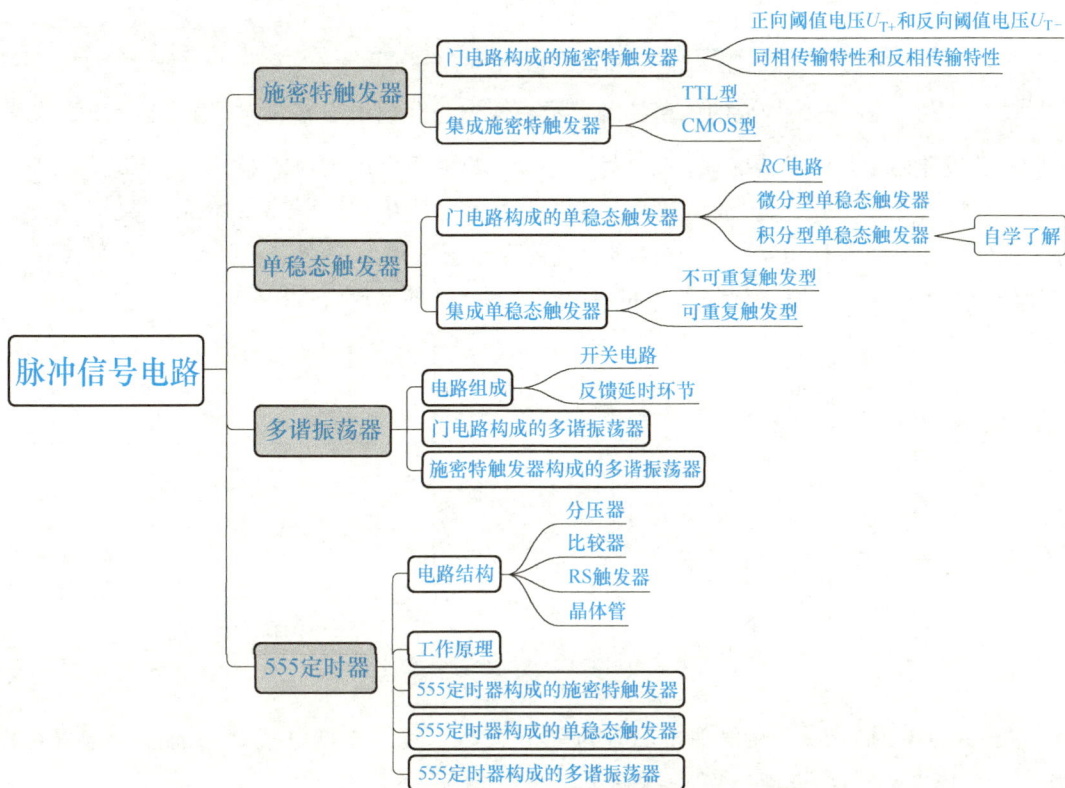

脉冲信号电路
- 施密特触发器
  - 门电路构成的施密特触发器
    - 正向阈值电压 U_{T+} 和反向阈值电压 U_{T-}
    - 同相传输特性和反相传输特性
  - 集成施密特触发器
    - TTL型
    - CMOS型
- 单稳态触发器
  - 门电路构成的单稳态触发器
    - RC电路
    - 微分型单稳态触发器
    - 积分型单稳态触发器 —— 自学了解
  - 集成单稳态触发器
    - 不可重复触发型
    - 可重复触发型
- 多谐振荡器
  - 电路组成
    - 开关电路
    - 反馈延时环节
  - 门电路构成的多谐振荡器
  - 施密特触发器构成的多谐振荡器
- 555定时器
  - 电路结构
    - 分压器
    - 比较器
    - RS触发器
    - 晶体管
  - 工作原理
  - 555定时器构成的施密特触发器
  - 555定时器构成的单稳态触发器
  - 555定时器构成的多谐振荡器

　　脉冲信号是一种离散信号，形状多种多样。与普通模拟信号相比，脉冲信号最显著的特点是波形与波形之间有明显的间隔，且具有一定的周期性。数字电路中的脉冲信号特指矩形波，也就是第 1 章所提到的数字信号。在前面学习中，许多数字电路都需要外部电路提供各种脉冲信号，如时序逻辑电路中的时钟脉冲、控制电路中的定时信号等。这些脉冲信号是如何得到的呢？通常有两种途径可以获得脉冲信号，一种是利用施密特触发器（Schmitt Trigger）电路和单稳态触发器电路对周期性信号进行整形、变换得到，另一种是利用脉冲振荡电路直接产生。

9.1　施密特触发器

　　矩形脉冲信号在处理、传输的过程中往往容易发生畸变。例如，当传输线上的电容较大时，信号的上升沿将明显变缓；当传输线路较长，接收端的阻抗与传输线阻抗不匹配时，在脉冲信号的上升沿和下降沿将产生振荡现象。对于这些畸变信号，一方面不易正确地检测到边沿，另一方面也容易造成数字电路逻辑电平的误判。因此，这种畸变的信号需要通过某种电路变换为满足数字系统要求的脉冲信号。

施密特触发器正是这样一种电路，它能够将不符合矩形标准的信号通过整形得到比较理想的矩形脉冲信号。虽然名称里含有触发器三个字，但施密特触发器不同于一般意义上的触发器（Flip Flop），它不具有状态保持功能。施密特触发器的实现方法有多种，可以通过运算放大器开环构成的比较器引入正反馈实现，或采用晶体管实现，还可以采用门电路或集成电路实现。

9.1.1 门电路构成的施密特触发器

图 9-1 所示是门电路构成的施密特触发器，两个与非门组成基本 RS 触发器，输入信号 u_i 的一路经非门接至触发器的 $\overline{R}_D$ 端，另一路经二极管 VD 接至触发器的 $\overline{S}_D$ 端。VD 若为硅管，则它的导通电压 U_D 可以认为大约是 0.7V。第 3 章介绍标准 TTL 逻辑门的开门电平 U_{ON} 时提到，当输入电压达到 1.4V 时，其所起的作用相当于高电平。以上这些参数和知识，在接下来的分析中将用到。

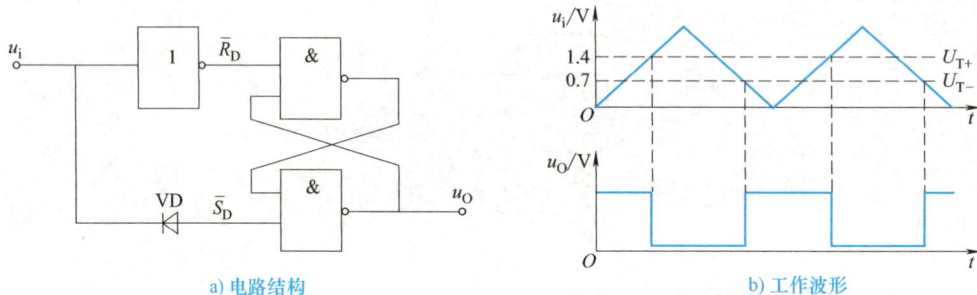

a) 电路结构　　　　　　　　　　　　b) 工作波形

图 9-1　门电路构成的施密特触发器

1）$u_i = 0V$ 时，$\overline{R}_D$ 为高电平 1，$\overline{S}_D$ 约等于 0.7V，相当于低电平 0，因此 $\overline{S}_D$ 起置位作用，u_O 为高电平。这是电路的第一种稳态。

2）$u_i = 0.7V$ 时，$\overline{R}_D$ 仍然为高电平 1，$\overline{S}_D$ 等于 $u_i + U_D$，约 1.4V，相当于高电平 1，因此触发器处于保持功能，电路维持在第一种稳态，u_O 仍为高电平。

3）u_i 继续上升到 1.4V 时，相当于高电平 1，此时 $\overline{R}_D = 0$，$\overline{S}_D$ 等于 $u_i + U_D$，约 2.1V，相当于高电平 1，因此 $\overline{R}_D$ 起复位作用，u_O 从高电平翻转为低电平。这是电路的第二种稳态。此后，即使 u_i 再上升，电路的状态保持不变。将 u_i 在增大过程中导致 u_O 发生翻转所对应的值称为正向阈值电压 U_{T+}。本电路的 $U_{T+} = 1.4V$。

4）u_i 上升到最大值后开始下降，直到下降至 0.7V 之前。因为 $\overline{R}_D$ 和 $\overline{S}_D$ 都是高电平 1，因此触发器不翻转，电路仍维持在第二种稳态。

5）u_i 继续下降至低于 0.7V 时，$\overline{R}_D$ 为高电平 1，$\overline{S}_D$ 小于 1.4V 相当于低电平 0，因此

$\overline{S}_D$ 起置位作用，u_O 从低电平翻转为高电平，电路返回到第一种稳态。将 u_i 在减小过程中导致 u_O 发生翻转所对应的值称为反向阈值电压 U_{T-}。本电路的 $U_{T-}=0.7V$。

总结一下，该电路存在着两个阈值电压，分别是正向阈值电压 U_{T+} 和反向阈值电压 U_{T-}。当输入电压逐渐增大至 U_{T+} 时，输出发生第一次翻转；当输入电压从最大值逐渐减小至 U_{T-} 时，输出发生第二次翻转。U_{T+} 和 U_{T-} 之间的差值称为回差电压 U_H。正是因为有两个阈值电压的存在，所以可以将缓慢变化的输入信号转变为边沿"陡峭"的输出信号，从而得到数字电路需要的脉冲信号。

需要说明的是，以上分析是建立在二极管的导通电压为 0.7V，标准 TTL 电路的开门电平 U_{ON} 为 1.4V 的基础上。实际电路的 U_{T+} 和 U_{T-} 会由于器件型号的不同、干扰的存在等因素而有所不同。

图 9-2a 所示为由逻辑门 7404 和 7400、二极管 1N4002 构成的施密特触发器电路，图 9-2b 所示是其仿真波形。函数发生器 XFG1 提供三角波作为输入信号 u_i，其参数设置如图 9-3 所示，其中频率（Frequency）为 100Hz、幅值（Amplitude）为 2.5V、偏移为（Offset）2.5V。设置偏移的目的是让 u_i 整体上有一个 2.5V 的直流量，因此最小值是 0V，最大值是 5V。示波器 XSC1 的 A 通道测量输入信号 u_i，B 通道测量输出信号 u_O。观察可知，u_i 上升和下降过程中，u_O 分别发生了一次跳变，输出得到了矩形波。

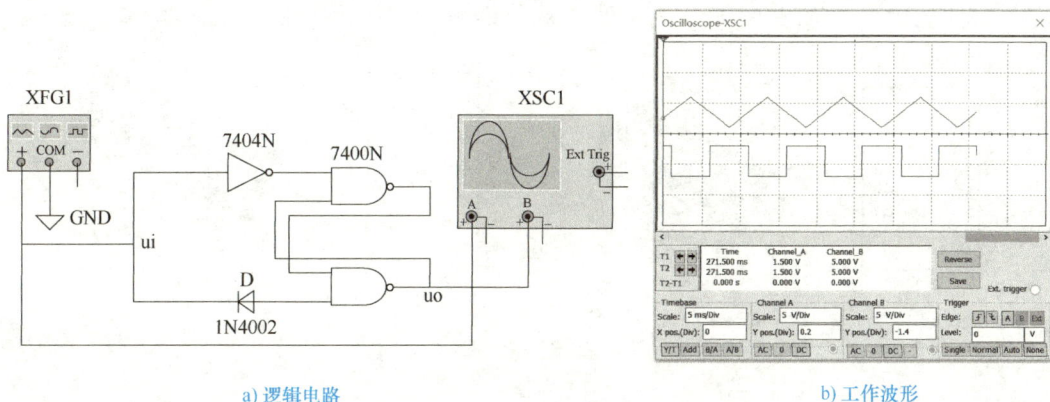

a) 逻辑电路   b) 工作波形

图 9-2 反相施密特触发器电路及其仿真

注意，图 9-2 中的基本逻辑门是以符号而非器件的形式展现的，其电源和地已经默认接好。

由门电路构成的施密特触发器还有其他形式，此处不再赘述。

根据输入信号和输出信号相位之间的关系，施密特触发器的传输特性分为同相和反相两类。图 9-4a 所示是反相传输特性，图 9-4b 所示是同相传输特性。图 9-5 和图 9-6 所示分别为反相和同相施密特触发器的图形符号，"⊓" 是施密特触发器的特有标识。

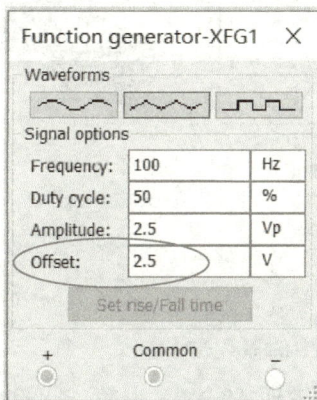

图 9-3 函数发生器的参数设置

a) 反相传输特性　　　　　　　　b) 同相传输特性

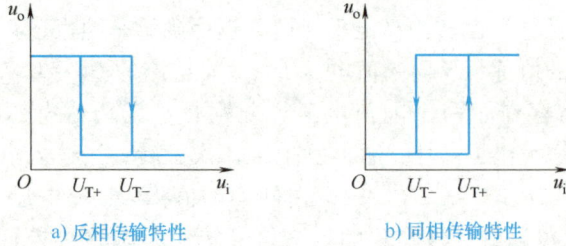

图 9-4　施密特触发器的传输特性

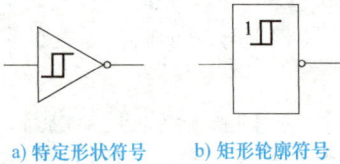

a) 特定形状符号　　b) 矩形轮廓符号　　　　　　a) 特定形状符号　　b) 矩形轮廓符号

图 9-5　反相施密特触发器的图形符号　　　　　图 9-6　同相施密特触发器的图形符号

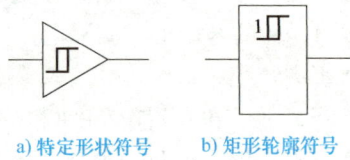

9.1.2 集成施密特触发器

集成施密特触发器种类较多，既有 TTL 型电路，也有 CMOS 型电路，它们具有性能稳定、使用方便的特点。图 9-7 所示为常见集成施密特触发器的引脚图及 DIP 实物。

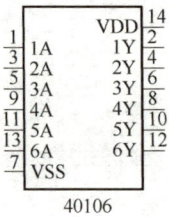

a) CMOS六反相施密特触发器　　　　　　　　b) CMOS四与非施密特触发器

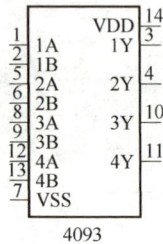

c) TTL六反相施密特触发器　　　　　　　　d) TTL四与非施密特触发器

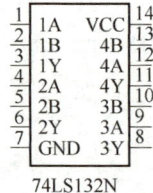

图 9-7　常见集成施密特触发器的引脚图及 DIP 实物

接下来以 40106 和 4093 为例对集成施密特触发器作简要介绍。下面这段英文是 40106 器件手册中的概述部分。

The 40106 consists of six Schmitt-trigger circuits. Each circuit functions as an inverter with Schmitt-trigger action. The Schmitt-trigger switches at different points for the positive and negative-going input signals. The difference between the positive-going voltage （V_{T+}）and the negative-going voltage （V_{T-}）is defined as hysteresis voltage （V_H）. This device may be used for enhanced noise immunity or to "square up" slowly changing waveforms.

中文意思是：40106 内部含有 6 个施密特触发器电路，每个电路都是具有施密特触发器特性的反相器。在输入信号增大和减小过程中，对应不同的值，施密特触发器将会动作。增大时对应的电压 （V_{T+}，即 U_{T+}）和减小时对应的电压 （V_{T-}，即 U_{T-}）之间的差值定义为回差电压 （V_H，即 U_H）。该器件可用于增强抗噪声或者使缓慢变化的波形 "矩形化"。

图 9-8 所示是 40106 其中一个反相器的逻辑电路。与一般反相器不同的是，它的输入信号先经过了施密特触发器的 "处理"，从而使那些有畸变情况或缓慢变化的输入信号得到 "矩形化" 校正后再进行反相，从而保证了电路逻辑功能的正确。

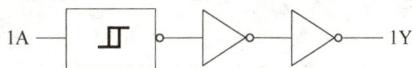

图 9-8 40106 其中一个反相器的逻辑电路

下面这段英文是 4093 器件手册中的概述部分。

The 4093 consists of four Schmitt-trigger circuits. Each circuit functions as a two-input NAND gate with Schmitt-trigger action on both inputs. The gate switches at different points for positive and negative-going signals. The difference between the positive voltage （V_{T+}）and the negative voltage （V_{T-}）is defined as hysteresis voltage （V_H）

中文意思是：4093 内部含有 4 个施密特触发器电路，每个电路都是 2 输入的与非门，且每个输入端都具有施密特触发器特性。该逻辑门在输入信号增大和减小过程中，对应不同的值时将会动作。增大时对应的电压 （V_{T+}）和减小时对应的电压 （V_{T-}）之间的差值定义为回差电压 （V_H）。

图 9-9 所示是 4093 其中一个与非门的逻辑电路。该电路清楚地表明了两个输入 1A 和 1B 分别经各自的施密特触发器处理后送到与非门，与非门的输出再经过两次求反后得到 1Y。图 9-10a 所示是简化后的特定形状符号，图 9-10b 所示是矩形轮廓符号。

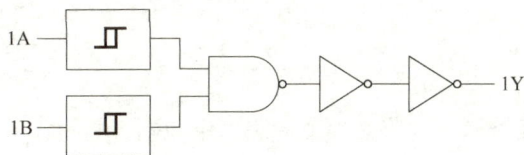

图 9-9 4093 其中一个与非门的逻辑电路

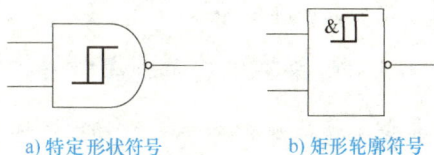

a) 特定形状符号　　　b) 矩形轮廓符号

图 9-10 与非施密特触发器的图形符号

74LS14 是具有施密特触发器特性的 TTL 六反相器，74LS132 是具有施密特触发器特性的 TTL 四 2 输入与非门，功能和图形符号分别同 40106 和 4093。

由于集成电路内部元器件参数差异较大，不同集成施密特触发器的 U_{T+} 和 U_{T-} 的值也存在较大的差异。另外，CMOS 电路的工作电源 U_{DD} 取值范围较大，当 U_{DD} 不同时，对应的 U_{T+} 和 U_{T-} 也会不同。

图 9-11a 所示是 4093 的仿真电路。函数发生器 XFG1 向输入端 1A 提供幅值为 5V、频率为 50Hz 的三角波信号，函数发生器 XFG2 向输入端 1B 提供幅值为 5V、频率为 100Hz 的三角波信号。两个信号幅值相同但频率不同，经过与非后可以得到多种状态组合。

示波器 XSC1 的 3 个通道 A、B、C 分别测量两个输入和一个输出的波形。图 9-11b 中示波器的标尺 T1 和标尺 T2 分别放置在输出发生变化的时刻。仔细观察，在输出从高电平变化到低电平那一瞬间，对应通道 A 和通道 B 的值分别是 3.712V 和 2.576V，再根据与非门输入输出逻辑关系，分析可知 U_{T+} 是 2.576V；在输出从低电平变化到高电平那一瞬间，对应通道 A 和通道 B 的值分别是 2.46V 和 4.92V，分析可知 U_{T-} 是 2.46V。

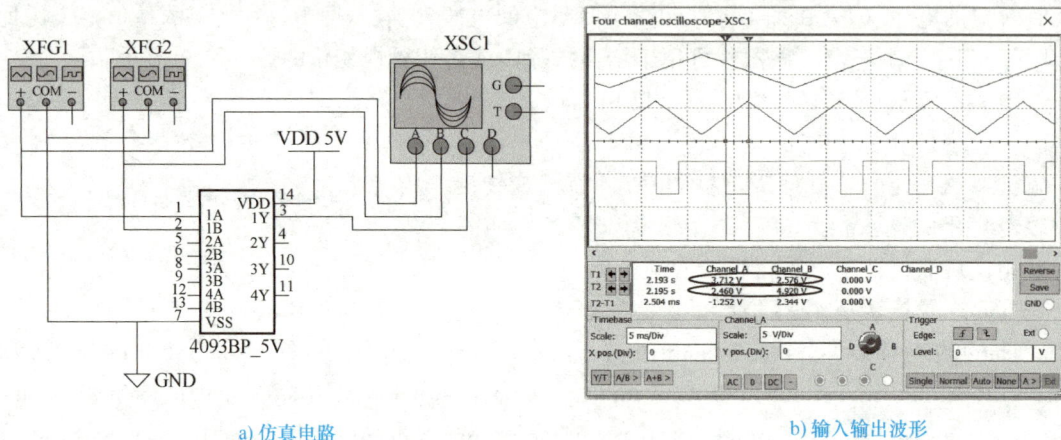

a) 仿真电路 b) 输入输出波形

图 9-11 集成施密特触发器 4093 功能验证

9.2 单稳态触发器

单稳态触发器的输出只有一个稳态，这个稳态可以是高电平 1，也可以是低电平 0；与稳态对应的是暂态。所谓稳态，是指在没有外部触发信号的情况下，电路能够长期保持的状态；所谓暂态，是指电路被外部信号触发后，暂时所处的状态。暂态维持一段时间后，将自动回到稳态，其维持时间的长短与电路中的延迟参数相关。单稳态触发器广泛应用于定时、延时、整形及消除电路噪声等。

9.2.1 门电路构成的单稳态触发器

根据单稳态触发器的特点，通过门电路构成单稳态电路必须要解决三个问题：一是没有外部触发信号时，如何保持稳态；二是当外部触发信号到来时，利用何种方式让稳态进入暂态；三是暂态如何维持一段时间。

对于第一个问题，学习第 7 章时序逻辑电路时，我们已经知道门电路必须加上反馈电路，才能维持某个稳定状态。对于第二个问题，联系前面所学的施密特触发器知识，可以考虑通过阈值电压实现电路的状态转换。对于第三个问题，则可以采用延时电路。

1. RC 电路

实现延时有多种方式，最常用的是 RC 电路，RC 电路按照连接方式又分为两种。图 9-12a 所示为 RC 微分电路的结构，电路应满足如下条件：

$$\tau = RC \ll t_W \tag{9-1}$$

式中，t_W 为输入脉冲宽度。

图 9-12b 表示，当 u_i 从低电平变为高电平时，u_0 出现瞬间的尖峰脉冲，随着对电容 C 的充电，u_0 快速降为 0。

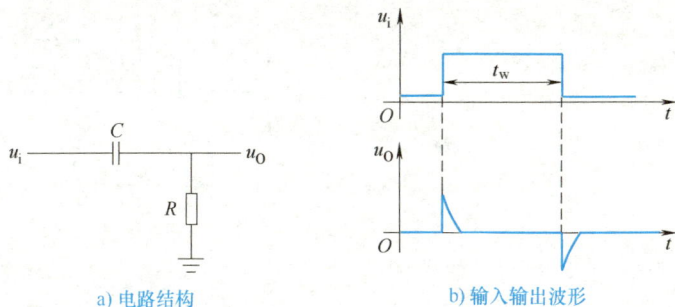

a) 电路结构   b) 输入输出波形

图 9-12   *RC* 微分电路

图 9-13a 所示为 *RC* 积分电路的结构，电路应满足条件

$$\tau = RC \gg t_W \tag{9-2}$$

图 9-13b 表示，当 u_i 从低电平变为高电平，电容 C 两端开始充电，u_O 随之不断增大，当电容充满后，u_O 将不会再增加，因此保持一个定值。根据前面提到的电路限定条件，由于 t_W 远远小于时间常数 RC，因此 u_O 在达到定值之前，u_i 已经变为低电平，所以电路转而开始放电，u_O 也就随之减小。

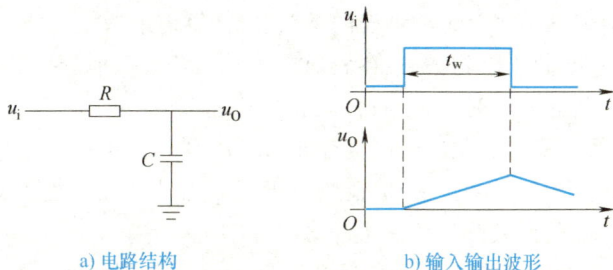

a) 电路结构   b) 输入输出波形

图 9-13   *RC* 积分电路

由于 *RC* 电路具有的这种延时保持和延时恢复的特点，单稳态触发器可以由逻辑门和 *RC* 电路构成，既可以采用微分型，也可以采用积分型。接下来以微分型单稳态触发器为例介绍其工作原理。

2. 微分型单稳态触发器

图 9-14 所示是由 CMOS 或非门、非门，以及 R_d、C_d 微分电路构成的微分型单稳态触发器及其工作波形。

对于 CMOS 电路，可以近似地认为输出高电平 $U_{OH} \approx U_{DD}$，输出低电平 $U_{OL} \approx 0$，转换阈值电压 $U_{TH} \approx U_{DD}/2$。接下来我们分析该电路的工作过程。

1）当电路处于稳态时，u_i 是低电平，u_d 也是低电平，$u_{i2} = U_{DD}$ 为高电平，非门 G_2 的输出 u_O 是低电平，或非门 G_1 的输出 u_{O1} 为高电平，电容 C 两端没有电压，即 $u_C = 0$。

2）若输入 u_i 由低电平变为高电平，即产生一个触发信号，则 R_d、C_d 微分电路的状态将发生变化，u_d 瞬时上升为高电平，u_{O1} 随即变为低电平。由于电容 C 两端的电压不能突变，所以 u_{i2} 跳变为低电平，经过非门 G_2 之后使得 u_O 变为高电平，电路进入暂态。根据前面介绍的微分电路的特点，u_d 变为高电平后将快速下降并恢复至低电平。

由于 u_{i2} 为低电平，U_{DD} 与 u_{i2} 之间形成电压，电阻 R 上会流过电流，方向从 U_{DD} 到

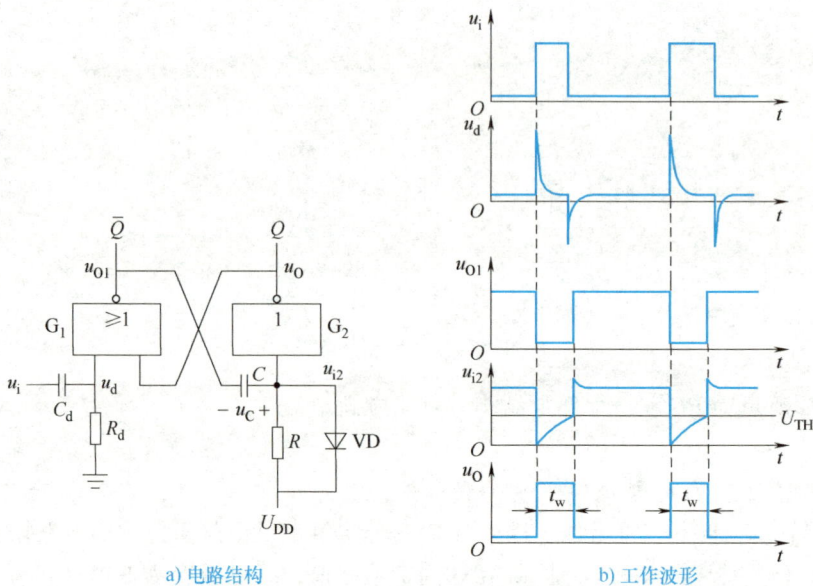

a) 电路结构　　　　　　　　　b) 工作波形

图 9-14　微分型单稳态触发器及其工作波形

u_{i2}，因此电容 C 开始充电。随着充电过程的继续，u_{i2} 将逐渐增大。G_2 为 CMOS 门电路，在 u_{i2} 达到阈值电压 U_{TH} 之前，u_O 将一直维持高电平，并经反馈回路使得 u_{O1} 为低电平。

3）当 u_{i2} 继续上升至 U_{TH} 时，u_O 的状态将发生翻转，迅速从高电平变为低电平状态。此时，u_O 和 u_d 都是低电平，因此或非门的输出 u_{O1} 跳变为高电平，电路恢复到稳态。由于电容 C 两端的电压不能突变，所以 u_{i2} 的值约等于 U_{DD} 加上 U_{TH}。由于 CMOS 门电路输入端保护二极管的存在，u_{i2} 的值实际约等于 U_{DD} 加上 0.7V。

由上述分析可知，电路存在着两个正反馈。第一个正反馈过程如图 9-15 所示。u_{O1} 的低电平导致 u_{i2} 低电平，u_{i2} 的低电平导致 u_O 高电平。正是由于反馈电路的存在，u_O 的高电平能够作用于或非门 G_1 的输入端，使得 u_{O1} 维持低电平。

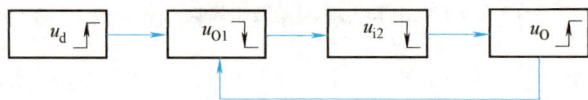

图 9-15　第一个正反馈过程

第二个正反馈过程如图 9-16 所示。u_{i2} 从低电平上升至 U_{TH} 导致 u_O 跳变为低电平，u_O 的低电平导致 u_{O1} 保持高电平，u_{O1} 的高电平使得 u_{i2} 的高电平得以维持。

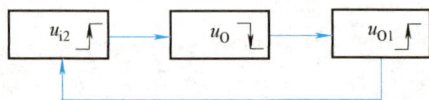

图 9-16　第二个正反馈过程

在这两个正反馈过程中，由于 RC 微分电路的延时特性，使得暂态维持了一段时间。这个时间的长短仅与 RC 电路对电容 C 充电使得 u_{i2} 从低电平上升至 U_{TH} 的时间相关，与输入信号 u_i 的脉冲宽度及 C_d、R_d 充放电的时间无关。暂态维持的时间是

$$t_w \approx RC\ln 2 \approx 0.7RC \tag{9-3}$$

从式（9-3）可知，通过改变 R 和 C 的参数值，就可以改变暂态的时长。

电路的下一次触发必须等到 u_{i2} 通过电容 C 放电重新恢复到 U_{DD} 之后才能进行，这个恢

复时间是

$$t_{\mathrm{re}} \approx (3 \sim 5) R_{\mathrm{on}} C \tag{9-4}$$

式中，R_{on} 是 G_1 门的输出导通电阻。

输入信号 u_i 的两个触发脉冲的时间间隔至少要大于暂态时间 t_w 加上恢复时间 t_{re}，才能确保触发得以实现。为了减少恢复时间，通常的做法是在电阻 R 两端并联一个快速恢复二极管。暂态时，该二极管反相截止，暂态结束后电容 C 放电，二极管导通从而将电阻 R 短路，因此减少了恢复时间。

图 9-17a 所示为门电路构成的微分型单稳态触发器电路。当前时刻的 u_O 是低电平，说明电路处于稳态。虚拟示波器 A 通道测量的是输出的波形，B 通道测量的是输入的波形，R、C 的值分别是 $1\mathrm{k\Omega}$ 和 $100\mathrm{\mu F}$，根据计算公式，暂态时长 $t_w \approx 0.7 \times 1 \times 10^3 \times 100 \times 10^{-6}\mathrm{s} = 0.07\mathrm{s}$。观察图 9-17b，屏幕上显示输入 u_i 共有 3 个触发信号，时长不等，但触发产生的 3 个暂态 u_O 的时长几乎是相同的。示波器左下角的时基测量单位是 $50\mathrm{ms/Div}$，测量值大约是 $0.069\mathrm{s}$，这说明暂态的时长由 RC 决定，与输入 u_i 及 C_d、R_d 没有关系。

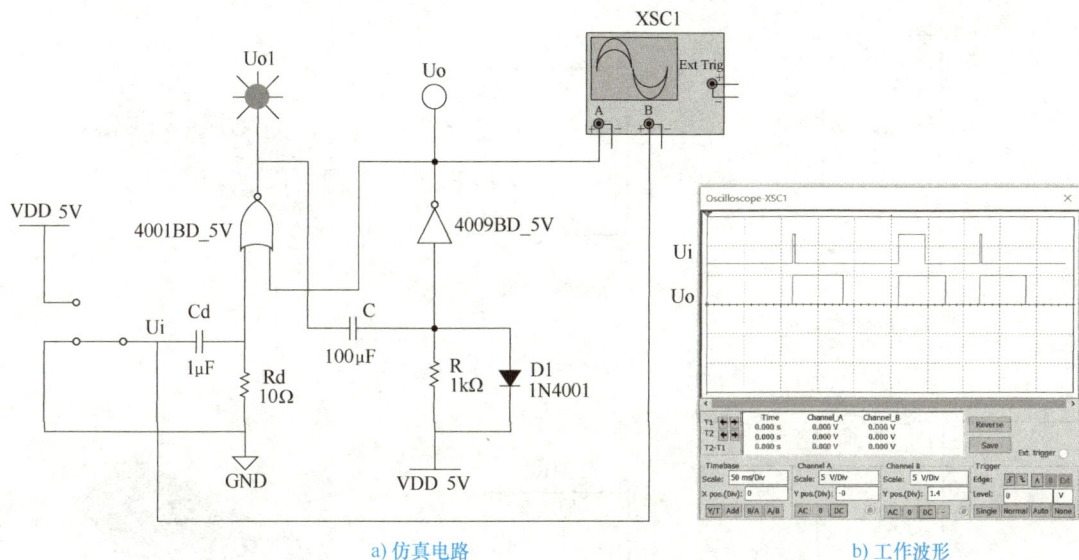

a) 仿真电路   b) 工作波形

图 9-17 门电路构成的微分型单稳态触发器仿真（一）

将电阻 R 的值增大 10 倍至 $10\mathrm{k\Omega}$，暂态时长 $t_w \approx 0.7 \times 10 \times 10^3 \times 100 \times 10^{-6}\mathrm{s} = 0.7\mathrm{s}$，仿真电路如图 9-18a 所示。观察图 9-18b 可知，3 次触发所产生的暂态时长仍然几乎相同，示波器左下角的时基测量单位是 $500\mathrm{ms/Div}$，测量值大约是 $0.65\mathrm{s}$。相比上一个电路，暂态时长约增大到原来的 10 倍。

9.2.2 集成单稳态触发器

集成单稳态触发器既有 TTL 集成电路，如 74121、74123 等，也有 CMOS 集成电路，如 CD4538、CD4098 等，分别如图 9-19 和图 9-20 所示。

根据器件工作特性的不同，集成单稳态触发器分为不可重复触发型和可重复触发型

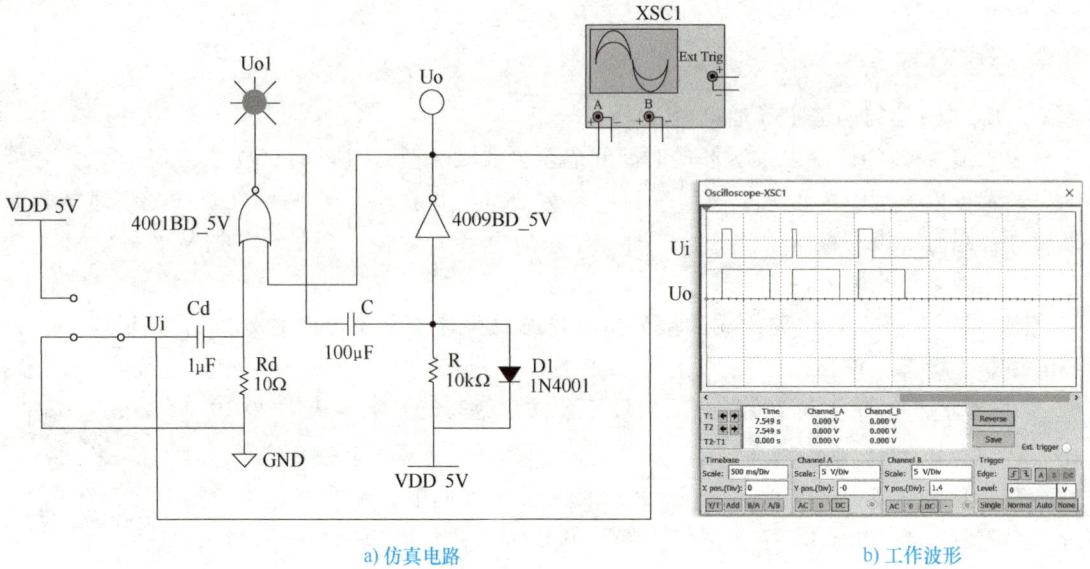

a) 仿真电路　　　　　　　　　　　　　b) 工作波形

图 9-18　门电路构成的微分型单稳态触发器仿真（二）

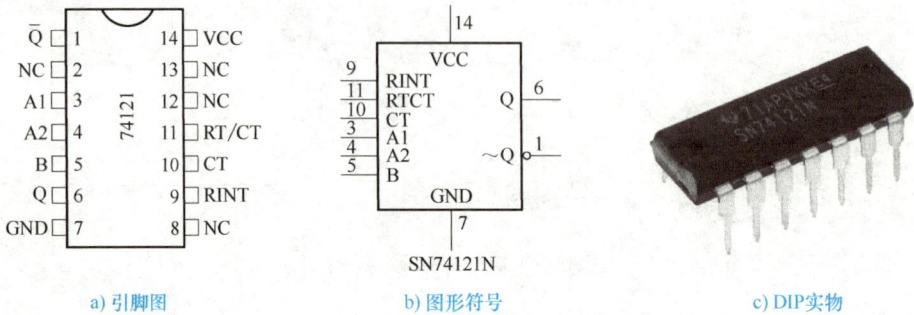

a) 引脚图　　　　　　b) 图形符号　　　　　　c) DIP实物

图 9-19　TTL 集成单稳态触发器 74121

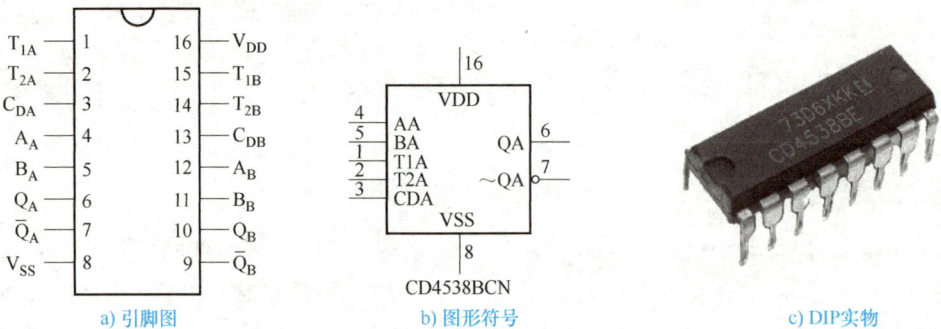

a) 引脚图　　　　　　b) 图形符号　　　　　　c) DIP实物

图 9-20　CMOS 集成单稳态触发器 CD4538

两类。

不可重复触发单稳态触发器，指其电路一旦被触发，在输出 u_O 进入暂态期间，即使 u_i 又有新的触发信号，也不会影响电路的工作过程，必须等暂态结束，电路重新进入稳态后，才能接收新的触发信号，出现下一次暂态，如图 9-21 所示。

可重复触发单稳态触发器则不同，在输出 u_O 进入暂态期间，如果 u_i 又有新的触发信号，电路将被重新触发，使得输出暂态时间延长，并以新的触发信号为起点，再维持一个脉冲宽度的时间，如图9-22所示。

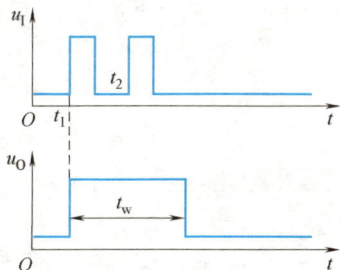

图 9-21   不可重复触发单稳态触发器

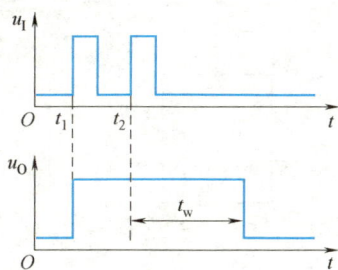

图 9-22   可重复触发单稳态触发器

接下来分别以74121和CD4538为例对集成单稳态触发器进行介绍。

（1）74121   74121是不可重复触发集成单稳态触发器，其功能表见表9-1。

表 9-1   74121 的功能表

A_1	A_2	B	Q	$\overline{Q}$
0	×	1	0	1
×	0	1	0	1
×	×	0	0	1
1	1	×	0	1
1	↓	1	⊓	⊔
↓	1	1	⊓	⊔
↓	↓	1	⊓	⊔
0	×	↑	⊓	⊔
×	0	↑	⊓	⊔

从功能表可知：

1）表格的第1~4行表明，只要A_1、A_2、B这3个输入为稳定的0或者1，输出就是稳态，Q为0，$\overline{Q}$为1。

2）表格的第5~7行表明，当B接高电平时，只要A_1、A_2有任何一个出现下降沿，输出就进入暂态，Q端出现一个暂态的正脉冲，$\overline{Q}$端出现一个等时长的负脉冲。

3）表格的最后两行表明，当A_1、A_2有任何一个是低电平时，若B出现一个上升沿，则输出就会进入暂态。

图9-19a中，2、8、12、13引脚标识是NC（即空引脚），9引脚RINT是器件的内置电阻，10引脚CT用于外接电容（取值范围通常是10pF~10μF），11引脚用于外接电阻（取值范围通常是2~30kΩ）。暂态的时长由电阻和电容的值决定，$t_w = RT \times CT \times \ln2 \approx 0.7 \times RT \times CT$。

图9-23所示为74121的电路仿真，A1和A2接地，B用来接收外部触发信号。对照功能表，这种接法对应的是表格中的最后两行。CT接1μF电容，RT/CT接10kΩ电阻，$t_w \approx 0.7 \times 10 \times 10^3 \times 1 \times 10^{-6}$s $= 0.007$s。为了更好地观察和理解74121不可重复触发的特性，500Hz的矩形波接至输入端口B作为触发信号。

a) 电路结构   b) 工作波形

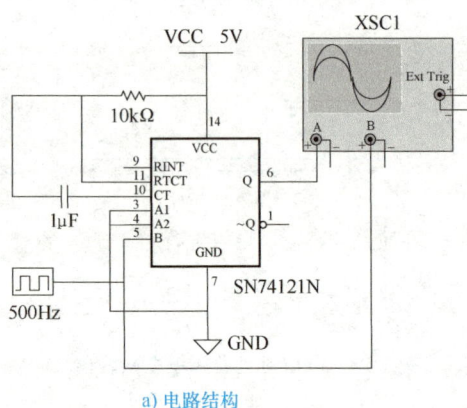

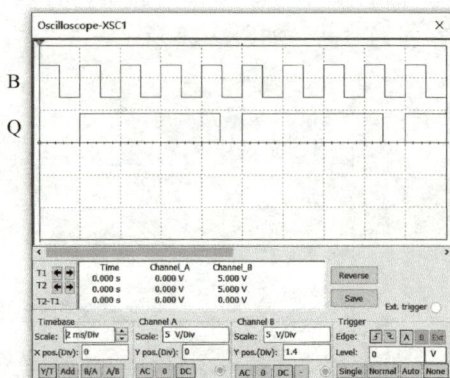

图 9-23   74121 的电路仿真（一）

图 9-23b 显示，当输入端口 B 接收到第一个上升沿时，电路立刻被触发进入暂态，输出 Q 从低电平变为高电平；在暂态持续期间，即使端口 B 又接收到新的上升沿，输出 Q 依然维持高电平不变，直到暂态结束。左下角时基单位是 $2\text{ms}/\text{Div}$，t_w 的测量值为 6.93ms，与计算值几乎一致。

将输入端口 B 接收的触发信号频率更改为 200Hz，电路仿真情况如图 9-24 所示。观察图 9-24b 所示的工作波形，左下角的时基单位是 $5\text{ms}/\text{Div}$，t_w 的测量值仍然是 6.93ms。这说明 t_w 的时长是由电阻和电容的参数决定的，与触发信号无关。

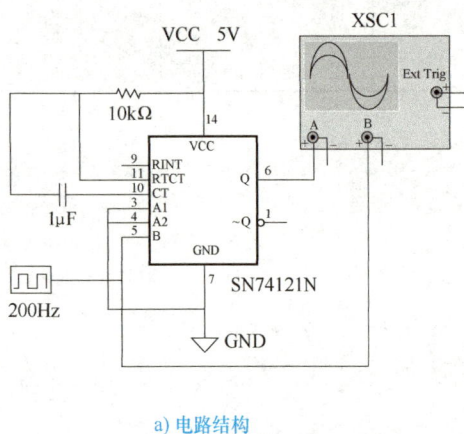

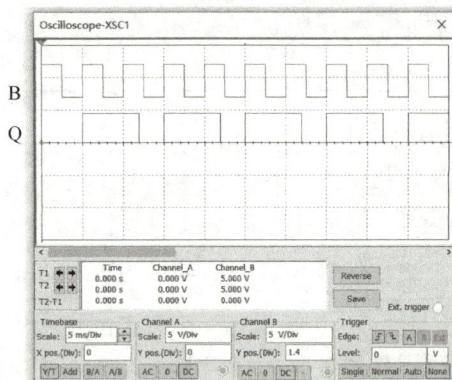

a) 电路结构   b) 工作波形

图 9-24   74121 的电路仿真（二）

（2）CD4538   CD4538 内包含两个完全相同的可重复触发单稳态触发器，从图 9-20a 可知，引脚 1~引脚 7 是第一个触发器（引脚标识中均含有字母 A），引脚 9~引脚 15 是第二个触发器（引脚标识中均含有字母 B）。其内部电路如图 9-25 所示，功能表见表 9-2。暂态的时长由电阻和电容的值决定：

$$t_w \approx R_X C_X \tag{9-5}$$

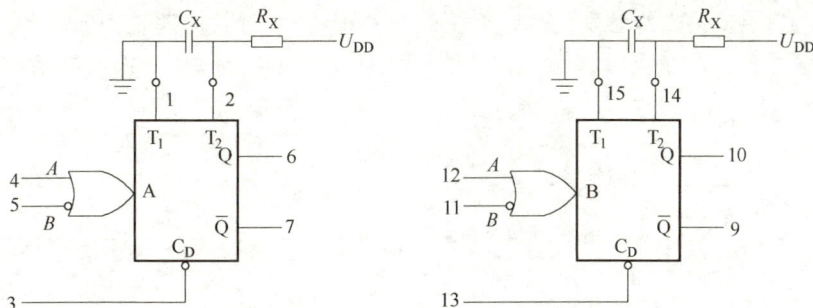

图 9-25　CD4538 的内部电路

表 9-2　CD4538 的功能表

C_D	A	B	Q	$\overline{Q}$
0	×	×	0	1
×	1	×	0	1
×	×	0	0	1
1	0	↓	⊓	⊔
1	↑	1	⊓	⊔

对图 9-25 和表 9-2 综合分析可知，在以下三种情况下，Q 和 $\overline{Q}$ 始终处于稳态：$C_D = 0$，A 和 B 为任意状态；$A = 1$，C_D 和 B 为任意状态；$B = 0$，C_D 和 A 为任意状态。

在以下两种情况下，Q 和 $\overline{Q}$ 将从稳态进入暂态：$C_D = 1$，$A = 0$，B 接收一个下降沿；$C_D = 1$，$B = 1$，A 接收一个上升沿。

CD4538 的电路仿真如图 9-26 所示，BA 和 CDA 接电源 VDD，AA 用来接收外部触发信号。对照功能表，这种接法对应的是表格中的最后一行。T1A 和 T2A 之间接 1μF 电容，T2A 和电源 VDD 之间接 10kΩ 电阻，$t_w \approx 10 \times 10^3 \times 1 \times 10^{-6} \text{s} = 0.01\text{s} = 10\text{ms}$。为了更好地观察和理解 CD4538 可重复触发的特性，输入端口 AA 所接的是 200Hz 的矩形波，其周期是 5ms，小于 t_w，因此，输出 Q 的暂态还没有结束，新的触发信号上升沿又来到，继续新的暂态，只要 AA 端触发信号不停，则 QA 端的暂态就会持续下去。

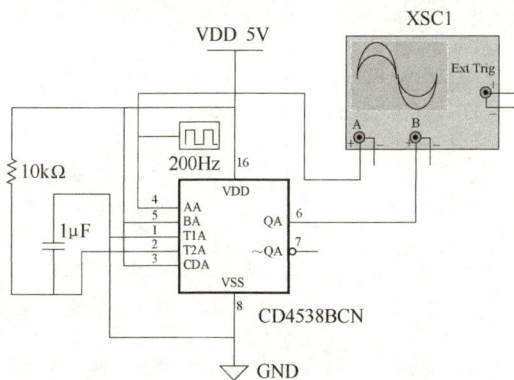

a) 电路结构

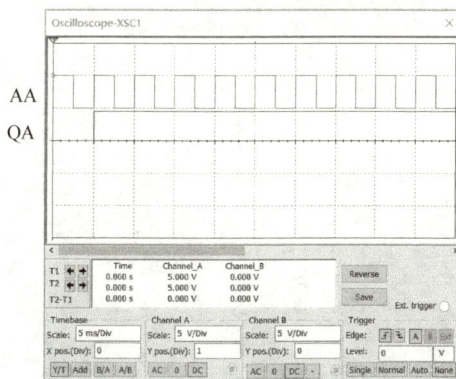

b) 工作波形

图 9-26　CD4538 的电路仿真（一）

将输入端口 AA 接收的触发信号频率更改为 20Hz，此时其周期是 50ms，大于 t_w，因此当新的触发信号上升沿来到时，输出暂态已经结束。仿真电路及工作波形如图 9-27 所示。

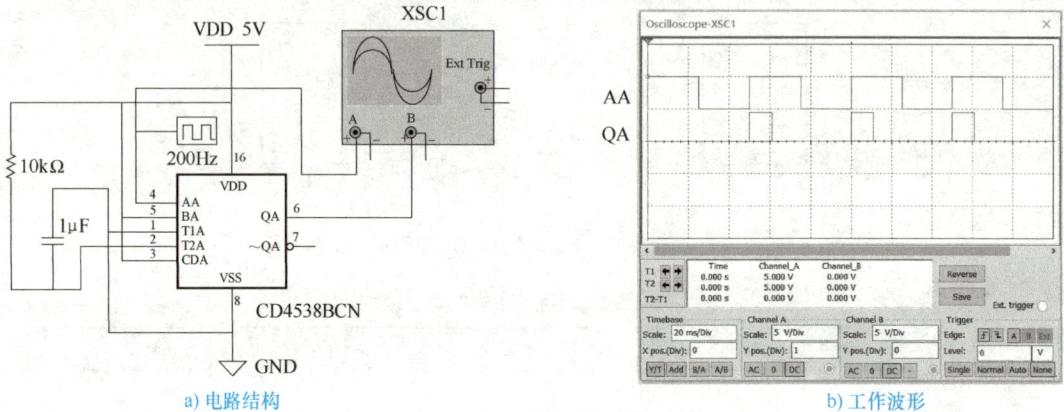

a) 电路结构

b) 工作波形

图 9-27　CD4538 的电路仿真（二）

9.3　多谐振荡器

施密特触发器是对已有周期性信号进行整形得到脉冲信号，单稳态触发器是在外部触发信号的激励下得到暂态信号。多谐振荡器与这两种电路都不同，它是一种自激振荡电路，在接通电源后无需外部触发信号就能产生一定频率和幅值的矩形波。由于矩形波含有丰富的谐波分量，因此将其称为多谐振荡器。多谐振荡器在工作过程中不存在稳定状态，故又称为无稳态电路。

多谐振荡器的电路结构形式有多种，但都是由开关电路和反馈延时环节构成的。开关电路可以是逻辑门、比较器、定时器等，其作用是产生脉冲信号的高低电平；反馈延时环节将输出电压延时后再反馈至开关器件的输入端，用以改变电路的输出状态获得矩形波。反馈延时环节可以是 RC 延时，也可以是门传输延时。

9.3.1　门电路构成的多谐振荡器

图 9-28 所示是由两个 CMOS 非门以及电阻 R、电容 C 构成的多谐振荡器。

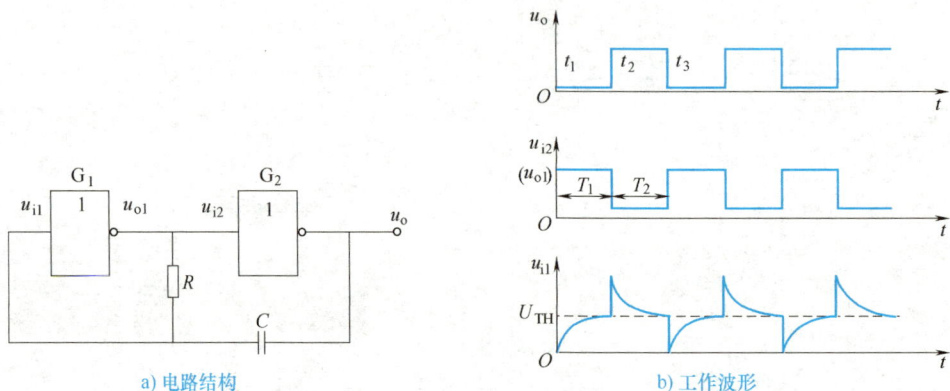

a) 电路结构

b) 工作波形

图 9-28　门电路构成的多谐振荡器

其工作原理分析如下：

1）假定电路上电之前电容 C 没有充电，t_1 时刻接通电源，u_o 为初始状态低电平，u_{i1} 也为低电平，因此 u_{o1}（即 u_{i2}）为高电平，导致 u_o 维持低电平。u_{o1} 经电阻 R 向电容 C 充电，随着充电的进行，电容两端的电压逐渐增大，也就意味着 u_{i1} 的值不断上升。这是电路的第一个暂态。

2）t_2 时刻，u_{i1} 的值达到 CMOS 门电路的转换阈值电压 U_{TH}，u_{o1} 从高电平瞬时翻转为低电平，进而导致 u_o 从低电平翻转为高电平。由于电容 C 两端电压不能突变，因此 u_{i1} 的值也瞬时从 U_{TH} 变为高电平，电路进入第二个暂态。这里存在着一个正反馈过程，如图 9-29 所示。

3）在这个暂态期间，电容 C 通过电阻 R 放电，使 u_{i1} 逐渐下降。t_3 时刻，u_{i1} 减少至 U_{TH}，u_{o1} 从低电平瞬时翻转为高电平，进而导致 u_o 从高电平翻转为低电平。由于电容 C 两端电压不能突变，因此 u_{i1} 的值也瞬时从 U_{TH} 变为低电平，这时电路回到初始状态，开始下一次同样的进程。同样，这里也存在一个正反馈过程，如图 9-30 所示。

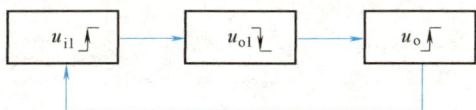

图 9-29　第一个正反馈过程　　　　　　图 9-30　第二个正反馈过程

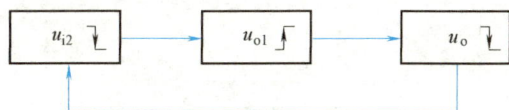

设第一暂态的时长为 T_1，第二暂态的时长为 T_2，如果 $U_{TH}=U_{DD}/2$，则振荡周期为

$$T=T_1+T_2 \approx 1.4RC \tag{9-6}$$

由此可知，门电路构成的多谐振荡器的周期仅与 R、C 及 U_{TH} 有关。需要强调的是，式（9-6）是理论计算所得，实际电路由于存在元器件参数的误差，或者 $U_{TH} \neq U_{DD}/2$，那么实测值和理论值会有一定出入。

上述电路是一种最简单的多谐振荡器，振荡频率受电源电压波动影响较大，当 $U_{TH} \neq U_{DD}/2$ 时，影响尤为严重。通常可在 G_1 门的输入端增加一个补偿电阻，以减小电源电压变化对振荡频率的影响。

由 CMOS 门电路构成的多谐振荡器的仿真电路如图 9-31a 所示，4069 是 CMOS 反相器，电阻为 1MΩ，电容为 0.1μF。这里需要注意，受 Multisim 仿真软件所限，电容需设定一个初始电压。双击电容元件，在弹出来的对话框中选择"Value"标签，将"Initial conditions"的值设为 5V，如图 9-31b 所示。观察图 9-31c，可知 u_{i1} 和 u_o 的波形与上述分析一致。

图 9-32a 所示是用示波器的标尺 1 和标尺 2 测量输出脉冲波形的周期，测量值为 222.581ms（见左下角圆圈处），和理论值有一些偏差。改变电路中电容 C 的值为 0.01μF，再次仿真，波形如图 9-32b 所示，测得脉冲波形的周期为 21.935ms。在电容值减小为 1/10 的情况下，周期随之减小为 1/10，二者一致。

9.3.2　施密特触发器构成的多谐振荡器

前一小节中，开关电路使用的是 CMOS 逻辑门，本小节介绍利用施密特触发器作为开关电路，配合 RC 延时电路构成多谐振荡器的电路结构及工作原理。我们知道，施密特触发器

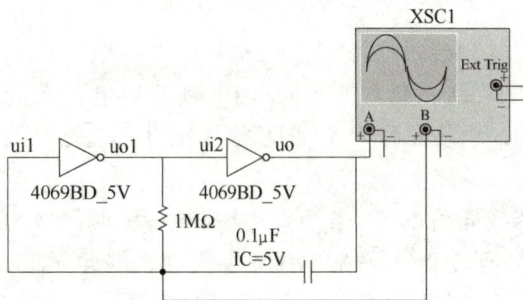

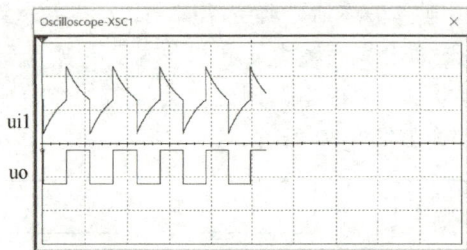

a) 电路结构

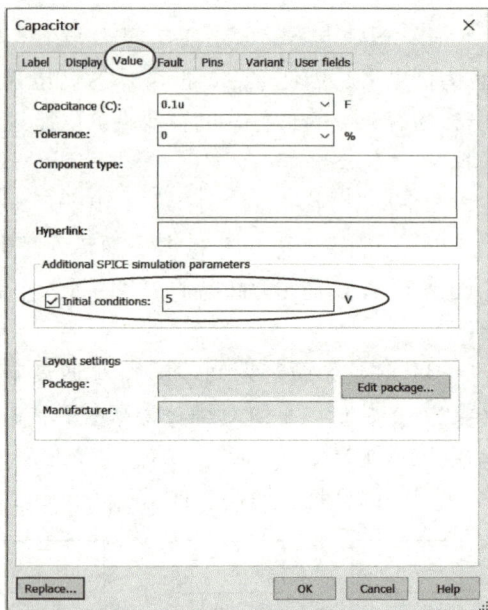

c) 工作波形

b) 电容初值设置

图 9-31   门电路构成的多谐振荡器的电路仿真

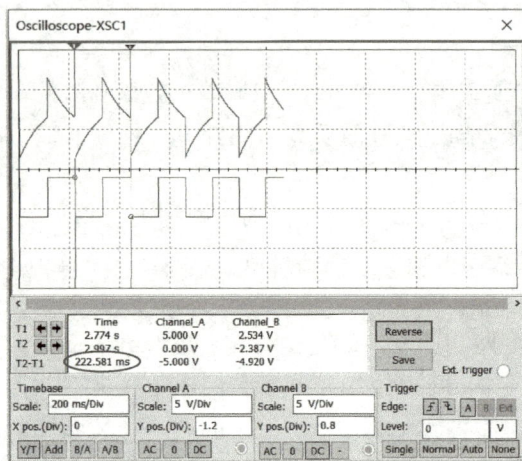

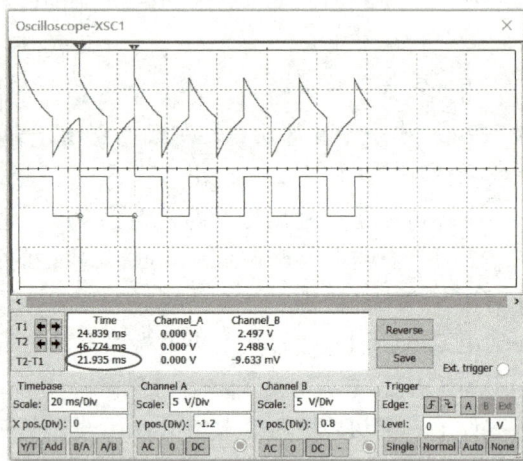

a) $R=1\text{M}\Omega, C=0.1\mu\text{F}$

b) $R=1\text{M}\Omega, C=0.01\mu\text{F}$

图 9-32   不同阻容参数下的脉冲信号波形

具有正向阈值电压 U_{T+} 和反向阈值电压 U_{T-}，因此要求 RC 延时电路通过电容的充放电过程必须使得施密特触发器输入端的电压在 U_{T+} 和 U_{T-} 之间反复变化，这样才能在输出端得到脉冲信号。

　　图 9-33 所示是由反相施密特触发器构成的多谐振荡器的电路结构及工作波形。施密特触发器的输出端经过 RC 积分电路接回输入端，电容 C 两端的电压即施密特触发器的输入电压，这个电压在电容充放电过程中不断发生变化，经施密特触发器整形后就形成了脉冲信号。

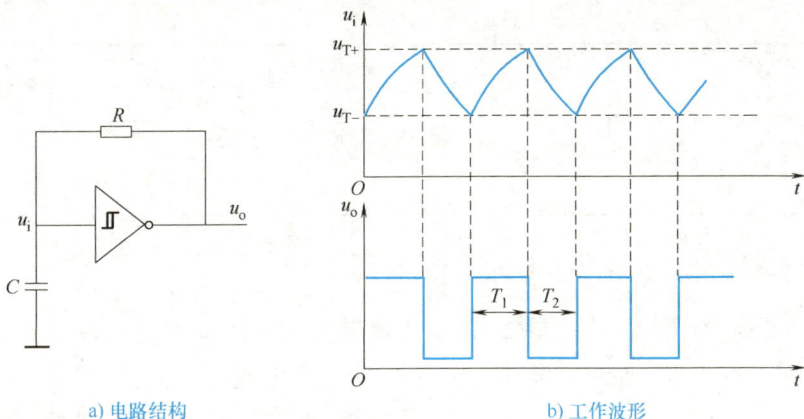

a) 电路结构 b) 工作波形

图 9-33 施密特触发器构成的多谐振荡器

其工作原理分析如下：

1）假定电路上电之前电容 C 没有充电，电源接通瞬间，电容两端电压不能跳变，此时 u_i 为低电平，经过反相 u_o 为高电平。u_o 经过电阻 R 向电容 C 充电，随着充电的进行，u_i 的值不断上升。这是电路的第一个暂态。

2）当 u_i 的值达到施密特触发器的正向阈值电压 U_{T+} 时，u_o 从高电平瞬时翻转为低电平，此时电容 C 通过电阻 R 放电，随着放电的进行，u_i 的值不断下降。这是电路的第二个暂态。

3）当 u_i 下降至施密特触发器的反向阈值电压 U_{T-} 时，u_o 从低电平瞬时翻转为高电平，并再次通过电阻 R 向电容 C 充电。如此周而复始，在电路的输出端就得到了脉冲波形。

设第一暂态的时长为 T_1，第二暂态的时长为 T_2，则

$$T_1 = RC\ln\frac{U_{DD} - U_{T-}}{U_{DD} - U_{T+}} \tag{9-7}$$

$$T_2 = RC\ln\frac{U_{T+}}{U_{T-}} \tag{9-8}$$

振荡周期为

$$T = T_1 + T_2$$

由此可知，由施密特触发器构成的多谐振荡器的周期不仅与 R、C 相关，还与两个阈值电压相关。

接下来介绍采用 CMOS 逻辑门 CD40106 作为施密特触发器构成的多谐振荡器。根据前面介绍的关于振荡周期的公式，要计算振荡周期，还需要知道施密特触发器的正向阈值电压 U_{T+} 和反向阈值电压 U_{T-}。表 9-3 为德州仪器公司提供的 CD40106B 芯片手册中关于阈值电压的参数描述。

表 9-3 CD40106 的静态电气特性

参数	测试条件	最小值/V	典型值/V	最大值/V
	$U_{DD} = 5\text{V}$	2.2	2.9	3.6
正向阈值电压 U_P	$U_{DD} = 10\text{V}$	4.6	5.9	7.1
	$U_{DD} = 15\text{V}$	6.8	8.8	10.8

（续）

参数	测试条件	最小值/V	典型值/V	最大值/V
	$U_{DD} = 5V$	0.9	1.9	2.8
反向阈值电压 U_N	$U_{DD} = 10V$	2.5	3.9	5.2
	$U_{DD} = 15V$	4.0	5.8	7.4

注：1. 芯片工作电源电压 U_{DD} 分别有 5V、10V、15V 三档，环境温度为 25℃。

2. 在相应测试条件下，所测得的 U_P 和 U_N 的值是一个范围。

如果工作电源 U_{DD} 使用 5V，根据表 9-3 中数据，可知 U_P 的典型值为 2.9V，U_N 的典型值为 1.9V，设电阻 R 为 200kΩ，电容为 0.1μF，代入公式得

$$T_1 = 200 \times 10^3 \times 0.1 \times 10^{-6} \times \ln \frac{5-1.9}{5-2.9} s \approx 7.79 \times 10^{-3} s$$

$$T_2 = 200 \times 10^3 \times 0.1 \times 10^{-6} \times \ln \frac{2.9}{1.9} s \approx 8.46 \times 10^{-3} s$$

振荡周期为

$$T = T_1 + T_2 \approx 16.3 \times 10^{-3} s = 16.3ms$$

同理，若 U_P 和 U_N 都采用最小值，计算可得

$$T \approx 25.5 \times 10^{-3} s = 25.5ms$$

若 U_P 和 U_N 采用最大值，计算可得

$$T \approx 14.1 \times 10^{-3} s = 14.1ms$$

其 Multisim 电路仿真如图 9-34 所示。图 9-34a、b 是电阻 $R = 200kΩ$、电容 $C = 0.1μF$ 对应的电路和工作波形。观察图 9-34b 可知，U_P 和 U_N 的值分别是 3.497V 和 1.509V（见中部圆圈处），将这两个值代入前面的公式，计算可得到脉冲波形的周期为 33.66ms。图 9-34b 中的 $T_2 - T_1$ 是 16.979ms（见左下部圆圈处），这是半个周期的值，整个周期的测量值为 33.96ms，和计算值基本一致。

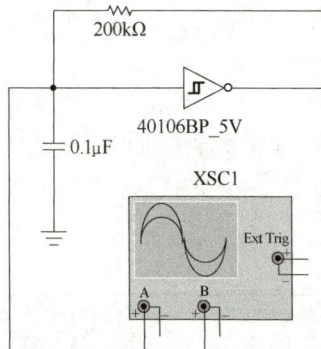

a) $R=200kΩ,C=0.1μF$

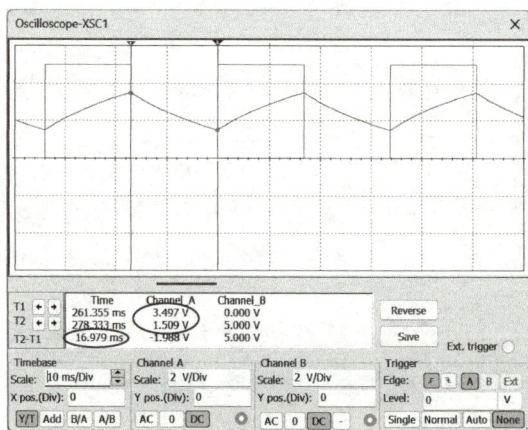

b) 工作波形1

图 9-34 集成施密特触发器 40106 构成多谐振荡器

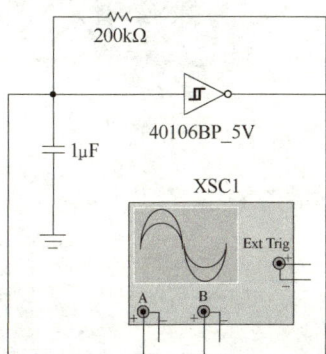

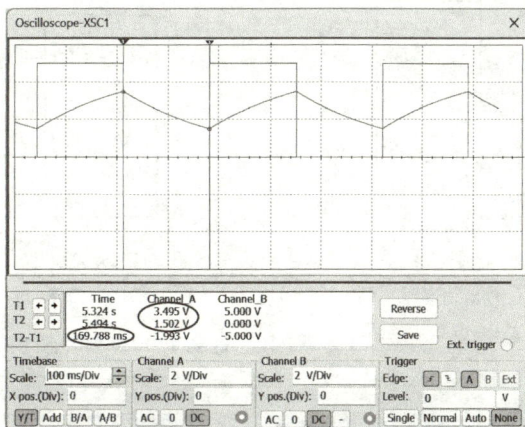

c) $R=200\text{k}\Omega$, $C=1\mu\text{F}$　　　　　　　　　d) 工作波形2

图 9-34　集成施密特触发器 40106 构成多谐振荡器（续）

改变电容的值为 $1\mu\text{F}$，再次进行仿真，电路和工作波形如图 9-34c、d 所示。观察可知，U_P 和 U_N 的值分别是 3.495V 和 1.502V，和前一个电路几乎一致，$T_2 - T_1$ 的值是 169.788ms，在电容增大到 10 倍的情况下，输出脉冲的周期也相应地增大到 10 倍。

9.4　555 定时器

555 定时器是一种模数混合的集成功能器件，只需要外接若干个电阻、电容，就可以方便地实现多谐振荡器、单稳态触发器及施密特触发器等脉冲产生与变换电路，广泛应用于各种检测电路、自动控制电路、家用电器及通信产品等电子电路和设备中。按照内部电路工艺及数量进行划分，采用 TTL 工艺制作的单定时器为 555，双定时器为 556；采用 CMOS 工艺制作的单定时器为 7555，双定时器为 7556。555 定时器的电源电压范围宽，可在 4.5~16V 工作，7555 可在 3~18V 工作。555 定时器输出驱动电流约为 200mA，因而可与 TTL、CMOS 或者模拟电路电平兼容。图 9-35 所示是单定时器 LM555 的引脚图、逻辑符号及 SOP 实物。图 9-36 所示是双定时器 LM556 的引脚图、逻辑符号（1/2部分）及 SOP 实物。接下来以 LM555 为例介绍其电路结构和工作原理。

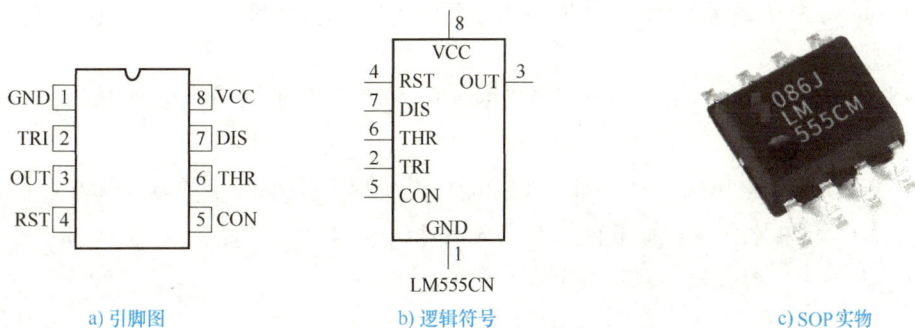

a) 引脚图　　　　　　　　b) 逻辑符号　　　　　　　　c) SOP实物

图 9-35　单定时器 LM555 的引脚图、逻辑符号及 SOP 实物

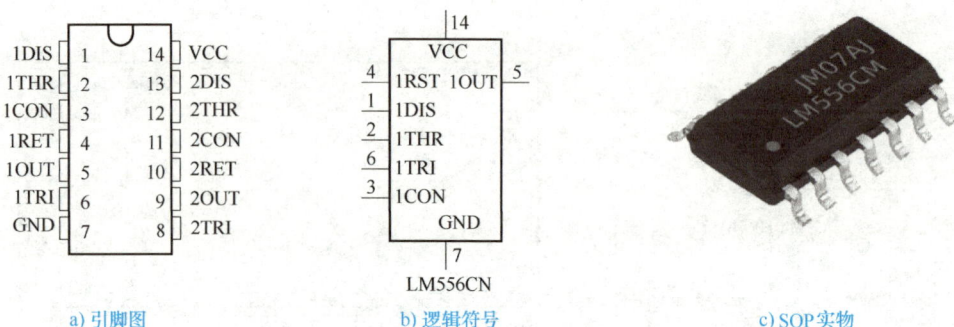

a) 引脚图   b) 逻辑符号   c) SOP 实物

图 9-36　双定时器 LM556 的引脚图、逻辑符号及 SOP 实物

9.4.1　LM555 的电路结构及工作原理

LM555 的电路结构如图 9-37 所示。3 个 $5k\Omega$ 的电阻构成分压器，两个运算放大器 C_1 和 C_2 都是开环状态的比较器，两个与非门 G_1 和 G_2 构成基本 RS 触发器，NPN 型晶体管 VT 用作放电管。

分析可知：

① 4 脚为复位端 RST。当它为低电平时，G_3 的输出恒为 1，G_4 的输出恒为 0，因此 RST 的作用是异步复位。555 定时器正常工作时该引脚接高电平。

② C_1 同相端的电位是 $2U_{CC}/3$，C_2 反相端的电位是 $U_{CC}/3$。

③ 6 引脚为阈值输入端 THR，是 C_1 反相端的输入，它与 $2U_{CC}/3$ 进行

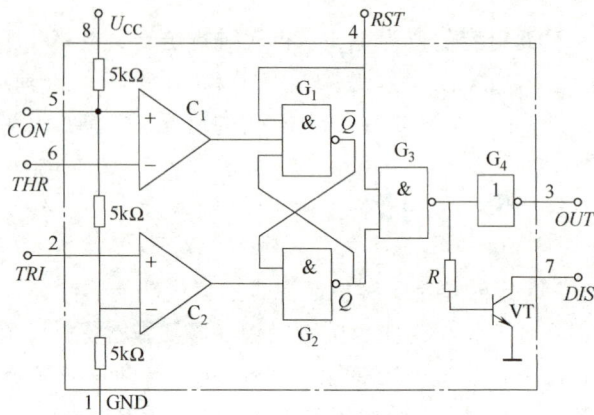

图 9-37　LM555 的电路结构

比较决定 C_1 的状态；同理，2 引脚为触发输入端 TRI，是 C_2 同相端的输入，它与 $U_{CC}/3$ 进行比较决定 C_2 的状态。

④ C_1 和 C_2 作为基本 RS 触发器的输入，共同决定 Q 和 $\overline{Q}$ 的状态，并进而决定 3 引脚输出 OUT 的状态。

⑤ G_3 的输出经电阻 R 接至晶体管 VT 的基极，VT 的集电极为 7 引脚 DIS，当 VT 导通时，DIS 将通过 VT 放电。

⑥ 5 引脚为控制电压端 CON。当其外接电压 U_{REF} 时，C_1 同相端的电位就不再是 $2U_{CC}/3$ 而是 U_{REF}，C_2 反相端的电位也不再是 $U_{CC}/3$ 而是 $U_{REF}/2$。当该端口不外接电压时，可以经一个 $0.01\mu F$ 的小电容接地，起到去干扰的作用。

⑦ 8 引脚为电源 U_{CC}，1 脚为地 GND。

根据上面的分析，LM555 的功能表见表 9-4。

表 9-4 LM555 的功能表

RST	THR	TRI	OUT	VT
0	×	×	0	导通
1	$<2U_{CC}/3$	$<U_{CC}/3$	1	截止
1	$>2U_{CC}/3$	$>U_{CC}/3$	0	导通
1	$<2U_{CC}/3$	$>U_{CC}/3$	不变	不变

观察功能表，如果将 555 定时器的阈值输入端 *THR* 和触发输入端 *TRI* 连接在一起，并由同一个输入信号控制，那么电路的状态就将在这个统一的输入信号控制下进行转变，而且变化一定发生在 $U_{CC}/3$ 或 $2U_{CC}/3$ 这两个阈值电压，情况就和前面所学习过的施密特触发器、单稳态触发器及多谐振荡器有异曲同工之妙。接下来，我们要做的工作就是搭接外围电路，使输入信号的变化满足设计要求。

9.4.2 555 定时器构成的施密特触发器

图 9-38 所示为 555 定时器构成的施密特触发器的电路仿真，2 引脚 *TRI* 和 6 引脚 *THR* 连接在一起，函数发生器 XFG1 提供正弦波信号（频率 10Hz，幅值 2.5V，偏移 2.5V），通道 A 测量输出波形，通道 B 测量输入波形。

工作原理分析如下：

① 输入正弦波信号从低电平 0 开始逐渐增大，当小于 $U_{CC}/3$ 时，根据功能表的第 2 行可知，输出 *OUT* 为高电平 1。

② 输入信号继续增大，当大于 $U_{CC}/3$ 但小于 $2U_{CC}/3$ 时，根据功能表的第 4 行可知，输出 *OUT* 保持不变，仍为高电平 1。

③ 输入信号大于 $2U_{CC}/3$ 时，根据功能表的第 3 行可知，输出 *OUT* 发生翻转，从高电平 1 变为低电平 0。此后输入信号继续增大，输出维持不变。

④ 输入信号从最高值开始下降，在小于 $2U_{CC}/3$ 但大于 $U_{CC}/3$ 时，根据功能表的第 4 行

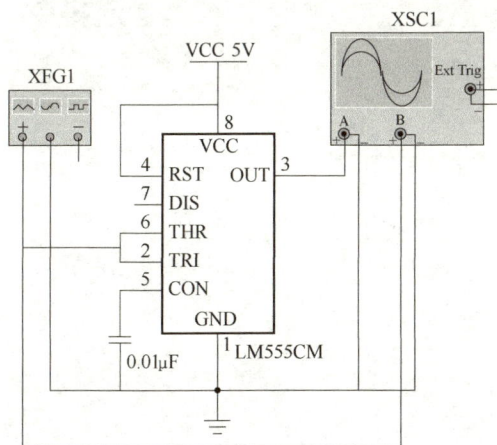

a) 电路结构

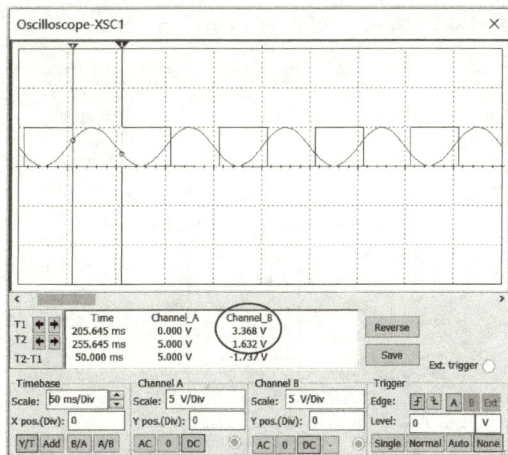

b) 工作波形

图 9-38 555 定时器构成的施密特触发器的电路仿真（一）

可知，输出 OUT 保持不变，仍为低电平，直到输入信号小于 $U_{CC}/3$，输出从低电平翻转到高电平。

观察图 9-38b，标尺 1 测量的是输入信号增大过程中输出发生翻转时的值，标尺 2 测量的是输入信号减小过程中输出发生翻转时的值，圆圈处的数据分别是 3.368V 和 1.632V，基本符合 $2U_{CC}/3 = 10/3V \approx 3.333V$ 和 $U_{CC}/3 = 5/3V \approx 1.667V$。

如果在 555 定时器的 CON 端加入控制电压 U_{REF}，则阈值电压将发生改变，输出波形也就随之发生变化，如图 9-39 所示。

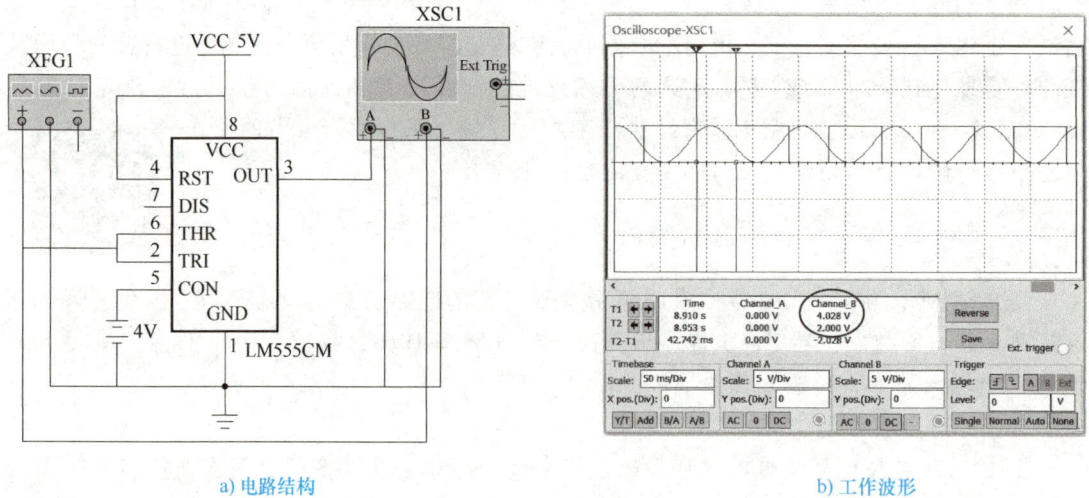

| a) 电路结构 | b) 工作波形 |

图 9-39　555 定时器构成的施密特触发器的电路仿真（二）

电路的其他参数均不作改变，观察图 9-39b，圆圈处的数据分别是 4.028V 和 2.000V，基本符合 $U_{T+} = U_{REF} = 4V$ 和 $U_{T-} = U_{REF}/2 = 2V$。

9.4.3　555 定时器构成的单稳态触发器

图 9-40a 所示为 555 定时器构成的单稳态触发器电路，其工作波形如图 9-40b 所示，矩形波信号接至 TRI 作为触发信号。

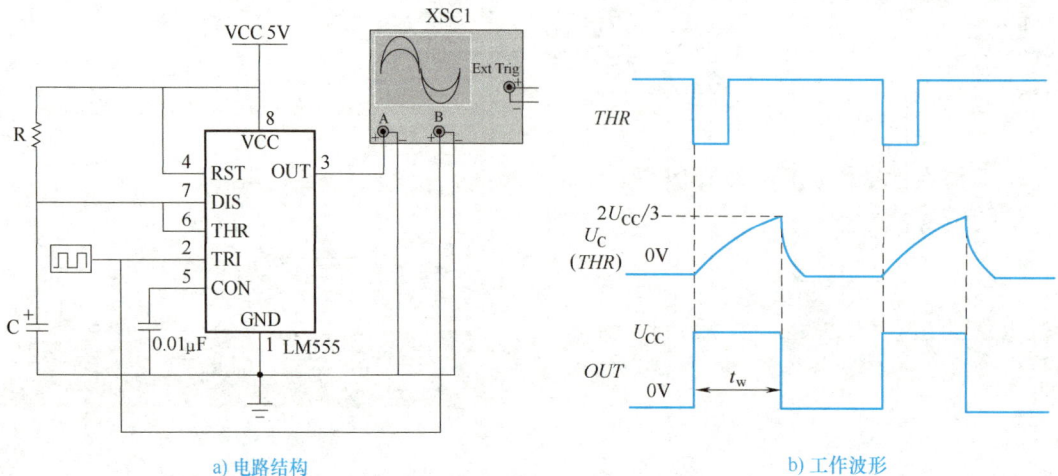

| a) 电路结构 | b) 工作波形 |

图 9-40　555 定时器构成的单稳态触发器的电路仿真（一）

工作原理分析如下：

① 电路通电初始，当触发信号 TRI 是高电平时，$TRI > U_{CC}/3$，输出 OUT 为低电平，电路处于稳态。

② 在 TRI 由高电平变为低电平的瞬间，$TRI < U_{CC}/3$。由功能表可知，输出 OUT 将由低电平翻转为高电平，同时晶体管 VT 截止，电源 U_{CC} 经电阻 R 向电容 C 充电，电路进入暂态。

③ 随着充电的进行，电容 C 两端的电压不断升高，意味着 THR 的电压不断升高。当 THR 的电压上升到 $2U_{CC}/3$ 时，由功能表可知，输出 OUT 由高电平翻转为低电平，VT 导通，电容 C 通过 VT 放电，电路重新回到稳态。

该电路的暂态脉宽为电容两端的电压 U_C 从 0V 上升到 $2U_{CC}/3$ 时所需的时间。根据电容两端瞬时电压计算三要素——初始值 $U_{C(0+)} = 0V$、稳态值 $U_{C(\infty)} = U_{CC}$、充电时间常数 $\tau = RC$，可知

$$t_w = RC\ln\frac{U_{CC}-0}{U_{CC}-2U_{CC}/3} = RC\ln3 \approx 1.1RC \tag{9-9}$$

上式说明，t_w 仅取决于定时元件 R、C 的取值，与输入触发信号和电源电压无关，调节 R、C 的取值，即可方便地调节 t_w。通常 R 的取值范围在几百欧至几兆欧，电容 C 的取值范围在几百皮法至几百微法，电路产生的脉宽范围在几微秒至数分，精度可达 0.1%。

如果在 U_C 上升到 $2U_{CC}/3$ 之前，TRI 又来了一个负脉冲信号，该电路的状态不会发生改变。也就是说，在暂态还没有结束时，即使有新的触发信号，也不会影响电路既有的状态。这说明，由 555 定时器构成的单稳态触发器是不可重复触发的。

图 9-41a 中，电阻为 50kΩ，电容为 10μF，计算可得 $t_w \approx 1.1 \times 50 \times 10^3 \times 10 \times 10^{-6}$s = 0.55s。矩形波频率为 10Hz；虚拟示波器的通道 A 测量输出波形，通道 B 测量触发信号波形。观察图 9-41b 可知，TRI 第一个触发信号的下降沿到来那一时刻，输出 OUT 从稳态低电平翻转到暂态高电平并持续了约 550ms，在这期间，TRI 经历了 5 个下降沿。当暂态结束后，TRI 的下降沿才引起第二次触发，输出 OUT 进入第二个暂态。

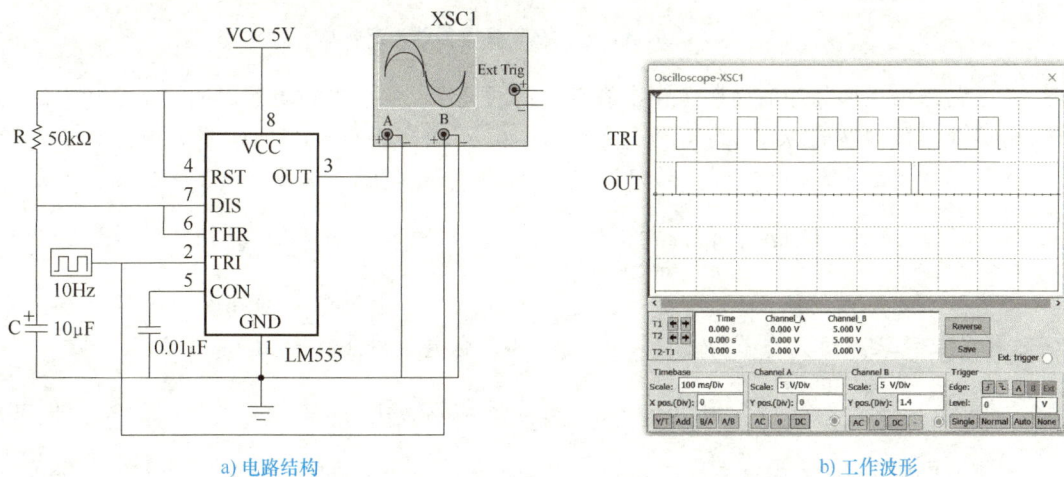

a) 电路结构　　　　　　　　　　　　　　　b) 工作波形

图 9-41 555 定时器构成的单稳态触发器的电路仿真（二）

9.4.4 555定时器构成的多谐振荡器

图9-42a所示为555定时器构成的多谐振荡器电路, 其工作波形如图9-42b所示。

工作原理分析如下:

① 电路通电初始, 电容C上没有电荷, 此时$TRI = U_C = 0V$。由功能表可知, 输出OUT为高电平, 晶体管VT截止, U_{CC}经电阻R_1、R_2对电容C充电。此时电路处于第一个暂态。

② 随着充电的进行, 电容C两端的电压U_C不断升高, 也就意味着THR和TRI的电压不断升高。当U_C的电压上升到$2U_{CC}/3$时, 由功能表可知, 输出OUT由高电平翻转为低电平, 晶体管VT导通, 电容C经电阻R_2通过晶体管VT放电。此时电路处于第二个暂态。

③ 随着放电的进行, 电容C两端的电压U_C不断下降, 也就意味着THR和TRI的电压不断下降。当U_C的电压下降到$U_{CC}/3$时, 输出OUT再次由低电平翻转为高电平, VT由导通变为截止, 电容C又开始充电, 电路重新回到第一个暂态。周而复始, 电路输出周期性的矩形脉冲。

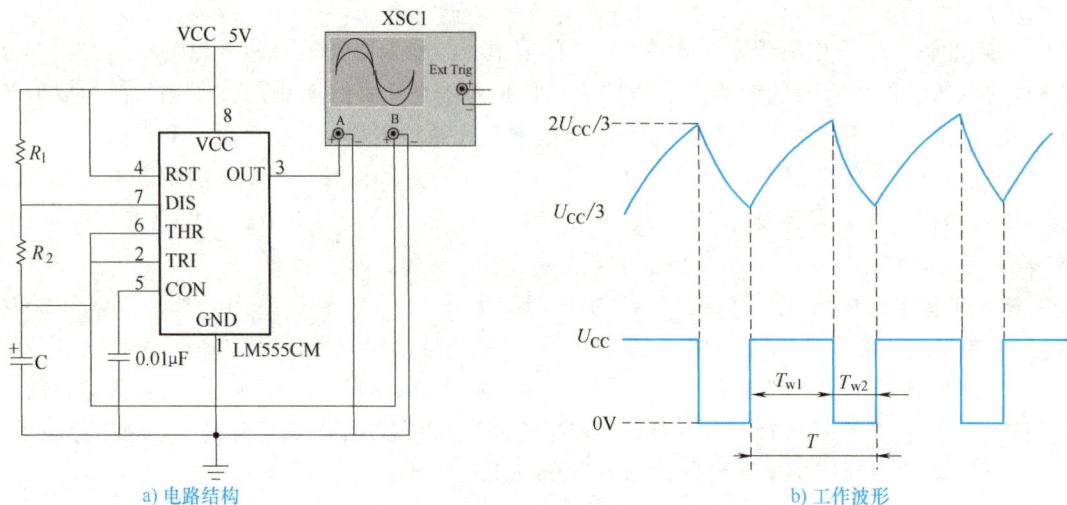

a) 电路结构   b) 工作波形

图 9-42　555定时器构成的多谐振荡器的电路仿真 (一)

该电路输出矩形脉冲的周期T由电容充电的时间T_{w1}和电容放电的时间T_{w2}之和决定。

电容充电的过程是从$U_{CC}/3$开始, 至$2U_{CC}/3$结束。根据电容两端瞬时电压计算三要素——$U_{C(0+)} = U_{CC}/3$、$U_{C(t)} = 2U_{CC}/3$、$U_{C(\infty)} = U_{CC}$、充电时间常数$\tau = (R_1 + R_2)C$, 可知

$$T_{w1} = (R_1 + R_2)C \ln \frac{U_{CC} - U_{CC}/3}{U_{CC} - 2U_{CC}/3} = (R_1 + R_2)C \ln 2 \approx 0.7(R_1 + R_2)C \tag{9-10}$$

电容放电的过程是从$2U_{CC}/3$开始, 至$U_{CC}/3$结束。根据电容两端瞬时电压计算三要素——$U_{C(0+)} = 2U_{CC}/3$、$U_{C(t)} = U_{CC}/3$、$U_{C(\infty)} = 0$、充电时间常数$\tau = R_2 C$, 可知

$$T_{w2} = R_2 C \ln \frac{0 - 2U_{CC}/3}{0 - U_{CC}/3} = R_2 C \ln 2 \approx 0.7 R_2 C \tag{9-11}$$

矩形波周期T为

$$T = T_{w1} + T_{w2} \approx 0.7(R_1 + 2R_2)C \tag{9-12}$$

矩形波频率 f 为

$$f = 1/T \approx 1.43/[(R_1 + 2R_2)C] \tag{9-13}$$

矩形波占空比 q 为

$$q = T_{w1}/T = (R_1 + R_2)/(R_1 + 2R_2) \tag{9-14}$$

式（9-12）说明，振荡产生的矩形波周期 T 仅取决于定时元件 R_1、R_2 及 C 的取值，改变上述元件的参数，即可方便地改变 T。

图 9-43a 中，电阻 R_1 为 1kΩ，R_2 为 2kΩ，电容 C 为 1μF，计算可得 $T \approx 0.7 \times (1+2\times2) \times 10^3 \times 1 \times 10^{-6}$ s = 3.5ms；虚拟示波器的通道 A 测量输出波形，通道 B 测量 THR 和 TRI 的波形。观察图 9-43b 可知，产生的矩形波符合上面的分析，标尺 2 和标尺 1 测量的是一个周期的时长，左下角圆圈中的值显示是 3.484ms，与计算值基本一致。

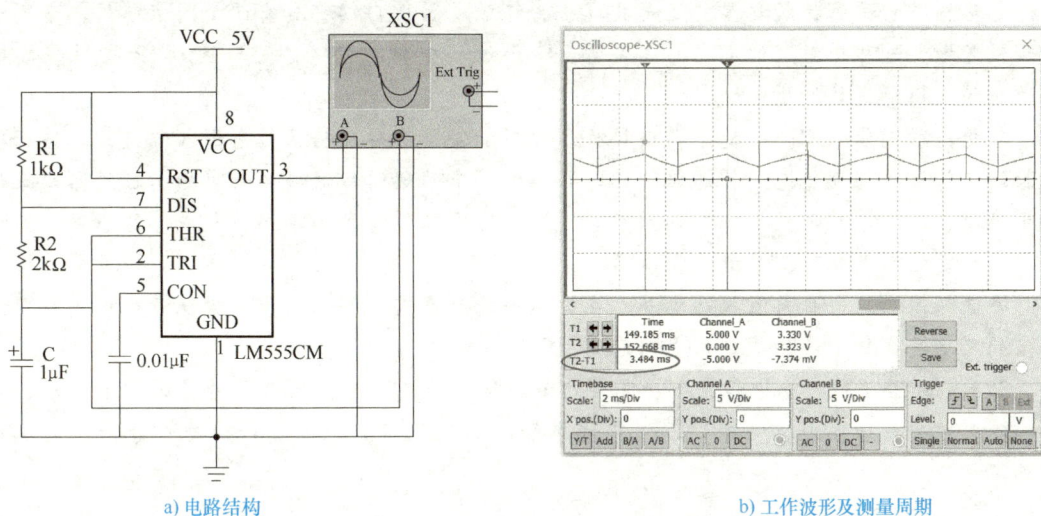

a) 电路结构　　　　　　　　　　　　　b) 工作波形及测量周期

图 9-43　555 定时器构成的多谐振荡器的电路仿真（二）

如图 9-44a 所示，将电阻 R_1 更改为 10kΩ，R_2 更改为 5kΩ，电容 C 更改为 10μF，计算

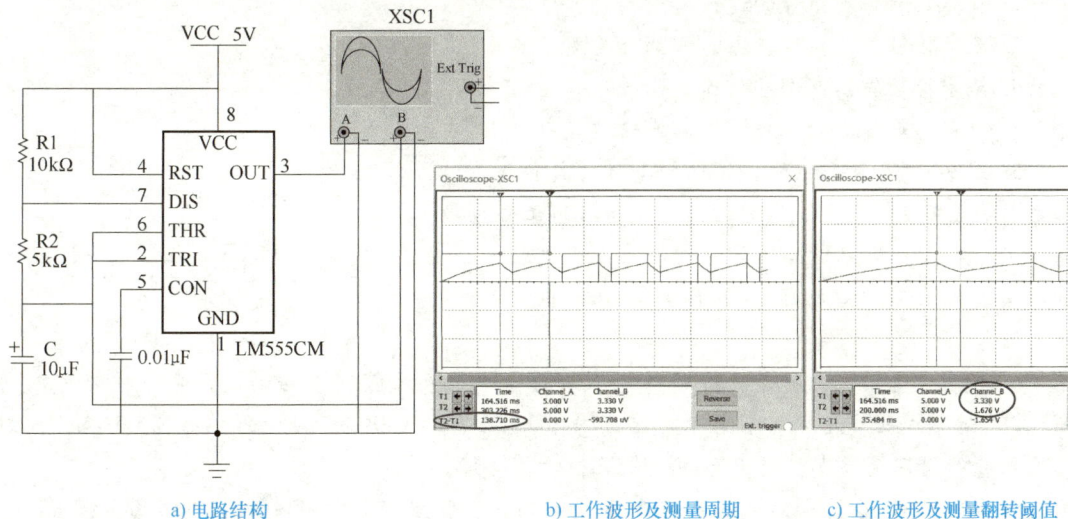

a) 电路结构　　　　　b) 工作波形及测量周期　　　　　c) 工作波形及测量翻转阈值

图 9-44　555 定时器构成的多谐振荡器的电路仿真（三）

可得 $T \approx 0.7 \times (10+2 \times 5) \times 10^3 \times 10 \times 10^{-6}$ s $= 140$ ms。观察图 9-44b，标尺 2 和标尺 1 测量周期的时长显示是 138.710ms，与计算值基本一致。观察图 9-44c，标尺 1 测量的是输入信号增大过程中输出发生翻转时的值，标尺 2 测量的是输入信号减小过程中输出发生翻转时的值，圆圈处的数据分别是 3.330V 和 1.676V，符合 $2U_{CC}/3 \approx 3.333$V 和 $U_{CC}/3 \approx 1.667$V。

本 章 小 结

脉冲信号可以通过施密特触发器电路和单稳态触发器电路对周期性信号进行整形、变换得到，也可以利用脉冲振荡电路直接产生。

施密特触发器能够将缓慢变化的输入信号转变为边沿"陡峭"的矩形输出信号。无论是门电路构成的施密特触发器，还是集成施密特触发器，它们都具有两个阈值电压，分别是输入信号增大过程中对应的 U_{T+} 和从最大值减小过程中对应的 U_{T-}，而且 U_{T+} 时刻和 U_{T-} 时刻进行的变换是交替发生的。

单稳态触发器只有一个稳态，当接收到外部触发信号后，将从稳态进入暂态，维持一段时长后又将自动回到稳态。暂态维持的时长由电路中的延迟参数决定。单稳态触发器广泛应用于定时、延时、整形及消除电路噪声等。根据器件工作特性的不同，集成单稳态触发器分为不可重复触发型和可重复触发型两类。

多谐振荡器是一种自激振荡电路，在接通电源后无需外部触发信号就能产生一定频率和幅值的矩形波，矩形波的周期由电路的 R、C 参数决定。

555 定时器是一种模拟和数字功能相结合的集成功能器件，只需要外接若干个电阻、电容，就可以方便地实现多谐振荡器、单稳态触发器及施密特触发器等脉冲信号产生与变换电路。

复习思考题

1. 获取矩形脉冲信号的途径有哪两种？
2. 施密特触发器在性能上有哪两个重要特点？
3. 施密特触发器有哪些用途？
4. 单稳态触发器的工作特性具有哪些显著特点？
5. 图 9-45 所示是由两个 CMOS 非门构成的施密特触发器。已知 $R_1 = 10$kΩ，$R_2 = 20$kΩ，非门的工作电源电压 $U_{DD} = 6$V，试分析其工作原理，求正向阈值电压、负向阈值电压及回差电压。若 u_i 为 0 ~ 6V 的三角波，画出 u_i、u_1、u_2 和 u_o 的波形。

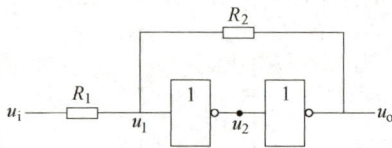

图 9-45　题 5 的图

6. 某步进电动机电路需要得到持续不断的脉冲信号才能得以转动，该脉冲信号可以由 555 定时器构成的多谐振荡器产生。若图 9-46 中的 $R_1 = 100$kΩ，$R_2 = 50$kΩ，$C = 100\mu$F，则脉冲信号的周期是多少？写出详细的分析和计算过程。

7. 输入信号 u_i 的波形如图 9-47 所示，反相施密特触发器的两个阈值电压 U_{T+} 和 U_{T-} 已标示在图中，试画出输出电压波形，并给出分析说明。

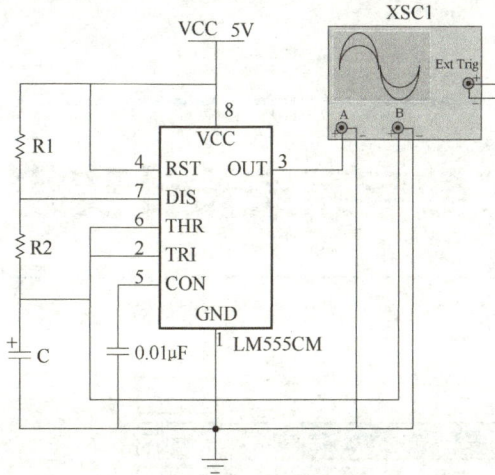

图 9-46 题 6 的图

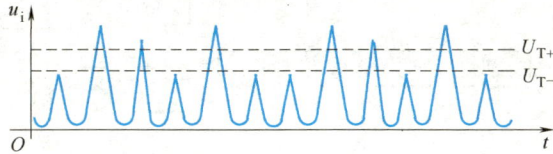

图 9-47 题 7 的图

8. 某小区物业为各楼栋的单元门统一安装了电子门铃，该电子门铃内部是一个由 555 定时器构成的单稳态触发器，当门铃被按下时，持续发出一段时间的"叮咚"声音。若该单稳态电路中的 $R = 100\text{k}\Omega$，$C = 220\mu\text{F}$，则"叮咚"声大约会持续多长时间？写出详细的分析和计算过程。

第10章

数字系统设计实践

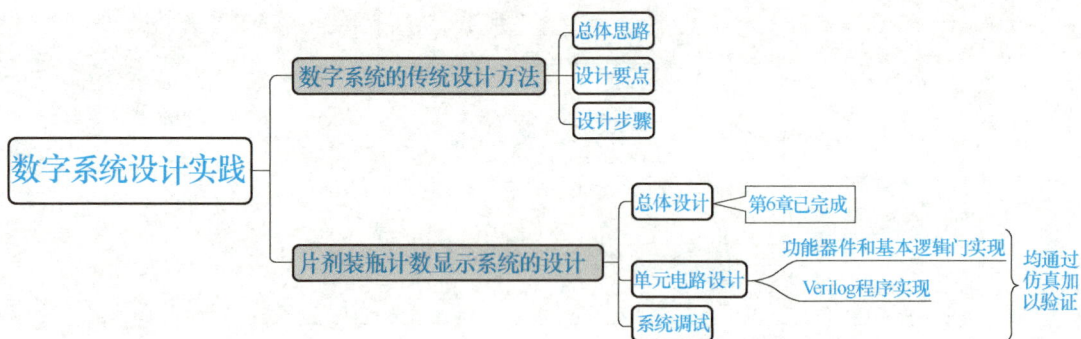

前面各章已经介绍了使用基本逻辑门、触发器、功能器件等设计的简单组合逻辑电路或时序逻辑电路，这些电路通常仅能实现某种特定的逻辑功能，例如利用 74LS138 实现三变量多数表决，利用 74LS161 实现 N 进制计数器等。在生产生活中，更为常见的是模数混合电子系统，既有对模拟信号进行检测、处理和变换的电路，包括放大、滤波、信号调理、驱动等，也有对数字信号进行存储、传输、处理和控制的电路，包括控制器和逻辑功能器件等。相比于单一功能电路，电子系统一般都具有综合性、层次性和复杂性的特点。

传统的数字系统设计方法是利用真值表、卡诺图、状态方程组、状态转换表、状态转换图等描述工具建立系统模型来进行的。但是对于一个比较复杂的数字系统，由于它的输入变量数、输出变量数和内部的状态变量数很多，用传统的设计方法来描述和设计就显得十分困难，甚至无法进行。当前，采用硬件描述语言进行设计，在可编程逻辑器件中实现，已经成为数字系统设计的主流。

第 6 章提到的"片剂装瓶计数显示系统"是一个典型的数字系统，涵盖了数字电子技术所有主要的功能器件。本章将通过传统设计方法和硬件描述语言方法分别实现这个系统。

10.1 数字系统的传统设计方法

10.1.1 总体思路

首先，按照自顶向下的设计思路，将系统划分为若干个电路模块。电路模块划分的原则是功能独立，与其他模块之间的界限清晰，输入信号和输出信号明确。然后，针对每一个功能模块，分析其与关联模块的关系并设计连接方法、电气标准和物理标准，单独进行设计、组装、调试和测试。最后，将各模块组装在一起进行联调，根据出现的问题对设计方案进行调整和完善。必要的时候，可以先用仿真软件对设计电路进行仿真，以最大限度地减少错误。模块化设计降低了电路的规模和复杂程度，减小了设计和实现的难度，电路故障的诊断和排除也相对更加容易。

10.1.2 设计要点和步骤

1. 设计要点

1）准确理解设计任务，完成顶层设计。具体而言，就是确定输入量、输出量、中间处理环节三者之间的联系，以及各个模块电路的功能。

2）根据适用性原则，在综合考虑成本、技术复杂度、可靠性等多种因素之后选择适合的方案，完成各功能模块电路的设计和实现。

3）针对系统统调环节出现的各种问题，要根据现象分析故障原因，确定根源问题和次生问题。很多时候根源问题解决了，次生问题也就不出现了。必要的时候还要对原有设计方案作修改，不断完善，直到满足设计要求。

2. 设计步骤

数字系统中各单元电路的种类很多，器件选择的灵活性很大，因此设计方法和设计步骤也不尽相同，设计者应根据具体情况，灵活掌握。数字系统的一般设计步骤如图 10-1 所示。

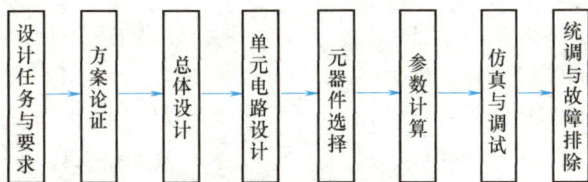

图 10-1 数字系统的一般设计步骤

10.2 片剂装瓶计数显示系统的设计

第 6 章已经对设计任务和要求作了详细的阐述，系统框图也已完成，接下来从单元电路开始设计。

10.2.1 设置值转 BCD 码电路

根据题目要求，每瓶所装片剂的数量可设置为 1~9。组合逻辑功能器件 74LS147 优先编码器的作用是将十进制数转换为 BCD 码，因此可采用该器件来实现本单元电路。需要注意的是，74LS147 输出的是反码，因此增加非门使其转换为原码，如图 10-2 所示。

根据第 6 章 74LS147 的相关内容，其 10 引脚优先级最高，低电平有效，因此可知图 10-2 表示设置值是 9，发光管的状态表示 $DCBA$ 为 1001，二者一致。

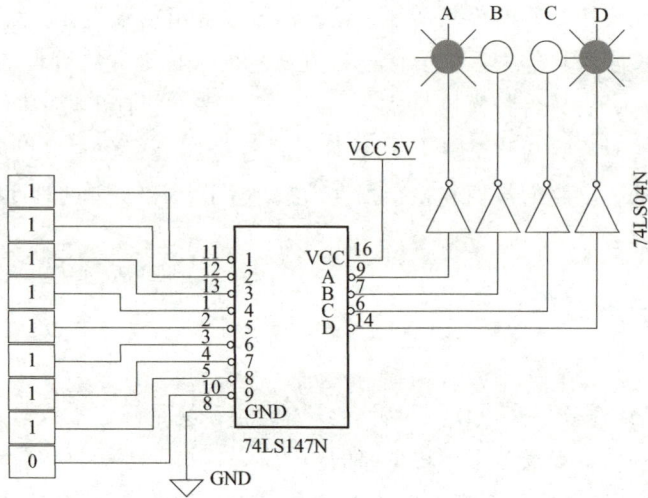

图 10-2　设置值转 BCD 码电路

Verilog 程序如下：

```
module keyboard_to_bcd(
    input wire[8:0] switches,          //10 位二进制数作为输入值
    output reg[3:0] bcd                //转换后的 4 位 BCD 码输出
    );
    always @ ( * ) begin
        case(switches)
        9'b000000000:bcd = 4'b0000;     //输入为 0 时,BCD 码输出为 0
        9'b000000001:bcd = 4'b0001;     //输入为 1 时,BCD 码输出为 1
        9'b000000010:bcd = 4'b0010;     //输入为 2 时,BCD 码输出为 2
        9'b000000100:bcd = 4'b0011;     //输入为 3 时,BCD 码输出为 3
        9'b000001000:bcd = 4'b0100;     //输入为 4 时,BCD 码输出为 4
        9'b000010000:bcd = 4'b0101;     //输入为 5 时,BCD 码输出为 5
        9'b000100000:bcd = 4'b0110;     //输入为 6 时,BCD 码输出为 6
        9'b001000000:bcd = 4'b0111;     //输入为 7 时,BCD 码输出为 7
        9'b010000000:bcd = 4'b1000;     //输入为 8 时,BCD 码输出为 8
        9'b100000000:bcd = 4'b1001;     //输入为 9 时,BCD 码输出为 9
        default:bcd = 4'b0000;          //其他输入时,BCD 码输出为 0
        endcase
    end
endmodule
```

仿真结果如图 10-3 所示。

图 10-3　设置值转 BCD 码电路 Verilog 程序的仿真结果

10. 2. 2　设置值显示电路

将设置值转换得到的 BCD 码通过数码管进行显示，既可以使用共阳极数码管，也可以使用共阴极数码管。这里显示译码器采用 74LS47，它将输入的 BCD 码转换为七段码输出，低电平有效，因此和共阳极数码管配合使用，如图 10-4 所示。其中的 200Ω 电阻起限流作用。

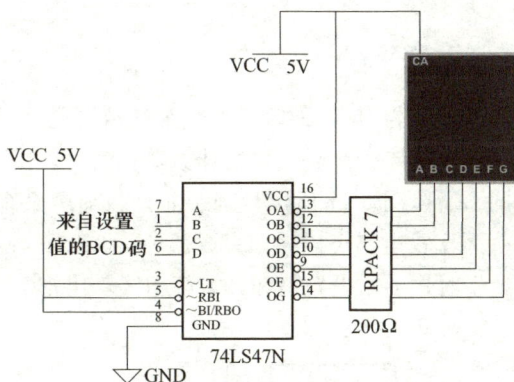

图 10-4　设置值显示电路

Verilog 程序如下：

```
module bcd_to_7seg(
    input wire[3:0] bcd,                    //输入的 BCD 码
    output reg[6:0] seg                     //驱动共阳极数码管的输出
);

    always @ ( * ) begin
        case(bcd)
            4'b0000: seg = 7'b0000001;      //BCD 码为 0,数码管显示 0
            4'b0001: seg = 7'b1001111;      //BCD 码为 1,数码管显示 1
            4'b0010: seg = 7'b0010010;      //BCD 码为 2,数码管显示 2
            4'b0011: seg = 7'b0000110;      //BCD 码为 3,数码管显示 3
            4'b0100: seg = 7'b1001100;      //BCD 码为 4,数码管显示 4
            4'b0101: seg = 7'b0100100;      //BCD 码为 5,数码管显示 5
            4'b0110: seg = 7'b0100000;      //BCD 码为 6,数码管显示 6
            4'b0111: seg = 7'b0001111;      //BCD 码为 7,数码管显示 7
            4'b1000: seg = 7'b0000000;      //BCD 码为 8,数码管显示 8
            4'b1001: seg = 7'b0000100;      //BCD 码为 9,数码管显示 9
            default: seg = 7'b1111111;      //其他情况时,数码管显示空
        endcase
    end
endmodule
```

仿真结果如图 10-5 所示。

图 10-5　设置值显示电路 Verilog 程序的仿真结果

10.2.3　设置值与计数值比较电路

键盘设置的值经 74LS147 转换为 BCD 码后,与装瓶计数器的统计值实时进行比较,若二者相等,则装瓶停止,装瓶计数器停止计数,累加计数器也暂停。因为设定值的上限是 9,其8421BCD 码和二进制码相同,所以图 6-21 所示片剂装瓶计数显示系统框图中的"BCD 码转二进制码"功能电路可以略去。比较电路可以采用集成器件 74LS85。该器件输出端 OAEQB 的值作为控制信号,当其为高电平时,表示设置值和计数值相等。比较电路如图 10-6 所示。

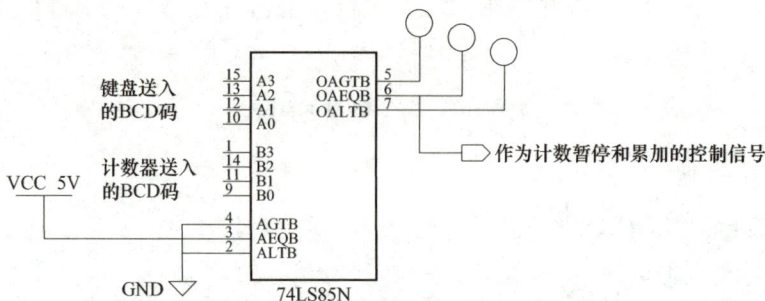

图 10-6　比较电路

Verilog 程序如下:

```verilog
module bottle_filling_control(
input wire clk,                        //时钟信号
input wire rst_n,                      //复位信号,低电平有效
input wire[3:0] keypad_input,          //键盘输入的数(0~9)
input wire[3:0] counter_output,        //计数器统计的装瓶数(BCD 码)
output reg oaeqob                      //输出信号,控制装瓶操作暂停
    );
    //比较器:比较键盘输入的数与计数器统计的装瓶数
    always @ ( * ) begin
        if( keypad_input == counter_output) begin
            oaeqob = 1'b1;    //键盘输入的数与装瓶数相等,装瓶操作暂停
        end else begin
            oaeqob = 1'b0;    //键盘输入的数与装瓶数不相等,继续装瓶操作
        end
    end
endmodule
```

仿真结果如图 10-7 所示。

图 10-7 比较电路 Verilog 程序的仿真结果

10.2.4 装瓶计数电路

因为每瓶所装片剂的数量不超过 9，因此可以采用十进制计数器 74LS160 完成此功能。该器件的 CLK 端接收片剂装瓶计数脉冲，每来一个脉冲，计数器加 1，同时将 QD~QA 送给比较器 74LS85。装瓶计数电路如图 10-8 所示。

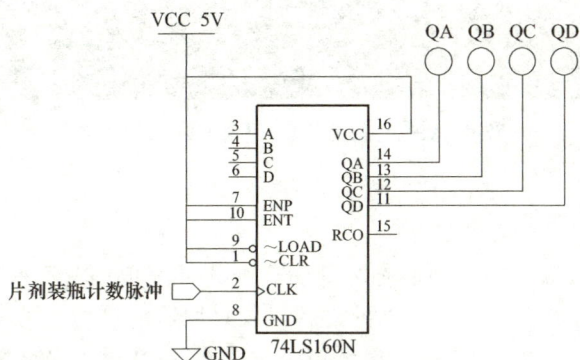

图 10-8 装瓶计数电路

Verilog 程序如下：

```
module decimal_counter(//装瓶计数电路
input wire clk,                          //时钟信号
input wire rst_n,                        //复位信号,低电平有效
input wire en,                           //使能信号
output reg[3:0] count                    //计数器输出
);

    always @ (posedge clk or negedge rst_n) begin
        if(! rst_n) begin
            count<= 4'b0000;             //复位时将计数器清零
        end else begin
            if(! en) begin               //仅在使能信号为低电平时进行计数
                if(count == 4'b1001) begin
```

```
                            count<=4'b0000;        //当计数器达到9时,回滚到0
                    end else begin
                            count<=count + 1;      //每个时钟周期加1
                        end
                end
        else begin count<=4'b0000; end
            end
        end
    endmodule
```

仿真结果如图 10-9 所示。

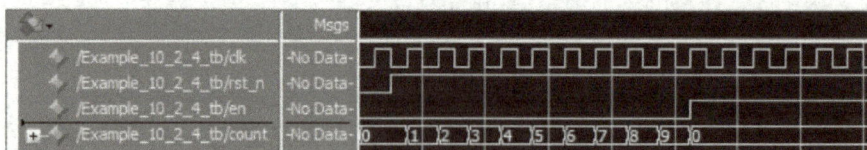

图 10-9　装瓶计数电路 Verilog 程序的仿真结果

10.2.5　累加计数电路

顾名思义，累加计数电路的功能是统计生产线累计完成的片剂装瓶数量。为了便于理解，我们先用十进制数来描述一下累加的过程。设累加器的被加数为 A，初值为 0，加数为 B，其值即计数器送来的数。第 1 瓶计数结束时，$A+B=0+9=9$；第 2 瓶计数结束时，$A+B=9+9=18$；……；第 11 瓶计数结束时，$A+B=90+9=99$。

这里需要考虑三个问题：一是如何实现两个数相加；二是相加的结果怎样才能作为下一次相加的被加数；三是怎样才能做到只有在装瓶计数到 9 时，才允许相加的结果存储起来。

第 6 章学习过全加器的知识，第一个问题可以通过全加器 74LS283 实现。由于累计最大值不会超过 255，因此采用两片 74LS283 进行级联即可。第 7 章学习过寄存器的知识，第二个和第三个问题可以通过适合的寄存器及控制信号加以实现。查询相关资料可知，74LS273 是 8 位的寄存器，最大寄存数为 255，能够满足要求。

累加计数电路如图 10-10 所示。左下方的 74LS283 是低位片，其进位输出 C4 接至上方高位片 74LS283 的进位输入 C0。74LS273 的 8D~1D 接收来自全加器的结果，其 CLK 端接收比较器送来的信号。当装瓶计数未到 9 时，74LS283 的输出值随着计数的进行而不断变化，但由于比较器送来的信号为 0，因此数据不寄存。当装瓶计数到 9 时，比较器送来的信号由 0 变 1，相当于给 CLK 提供了一个上升沿，满足寄存条件，因此完成数值寄存。该寄存的数值又反馈至 74LS283，作为下一次的被加数。

图 10-10 中，74LS273 的输出端和 74LS283 的输入端之间有一条较粗的连接线，这是 Multisim 提供的总线方式，通过这种方式可以将多位数据连接在一起，从而使电路显得简洁、整齐。

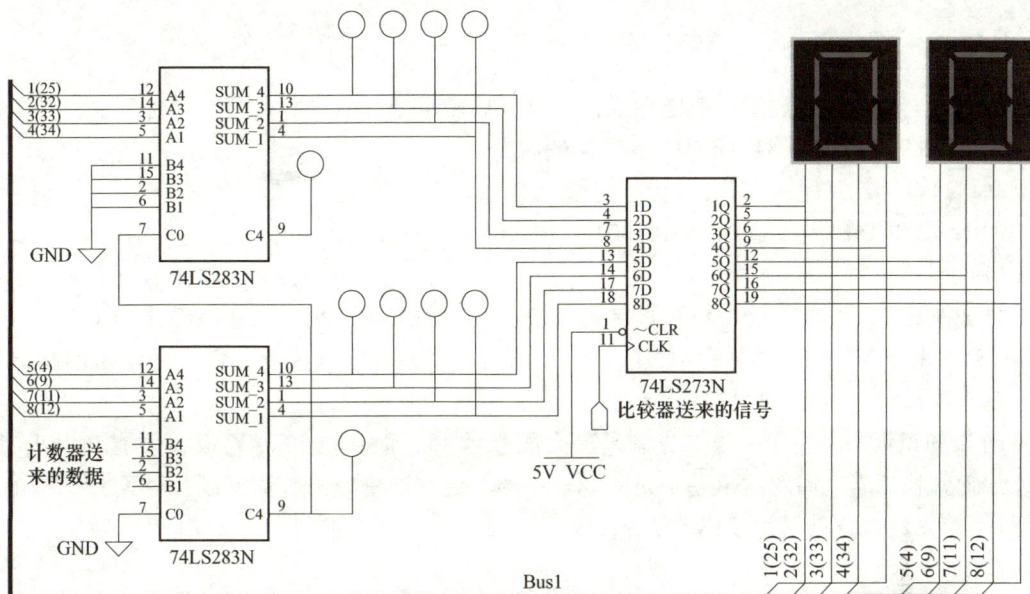

图 10-10 累加计数电路

Verilog 程序如下：

```
module Accumulation_counting(//累加计数电路
input wire[3:0] data,              //4 位二进制数输入
input wire rst_n,                  //复位信号
output reg[7:0] sum                //8 位二进制数输出
);
reg[3:0] data_prev;                //存储前一个数据值

always @ (data or rst_n)begin
    if( ! rst_n)begin
        sum<= 8'h00;               //复位时,将累加器清零
    end else if( data ! == data_prev)begin
        sum<= sum + data;          //当数据发生变化时,累加输入数据
    end
    data_prev<= data;
end
endmodule
```

仿真结果如图 10-11 所示。

图 10-11 累加计数电路 Verilog 程序的仿真结果

10.2.6 8 位二进制码转 BCD 码电路

生产线上片剂的计数累加值是以 8 位二进制码表示的，如果需要用数码管显示，必须将二进制码转换为对应的 8421BCD 码。以 8 位二进制码 11111101 为例，其表示十进制数 253，对应的 12 位 BCD 码应该是 001001010011，如图 10-12 所示。

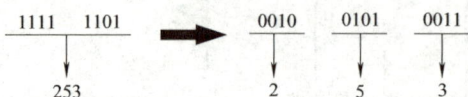

图 10-12　8 位二进制码转 BCD 码示例

集成芯片 74185 的功能是将二进制码转换成 8421BCD 码，8 位二进制码转 BCD 码需要 3 片 74185。由于 Multisim 器件库中没有 74185 的仿真模型，所以这里使用已经学过的功能器件和基本逻辑门来实现代码转换任务。

（1）知识铺垫　由于 4 位二进制码最大能表示 15，而 4 位 BCD 码最大只能表示 9，因此，如何弥补二者之间的这个差别是实现转换的关键。这里分两种情况进行讨论：

1）若 4 位二进制码小于或等于 9，则不需要修正，此二进制码即 BCD 码。例如，二进制码 0111 表示 7，BCD 码 0111 也表示 7。

2）若 4 位二进制码大于 9，则需要加 6 进行修正。例如，二进制码 1101 表示 13，将其加上 110 之后得到 10011，用 0 将高 3 位补齐后得到 00010011，该代码正是 13 的 BCD 码。

（2）实现思路　8 位二进制码转换为 BCD 码，需要将待转换的二进制码从最高位开始逐次左移至存放 BCD 码的寄存器，直至所有二进制码全部移入寄存器。按照 4 位 BCD 码一个段，共有百位、十位、个位三段。在左移的过程中，需要持续判断移入寄存器的某段二进制码是否大于 9，若大于 9 需要加 6 修正，否则就不修正。

我们知道，每左移 1 位就相当于乘 2，因此可以在左移之前先判断每一段是否大于 4（即二进制码 100）。若大于 4，则左移之后必然会超过 9，那么可以在左移之前先对该段加 3（即二进制码 011），左移之后就完成了修正（相当于加 6）。通过这样的操作，左移 8 次后，即完成了转换。下面以 8 位二进制码 11011011 为例进行说明，其转换过程见表 10-1。

表 10-1　8 位二进制码转 BCD 码的实现过程

BCD 码百位	BCD 码十位	BCD 码个位	二进制码	操　作
			11011011	
		1	1011011	左移 1 次
		11	011011	左移 2 次
		110	11011	左移 3 次后,110 大于 4
		1001	11011	110+011
	1	0011	1011	左移 4 次
	10	0111	011	左移 5 次后,0111 大于 4
	10	1010	011	0111+011
	101	0100	11	左移 6 次后,101 大于 4
	1000	0100	11	101+011
1	0000	1001	1	左移 7 次后,1001 大于 4
1	0000	1100	1	1001+011
10	0001	1001	0	左移 8 次后,结束

8 位二进制码 11011011 表示 219，12 位 BCD 码 001000011001 也表示 219。二者一致，转换任务实现。

（3）设计实现　根据上述实现思路，可以得到 8 位二进制码转 BCD 码的电路，需要用到的逻辑器件包括移位寄存器、比较器、加法器，以及若干基本逻辑门。由于器件数量较多，电路结构复杂，故采用先设计子电路，再通过主电路调用的方式。

图 10-13 所示为 8 位二进制码转 BCD 码的电路。其中的 74185_1、74185_2、74185_3 即 3 个子电路，它们的内部电路和外部引脚完全相同。图中 8 位二进制码 D7~D0 为 11111111（即十进制数 255），送入由 3 个子电路构成的转换电路，经过转换后得到 10 位 BCD 码 Y9~Y0，再分别送至 3 个数码管，其中百位数码管的高两位接地。仿真结果显示转换正确。

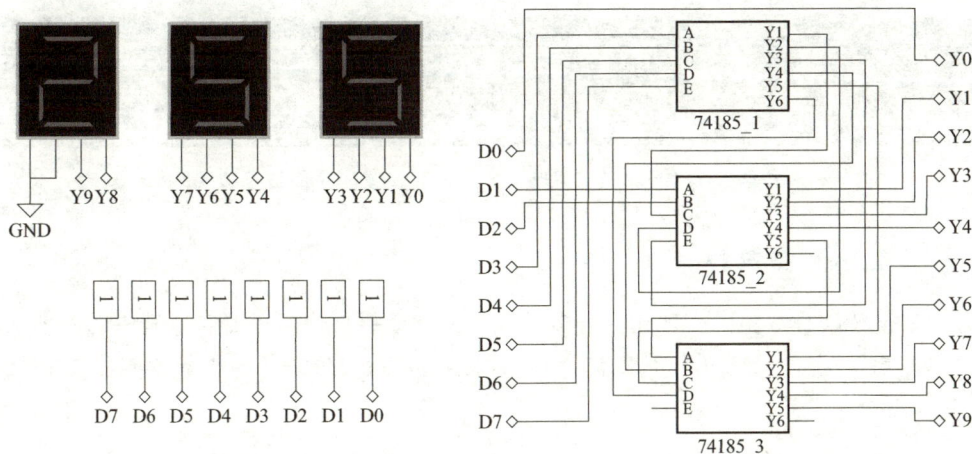

图 10-13　8 位二进制码转 BCD 码的电路

观察图 10-13 中 D7~D0、Y9~Y0 等端口，其外观是菱形，这是 Multisim 提供的一种名为 On-Page Connector 的接线方式，通过这种方式可以将两个需要电气连接的端口连接起来而无须画连接线。

Verilog 程序如下：

```verilog
module binary_code_to_BCD(
input wire[7:0] binary,              //8 位二进制数输入
output reg[3:0] units,               //BCD 码个位输出
output reg[3:0] tens,                //BCD 码十位输出
output reg[3:0] hundreds             //BCD 码百位输出
);
integer i;
reg[11:0] bcd_temp;
//使用组合逻辑完成二进制码到 BCD 码的转换
reg[9:0] decimal_number;
//使用组合逻辑完成二进制码到十进制码的转换
always @ ( * )begin
```

```
        decimal_number=binary; //将8位二进制数转换为十进制数
        //计算百位、十位和个位
        hundreds=decimal_number/100;
        decimal_number=decimal_number % 100;
        tens=decimal_number/10;
        units=decimal_number % 10;
    end
    endmodule
```

仿真结果如图 10-14 所示。

图 10-14　8 位二进制码转 BCD 码 Verilog 程序的仿真结果

10.2.7　8 位并行数据转串行数据电路

并行数据转串行数据的实现途径有多种。第 7 章介绍移位寄存器时，其中的一项功能就是"并入串出"。这里介绍另一种方法，利用数据选择器实现并行数据转串行数据，其电路如图 10-15 所示。

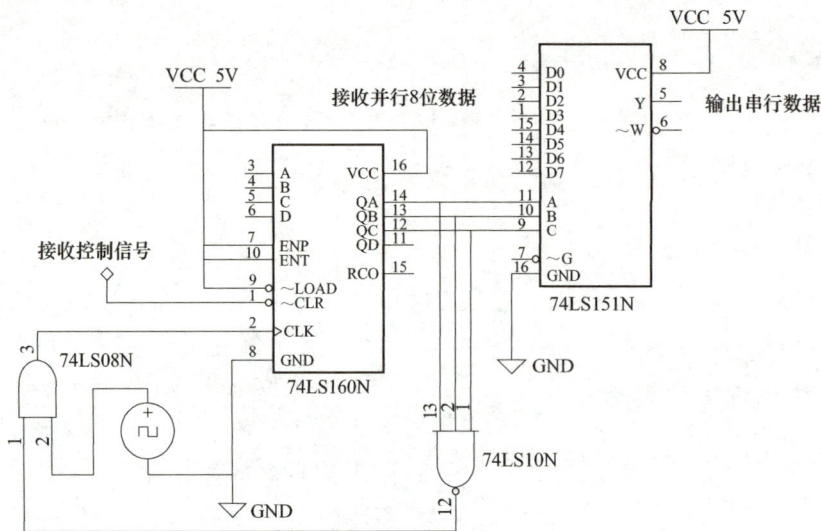

图 10-15　8 位并行数据转串行数据电路

74LS151 是 8 位的数据选择器，它的 D7～D0 并行接收来自累加计数的 8 位二进制码，C、B、A 分别接十进制计数器 74LS160 的 QC、QB、QA。当 74LS160 满足计数条件时，CLK每接收一个脉冲信号，就实现一次加计数，因此 QC、QB、QA 将从 000～111 变化，74LS151 的 C、B、A 也随之按照 000～111 变化，使得 74LS151 的 Y 依次输出 D0、D1、…、D7，从而实现了"并入串出"。

但这里有一个问题必须考虑并解决，那就是当 8 位并行数据全部串行输出后，74LS160 应该停止计数，否则 74LS151 还会不停地进行"并转串"。解决这个问题的方法比较简单，将 QC、QB、QA 通过 3 输入与非门 74LS10 接至与门 74LS08，当 QC、QB、QA 为 111 时，与非门输出低电平，进而导致与门"关断"，脉冲信号无法通过，因此计数器停止计数。

还有一个问题是，新的"并转串"启动时，74LS160 必须恢复至 0000 的初始状态，因此，74LS160 的复位端 $\overline{CLR}$ 应该接收一个来自外部的控制信号。当该控制信号为低电平时，74LS160 复位，QC、QB、QA 变为 000，为"并转串"作好准备；当该控制信号从低电平变为高电平时，启动"并转串"。这个外部控制信号应该由谁提供，读者可以自行分析一下。

Verilog 程序如下：

```
module parallel_to_serial(
    input wire clk,                          //时钟信号
    input wire rst_n,                        //复位信号,低电平有效
    input wire [7:0] parallel_data,          //8 位并行输入数据
    output reg serial_data                   //串行输出数据
    );

    reg[7:0] shift_register;                 //8 位移位寄存器,用于存储并行数据
    reg[3:0] counter;                        //计数器,用于跟踪已发送的位数
    reg[7:0] prev_parallel_data;             //用于存储上一次的并行数据

    //当时钟上升沿到来或复位信号到来时,更新移位寄存器和计数器
    always @ (posedge clk or negedge rst_n)begin
        if( ! rst_n)begin
            shift_register<= 8'b0;           //当复位信号到来时,清空移位寄存器
            counter<= 4'b0;                  //并将计数器清零
            prev_parallel_data<= 8'b0;       //以及清空上一次的并行数据
        end else if( parallel_data ! = prev_parallel_data)begin
            shift_register<= parallel_data;  //将新的并行数据载入移位寄存器
            counter<= 4'b0;                  //并将计数器清零
            prev_parallel_data<= parallel_data;//更新上一次的并行数据
        end else if( counter < 8)begin
            shift_register<= shift_register<<1;  //当计数器小于 8 时,移位寄存器左移
                                                 //1 位
            counter<= counter+1;             //并将计数器加 1
        end
    end

    //当时钟上升沿到来或复位信号到来时,更新串行数据输出
```

```
always @ (posedge clk or negedge rst_n) begin
    if( ! rst_n) begin
        serial_data< = 1'b0;              //当复位信号到来时,将串行数据输出
                                            清零
    end else if( counter < 8) begin
        serial_data< = shift_register[7];  //当计数器小于 8 时,将移位寄存器的
                                            最高位作为串行数据输出
    end else begin
        serial_data< = 1'b0;              //当计数器大于或等于 8 时,将串行数
                                            据输出置为低电平

    end
end
endmodule
```

仿真结果如图 10-16 所示。

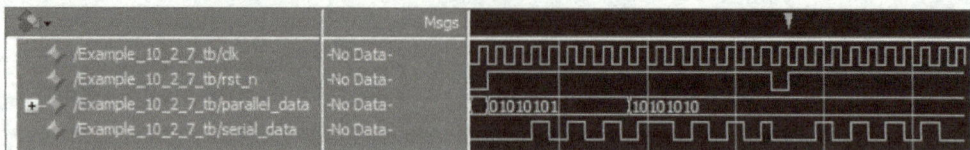

图 10-16　8 位并行数据转串行数据电路 Verilog 程序的仿真结果

10.2.8　脉冲产生、延时、移位电路

步进电动机是一种将电脉冲转化为角位移的执行机构,其内部的绕组每接收一个脉冲信号,就驱动步进电动机按设定的方向转动一个固定的角度。因此,可以利用步进电动机控制生产线的传送带,每转动一个步距角就带动传送带移动一段距离。不同型号的步进电动机其步距角有所不同,很多还自带减速装置,设计时可根据传送带需要移动的距离选择合适的型号,计算出步进的次数,并由此得到需要提供的脉冲数量。

这里以四相步进电动机为例,介绍设计过程。

(1) 步进电动机控制电路　四相步进电动机内部有 4 个绕组,分别命名为 A、B、C、D,如果采用单四拍通电方式 (即每次给一个绕组通电),则完成一次循环 (A→B→C→D→A) 需要 4 个脉冲。由前面的分析可知,步进电动机的控制电路应该包括以下几个单元:

① 脉冲发生器:作用是提供脉冲信号。

② 环形脉冲分配器:作用是将脉冲信号依次提供给步进电动机的每一个绕组。

③ 延时电路:作用是根据需要的步进次数及脉冲信号的周期计算延时时长。当延时结束时,环形脉冲分配器停止工作,步进电动机随之停止转动,传送带传输空瓶至指定位置停下,

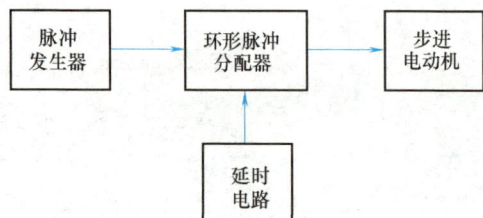

图 10-17　步进电动机控制电路框图

等待装瓶。

步进电动机控制电路框图如图 10-17 所示。

（2）电路实现 脉冲发生器采用 555 定时器构成的多谐振荡器实现，环形脉冲分配器采用 74LS194 构成的环形计数器实现，延时电路采用 555 定时器构成的单稳态电路实现。本模块电路如图 10-18 所示。

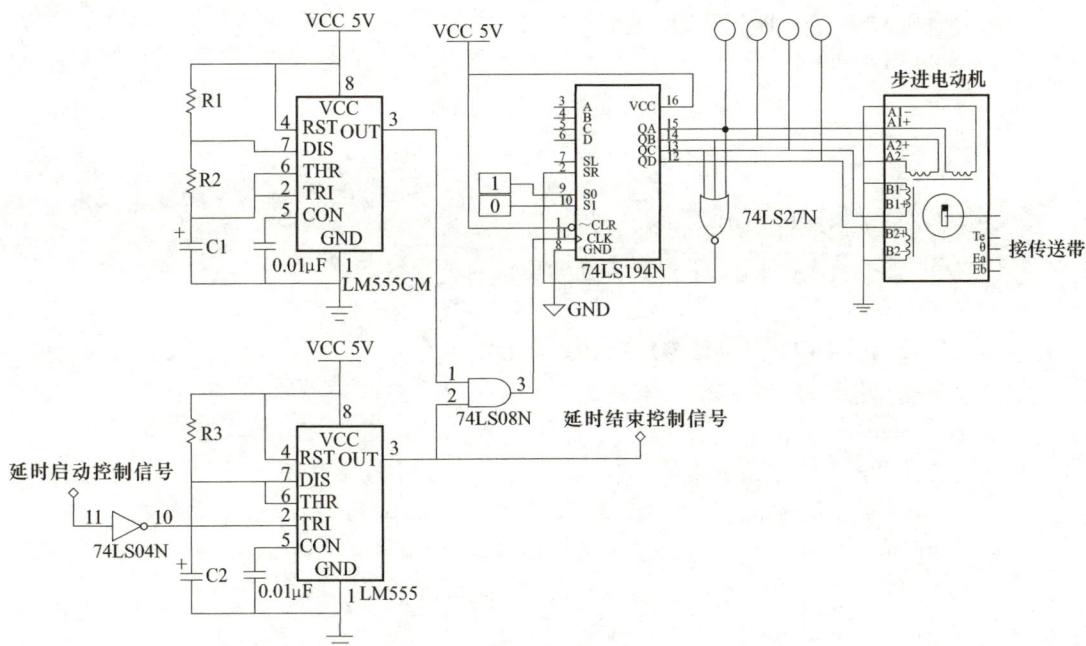

图 10-18 脉冲产生、延时、移位电路

图 10-18 中，左上方是 555 定时器构成的多谐振荡器，产生的脉冲信号周期由 R1、R2、C1 决定。左下方是 555 定时器构成的单稳态触发器，暂态时长由 R3 和 C2 决定。由于传送带的传输距离及步进次数没有确定，因此电路中这些元件的参数未标出。中间是 74LS194 构成的环形计数器，其输出 QD~QA 接步进电动机的 4 个绕组（说明：由于 Multisim 中的步进电动机不具有仿真功能，因此此部分电路仅作为示意图；另外，移位寄存器输出的信号还需要经过驱动电路才能使电动机转动，该内容本书不作讨论。）

延时启动控制信号同样来自于比较器 74LS85。当装瓶计数到 9 时，比较器输出从低电平变成高电平，经非门 74LS04 反相后形成下降沿，满足单稳态延时电路的触发条件，因此 3 引脚 OUT 从稳态低电平进入暂态高电平。此时，多谐振荡器输出的脉冲信号得以顺利地通过与门 74LS08 送至 74LS194 的 CLK 端。当 74LS194 的 CLK 端接收到脉冲信号后，QA、QB、QC、QD 顺序右移，带动步进电动机转动，进而带动传送带移动。

延时结束，单稳态触发器的输出从高电平变为低电平。一方面将与门 74LS08 "关断"，多谐振荡器的脉冲信号无法 "通过"，74LS194 停止移位，步进电动机停止转动，新的空瓶传送到位；另一方面，提供一个控制信号给装瓶计数电路，使其满足计数条件，为新的装瓶计数作好准备。

Verilog 程序如下：

```verilog
module stepper_motor_controller(
    input wire clk,
    input wire rst_n,
    input wire enable,
    output reg[3:0] phase_control,
    output reg done
);

    //定义常量
    localparam STEP_COUNT = 8;
    //定义一个状态机,用于控制步进电动机的工作状态
    reg[1:0] state;
    localparam IDLE = 2'b00, FORWARD = 2'b01;
    //使能端上一次的状态
    reg enable_prev;
    //计数器,用于记录剩余的步数
    reg[8:0] step_counter;
    //时钟驱动,用于更新计数器和相位控制信号
    always @ (posedge clk or negedge rst_n) begin
        if(! rst_n) begin
            state<= IDLE;
            step_counter<= 0;
            phase_control<= 4'b0001;
            done<= 1'b1;
            enable_prev<= 1'b0;
        end else begin
            if(enable && ! enable_prev) begin
                if(state == IDLE) begin
                    state<= FORWARD;
                    step_counter<= STEP_COUNT;
                    done<= 1'b0;
                end
            end
            if(state == FORWARD) begin
                if(step_counter ! = 0) begin
                    step_counter<= step_counter-1;
                    phase_control<= (phase_control == 4'b1000) ? 4'b0001 : (phase_
                                                        control<<1);
```

```
                    end else begin
                        state<=IDLE;
                        done<=1'b1;
                    end
                end
                enable_prev<=enable;
            end
    end
    endmodule
```

仿真结果如图 10-19 所示。

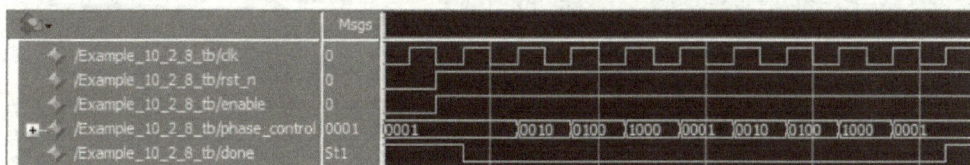

图 10-19 脉冲产生、延时、移位电路 Verilog 程序的仿真结果

10.2.9　总电路的实现

各个单元电路设计好之后就要开始进行"组装"了,这时候需要特别注意控制信号的连接。同时,还要根据设计要求设定元器件的参数,并通过仿真验证设计的正确性。需要说明的是,本电路仅仅作为初学者进行基于功能器件和逻辑门设计数字系统的例子,因此有意降低了系统的复杂度,例如将装瓶数量设定值限定在 9 以内,总计数值限定在 255 以内,显然,这与生产实际并不相符。另外,基于功能器件和逻辑门的设计方式在面临复杂度高的系统时往往"力不从心",故实际中更多的是采用基于微控制器的设计或硬件描述语言加可编程逻辑器件的方式。环形脉冲信号控制传送带传输移动还需要增加继电器、功率放大电路等其他部件才能保证正常工作,这些内容不属于数字电子系统的范畴,感兴趣的读者可自行学习。

仿真电路总图如图 10-20、图 10-21 和图 10-23 所示,装瓶传感器产生的脉冲信号由 Multisim 软件直接提供。图中共有 6 个数码管,除了键盘设定值采用显示译码器 74LS147 和七段共阳极数码管外,其余均采用 DCD 数码管,这种数码管输入的是 8421BCD 码,译码和驱动都集成在器件内部。

图 10-20 表示系统起始工作时各单元模块的状态。观察可知,键盘设定值是 9,装瓶计数器 74LS160 的值是 0100,比较器 74LS85 的输出是 A 大于 B,全加器 74LS283 的值也是 0100,累加值寄存器 74LS273 的 8 位二进制码输出显示 00,8421BCD 码显示 000。

图 10-21 表示系统工作初期各单元模块的状态。观察可知,此时单稳态延时电路输出高电平,环形脉冲分配器正在工作;累加值寄存器 74LS273 的输出显示值是 12,对应 8 位二进制码是 00010010;8421BCD 码显示值是 018,对应 8 位二进制码也是 00010010,二者一致。

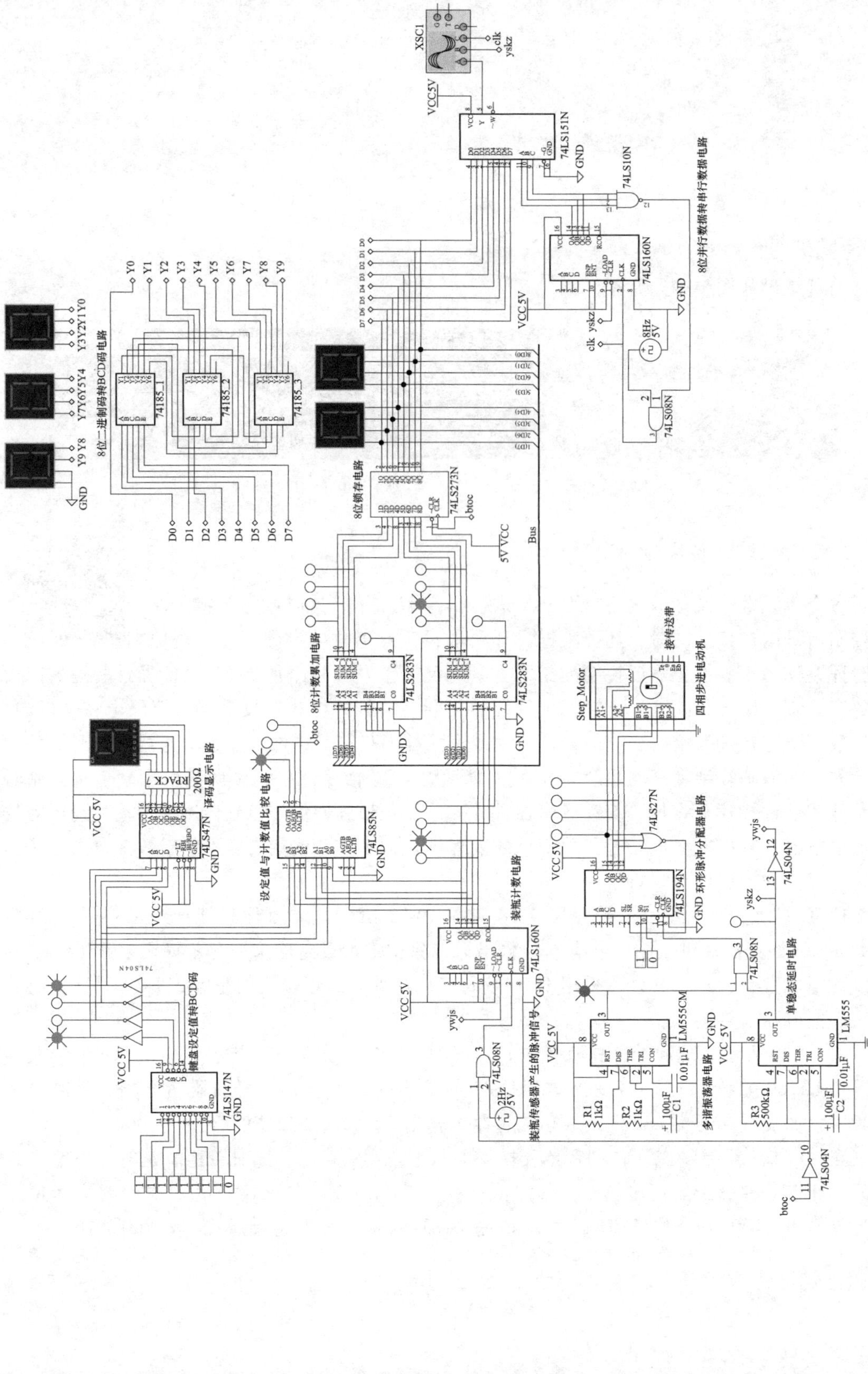

图 10-20 系统起始工作状态

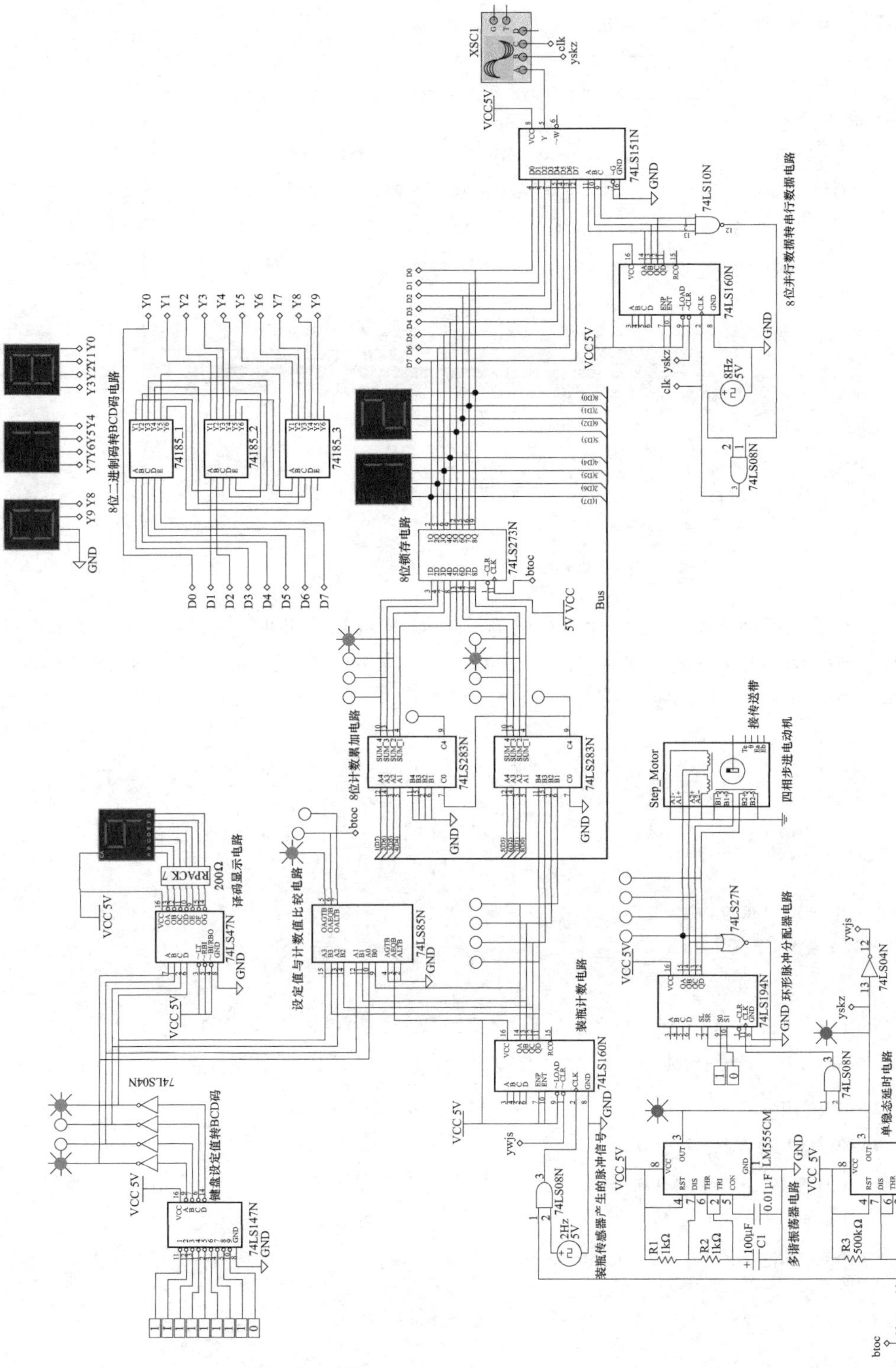

图 10-21 系统工作初期状态

图 10-22 所示为并行数据转串行数据电路波形。当单稳态延时电路进入暂态时，并行数据转串行数据电路开始工作，输出数据依次是 01001000（从低位至高位），和 74LS273 锁存的数据 00010010（从高位至低位）完全一致。

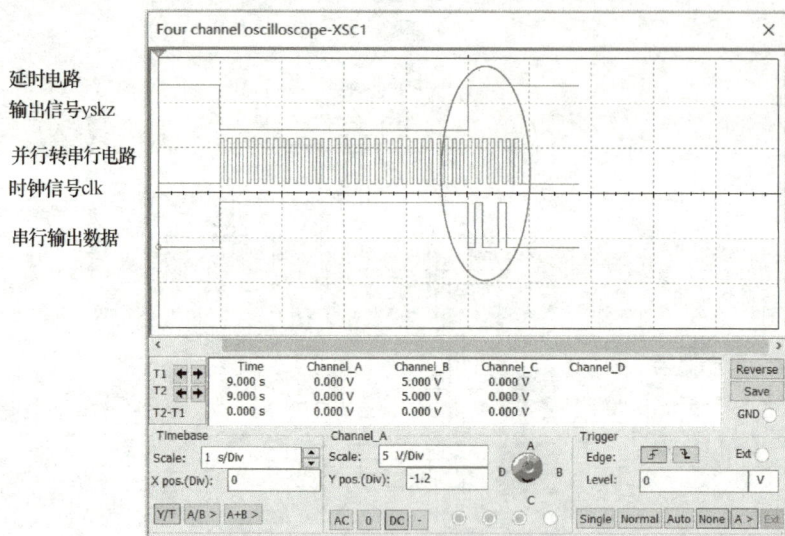

图 10-22 并行数据转串行数据电路波形

图 10-23 表示系统通电后期各单元模块的状态。观察可知，此时累加值寄存器 74LS273 的输出显示值是 C6，对应 8 位二进制码是 11000110；8421BCD 码显示值是 198，对应 8 位二进制码是 11000110，二者一致。

Verilog 程序如下：

```
module Example_10_2_9(
    input wire clk,              //时钟信号
    input wire clk_seri,         //时钟信号
    input wire rst_n,            //复位信号,低电平有效
    input wire[8:0] switches,

    output wire[3:0] bcd,        //转换后的 4 位 BCD 码输出
    output wire[6:0] seg,        //驱动共阳极数码管的输出
    output wire[3:0] units,      //BCD 码个位输出
    output wire[3:0] tens,       //BCD 码十位输出
    output wire[3:0] hundreds,   //BCD 码百位输出
    output wire serial_data,     //串行输出数据
    output wire[3:0] phase_control
);

    wire[3:0] count;
    wire[7:0] sum;
```

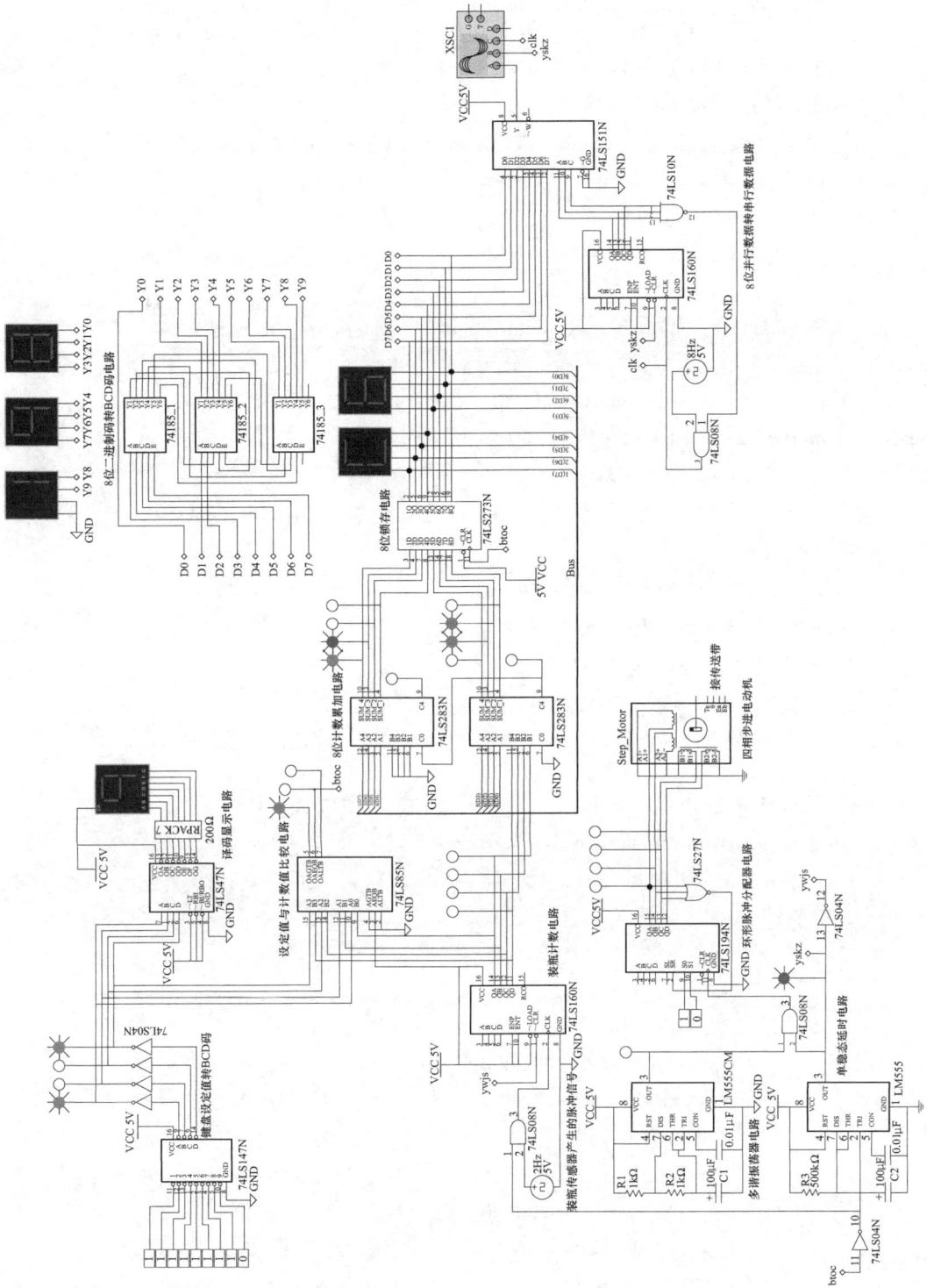

图 10-23　系统工作后期状态

```
wire oaeqob;
wire done;
keyboard_to_bcd keyboard_to_bcd_ins(.switches(switches),.bcd(bcd));
bcd_to_7seg bcd_to_7seg_ins(.bcdin(bcd),.seg(seg));
bottle_filling_control
bottle_filling_control_ins(.clk(clk),.rst_n(rst_n),.keypad_input(bcd),.counter_
output(count),.oaeqob(oaeqob));
            decimal_counter
decimal_counter_ins(.clk(clk),.rst_n(rst_n),.en(done),.count(count));
            Accumulation_counting
Accumulation_counting_ins(.data(count),.rst_n(rst_n),.en(oaeqob),.sum
(sum));
        binary_code_to_BCD binary_code_to_BCD_ins(.binary(sum),.units(units),.tens
(tens),.hundreds(hundreds));
            parallel_to_serial
parallel_to_serial_ins(.clk(clk_seri),.rst_n(rst_n),.parallel_data(sum),.serial_
data(serial_data));
            stepper_motor_controller
stepper_motor_controller(.clk(clk),.rst_n(rst_n),.enable(oaeqob),.phase_con-
trol(phase_control),.done(done));

        endmodule

        module keyboard_to_bcd(//键盘设置值转 BCD 码电路
            input wire[8:0] switches,
            output reg[3:0] bcd                 //转换后的 4 位 BCD 码输出
        );

            always @ ( * ) begin
                case(switches)
                9'b000000000:bcd = 4'b0000;      //输入为 0 时,BCD 码输出为 0
                9'b000000001:bcd = 4'b0001;      //输入为 1 时,BCD 码输出为 1
                9'b000000010:bcd = 4'b0010;      //输入为 2 时,BCD 码输出为 2
                9'b000000100:bcd = 4'b0011;      //输入为 3 时,BCD 码输出为 3
                9'b000001000:bcd = 4'b0100;      //输入为 4 时,BCD 码输出为 4
                9'b000010000:bcd = 4'b0101;      //输入为 5 时,BCD 码输出为 5
                9'b000100000:bcd = 4'b0110;      //输入为 6 时,BCD 码输出为 6
                9'b001000000:bcd = 4'b0111;      //输入为 7 时,BCD 码输出为 7
```

```verilog
                9'b010000000:bcd = 4'b1000;          //输入为 8 时,BCD 码输出为 8
                9'b100000000:bcd = 4'b1001;          //输入为 9 时,BCD 码输出为 9
                default:bcd = 4'b0000;               //其他输入,BCD 码输出为 0
            endcase
        end
endmodule


module bcd_to_7seg                               (//设置值显示电路
    input wire[3:0] bcdin,                        //输入的 BCD 码
    output reg[6:0] seg                           //驱动共阳极数码管的输出
);

        always @ ( * ) begin
            case(bcdin)
                4'b0000:seg = 7'b0000001;  //BCD 码为 0,数码管显示 0
                4'b0001:seg = 7'b1001111;  //BCD 码为 1,数码管显示 1
                4'b0010:seg = 7'b0010010;  //BCD 码为 2,数码管显示 2
                4'b0011:seg = 7'b0000110;  //BCD 码为 3,数码管显示 3
                4'b0100:seg = 7'b1001100;  //BCD 码为 4,数码管显示 4
                4'b0101:seg = 7'b0100100;  //BCD 码为 5,数码管显示 5
                4'b0110:seg = 7'b0100000;  //BCD 码为 6,数码管显示 6
                4'b0111:seg = 7'b0001111;  //BCD 码为 7,数码管显示 7
                4'b1000:seg = 7'b0000000;  //BCD 码为 8,数码管显示 8
                4'b1001:seg = 7'b0000100;  //BCD 码为 9,数码管显示 9
                default:seg = 7'b1111111;  //其他情况,数码管显示空
            endcase
        end
endmodule


module bottle_filling_control                    (//设置值与计数值比较电路
    input wire clk,                               //时钟信号
    input wire rst_n,                             //复位信号,低电平有效
    input wire[3:0] keypad_input,                 //键盘输入的数(0~9)
    input wire[3:0] counter_output,               //计数器统计的装瓶数(BCD 码)
    output reg oaeqob                             //输出信号,控制装瓶操作暂停
);

    //比较器:比较键盘输入的数与计数器统计的装瓶数
```

```
        always @ ( * ) begin
            if( keypad_input = = counter_output) begin
            oaeqob = 1'b1;          //键盘输入的数与装瓶数相等,装瓶操作暂停
            end else begin
            oaeqob = 1'b0;          //键盘输入的数与装瓶数不相等,继续装瓶操作
            end
        end
    endmodule


    module decimal_counter        (///片剂装瓶实时计数电路
        input wire clk ,           //时钟信号
        input wire rst_n,          //复位信号,低电平有效
        input wire en,             //使能信号
        output reg[3:0] count     //计数器输出
    );

        always @ ( posedge clk or negedge rst_n) begin
            if( ! rst_n) begin
                count< = 4'b0000;           //复位时将计数器清零
            end else begin
                if( ! en) begin             //仅在使能信号为低电平时进行计数
                    if( count = = 4'b1001) begin
                        count< = 4'b0000;   //当计数器达到9时,回退到0
                    end else begin
                    count< = count + 1;     //每个时钟周期加1
                        end
                    end
                else begin count< = 4'b0000; end
            end
        end
endmodule

module Accumulation_counting(//累加计数电路
    input wire[3:0] data,       //4位二进制数输入
    input wire rst_n,           //复位信号
    input wire en,              //使能信号
    output reg[7:0] sum        //8位二进制数输出
);
```

```verilog
reg[3:0] data_prev;              //存储前一个数据值

always @ (data orrst_n or en) begin
    if(! rst_n) begin
        sum<= 8'h00;             //复位时,将累加器清零
    end else if(data ! == data_prev && en) begin
        sum<= sum + data;        //当数据发生变化且使能信号为高电平时,累加输入
                                   数据
    end
    data_prev<= data;
end
endmodule

module binary_code_to_BCD(
    input wire[7:0] binary,      //8 位二进制数输入
    output reg[3:0] units,       //BCD 码个位输出
    output reg[3:0] tens,        //BCD 码十位输出
    output reg[3:0] hundreds     //BCD 码百位输出
);

integer i;
reg[11:0] bcd_temp;

//使用组合逻辑完成二进制码到 BCD 码的转换
reg[9:0] decimal_number;

//使用组合逻辑完成二进制码到十进制码的转换
always @ (*) begin
    decimal_number = binary;     //将 8 位二进制数转换为十进制数

    //计算百位、十位和个位
    hundreds = decimal_number / 100;
    decimal_number = decimal_number % 100;
    tens = decimal_number / 10;
    units = decimal_number % 10;
end
endmodule

module parallel_to_serial(
```

```verilog
    input wire clk,                      //时钟信号
    input wire rst_n,                    //复位信号,低电平有效
    input wire[7:0] parallel_data,       //8 位并行输入数据
    output reg serial_data               //串行输出数据
);

reg[7:0] shift_register;                 //8 位移位寄存器,用于存储并行数据
reg[3:0] counter;                        //计数器,用于跟踪已发送的位数
reg[7:0] prev_parallel_data;             //用于存储上一次的并行数据

//当时钟上升沿到来或复位信号到来时,更新移位寄存器和计数器
always @ (posedge clk or negedge rst_n) begin
    if(! rst_n) begin
    shift_register<= 8'b0;               //当复位信号到来时,清空移位寄存器
        counter<= 4'b0;                  //并将计数器清零
        prev_parallel_data<= 8'b0;       //以及清空上一次的并行数据
    end else if( parallel_data ! =prev_parallel_data) begin
        shift_register<= parallel_data;  //当有新的并行数据到来时,将并行数据
                                         //  载入移位寄存器
        counter<= 4'b0;                  //并将计数器清零
        prev_parallel_data<= parallel_data;  //更新上一次的并行数据
    end else if( counter < 8) begin
        shift_register<= shift_register << 1;  //当计数器小于 8 时,将移位寄存器左移
                                         //  1 位
        counter<= counter + 1;           //并将计数器加 1
    end
end

//当时钟上升沿到来或复位信号到来时,更新串行数据输出
always @ (posedge clk or negedge rst_n) begin
    if(! rst_n) begin
        serial_data<= 1'b0;              //当复位信号到来时,将串行数据输出
                                         //  清零
    end else if( counter < 8) begin
        serial_data<= shift_register[7]; //当计数器小于 8 时,将移位寄存器的最
                                         //  高位作为串行数据输出
    end else begin
        serial_data<= 1'b0;              //当计数器大于或等于 8 时,将串行数据
                                         //  输出置为低电平
    end
```

```
end
endmodule

module stepper_motor_controller(
    input wire clk,
    input wire rst_n,
    input wire enable,
    output reg[3:0] phase_control,
    output reg done
);


//定义常量
localparam STEP_COUNT = 8;
//定义一个状态机,用于控制步进电动机的工作状态
reg[1:0] state;
localparam IDLE = 2'b00, FORWARD = 2'b01;
//使能端上一次的状态
reg enable_prev;
//计数器,用于记录剩余的步数
reg[8:0] step_counter;
//时钟驱动,用于更新计数器和相位控制信号
always @ (posedge clk or negedge rst_n) begin
    if(! rst_n) begin
        state <= IDLE;
        step_counter <= 0;
        phase_control <= 4'b0001;
        done <= 1'b1;
        enable_prev <= 1'b0;
    end else begin
        if(enable && ! enable_prev) begin
            if(state == IDLE) begin
                state <= FORWARD;
                step_counter <= STEP_COUNT;
                done <= 1'b0;
            end
        end

        if(state == FORWARD) begin
```

```
                    if( step_counter ! =0) begin
                        step_counter<= step_counter − 1;
                        phase_control<= ( phase_control = = 4'b1000) ? 4'b0001 : ( phase_con-
                        trol<<1) ;
                    end else begin
                        state<=IDLE;
                        done<= 1'b1;
                    end
                end

                enable_prev<= enable;
            end
    end
endmodule
```

仿真结果如图 10-24 所示。

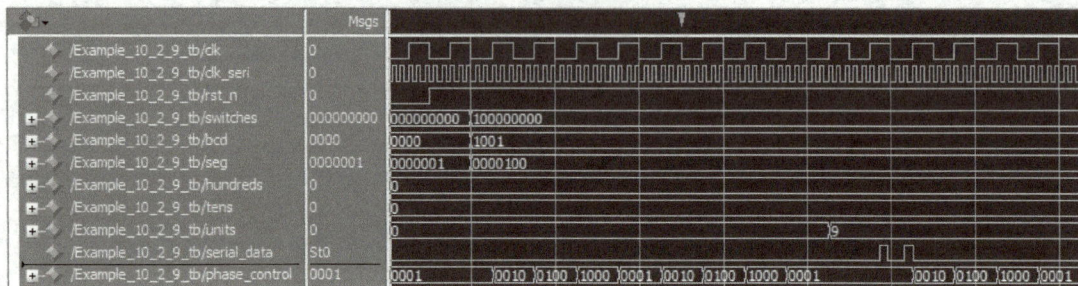

图 10-24　系统整体 Verilog 程序的仿真结果

本 章 小 结

　　数字电子系统具有综合性、层次性和复杂性的特点。对于规模比较小、功能比较简单、输入输出信号数量比较少的数字系统，可以采用传统的设计方法，即利用真值表、卡诺图、状态方程组、状态转换表、状态转换图等描述工具建立系统模型来实现。对于一个比较复杂的数字系统，通常采用硬件描述语言进行设计，并在可编程逻辑器件中实现。

　　本章以"片剂装瓶计数显示系统"为例，分别用传统设计方法和硬件描述语言方法进行设计，详细介绍了各个功能模块的设计思路，完成了电路设计并进行了电路仿真。

复习思考题

1. 数字频率计设计

数字频率计可以用来测量各种波形的频率，其功能指标要求如下：

（1）被测信号可以是正弦波、三角波、锯齿波、矩形波等，幅值为5V，频率测量范围为 1~9999Hz。

（2）设计信号整形电路，将非脉冲信号整形成脉冲信号。

（3）设计秒脉冲产生电路，用于提供基准时间。

（4）设计计数电路，用于统计脉冲信号的个数。

（5）设计控制电路，用于清零、锁存、闸门控制等。

（6）设计锁存电路，将测量的频率数值暂存。

（7）设计译码显示电路，将被测信号的频率用4个数码管显示。

其系统框图如图10-25所示，用功能器件和基本逻辑门完成设计，并进行Multisim仿真。

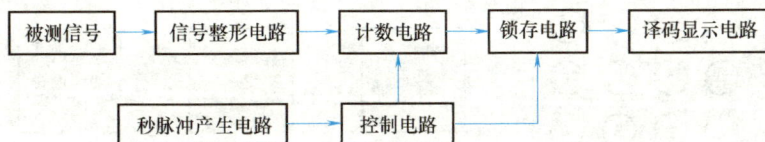

图 10-25　数字频率计的系统框图

2. 竞赛抢答器设计

设计一个竞赛抢答器，用于竞赛抢答控制，其功能指标要求如下：

（1）选手人数不超过8人，每人一个抢答按键，用0~7表示。

（2）主持人控制一个按键，用于整个电路系统的清零及抢答的开始。

（3）具备数据锁存和显示的功能。抢答开始后，若有选手按动按键，则其编号立即在数码管上显示出来，并锁存该信号；同时，禁止其他选手再抢答。

（4）具备定时功能。主持人可以根据需要设定时间，时间上限为60s。当主持人启动开始按键后，定时器进入减计时并显示剩余时间。

（5）选手在设定的时间内进行抢答，则抢答有效，同时定时器停止工作，数码管显示剩余时间并保持到主持人将系统清零为止。

（6）如果在设定时间内没有选手抢答，则本次抢答无效，系统禁止选手超时后抢答，定时器上显示00。

（7）当主持人启动开始按键后，定时器进入减计时，并在数码管上显示剩余时间，同时扬声器发出短暂的声响，声响持续时间为3s。

其系统框图如图10-26所示。用功能器件和基本逻辑门完成设计，并进行Multisim仿真。

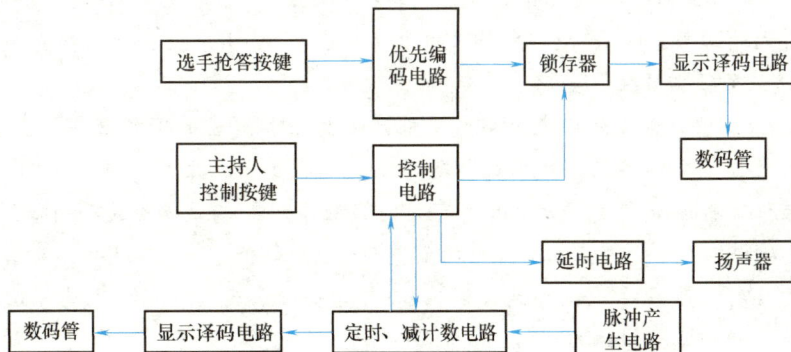

图 10-26　竞赛抢答器的系统框图

3. 简易电子计算器设计

电子计算器可进行常见的算术运算，其功能指标要求如下：

（1）运算数类型为整数，范围为 0~99999999。

（2）可实现加、减、乘、除和开方运算。

（3）运算的结果保存在运算结果处理电路中。

其系统框图如图 10-27 所示，包括独立按键电路、数据输入处理电路、算术运算电路和运算结果处理电路。用 Verilog 硬件描述语言设计，并进行 Quartus 软件仿真。

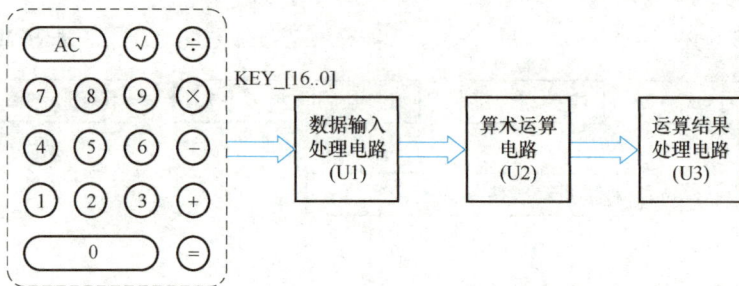

图 10-27　简易电子计算器的系统框图

4. 简易数据传输加密处理电路设计

设计一个简易数据传输加密处理电路，实现对数据源数据进行加密并将密文数据进行串行传输；同时设计一个数据接收及解密电路，将密文数据解密成明文数据并存储在 RAM 中，用来验证加解密电路。其系统框图如图 10-28 所示。

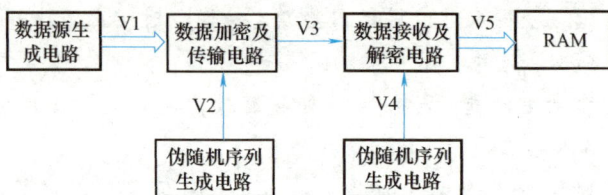

图 10-28　简易数据传输加密处理电路的系统框图

待加密的数据由数据源生成电路产生，V1 为待加密数据；秘钥数据由伪随机序列生成电路产生，V2 为密钥数据源；数据加密及传输电路将 V1 和 V2 进行加密生成密文数据，并将密文数据 V3 串行输出；数据接收及解密电路将接收到的密文数据 V3 与解密数据流 V4 进行解密运算得到明文数据 V5，随即将明文数据 V5 存入 RAM 中。功能指标要求如下：

（1）设计一个数据源生成电路。

（2）设计一个伪随机序列生成电路，用来产生加密和解密的密钥数据。密钥数据流 V2 为 1bit 的串行数据，由伪随机序列生成电路产生，本原多项式为 $f(x) = x^4 + x + 1$，其对应的 4 级线性反馈移位寄存器如图 10-29 所示（有关伪随机序列、本原多项式等的知识请读者自行查阅了解）。从图中可知，该移位寄存器的最高位 a_3 和最低位 a_0 经过异或运算后的结果作为序列右移之后新的最高位 a_3，序列最低位 a_0 作为输出。设其初始状态为 $a_3a_2a_1a_0 = 1000$，在每次时钟的上升沿将数据送出。

（3）设计数据加密及传输电路。电路将 V1 的并行数据和 V2 的串行数据进行加密运算，

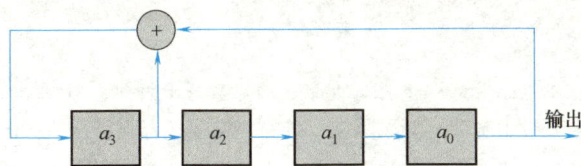

图 10-29　4 级线性反馈移位寄存器

并将加密后的密文数据 V3 以串行发送方式传输。

（4）设计数据接收及解密电路。电路根据串行传输协议接收密文数据 V3，并将 V3 和 V4 进行解密运算，解密出的明文数据 V5 为 4bit 宽度的并行数据，存入 RAM 中。RAM 可不用设计，但解密电路需产生写入 RAM 的控制信号。

用 Verilog 硬件描述语言设计，并进行 Quartus 软件仿真。

参考文献

［1］ 侯建军. 数字电子技术基础 ［M］. 3 版. 北京：高等教育出版社，2015.

［2］ 阎石，王红. 数字电子技术基础 ［M］. 6 版. 北京：高等教育出版社，2016.

［3］ 康华光. 电子技术基础：数字部分 ［M］. 6 版. 北京：高等教育出版社，2014.

［4］ FLOYD T L. Digital Fundamentals ［M］. 11 版. 北京：电子工业出版社，2019.

［5］ 曾建唐，蓝波. 电工电子技术简明教程 ［M］. 2 版. 北京：高等教育出版社，2018.

［6］ 曾建唐，蓝波. 电工电子基础实践教程：实验·课程设计 ［M］. 4 版. 北京：机械工业出版社，2022.

［7］ 陈龙，盛庆华，黄继业，等. 数字电子技术基础 ［M］. 3 版. 北京：科学出版社，2019.

［8］ 康磊，李润洲. 数字电路设计及 Verilog HDL 实现 ［M］. 2 版. 西安：西安电子科技大学出版社，2019.

［9］ 夏宇闻. Verilog 数字系统设计教程 ［M］. 3 版. 北京：北京航空航天大学出版社，2017.

［10］ 黄智伟，黄国玉，王丽君. 基于 NI Multisim 的电子电路计算机仿真设计与分析 ［M］. 3 版. 北京：电子工业出版社，2017.